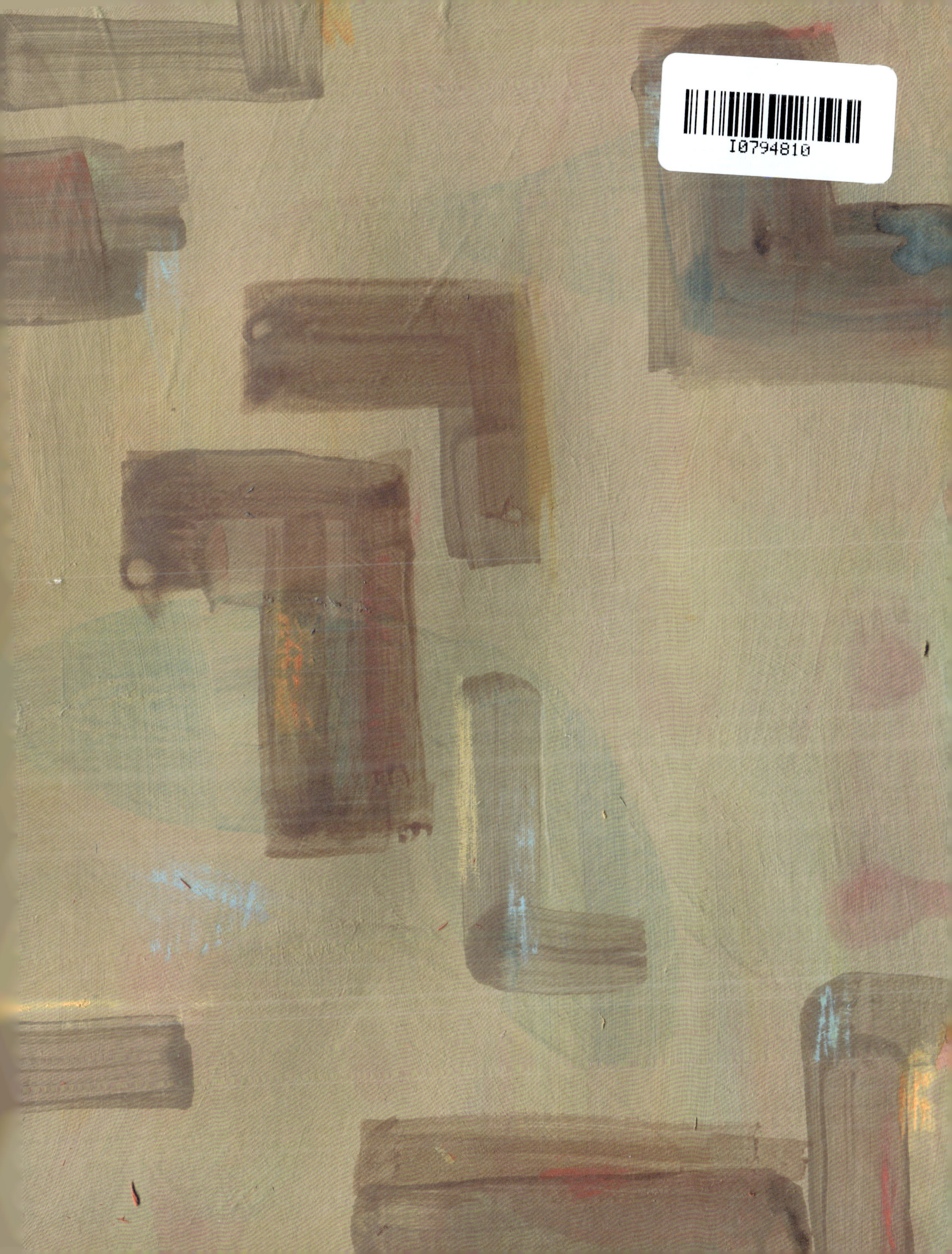

Arpaïs Du Bois

Arpaïs Du Bois

FEUE LA JOYEUSETÉ

works on paper

HOPPER&FUCHS

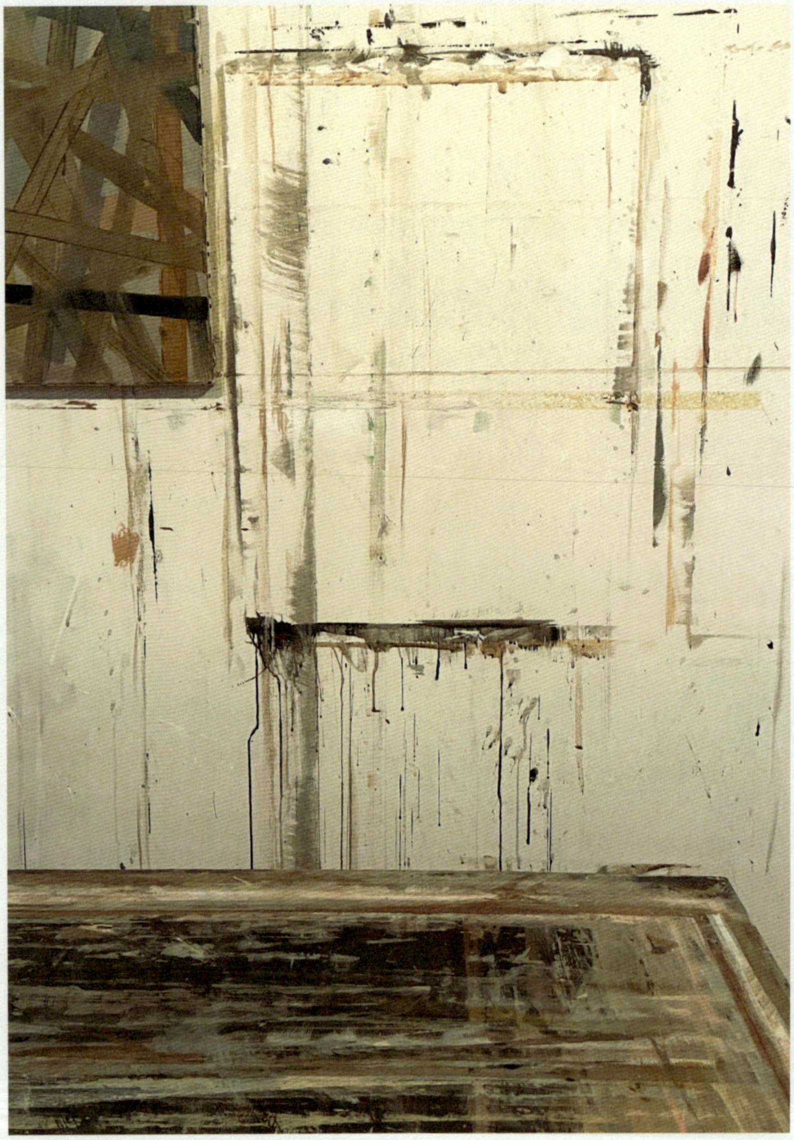

LA FÊTE DANS LE CANIVEAU

Car être contemporain signifie ceci : être soi-même l'œuvre d'un temps sans passé ni futur, être ce vis-à-vis de soi avec soi-même, assigné de force ou par résignation à cette œuvre, et en être tout à la fois l'auteur, le destinataire, le produit et le gardien ; saisi sans reste dans son miroir.

Jean-Paul Curnier. Aggravation, 1989-2001.

L'écriture au risque de la forme

À demi voix, presque un murmure dans le bruissement du monde. Une demi voix racontant le temps suspendu, les errances de l'âme, les étirements du cœur, évoquant aussi la menace du tonnerre ou la délicatesse d'un souffle courbant la canopée. Une demi voix dans laquelle gronde le soupçon de la mort tout autant que la vive espérance des instants du quotidien. Pour qui sait les entendre, il y tout cela dans les phrases d'Arpaïs Du Bois. Car cette artiste secrète inscrit des mots, des fragments de pensées, des amorces de textes sur des feuilles encore tremblantes des couleurs qui les ont marquées. Ici, pas de beaux poèmes ou quelques déclamations héroïques. La puissance de ces mots se trouve ailleurs.

Comment dessiner avec et contre la langue ? Dès les années 2000, elle avait déjà tranché. Donner une plasticité aux mots, c'est refuser les effets de l'écriture cursive, promesse d'un *JE* forcément trouble et support de cette coquetterie incarnée par le carnet intime. Écarter aussi les traits biographiques, le roman familial ou les renvois évidents à ce qu'elle vit chaque jour en sa qualité de femme et d'artiste vivant à Anvers. Et pourtant ! Et pourtant, se cachent là, dans les creux des phrases ainsi que dans les plis de sa peinture tant d'espérances et d'angoisses, d'émois et de bouleversantes méditations. Tout est cependant mis à distance, en suspension. Chez elle, l'individuel rejoint toujours l'universel. Et il faut vraiment la connaître pour comprendre combien en 2018 les sentences attestant d'une nostalgie inédite, puis l'apparition de fonds picturaux aux couleurs sourdes sont tout autant des renvois lointains à la disparition de son père qu'une prise de conscience envers ce cynisme ambiant et généralisé omniprésent dans nos cultures, cynisme volontiers présenté dans les médias comme un progrès de civilisation. Or, Arpaïs Du Bois est bien une ennemie de ce totalitarisme du présent qu'on nous impose, ou pour reprendre la fameuse formule de Godard « *cette tyrannie sans visage, cette organisation systématique du temps unifié de l'instant.* ». Comme lui, elle tente dans ses compositions de s'y opposer. Elle opère donc à partir d'un vaste continent qui veut que l'artiste puisse, par l'écriture, attester de son rapport au tissu de l'univers mais dégagé de la moindre urgence documentaire.

En cela, la façon dont elle convoque l'écriture, le verbe, diffère radicalement des avant-gardes qui, depuis le geste inaugural de Mallarmé, n'ont cessé de croire qu'incorporer le mot dans l'œuvre d'art pouvait abolir les lois du hasard. Elle réfute toutes parentés même lointaines avec les dadaïstes pour qui le slogan et le message étaient une possibilité de déflagration au sein de l'ordre bourgeois, ou même les surréalistes avec leurs émois sur les richesses de l'inconscient. Elle se distingue tout autant d'artistes comme Magritte et sa volonté d'enchantement de l'image par un jeu trouble et ironique avec le mot. Elle ne s'imagine pas en tant qu'héritière lointaine de Warhol et, même si elle constate quotidiennement les désordres de notre espace public, ce dernier ne constitue pas une source de détournements et de critiques virulentes. Elle ne se reconnaît pas plus dans la mouvance post-pop cherchant à intégrer l'activité artistique à la production médiatique afin de démontrer combien l'enchantement de la marchandise fonctionne sur le spectaculaire. Quant à cette tendance contemporaine d'artistes prenant le verbe comme substitut d'un rapport au présent, Arpaïs Du Bois la rejette. Prenons par exemple les dessins de Tracey Emin ou Anne-Marie Schneider. Si la première convie les mots pour attester de son antagonisme à l'autre, l'être aimé ou l'amant, chez la seconde l'inscription du langage procède d'un renvoi explicite à l'actualité d'un événement précis, vécu puis métamorphosé par le trait. Rien de tel chez Arpaïs Du Bois. Pour cela, elle utilise un filtre redoutable : des carnets ou, jours après jours, années après années, elle consigne idées, pensées éphémères, choses entre-aperçues, fragments de sensations, le tout rassemblé dans une sorte d'inventaire infini, toujours convocable, actualisable, toujours source de possibles mutations et de migrations. Un tel processus n'est pas vraiment nouveau. Chez Louise Bourgeois la phrase pouvait – au sein de certains dessins et gravures – cristalliser ses émois mais une fois décontextualisés de leurs relations au présent. Le mot y sert – comme plusieurs sculptures – à rendre perceptible une émotion autrefois refoulée puis actualisée par la pratique de l'artiste. *He disappeared into Complete Silence* (1947), *Le mot pitié m'a apaisé* (2001), *Be Calm* (2004), *We Love You* (2000), tressaient l'écheveau de ces rites inédits destinés à surmonter le travail de deuil envers des sentiments trop longtemps réprimés.

Damien Sausset

For to be contemporary means this: for one to be the oeuvre of a time without any past or future, to be so vis-à-vis oneself with oneself, assigned forcibly or through resignation with regard to this oeuvre, and to be simultaneously the author, the recipient, the product and the guardian; captured wholly in one's mirror.

Jean-Paul Curnier. Aggravation, 1989-2001.

Writing with the form at risk

In a low voice, almost a whisper in the rustling of the world. A low voice reciting time suspended, the wanderings of the soul, stretches of the heart, evoking the risk of thunder or the delicacy of a breath billowing the canopy. A low voice in which the suspicion of death roars as much as the spirited hope of everyday moments. For those who are able to hear them, it is all there, in the sentences of Arpaïs Du Bois. For this secret artist inscribes words, fragments of thoughts, the beginnings of texts on leaves still trembling with the colours that branded them. You will find no beautiful poems or any heroic declamations here. The power of these words lies elsewhere.

How does one draw with and against language? She had already decided, as early as the 2000s. Affording words a plasticity means refusing the effects of cursive writing, the promise of an inevitably troubled *I* and the support of this coquetry embodied by the diary. Discard too the biographical features, the family saga or the obvious references to what she experiences every day as a woman and artist living in Antwerp. And yet! And yet, hidden there, in the hollow of the sentences as well as in the creases of her painting, are so many hopes and fears, emotions and overwhelming contemplation. However, everything is placed at a distance, suspended. In her work, the individual invariably meets the universal. And you really have to know her to understand the extent to which, in 2018, the sentences attesting to an unprecedented nostalgia, followed by the appearance of muted pictorial backgrounds are as much distant references to the disappearance of her father as an awareness of the ambient and generalised cynicism omnipresent in our cultures, a cynicism readily presented in the media as the progress of civilisation. Now, Arpaïs Du Bois is indeed an enemy of the totalitarianism of the present that is imposed on us, or to use Godard's famous expression *"this faceless tyranny, this systematic organisation of the unified time of the moment"*. Like him, she strives to oppose it in her compositions. Therefore, she operates from a vast continent that wants the artist to be able to attest, through writing, to her relationship with the fabric of the universe but free of the slightest documentary urgency.

In this respect, the way in which she summons the written word, the verb, differs radically from the avant-gardes who, since Mallarmé's inaugural gesture, have never ceased to believe that incorporating the word into the work of art could abolish the laws of chance. She refutes all, even distant kinship, with the Dadaists for whom the slogan and message offered the possibility of conflict within the bourgeois order, or even the surrealists with their agitation related to the riches of the unconscious. She stands out just as much from artists like Magritte and his desire to enchant the image affording the word an unambiguous and ironic role. She does not imagine herself as a distant heiress of Warhol and, even though she sees the disorders of our public space on a daily basis, the latter does not constitute a source of diversion or virulent criticism. Nor does she recognise herself in the post-pop movement that seeks to integrate artistic activity into media production in order to demonstrate how the enchantment of merchandise works on the spectacular. As for this contemporary trend of artists taking the verb as a substitute for a relationship to the present, Arpaïs Du Bois rejects it. For example, take the drawings by Tracey Emin or Anne-Marie Schneider. If the former invites words to testify to her antagonism towards the other, the loved one or lover, for the latter the inscription of language proceeds from an explicit reference to the current actuality of a precise event, experienced and then metamorphosed by the stroke. You will not find anything like that in Arpaïs Du Bois' work. She uses a formidable filter: notebooks in which, day after day, year after year, she records ideas, transient thoughts, glimpses, fragments of sensations, all gathered in a kind of infinite inventory, which can be summoned, updated at any time, always a source of possible mutations and migrations. This kind of process is not really new. For Louise Bourgeois, the phrase could – within certain drawings and engravings – crystallise her emotions, but once taken out of context from their relationship to the present. The word is used – like many sculptures – to make an emotion perceptible that was once repressed and then updated by the artist's practice. *He Disappeared into Complete Silence* (1947), *Le mot pitié m'a apaisé* (The word pity soothed me) (2001), *Be Calm* (2004), *We Love You* (2000), wove the web of these unprecedented rites designed to overcome the work of mourning for feelings that have been repressed for too long.

Damien Sausset

Want eigentijds zijn betekent: zelf het opus zijn van een tijd zonder verleden noch toekomst, het in confrontatie met jezelf zijn, door dwang of berusting aan dit opus toegekend, en er tegelijk de auteur, de bestemmeling, het product en de bewaker van zijn, voor altijd gevangen in je eigen spiegel.

Jean-Paul Curnier. Vrije vertaling uit Aggravation, 1989-2001.

Schrijven met gevaar voor de vorm

Met zachte stem, bijna een gefluister in het geruis van de wereld. Een zachte stem die vertelt over tijd die stilstaat, over omzwervingen van de ziel, over beproevingen van het hart. En over de dreigende donder of het zuchtje wind dat het bladerdak doet deinen. Een zachte stem waarin het vermoeden van de dood net zo hevig buldert als de levendige hoop van alledag. Wie ernaar wil luisteren, hoort dit alles in de zinnen van Arpaïs Du Bois. Want deze 'geheime' kunstenares schrijft woorden, losse gedachten of flarden tekst op vellen papier die nog natrillen van de kleuren die ze getekend hebben. Hier geen mooie gedichten of heroïsche verhalen. De kracht van deze woorden zit hem in iets heel anders.

Hoe teken je met en tegen taal? In de jaren 2000 had ze haar besluit reeds genomen. Woorden in een beeldende vorm gieten, zijnde de effecten van handschrift weigeren, belofte van een absoluut onzuivere *ik* en de ondersteuning van deze koketterie in de vorm van een dagboek. Maar het is ook afstand doen van biografische feiten, een familieroman of overduidelijke verwijzingen naar wat zij in haar hoedanigheid van vrouw en kunstenares in Antwerpen beleeft. En toch! En toch zitten er zo veel hoop, angst, emoties en ontroerende beschouwingen diep verscholen in haar taal- en schilderkunst. Maar alles wordt op een afstand, hangend in de tijd geplaatst. Bij haar sluit het individuele zich altijd aan bij het universele. En je moet haar echt kennen om te begrijpen hoezeer haar ongezien nostalgische zinsneden in 2018 en vervolgens de verchijning van haar picturale achtergronden in vage kleuren een verre verwijzing zijn naar het verdwijnen van haar vader. Maar ze zijn ook bedoeld als een bewustmaking over het heersende en veralgemeende cynisme dat vandaag alomtegenwoordig is. Een alledaags cynisme dat in de media als een vooruitgang van onze beschaving wordt afgeschilderd. Maar Arpaïs Du Bois staat lijnrecht tegenover dit totalitarisme van het nu dat ons vandaag wordt opgedrongen. Of zoals Godard het verwoordde: *"deze gezichtsloze tirannie, deze systematische organisatie van de eengemaakte tijd van het moment"*. Net als Godard probeert ze zich hier in haar werken tegen te verzetten. Ze werkt dus vanuit een weidse plek die toelaat dat een kunstenaar, door middel van taal, en vrij van elke dwang om te documenteren, moet kunnen getuigen van zijn relatie tot het weefsel van het universum.

De manier waarop zij het schrift en de taal uitdaagt, verschilt radicaal van de avant-gardisten. Sinds Mallarmé waren die er namelijk van overtuigd dat de integratie van het woord in een kunstwerk de wetten van het toeval kon opheffen. Arpaïs Du Bois verwerpt elke verwantschap (hoe klein ook) met de dadaïsten, voor wie de slogan en de kreet een mogelijkheid tot ontwrichting van de bourgeois orde in zich droeg, en zelfs met de surrealisten en hun hang naar het rijk van het onbewuste. Ze onderscheidt zich bovendien van kunstenaars zoals Magritte en zijn verlangen om een beeld met troebele en ironische woordspelingen te betoveren. Ze beschouwt zichzelf niet als een verre erfgename van Warhol en, ook al ziet ze dagelijks de wanorde in onze publieke ruimte, toch is dit geen bron van afleiding of venijnige kritiek. Ze herkent zichzelf niet beter in de post-popbeweging, die artistieke activiteit in de mediaproductie wil integreren om te tonen hoe de betovering van de consumptiegoederen op het spectaculaire werkt. Arpaïs Du Bois verwerpt deze huidige trend waarbij kunstenaars het woord gebruiken als substituut voor een verhouding tot het heden. Neem nu de tekeningen van Tracey Emin of Anne-Marie Schneider. Terwijl Tracey Emin haar tegenstelling tot de andere, geliefde of minnaar met woorden bevestigt, gaat de taal bij Anne-Marie Schneider uit van een expliciete verwijzing naar de actualiteit van een specifieke gebeurtenis, die doorleefd en gemetamorfoseerd wordt door de getekende lijn. Arpaïs Du Bois volgt een heel ander pad. Zij gebruikt daarvoor haar cahiers als geduchte filter. Dag na dag, jaar na jaar, noteert ze hierin haar ideeën, hersenspinsels, efemere waarnemingen en zintuiglijke gebeurtenissen. Als een soort oneindige inventaris die ze altijd bij de hand heeft. Ze kan alles dus altijd en overal bijwerken en aanpassen, als een bron van mogelijke mutaties en migraties. Zo'n proces is niet echt nieuw. Louise Bourgeois kon met een zin in bepaalde tekeningen en gravures haar emoties kristalliseren, eenmaal losgerukt van het nu. Net als bij veel sculpturen is het woord hier bedoeld om een – ooit onderdrukte en later door de kunstenaar actueel gemaakte – emotie waarneembaar te maken. *He disappeared into Complete Silence* (1947), *Le mot pitié m'a apaisé* (2001), *Be Calm* (2004) en *We Love You* (2000) vormen het vlechtwerk van deze ongeziene gewoontes om het rouwproces bij veel te lang onderdrukte gevoelens te overwinnen.

Damien Sausset

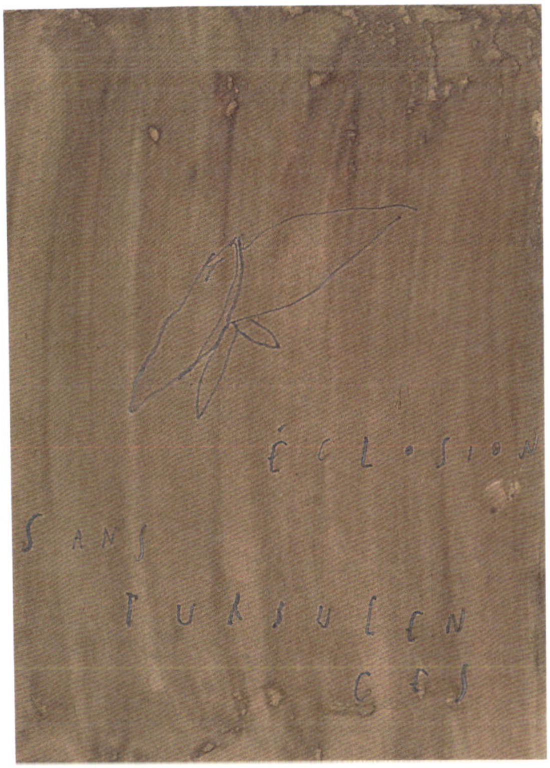
ÉCLOSION
SANS
TURBULEN
CES

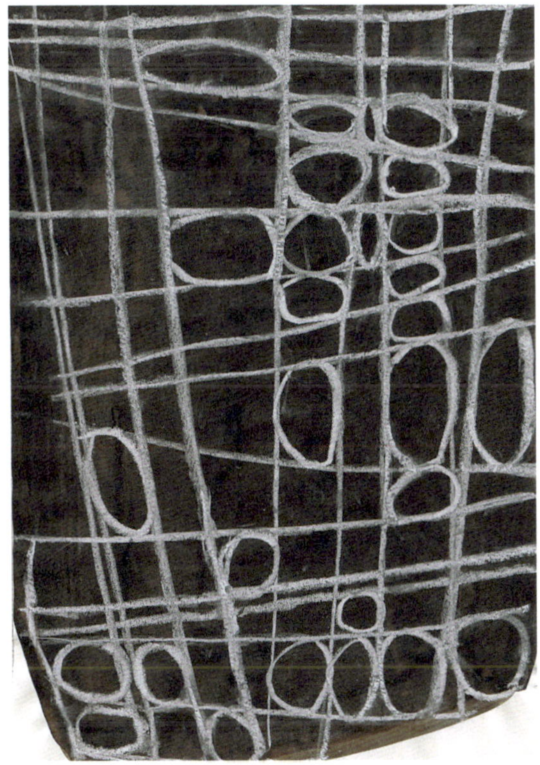

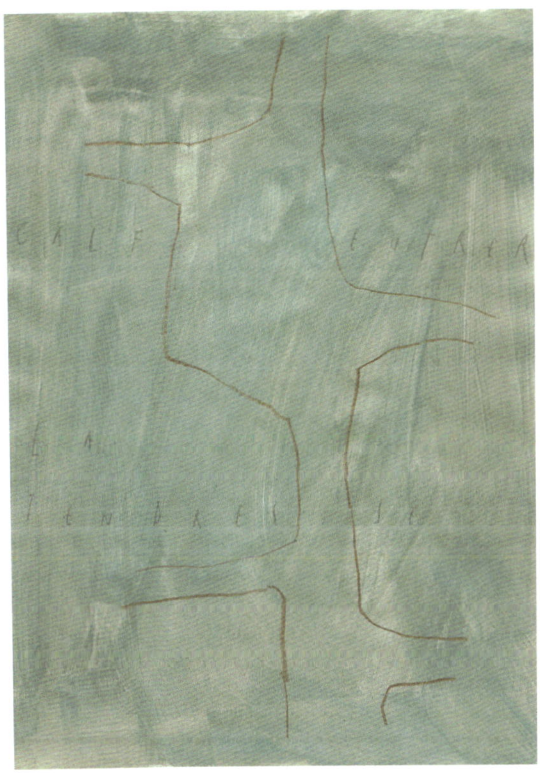

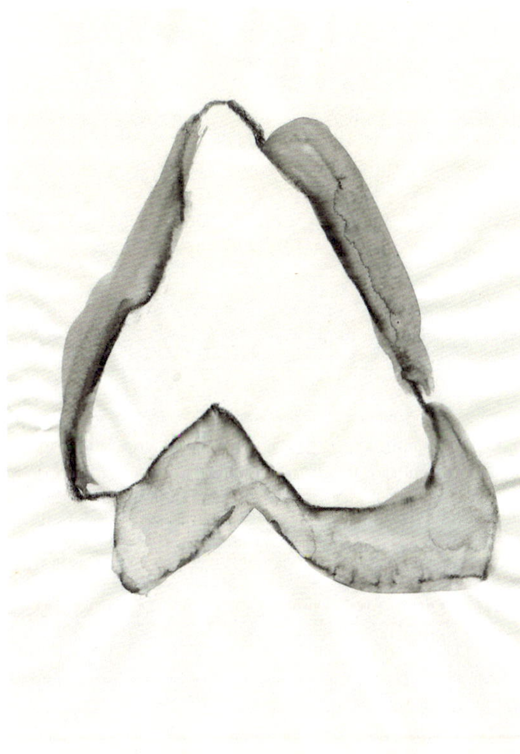

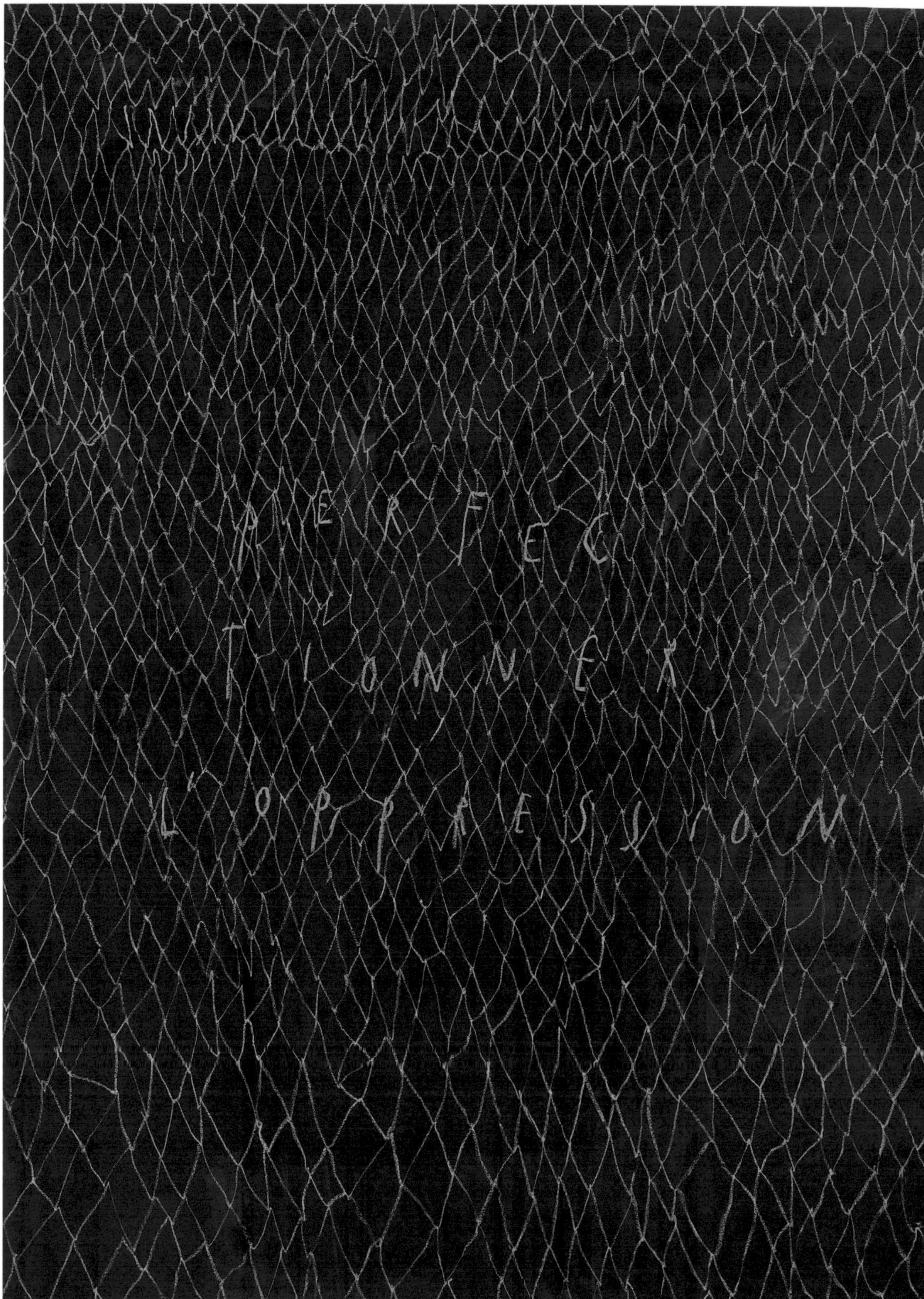
PERFEC
TIONNER
L'OPPRESSION

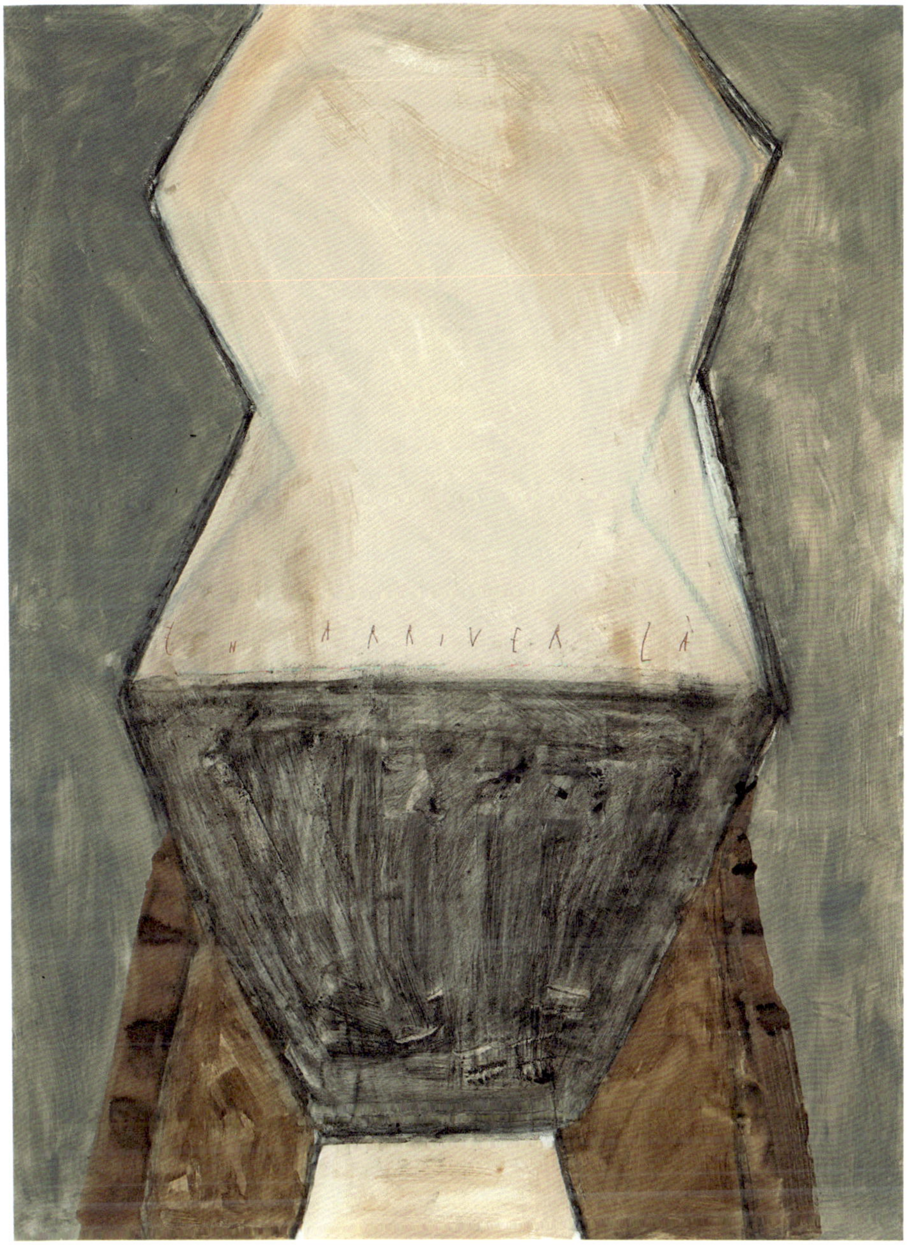
EN ARRIVER LÀ

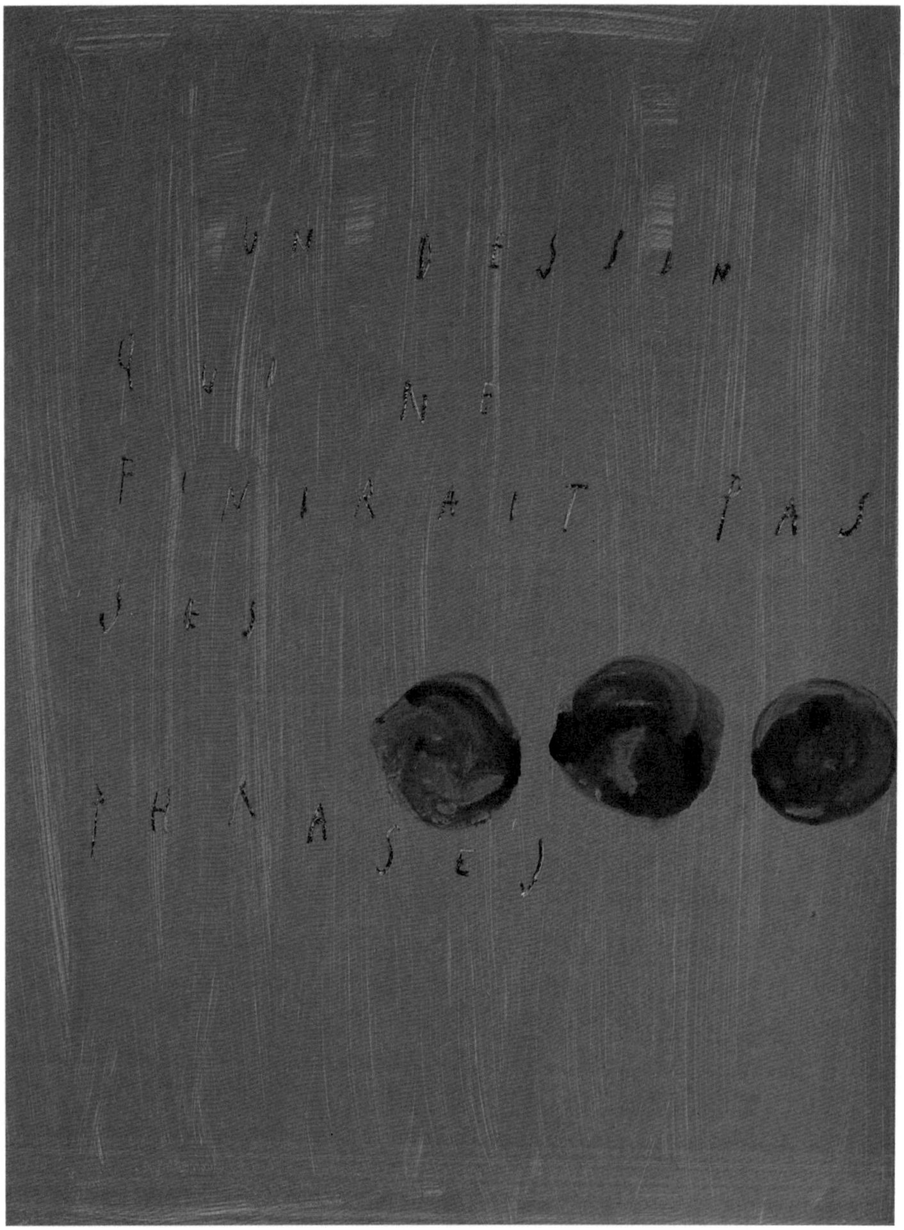
UN DESSIN
QUI NE
FINIRAIT PAS
SES
PHRASES

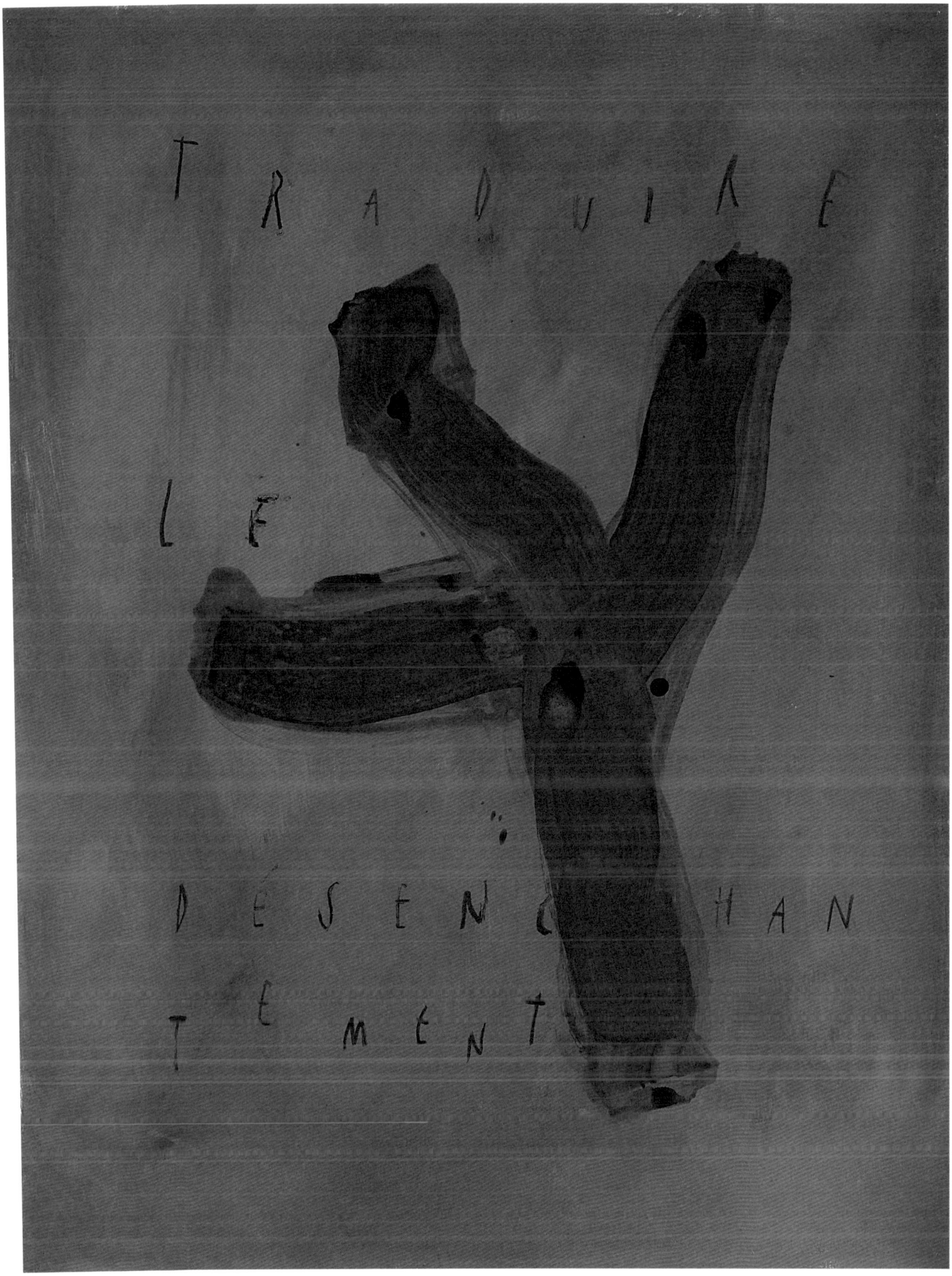
TRADUIRE
LE
DESENCHAN
TEMENT

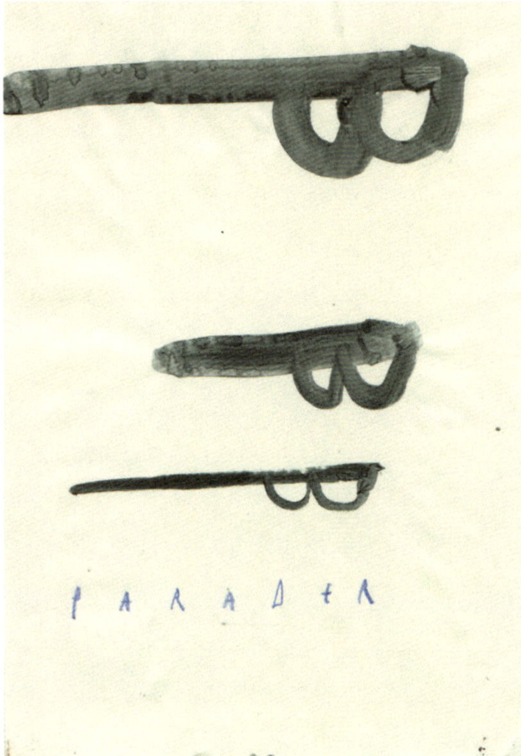
PARADER

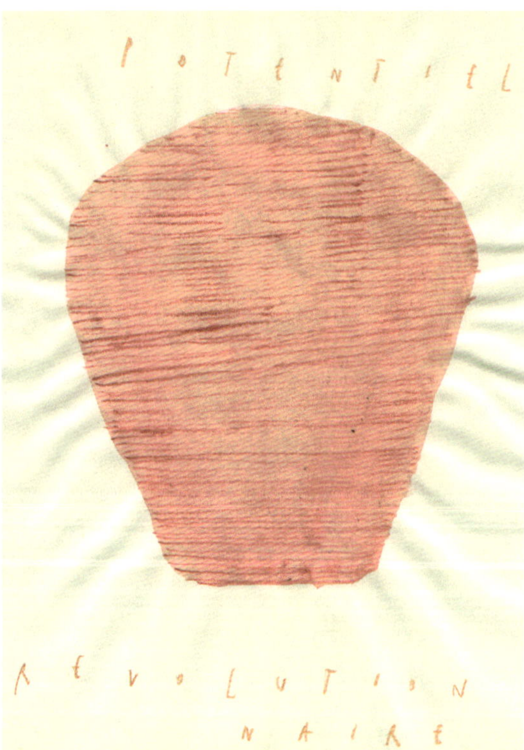
POTENTIEL
REVOLUTION
NAIRE

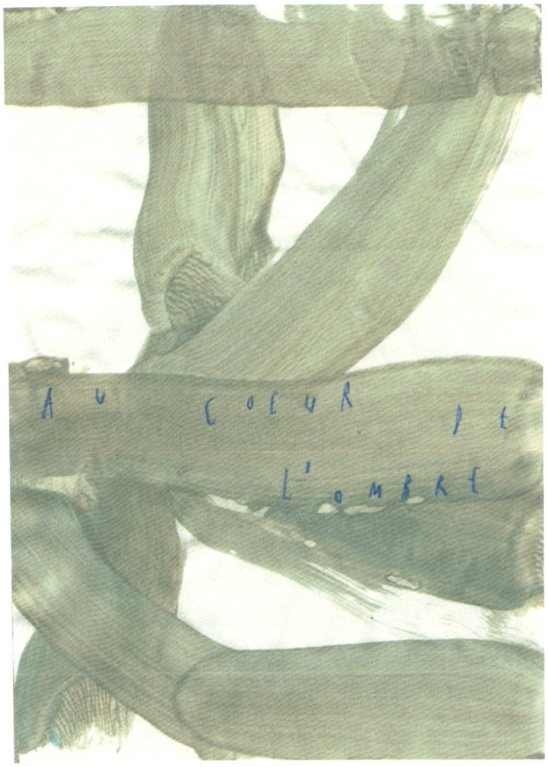
AU COEUR DE
L'OMBRE

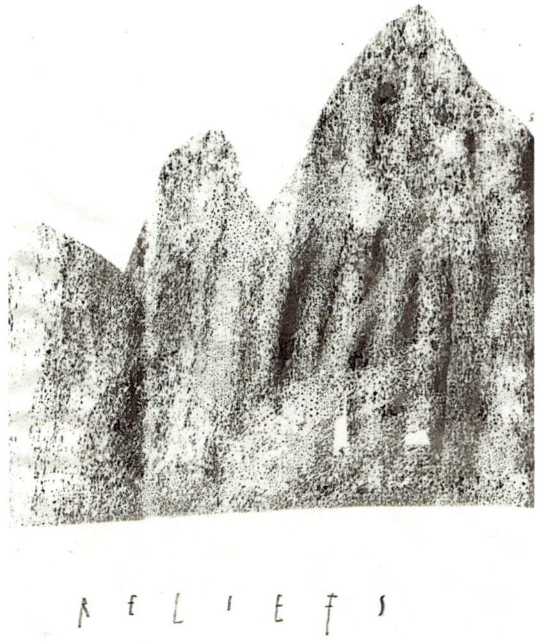
RELIEFS

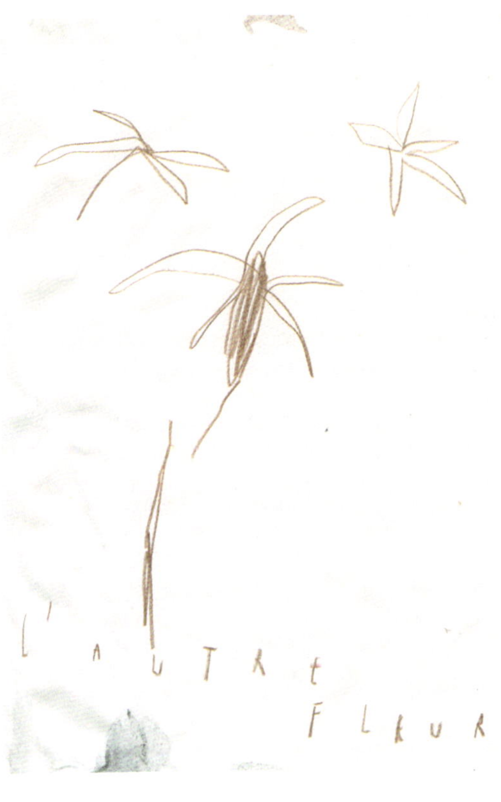
L'AUTRE
FLEUR

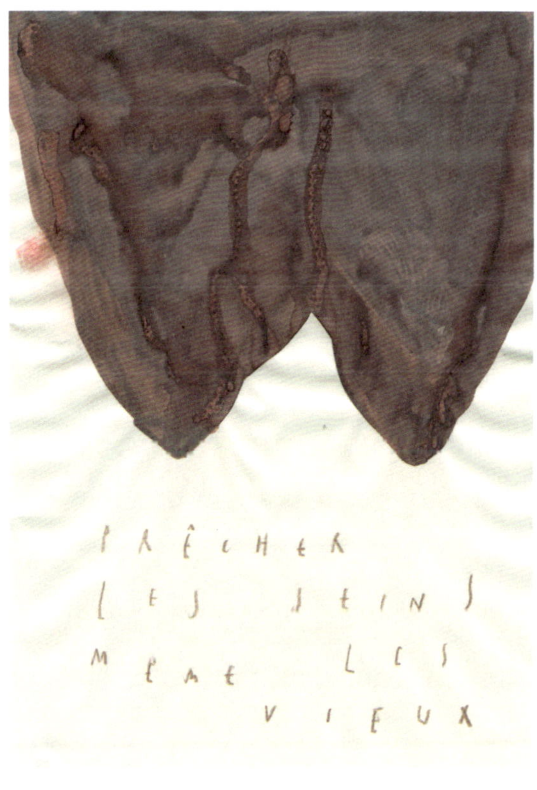
PRÊCHER
LES SEINS
MÊME LES
VIEUX

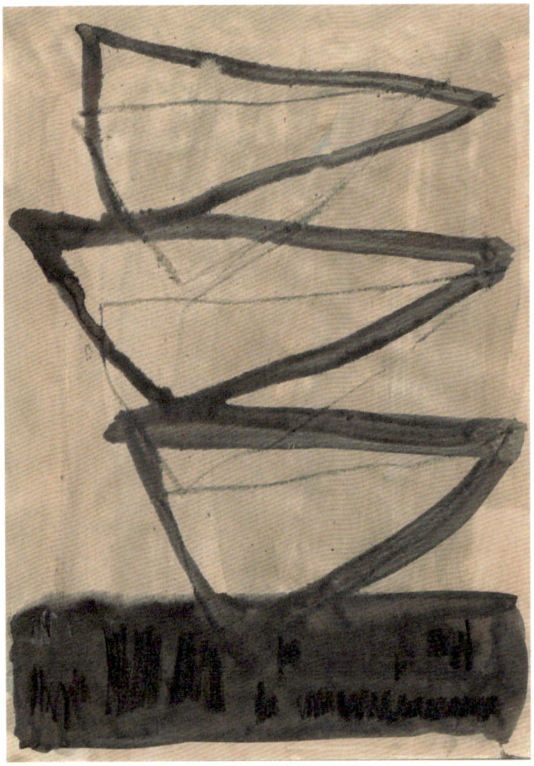

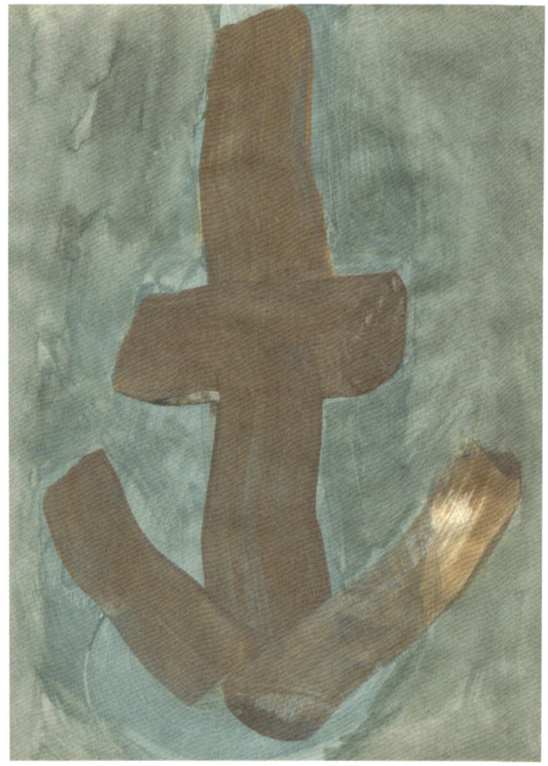

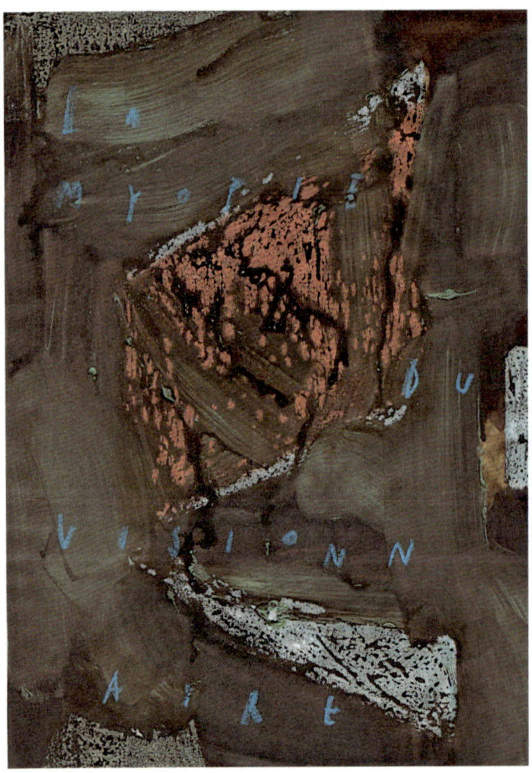
LA
MYOPIE
DU
VISIONN
AIRE

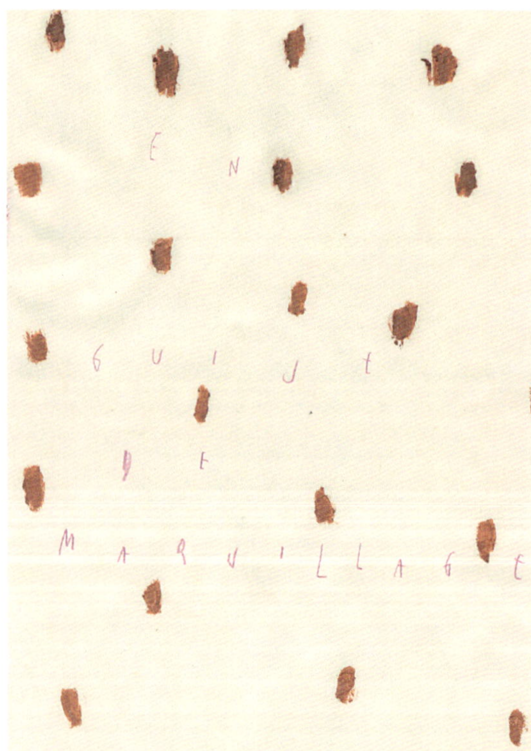
EN
GUIJE
DE
MAQUILLAGE

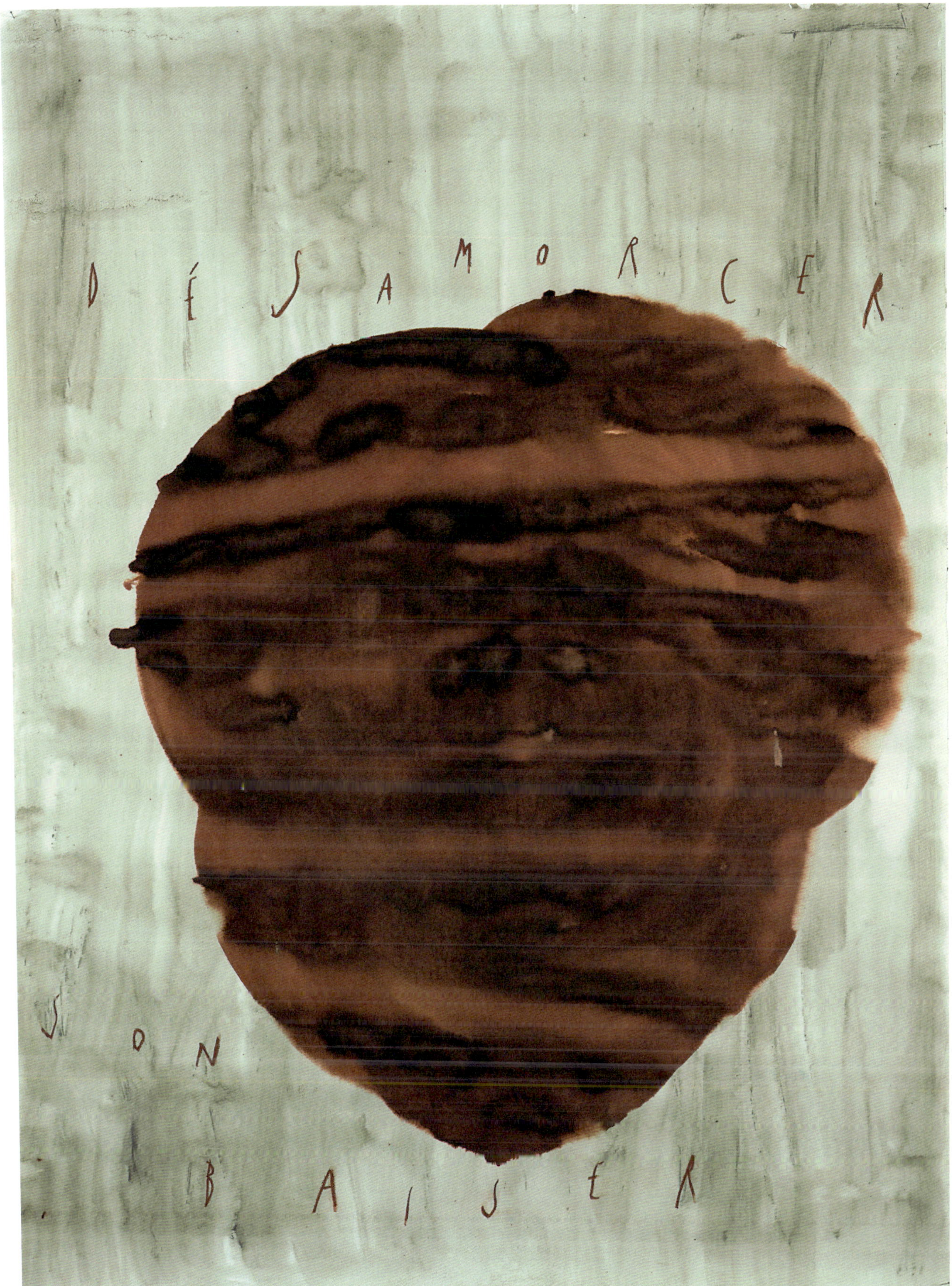
DÉSAMORCER
SON
BAISER

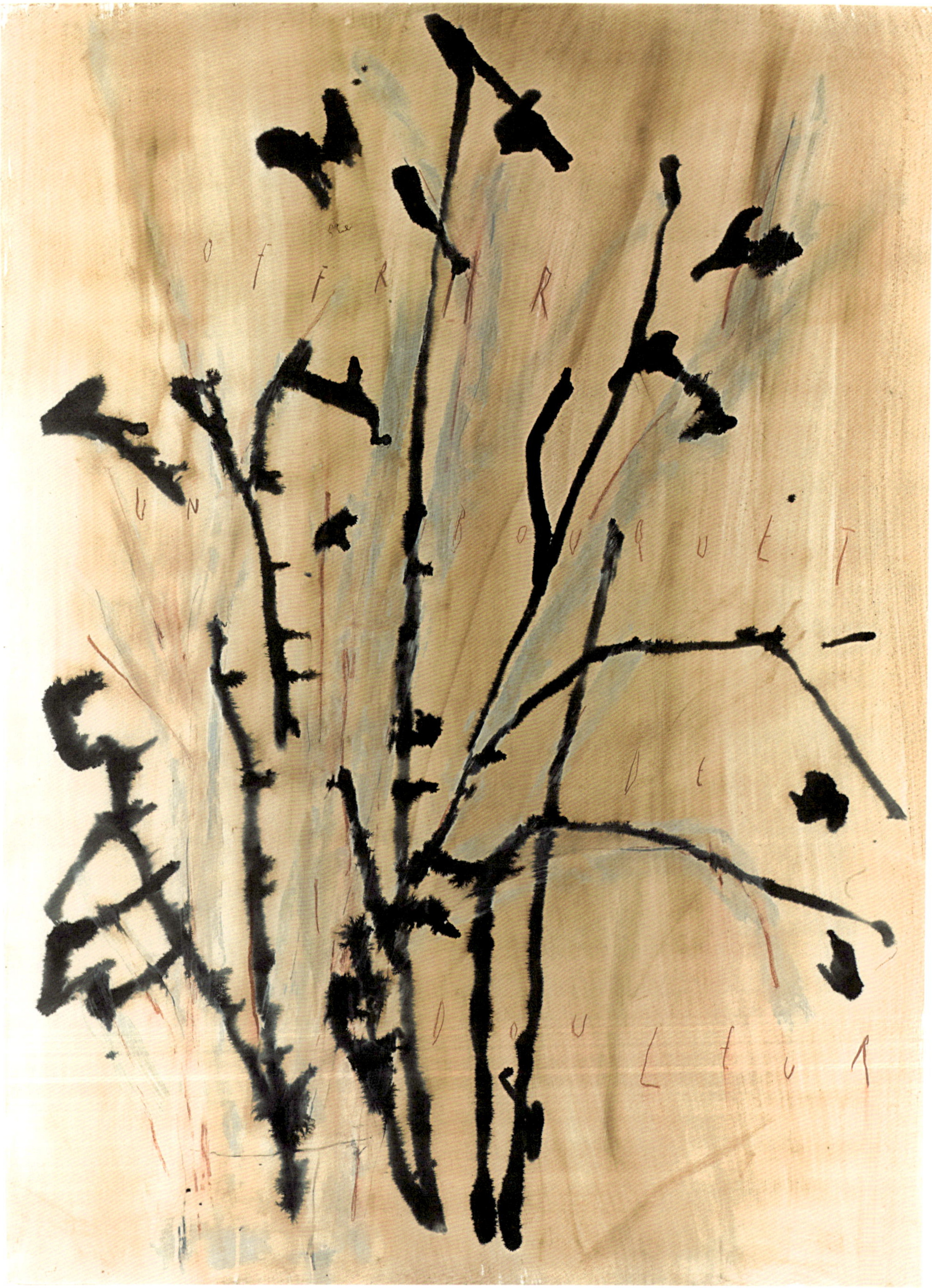
OFFRIR
UN BOUQUET
DE
DOULEUR

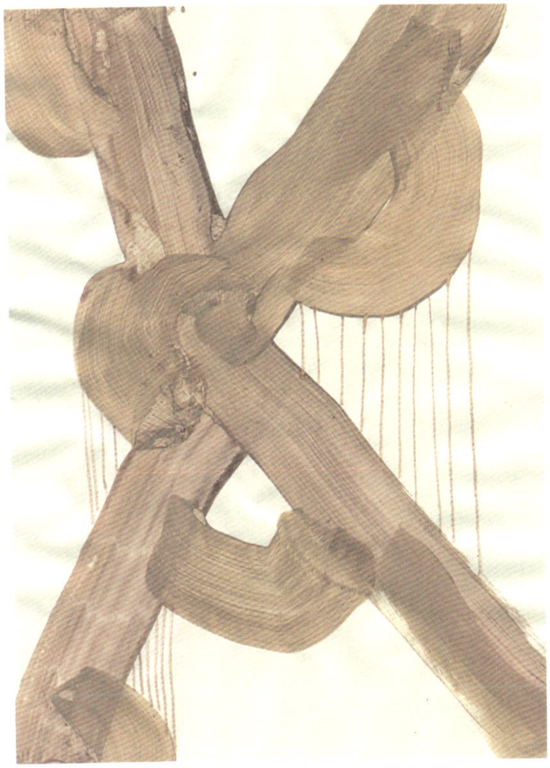

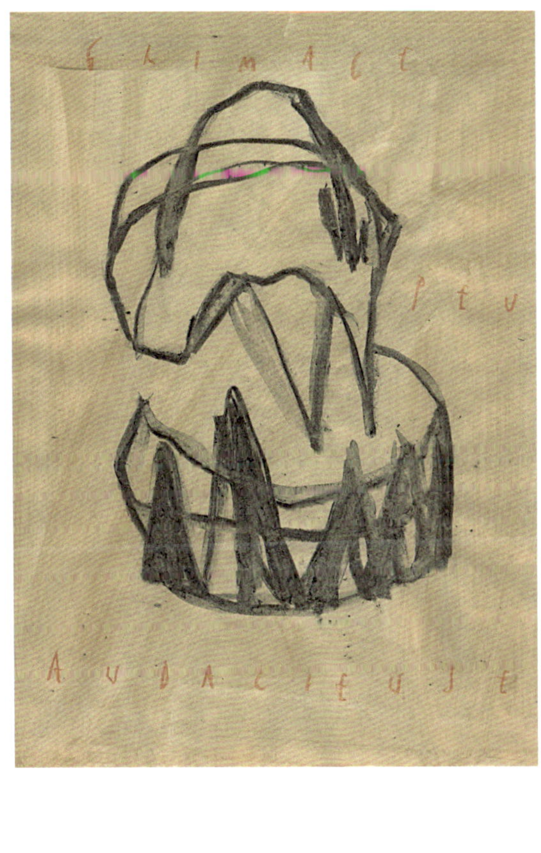
GRIMACE
PEU
AUDACIEUSE

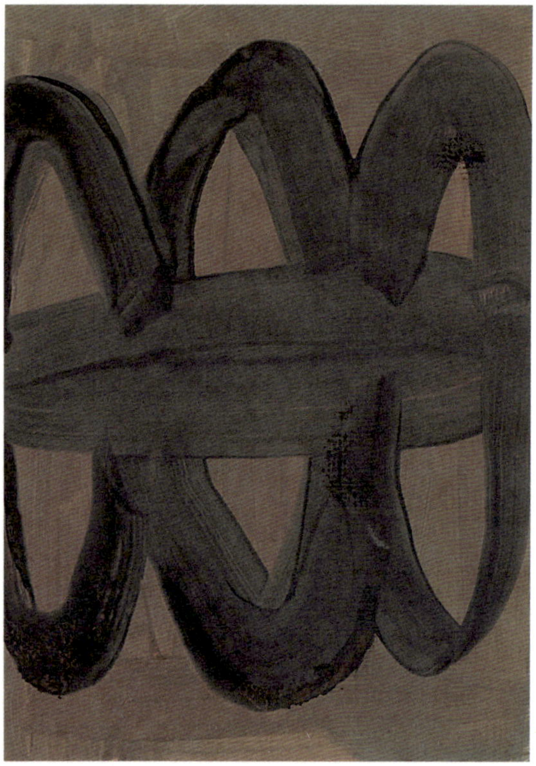

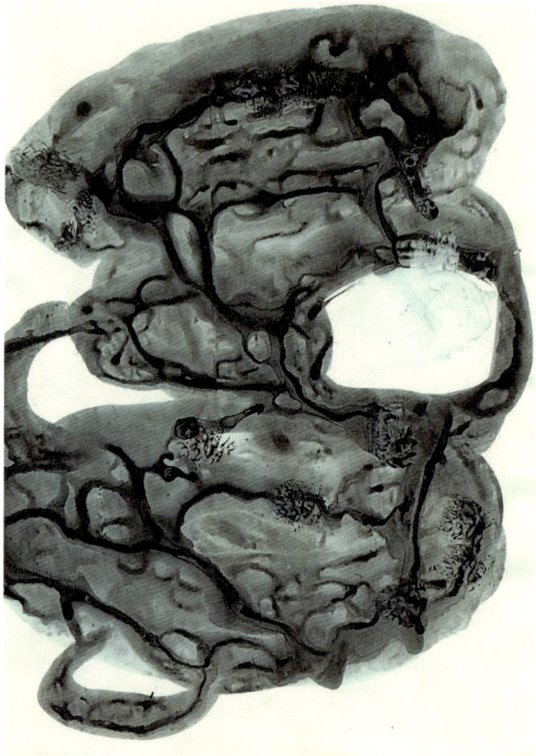

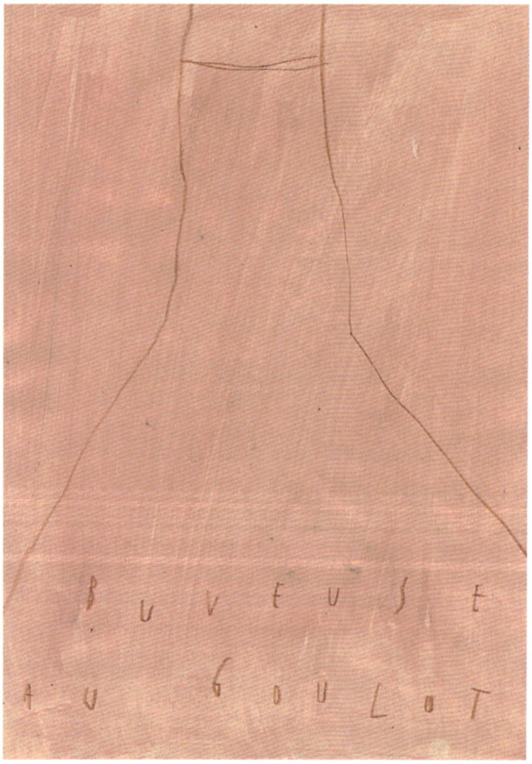
BUVEUSE
AU GOULOT

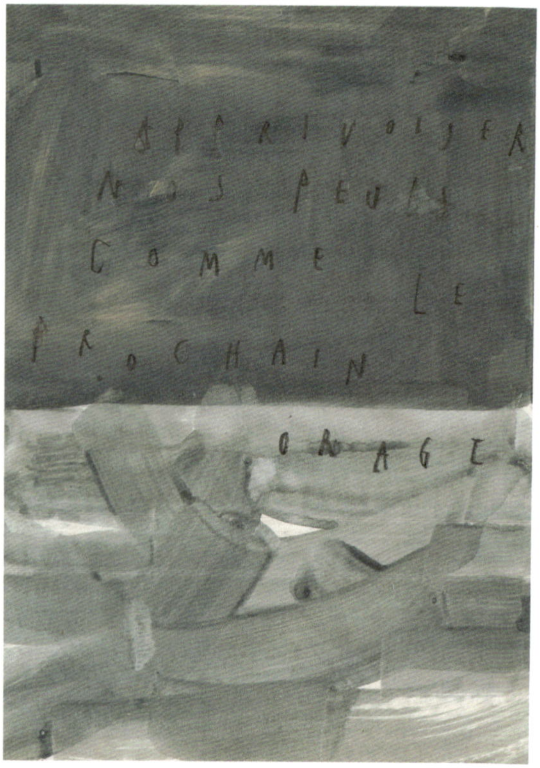
APPRIVOISER
NOS PEURS
COMME LE
PROCHAIN
ORAGE

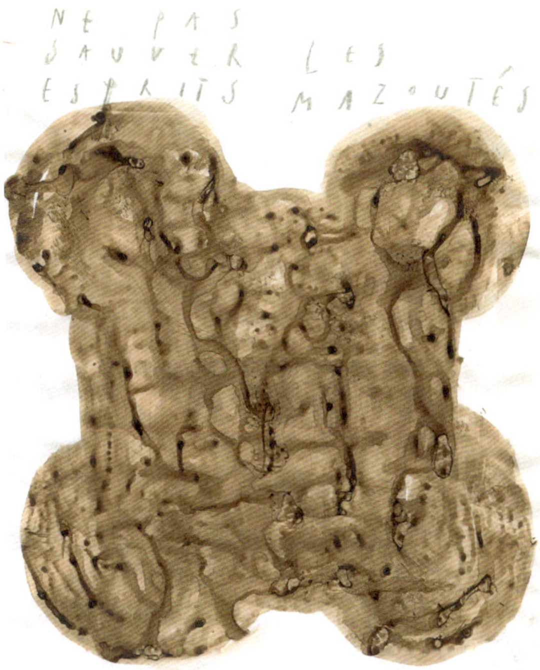
NE PAS
SAUVER LES
ESPRITS MAZOUTÉS

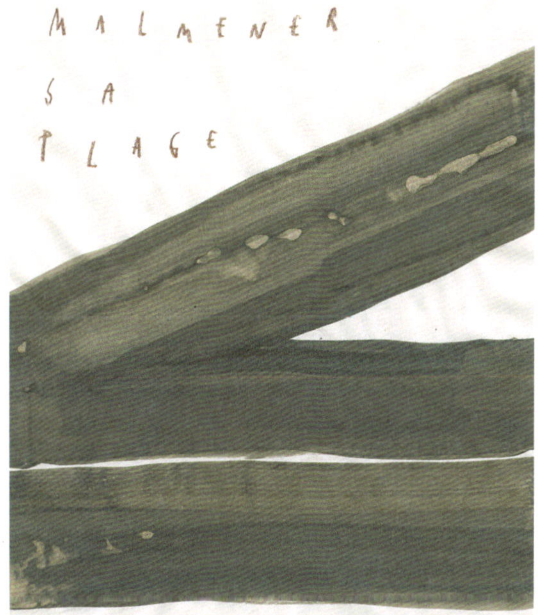
MALMENER
SA
PLAGE

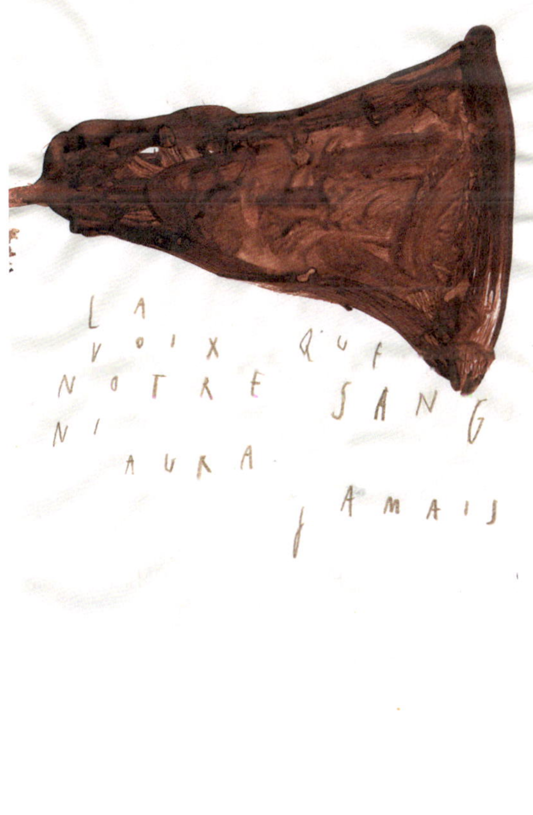
LA
VOIX QUE
NOTRE SANG
N'
AURA
JAMAIS

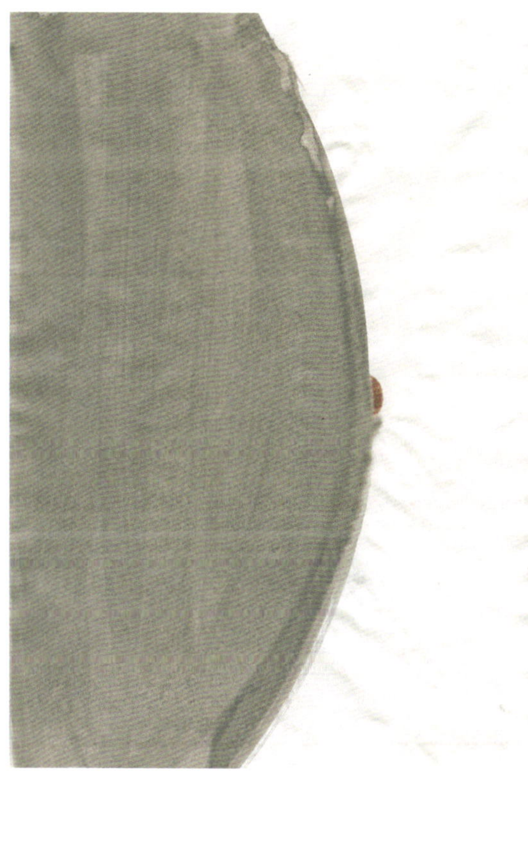

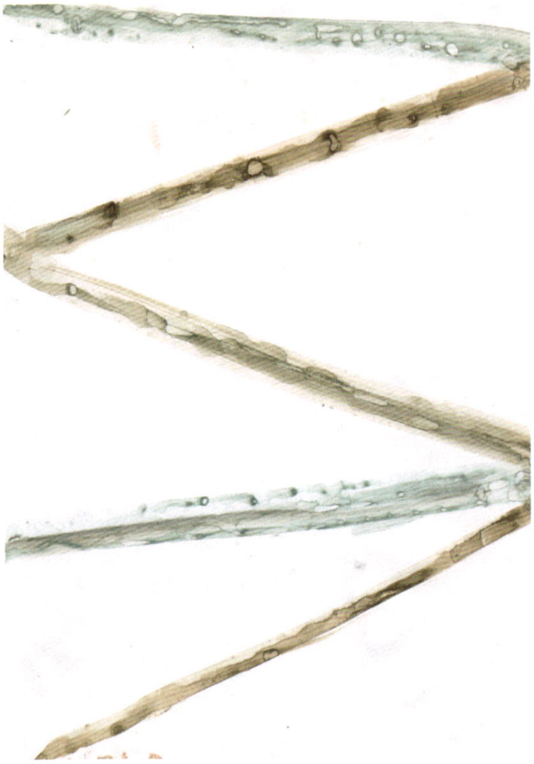

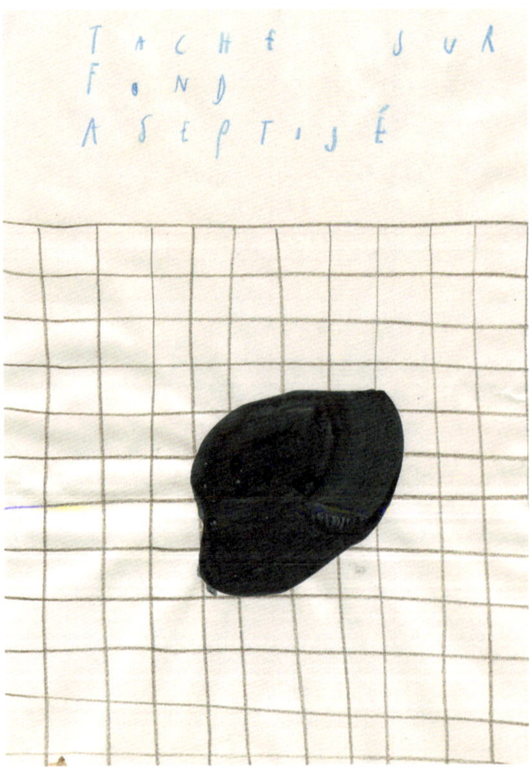
TACHE SUR
FOND
ASEPTISÉ

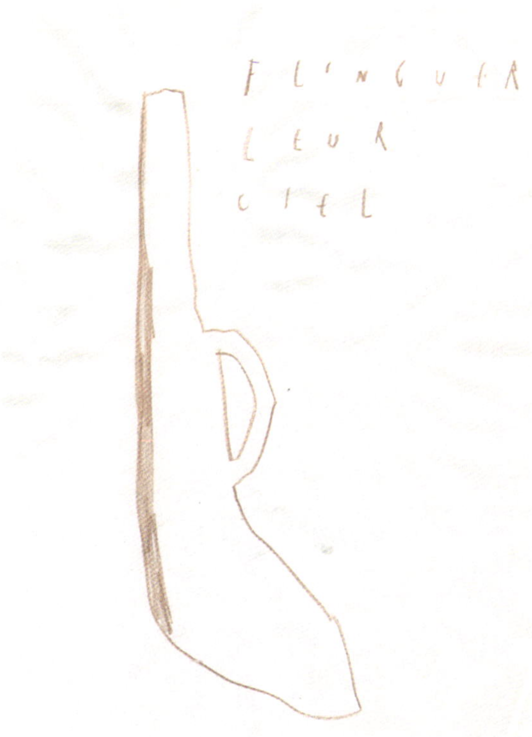
FLINGUER
LEUR
CIEL

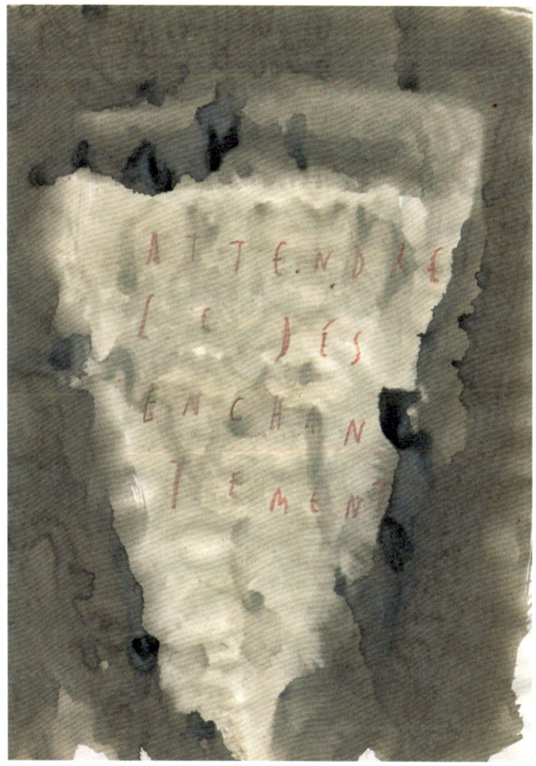
ATTENDRE
LE DÉS
ENCHAN
TEMENT

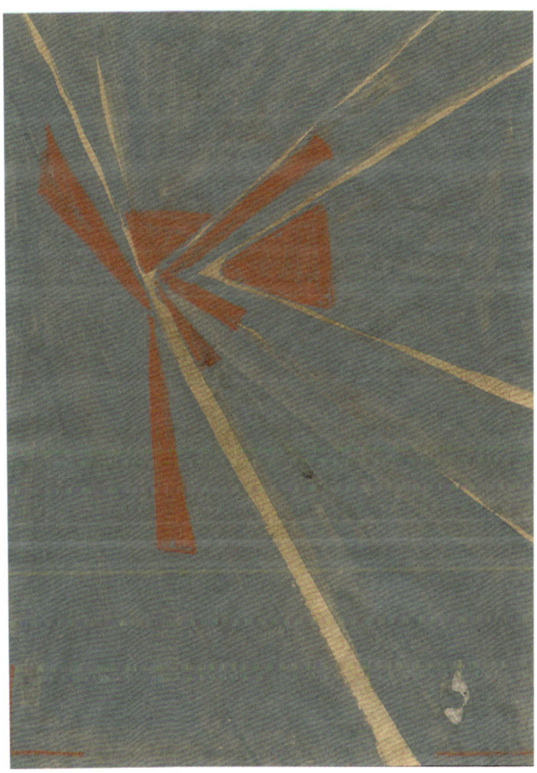

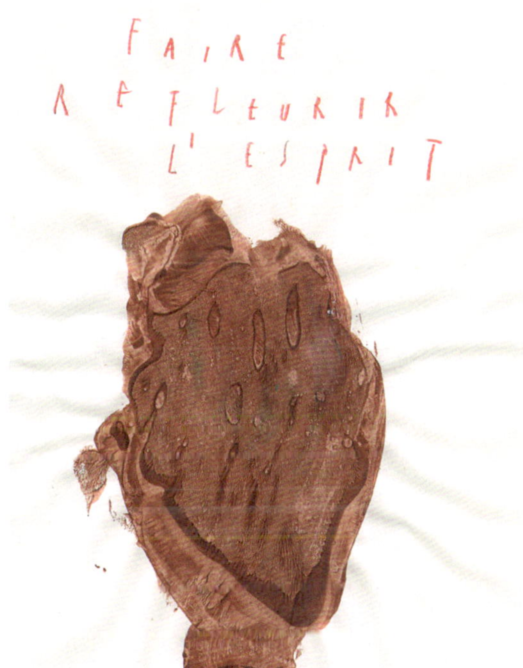
FAIRE
REFLEURIR
L'ESPRIT

LUSTRER
LES
DÉCOMBRES

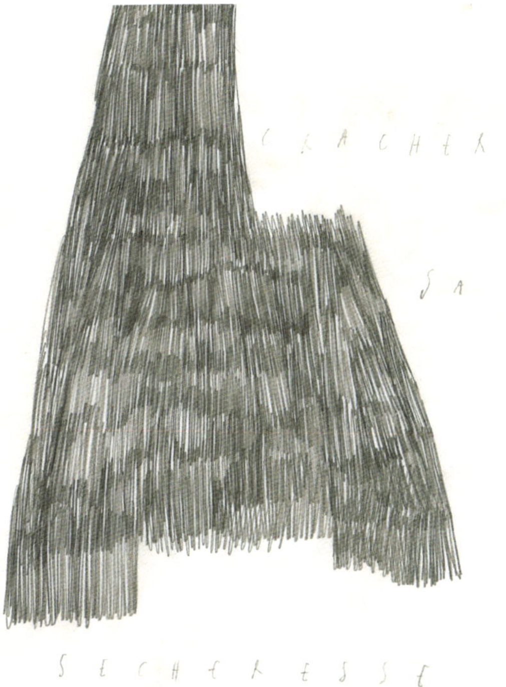
CRACHER
SA
SECHERESSE

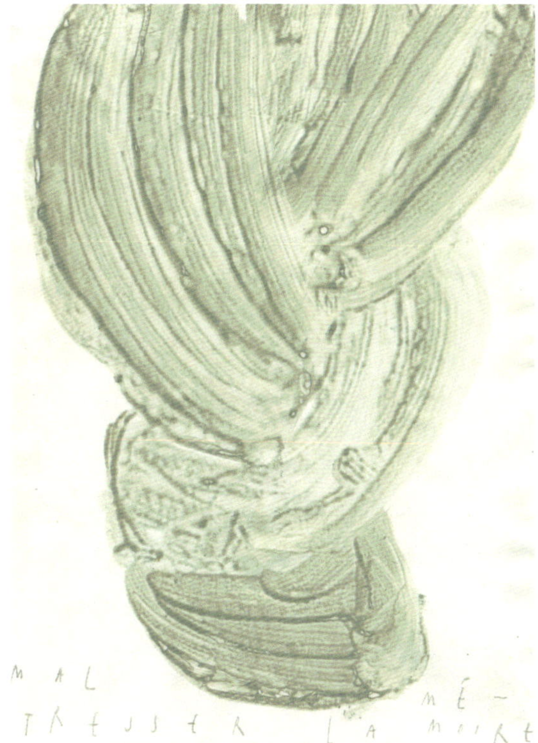
MAL
MÉ-
TRESSER LA MOIRE

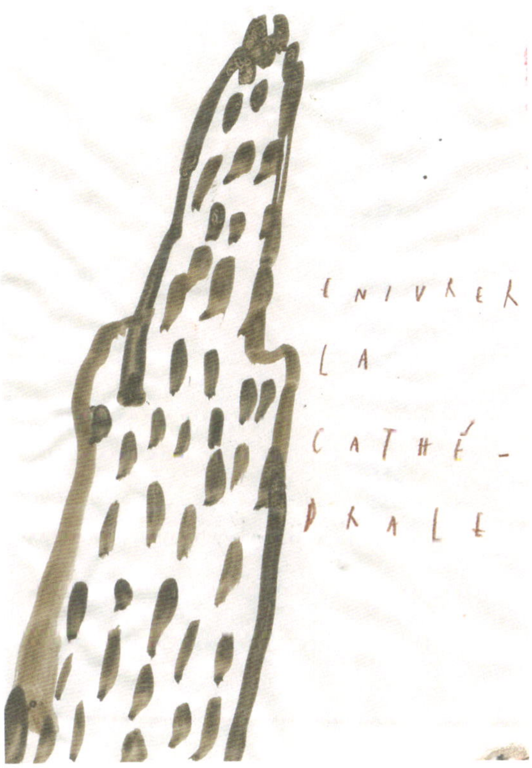
ENIVRER
LA
CATHÉ-
DRALE

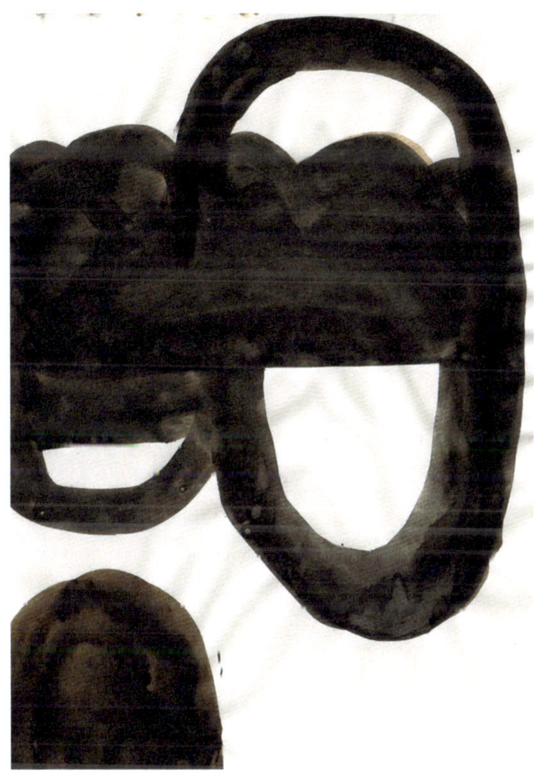

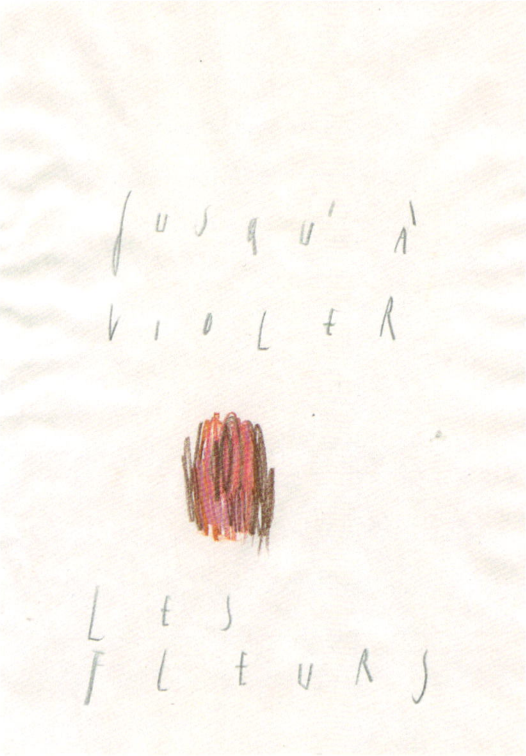
JUSQU'À
VIOLER
LES
FLEURS

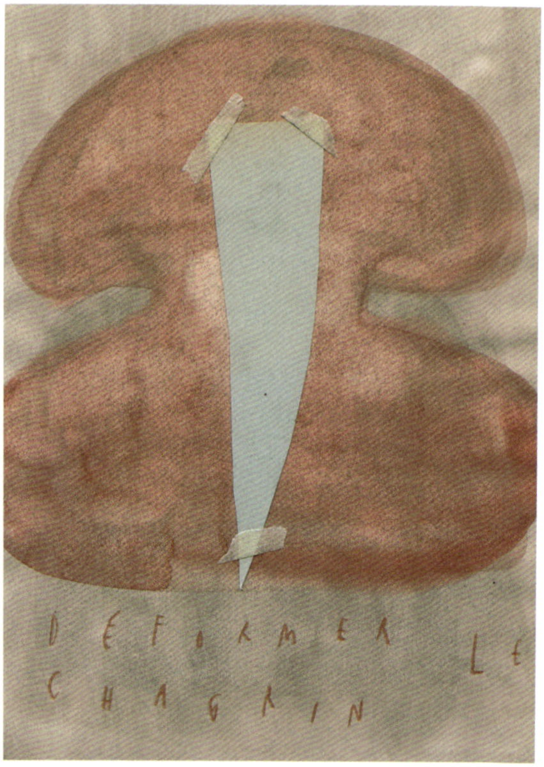
DEFORMER LE
CHAGRIN

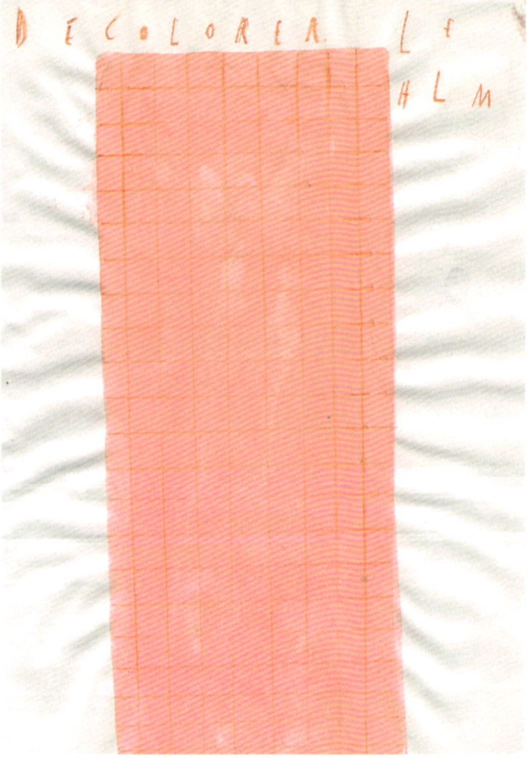
DECOLORER LE
HLM

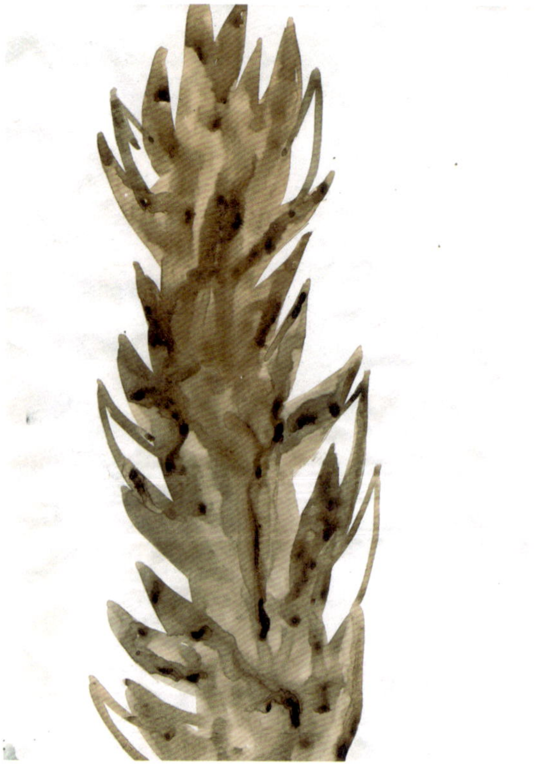

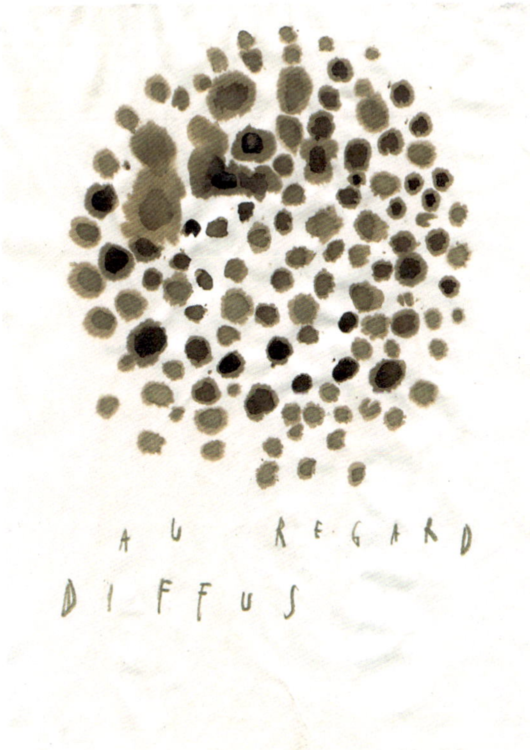
AU REGARD
DIFFUS

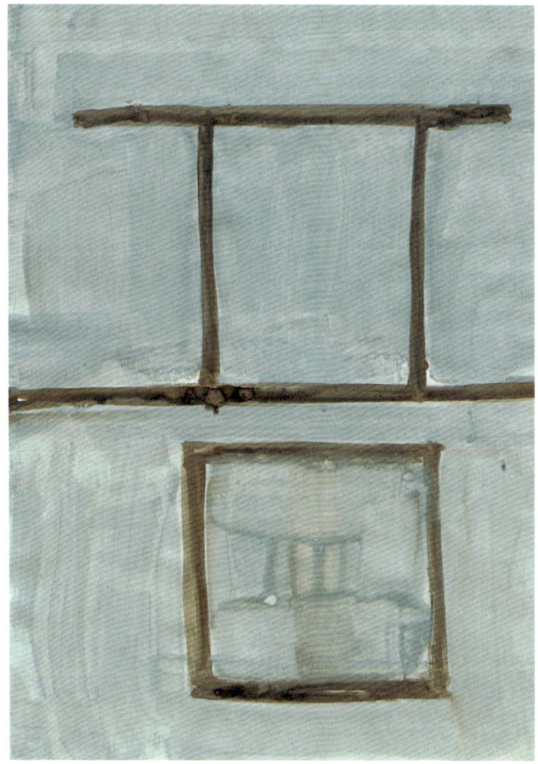

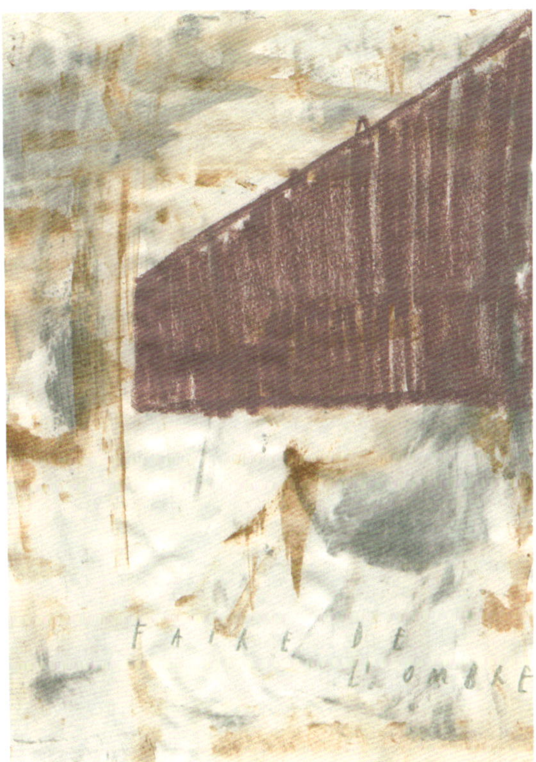
FAIRE DE
L'OMBRE

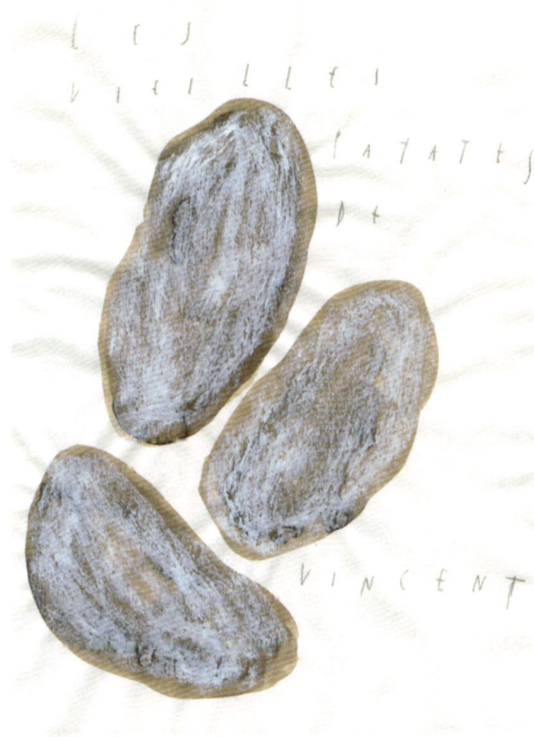
LES
VIEILLES
PATATES
DE
VINCENT

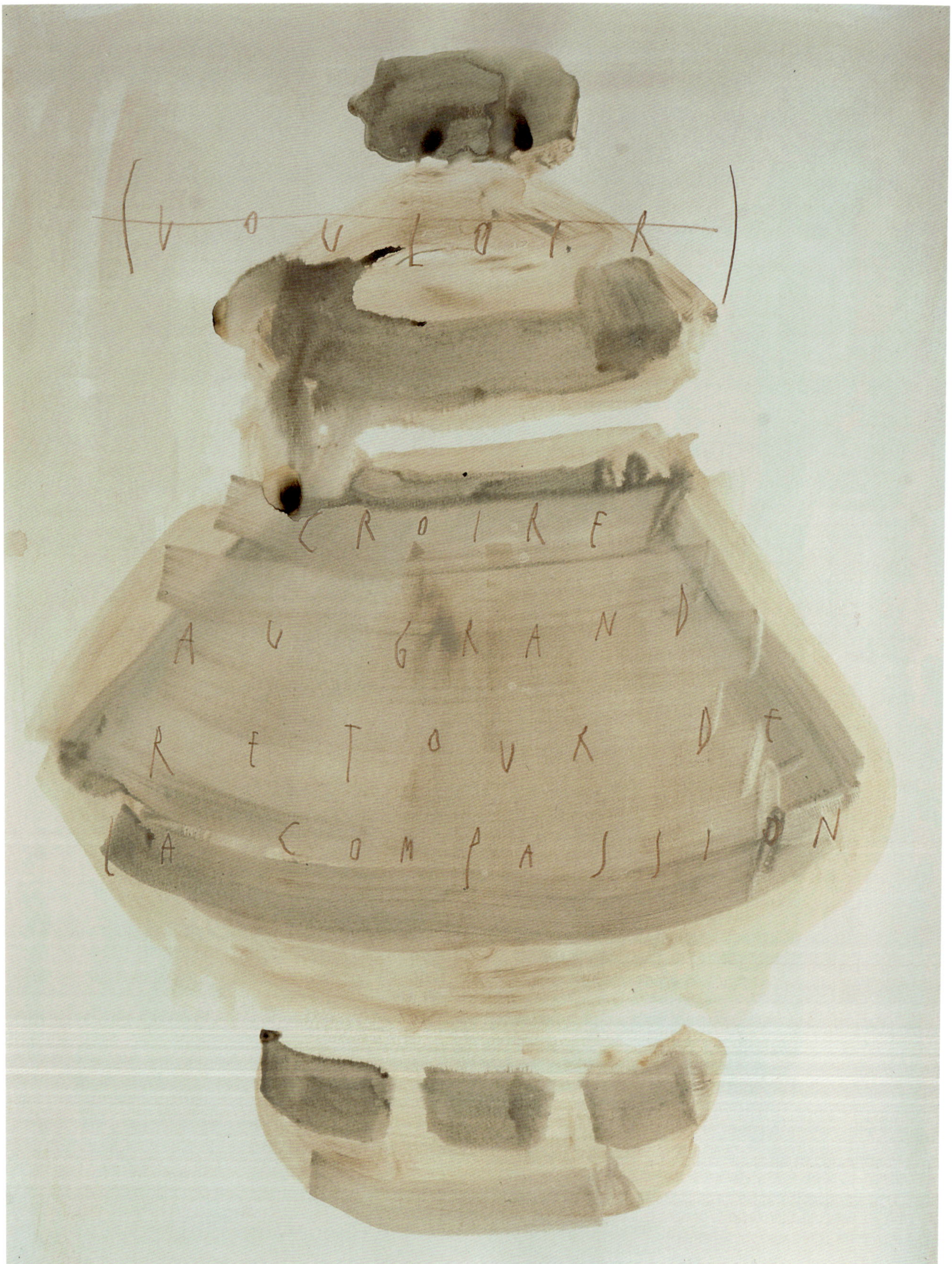
(VOULOIR)
CROIRE
AU GRAND
RETOUR DE
LA COMPASSION

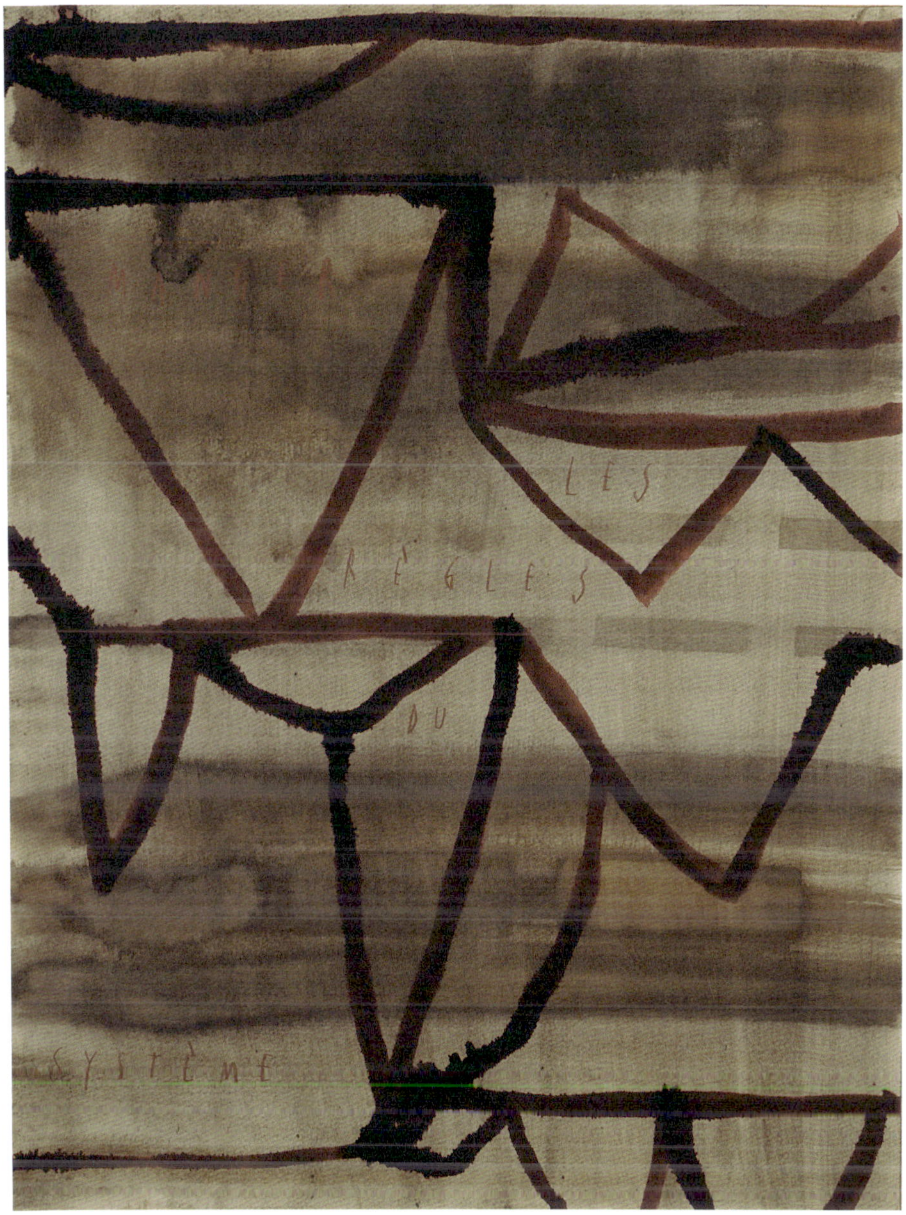
LES
RÈGLES
DU
SYSTÈME

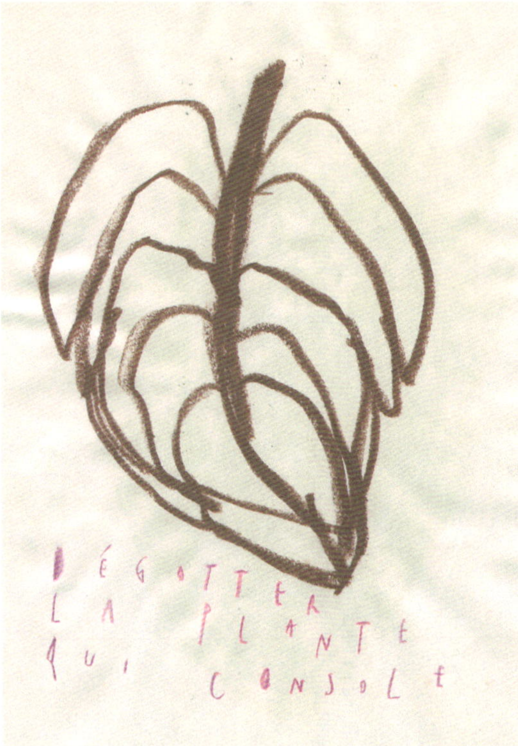
DÉGOTTER
LA PLANTE
QUI CONSOLE

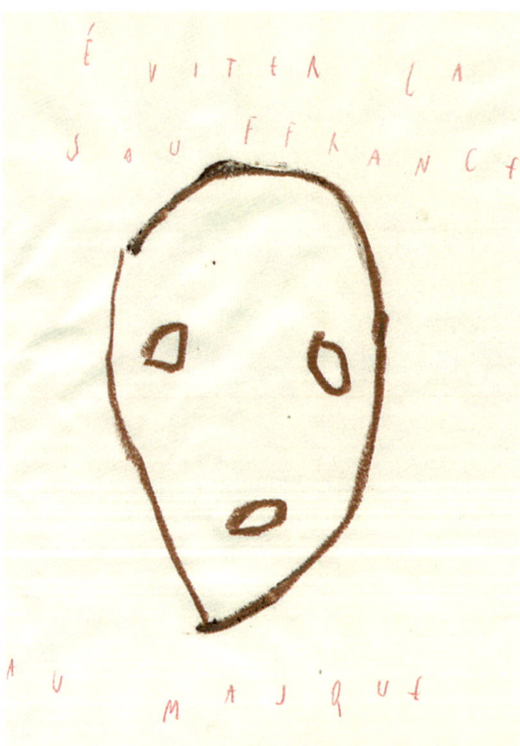
ÉVITER LA
SOUFFRANCE
AU MASQUE

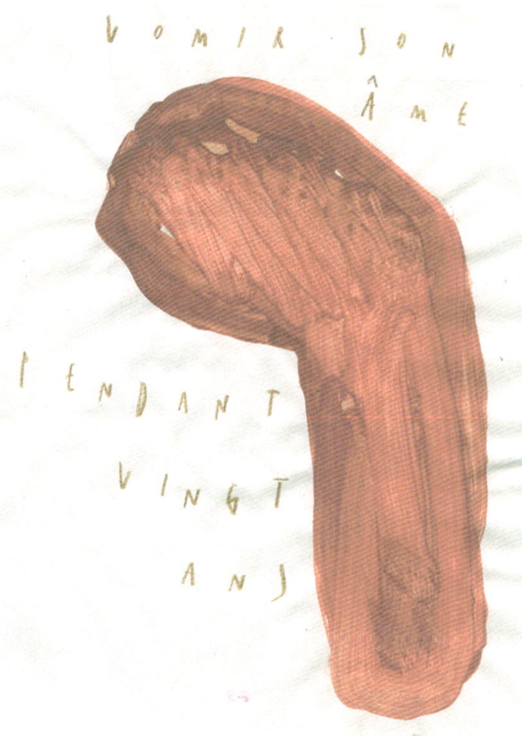
VOMIR SON
ÂME
PENDANT
VINGT
ANS

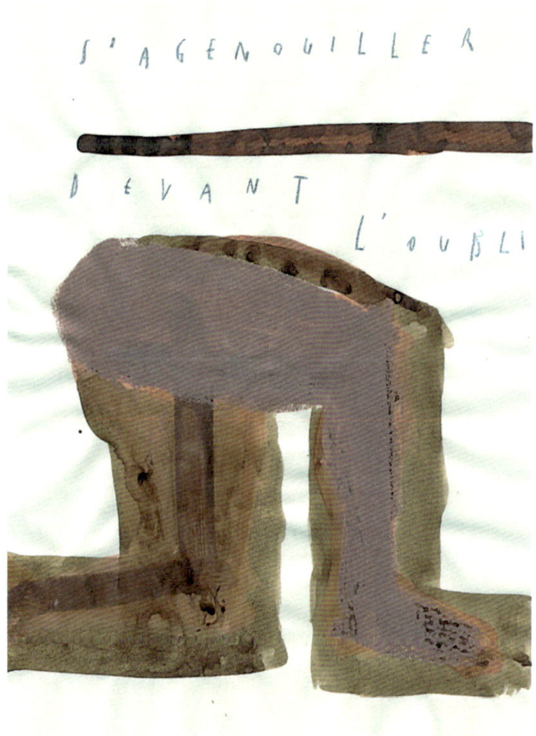
S'AGENOUILLER
DEVANT
L'OUBLI

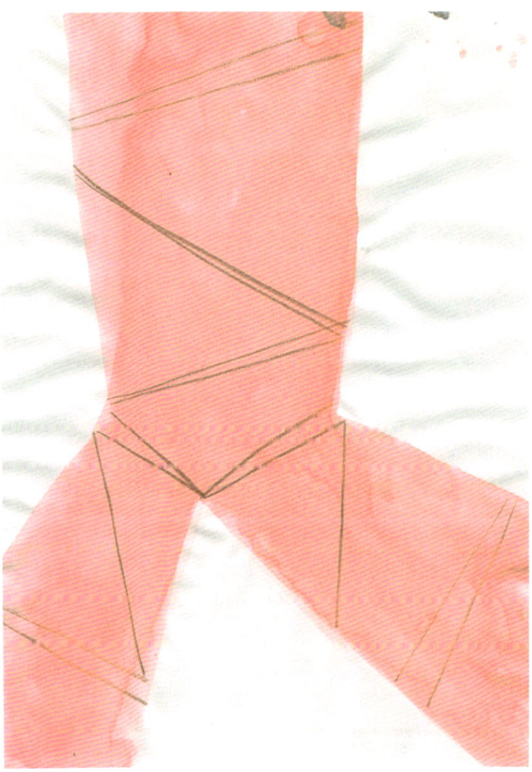

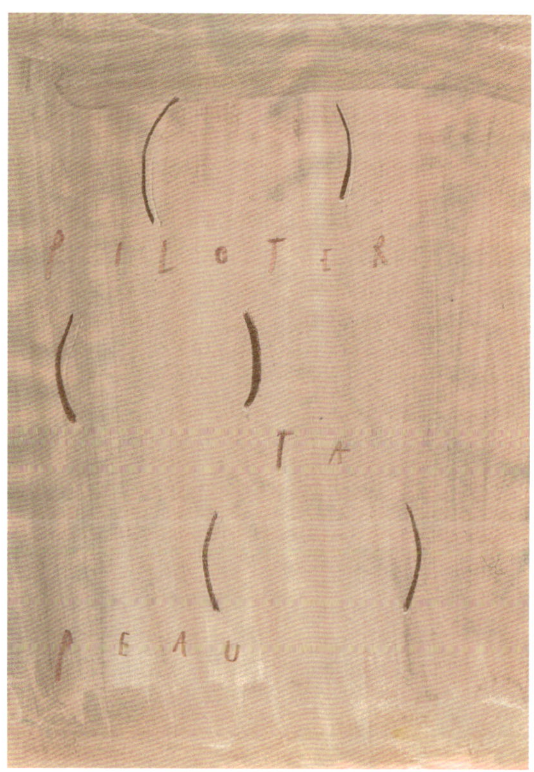
PILOTER
TA
PEAU

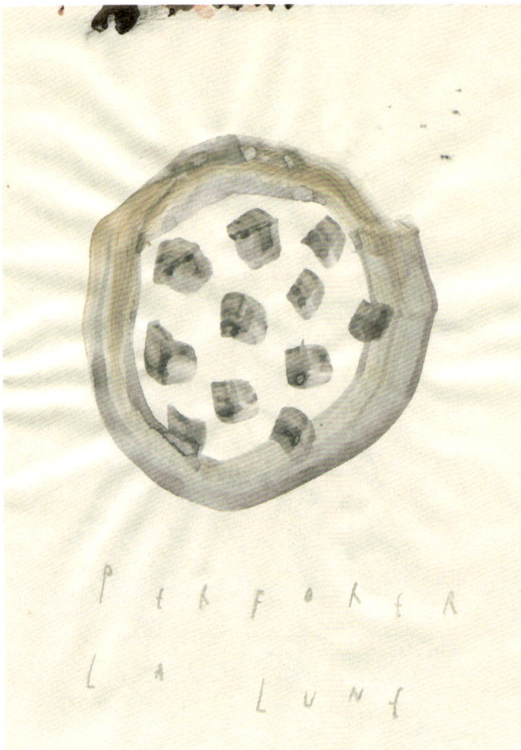
PERFORER
LA LUNE

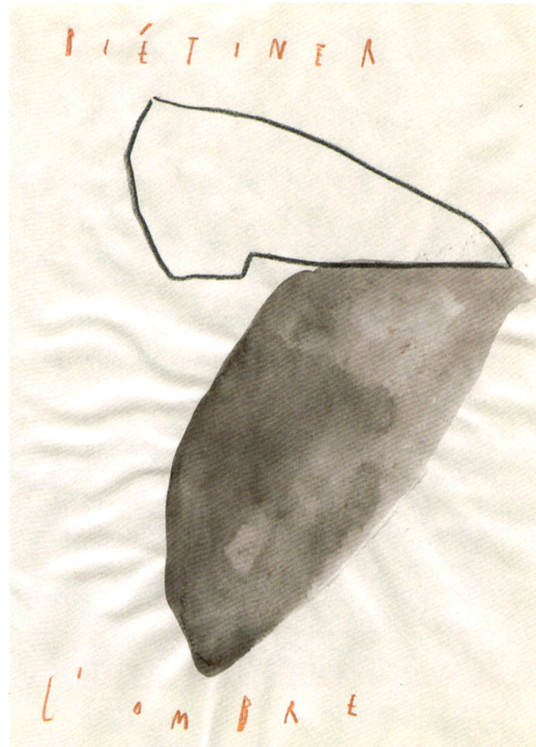
PIÉTINER
L'OMBRE

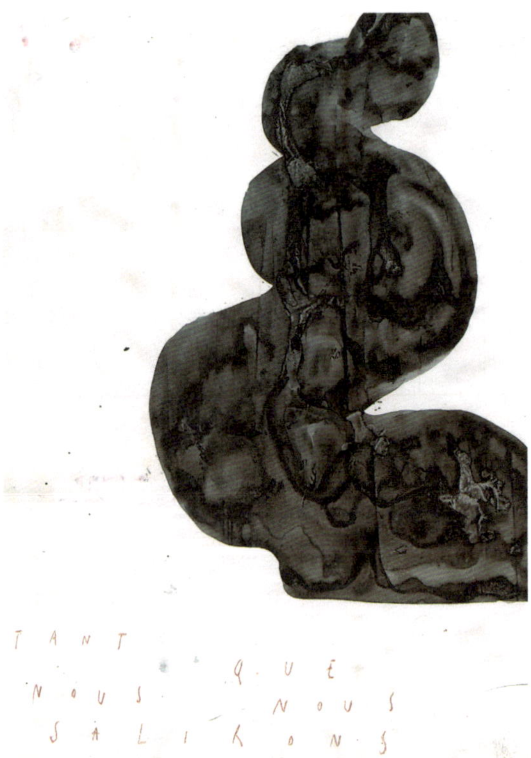
TANT QUE
NOUS NOUS
SALIRONS

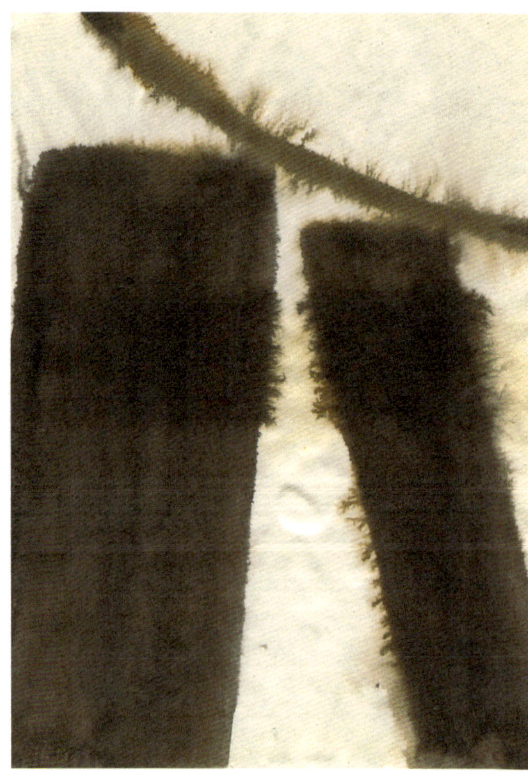

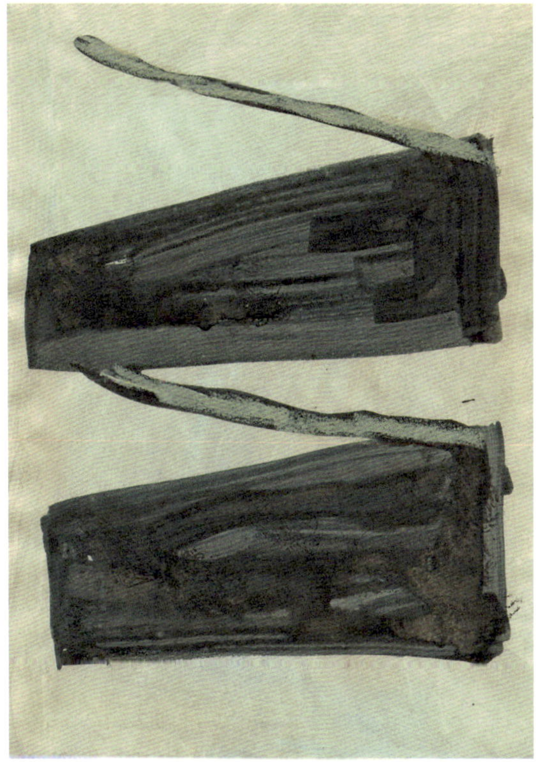

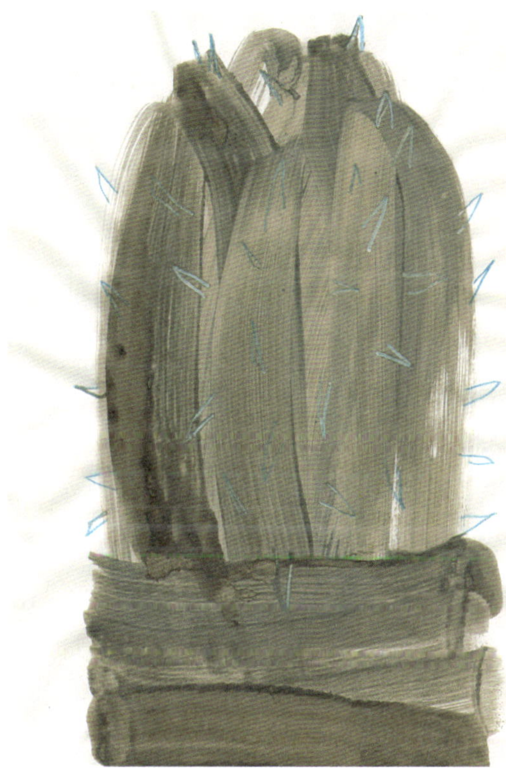

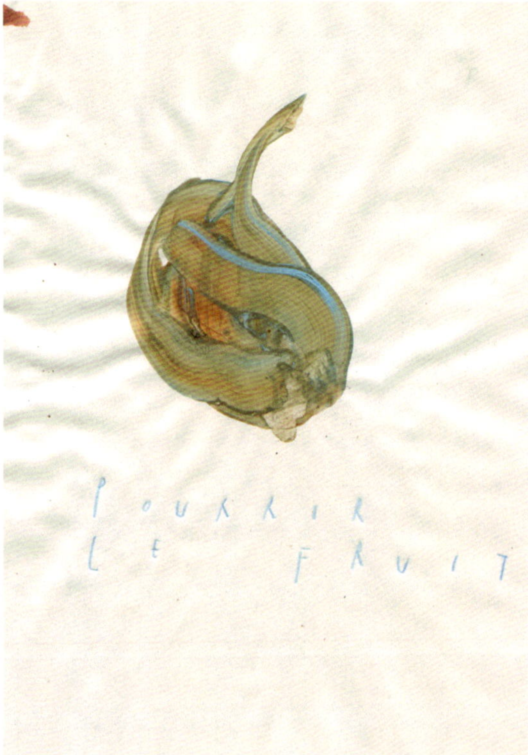
POURRIR
LE FRUIT

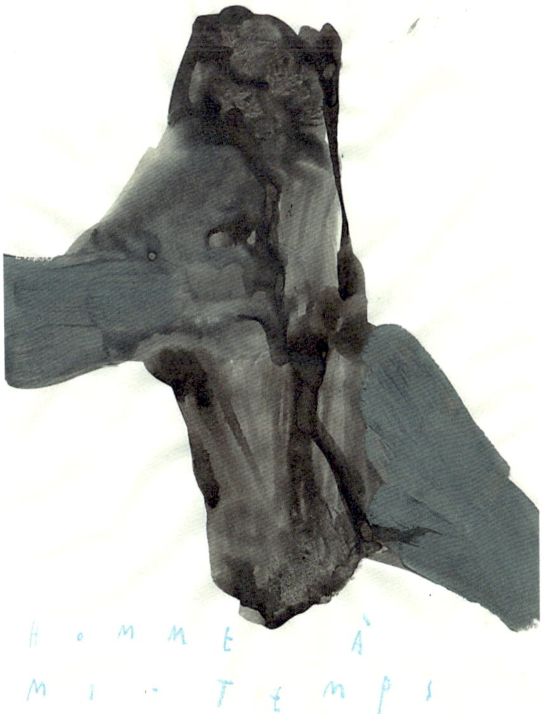
HOMME À
MI-TEMPS

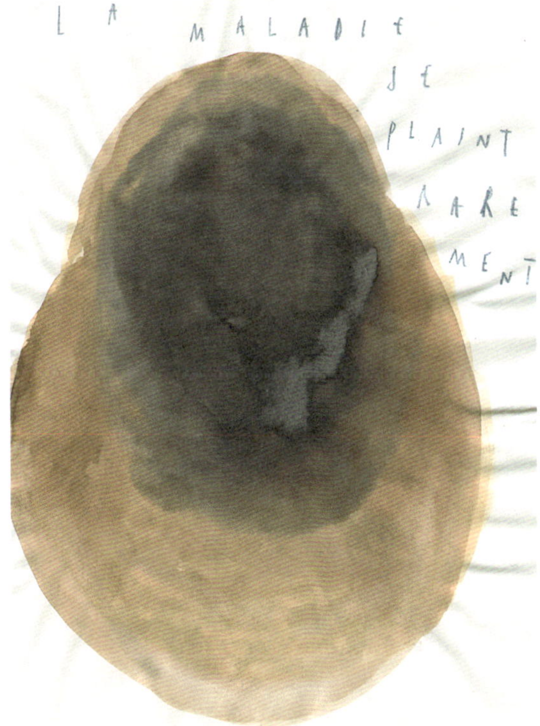
LA MALADIE SE PLAINT RAREMENT

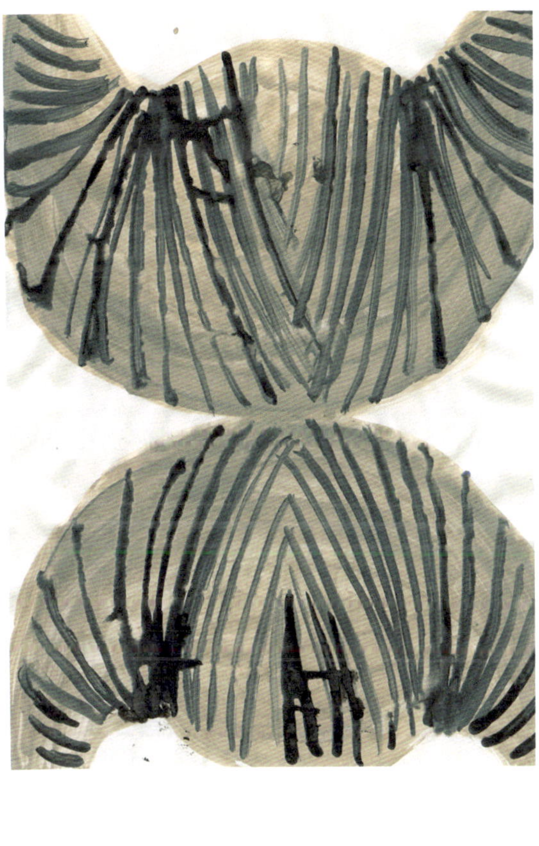

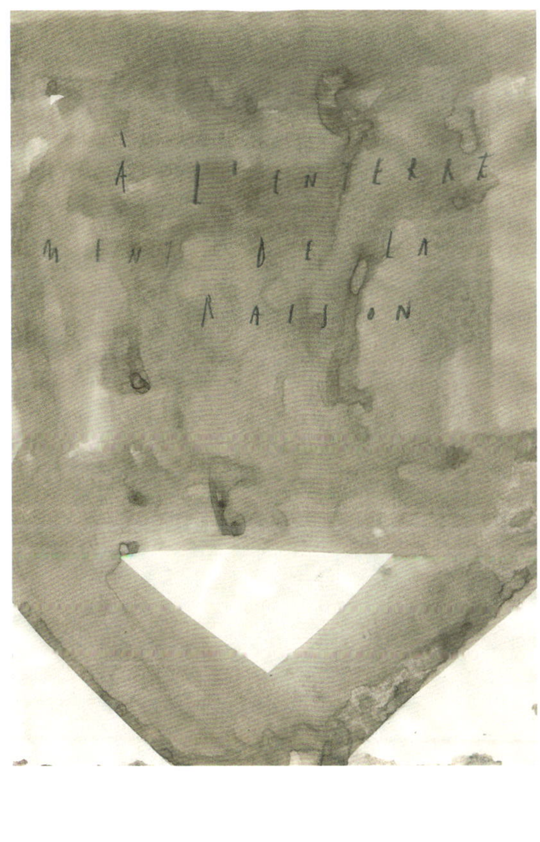
À L'ENTERRE
MENT DE LA
RAISON

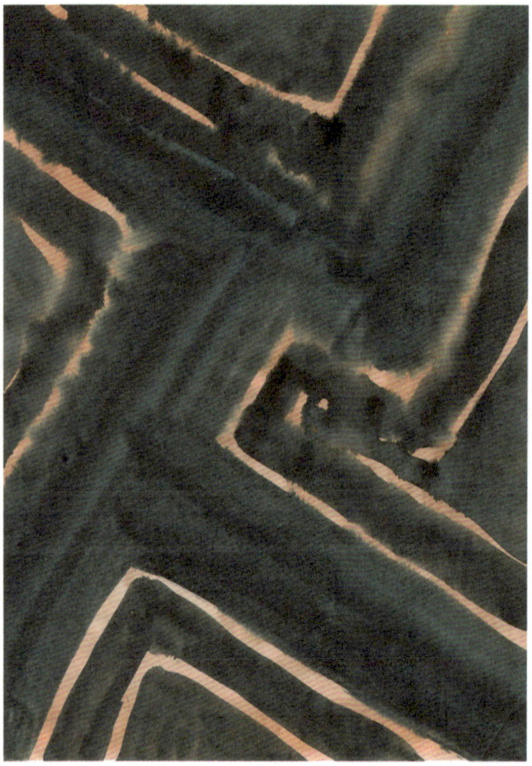

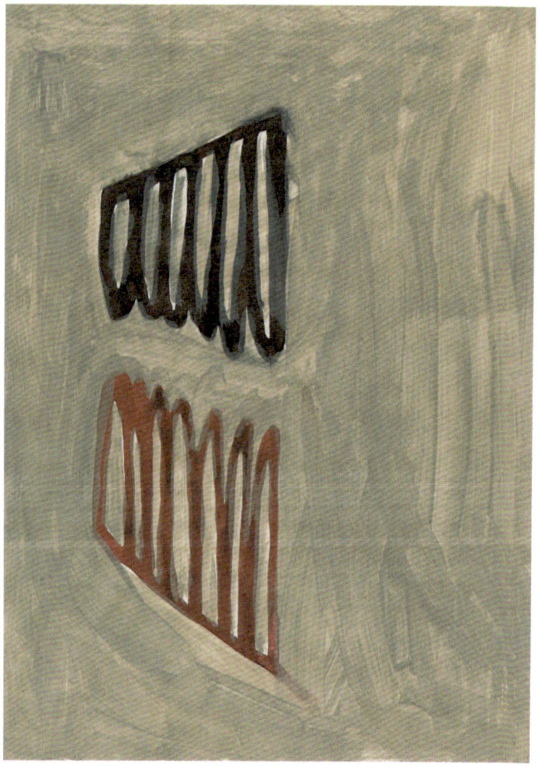

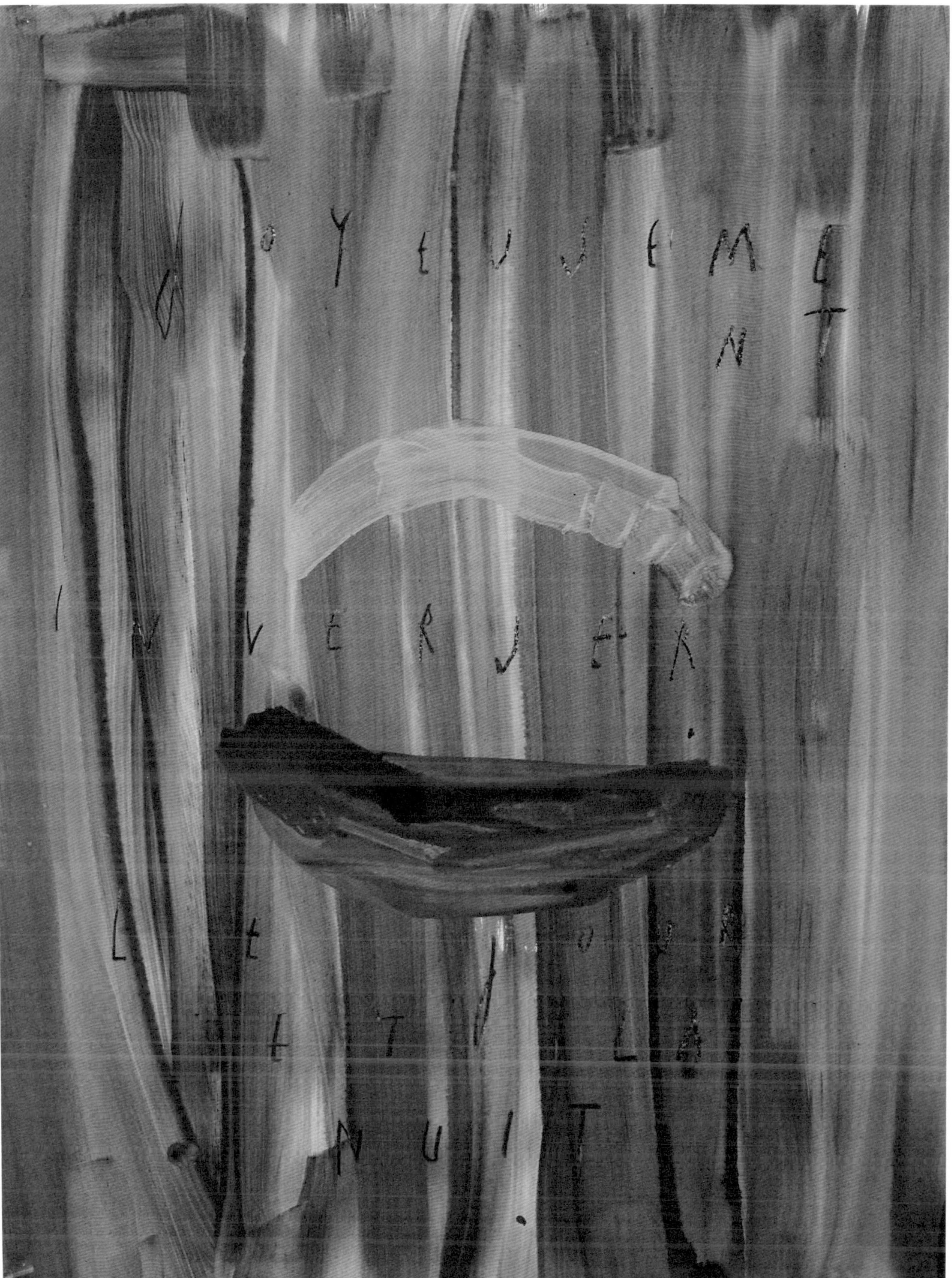

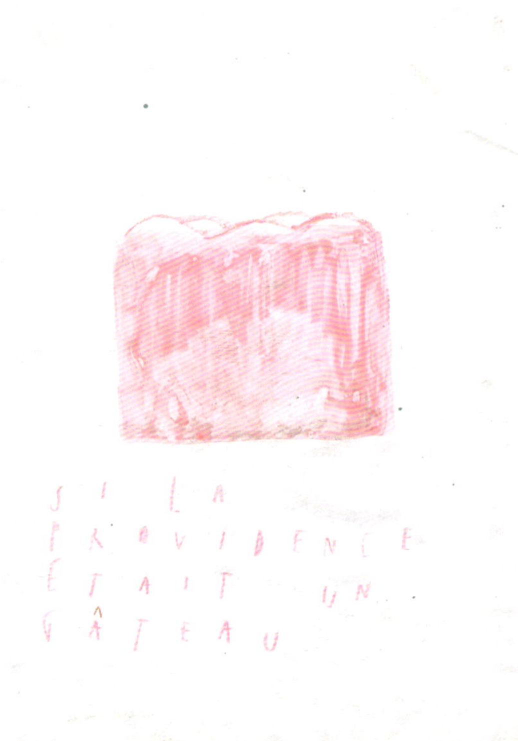
SI LA
PROVIDENCE
ÉTAIT UN
GÂTEAU

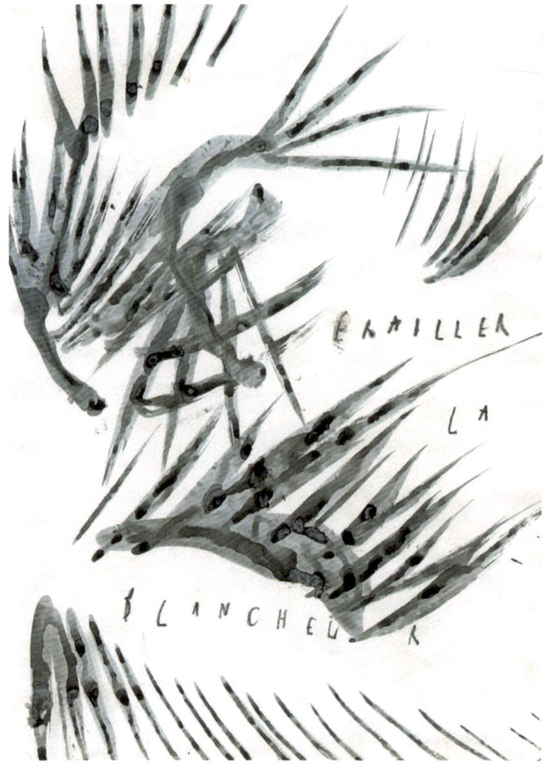
BRAILLER
LA
BLANCHEUR

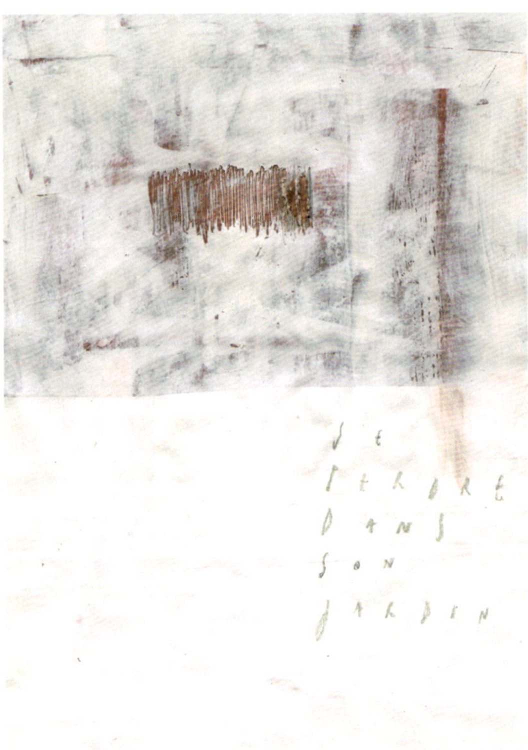
SE
PERDRE
DANS
SON
JARDIN

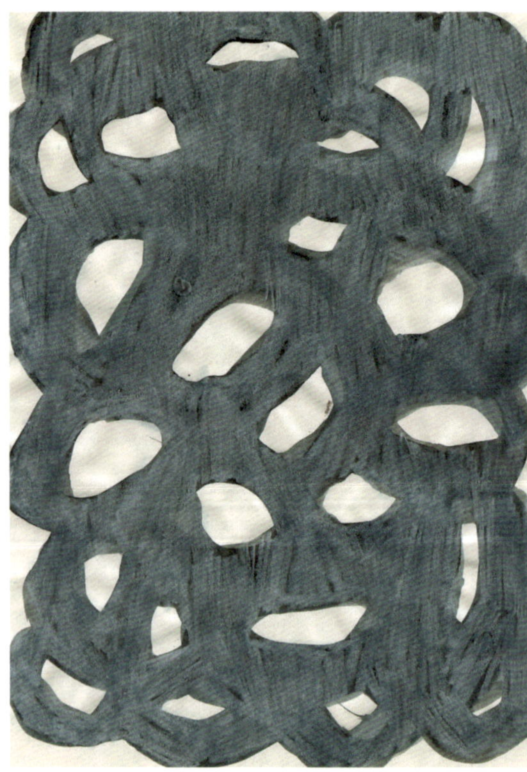

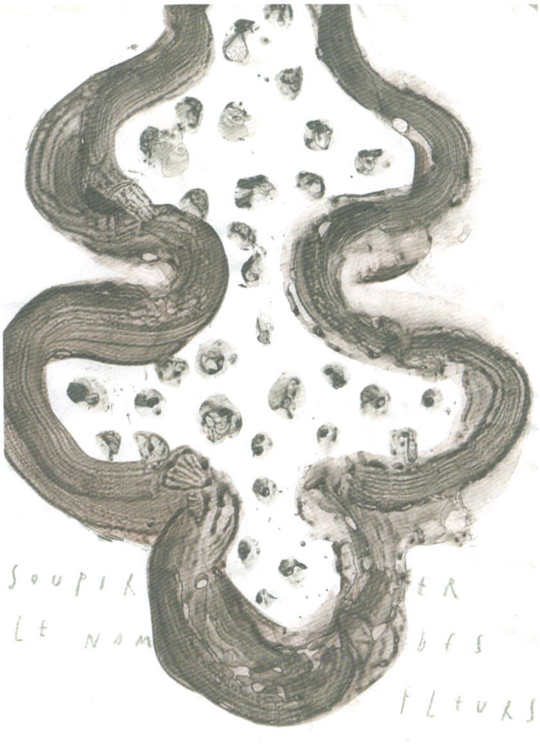
SOUPIR ER
LE NOM DES
FLEURS

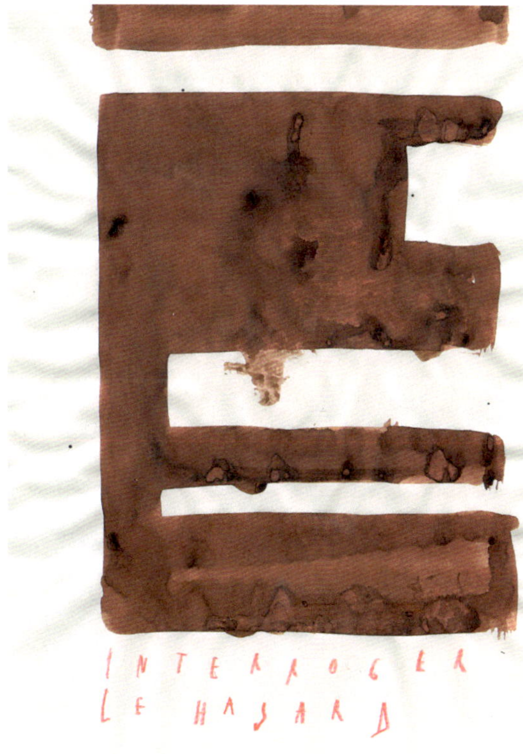
INTERROGER
LE HASARD

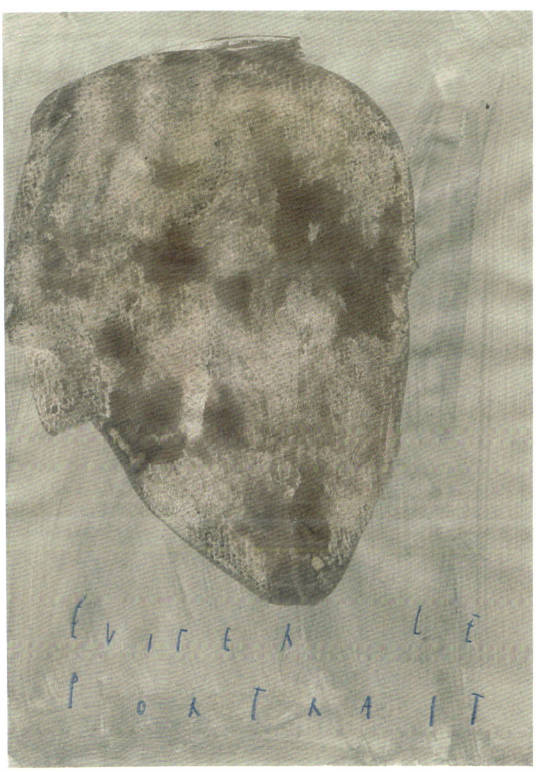
EVITER LE
PORTRAIT

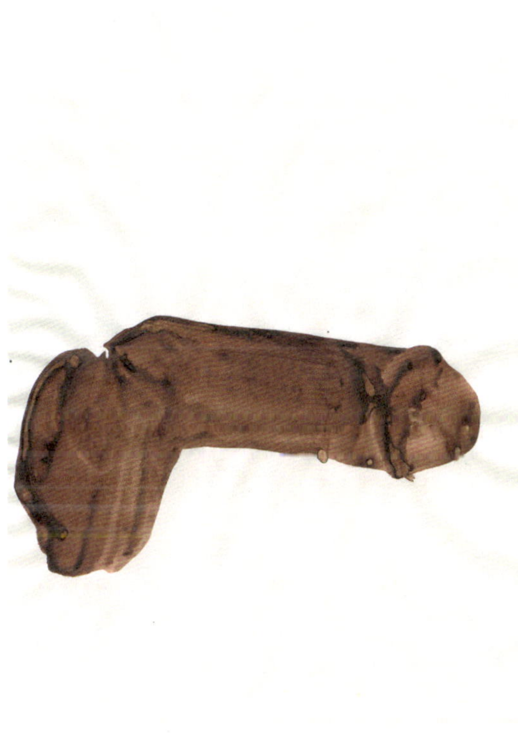

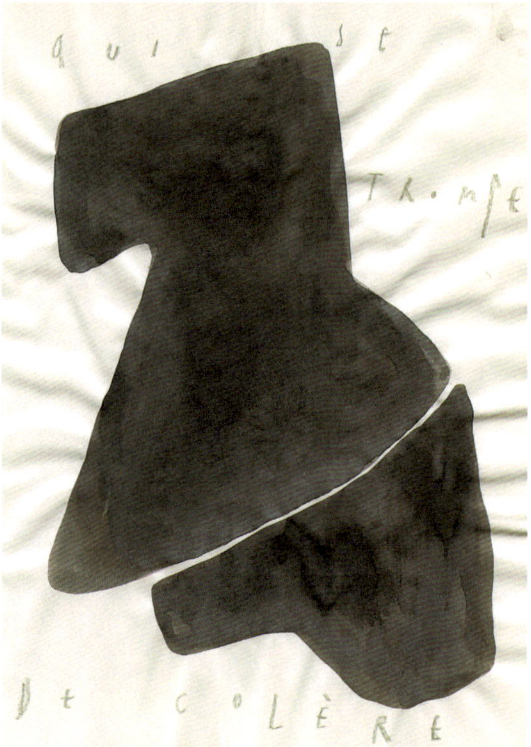
QUI SE
TROMPE
DE COLÈRE

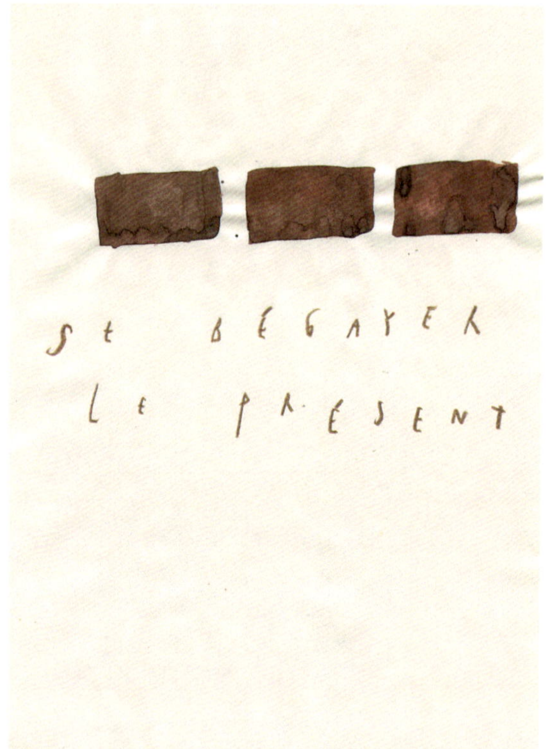
SE BEGAYER
LE PRESENT

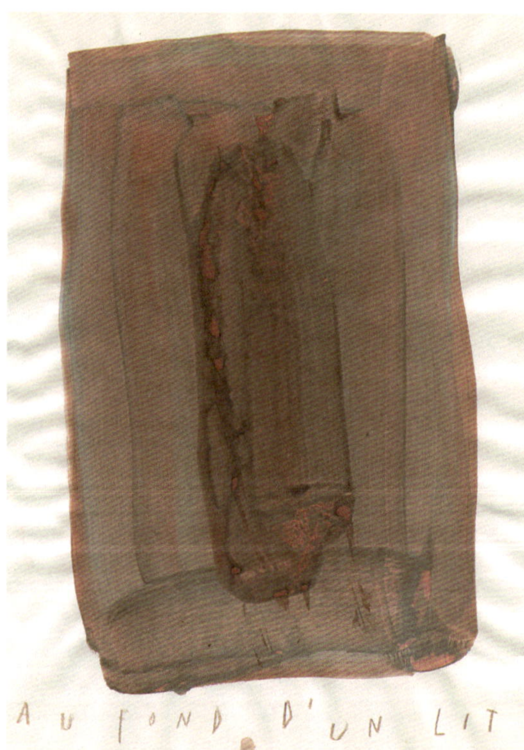
AU FOND D'UN LIT

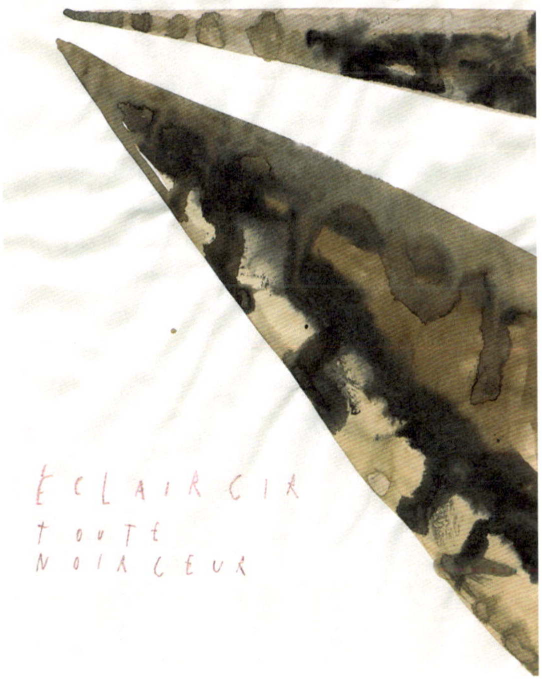
ÉCLAIRCIR
TOUTE
NOIRCEUR

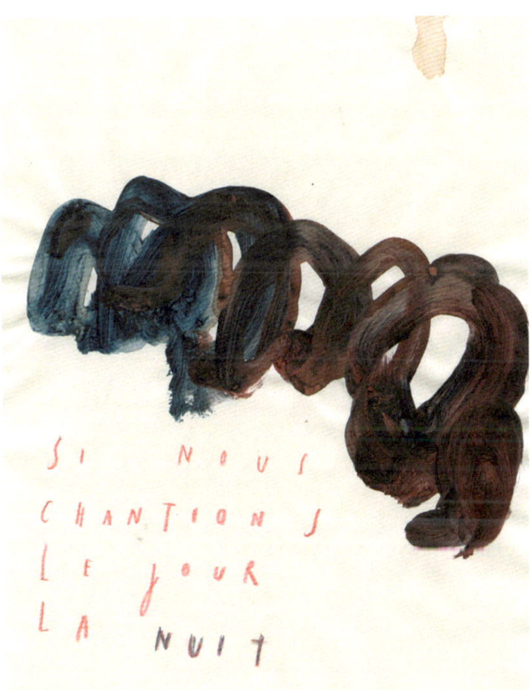
SI NOUS
CHANTIONS
LE JOUR
LA NUIT

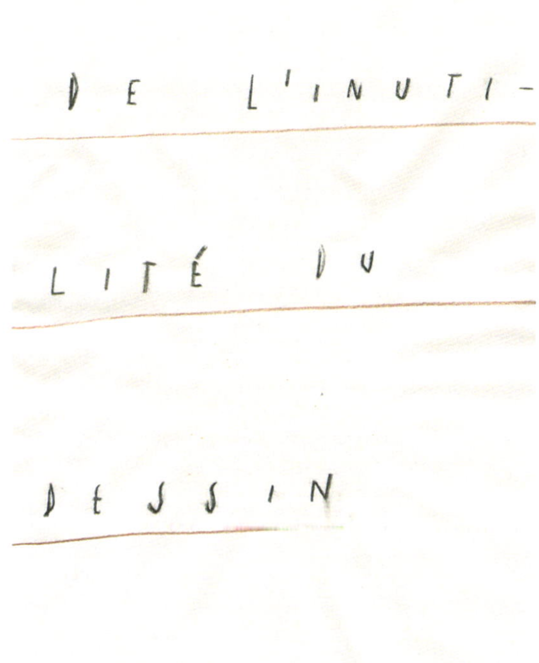
DE L'INUTI-
LITÉ DU
DESSIN

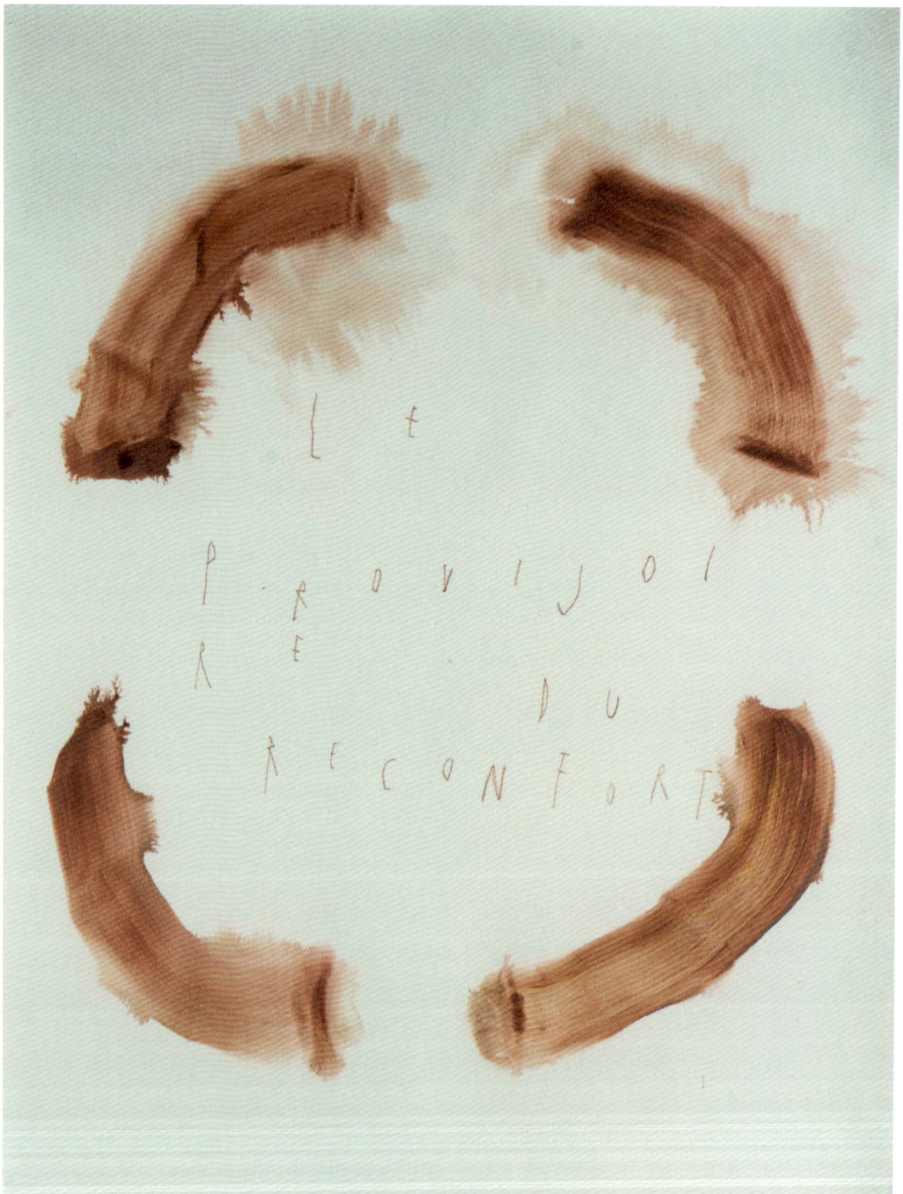
LE
PROVISOIRE
DU
RECONFORT

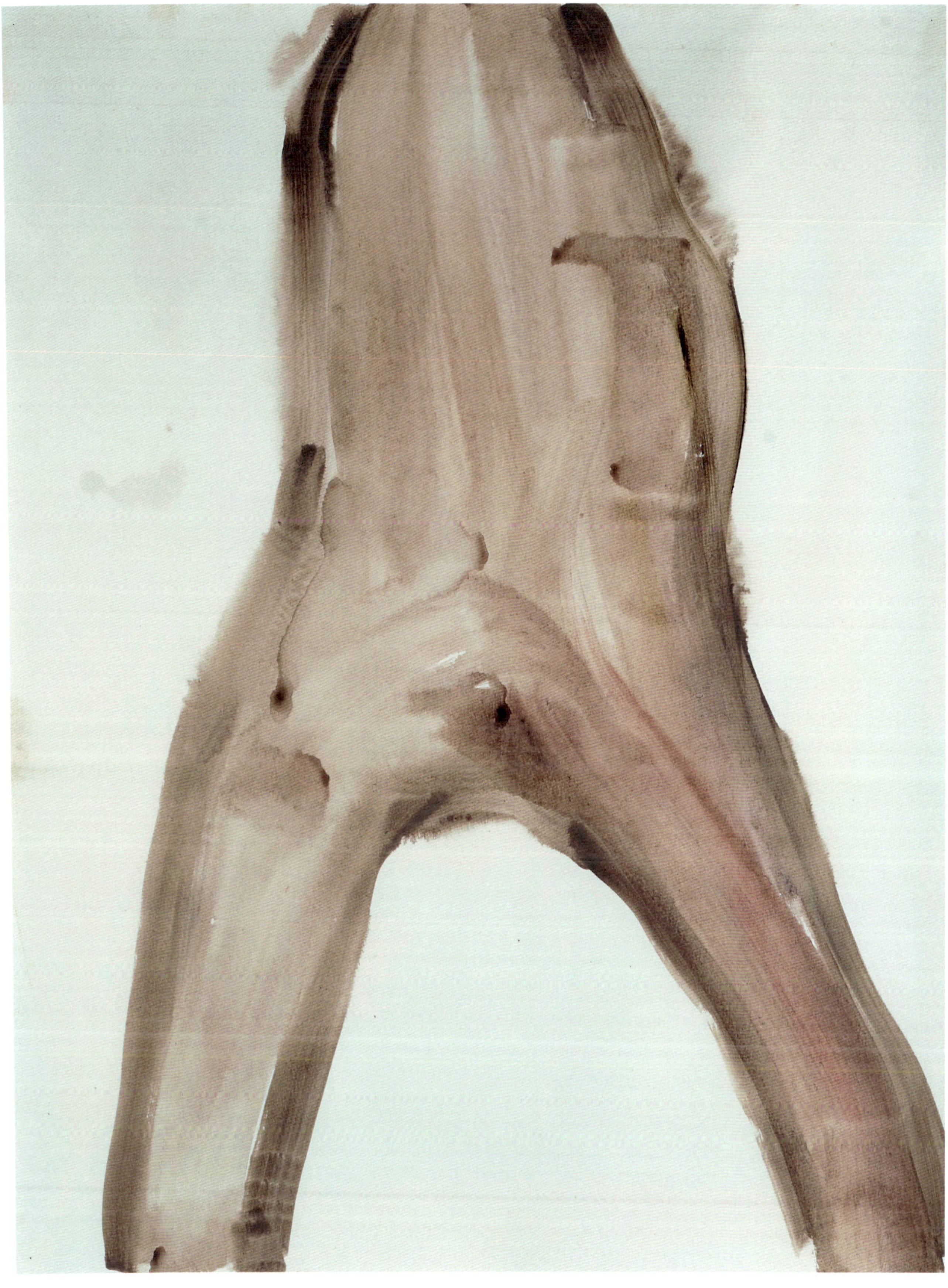

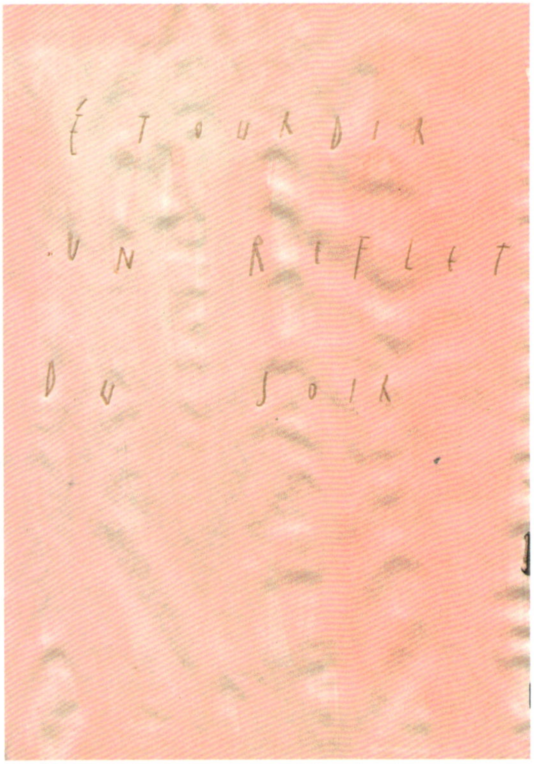
ÉTOURDIR
UN REFLET
DU SOIR

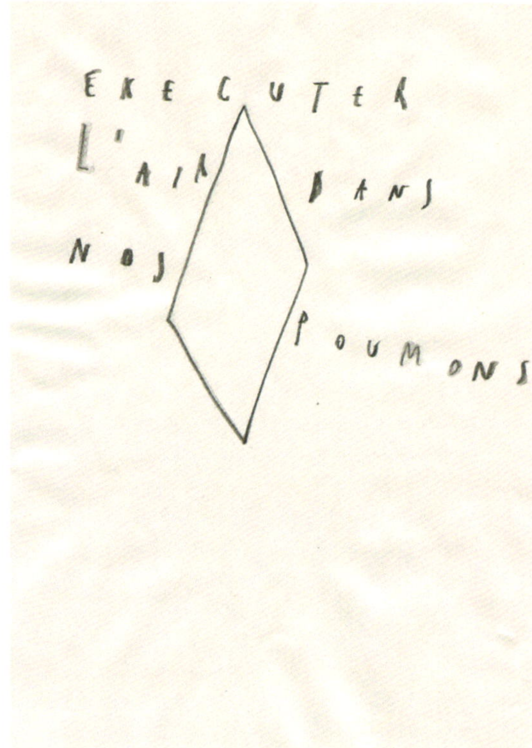
EXECUTER
L'AIR DANS
NOS
POUMONS

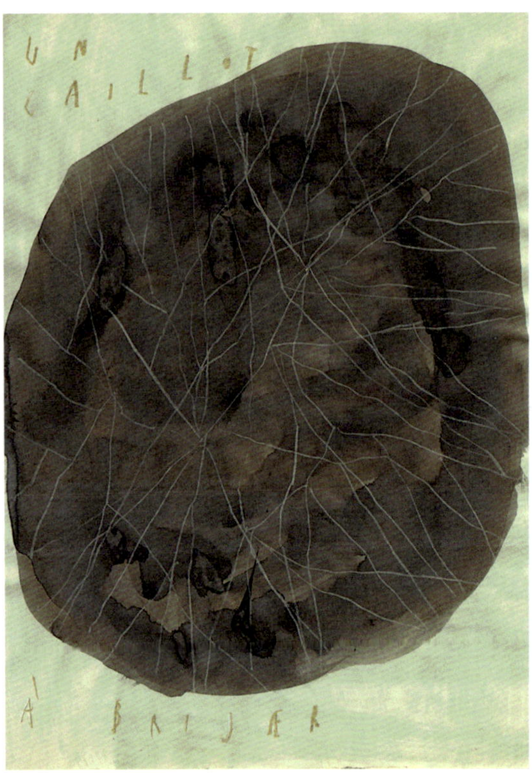
UN
CAILLOT
À BRISER

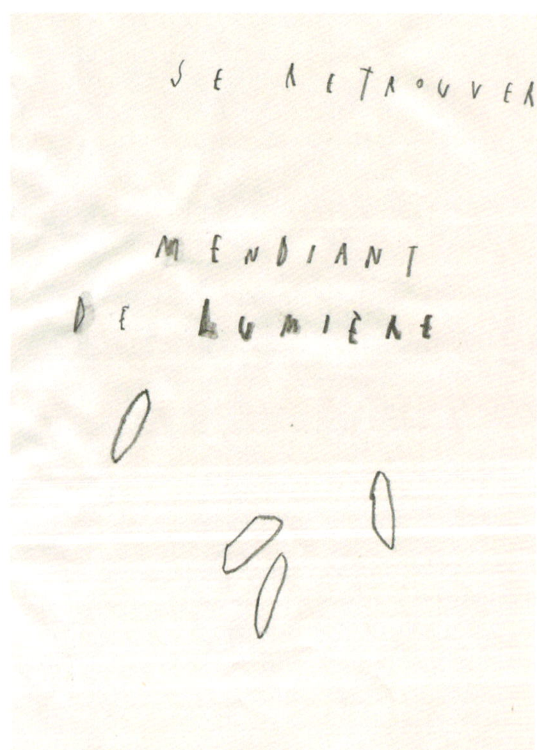
SE RETROUVER
MENDIANT
DE LUMIÈRE

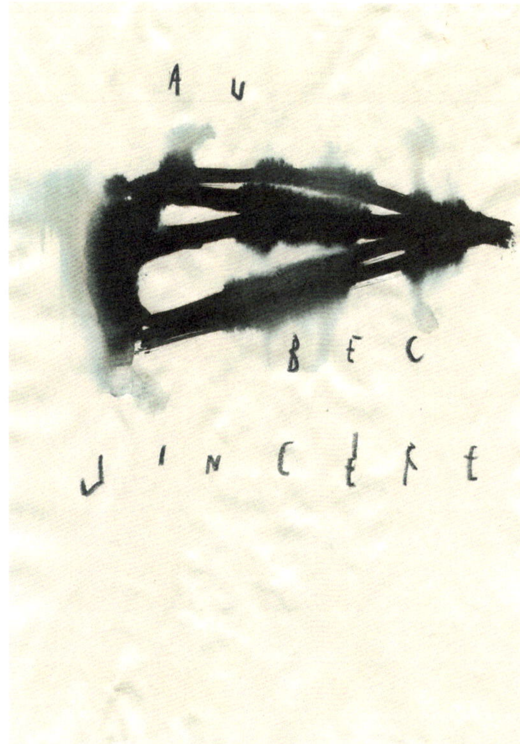
AU
BEC
SINCERE

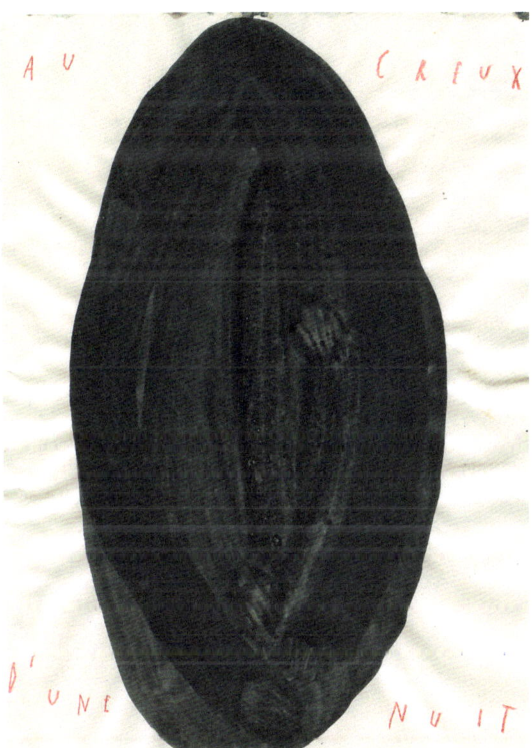
AU CREUX
D'UNE NUIT

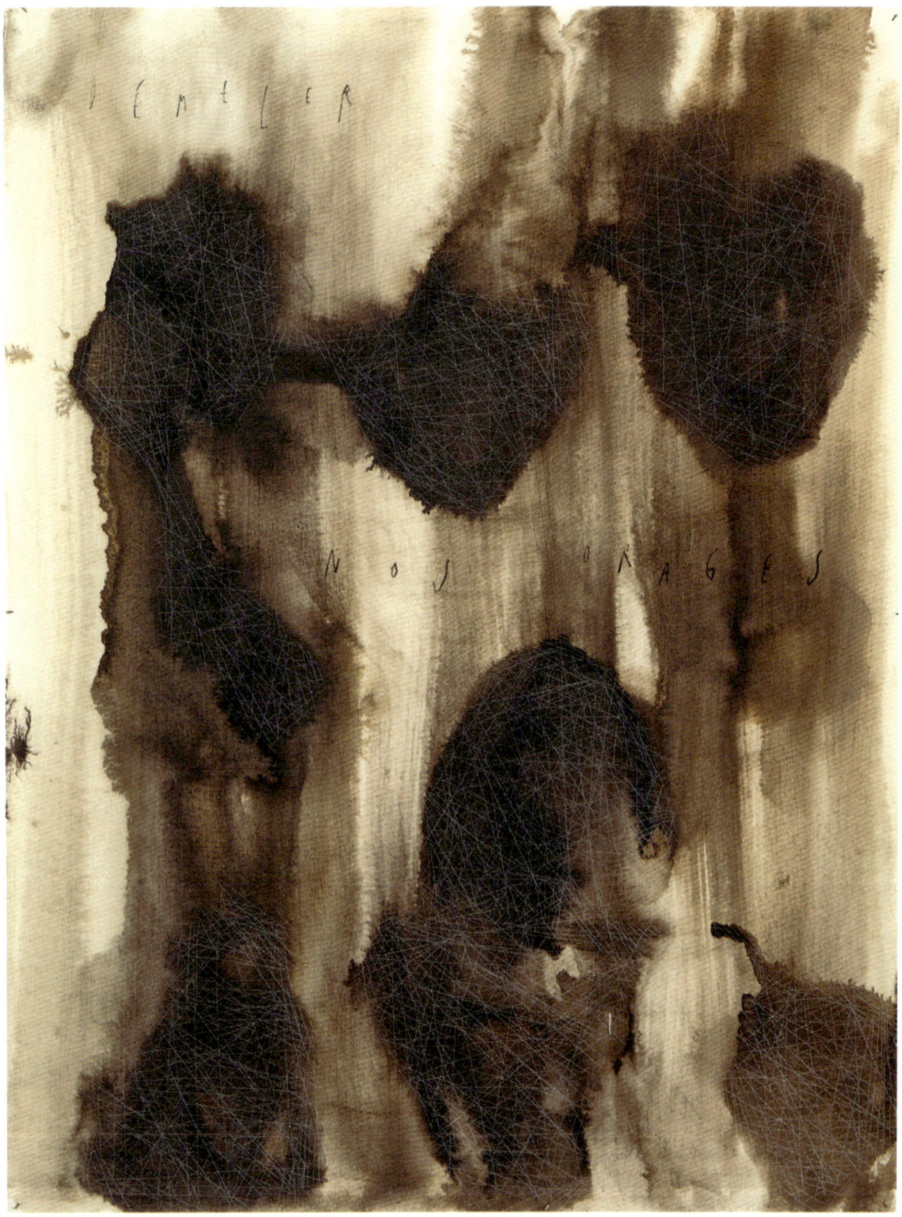
DEMÊLER
NOS ORAGES

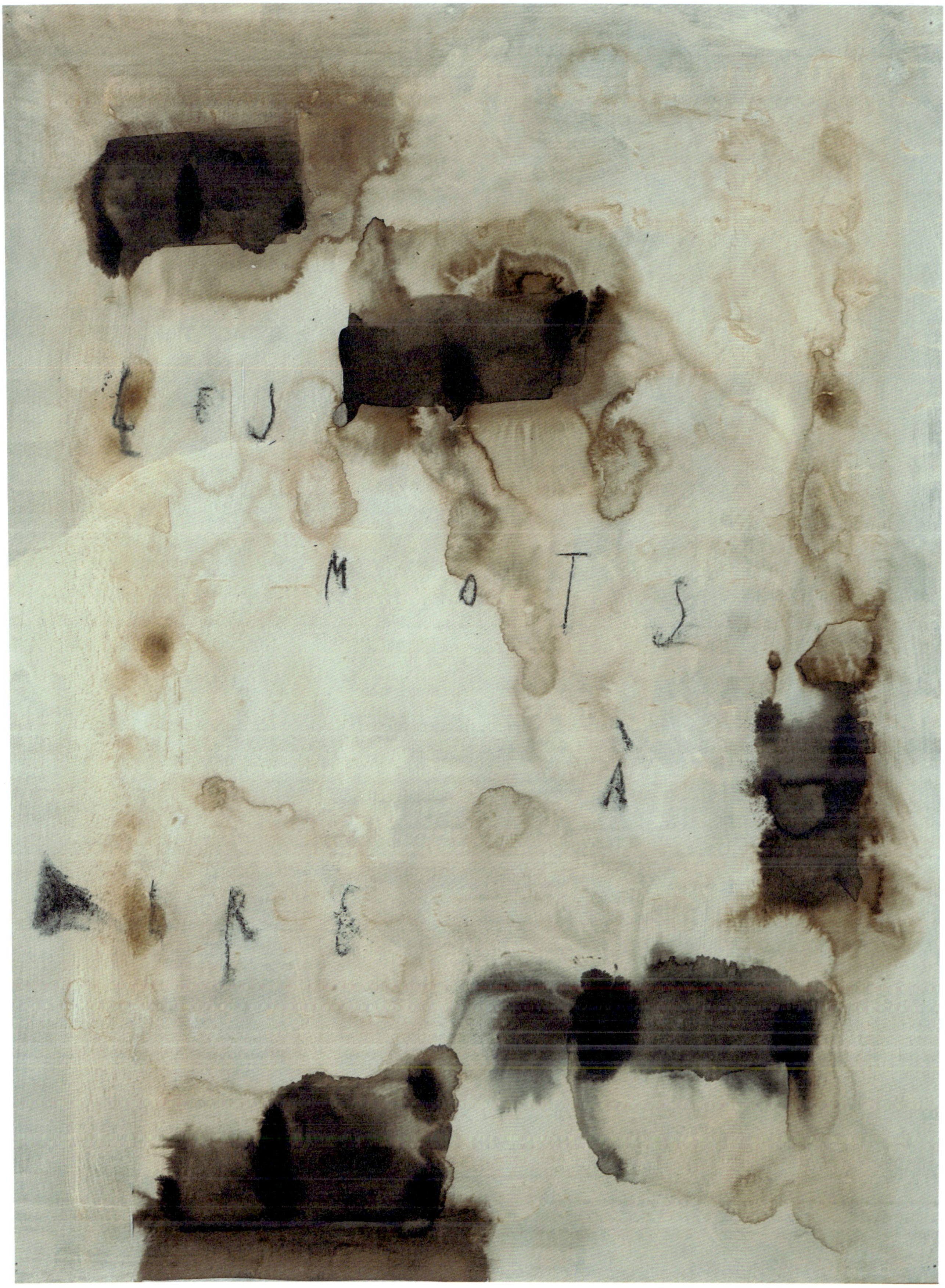
MOTS
À

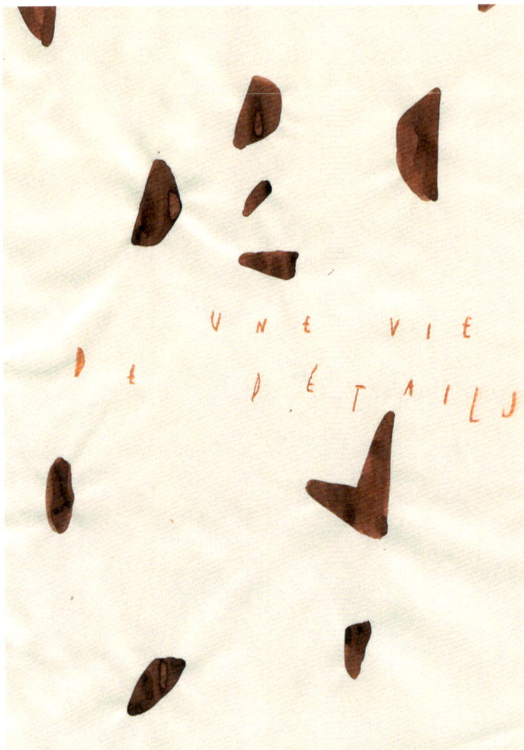
UNE VIE
DE DÉTAILS

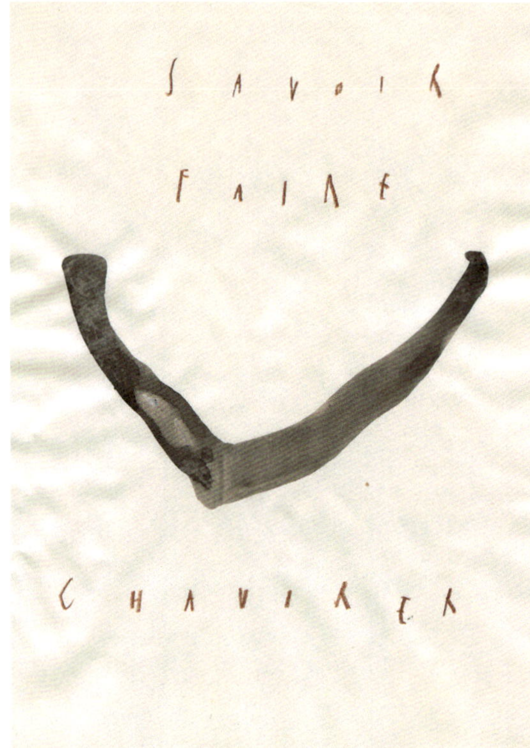
SAVOIR
FAIRE
CHAVIRER

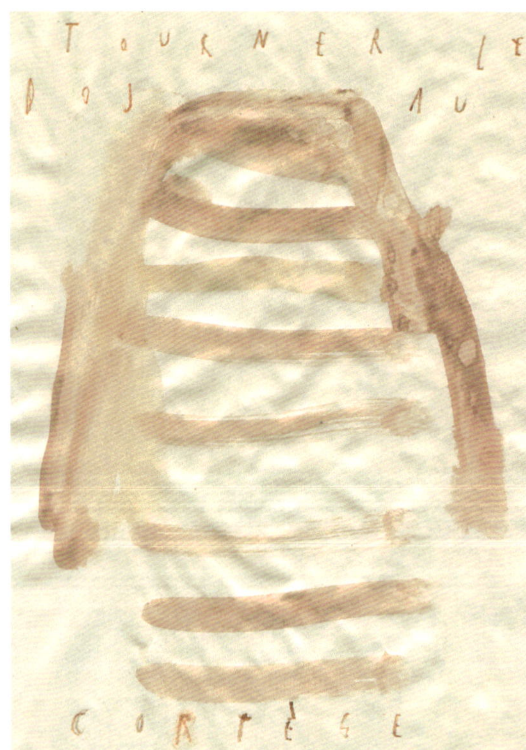
TOURNER LE
DOS AU
CORTÈGE

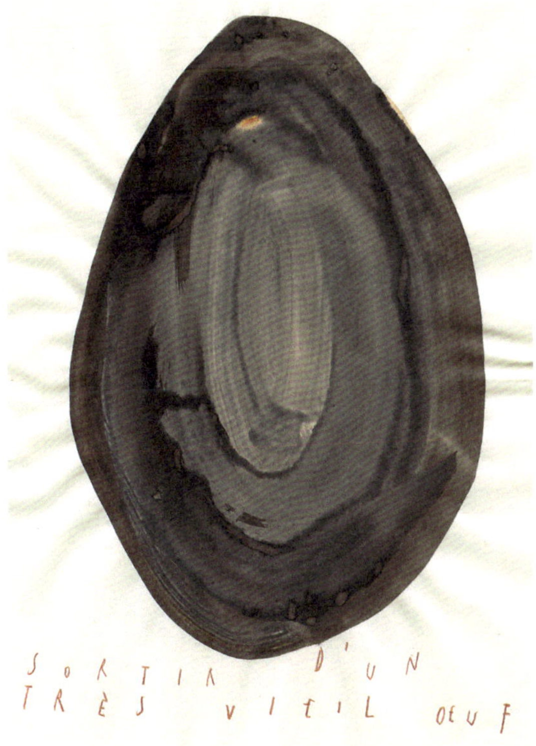
SORTIR D'UN
TRÈS VIEIL OEUF

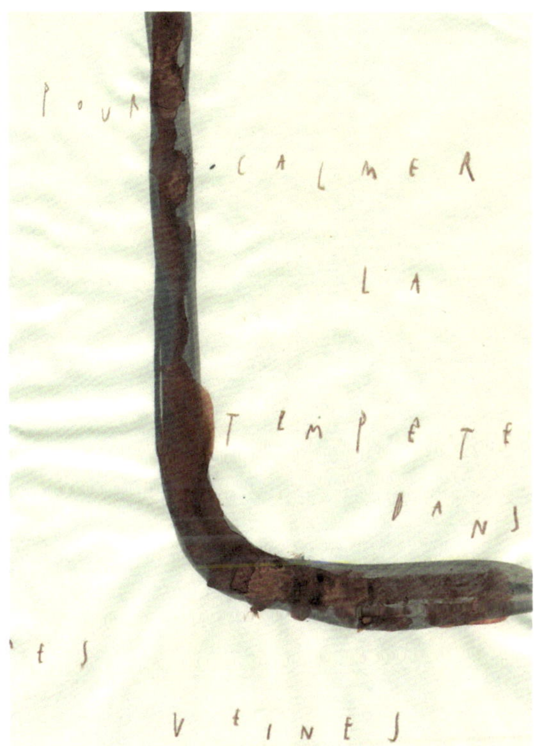
POUR
CALMER
LA
TEMPETE
DANS
ES
VEINES

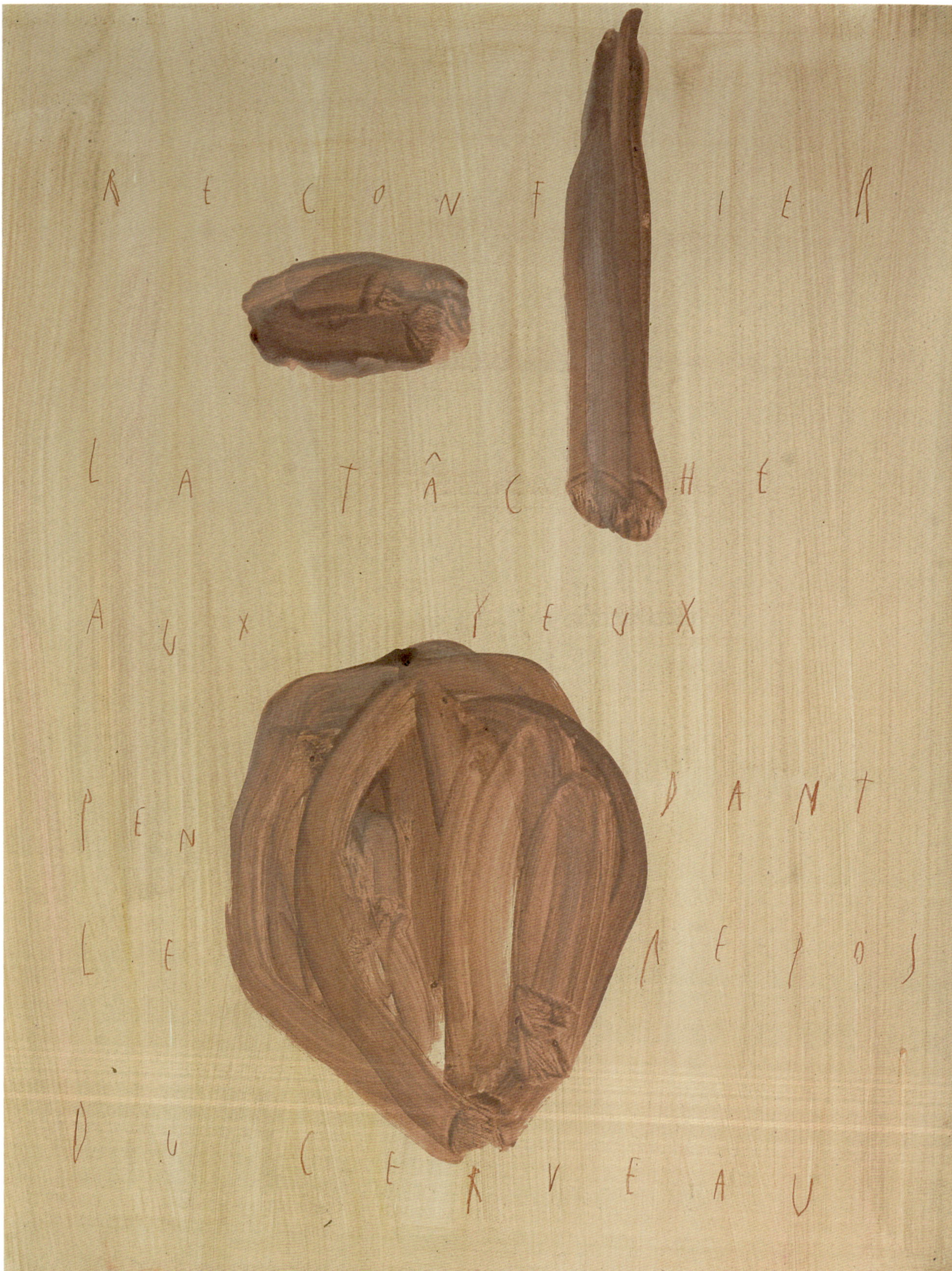
RECONFIER
LA TÂCHE
AUX YEUX
PENDANT
LE REPOS
DU CERVEAU

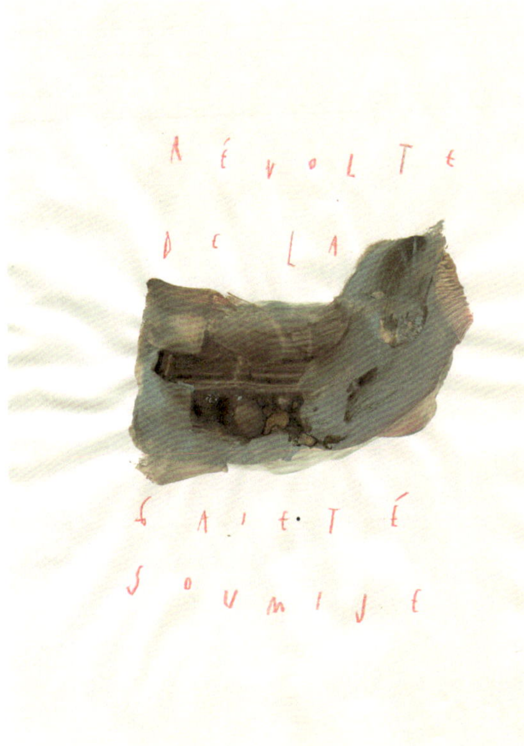
RÉVOLTE
DE LA
SAIETÉ
SOUMISE

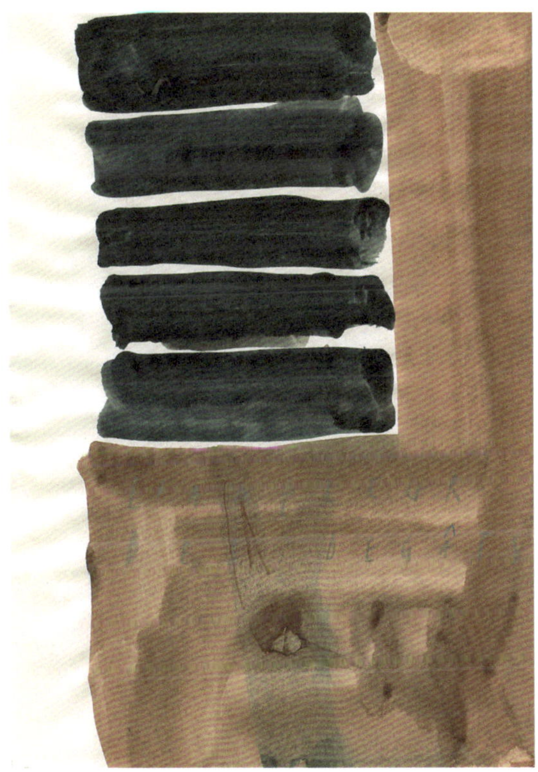

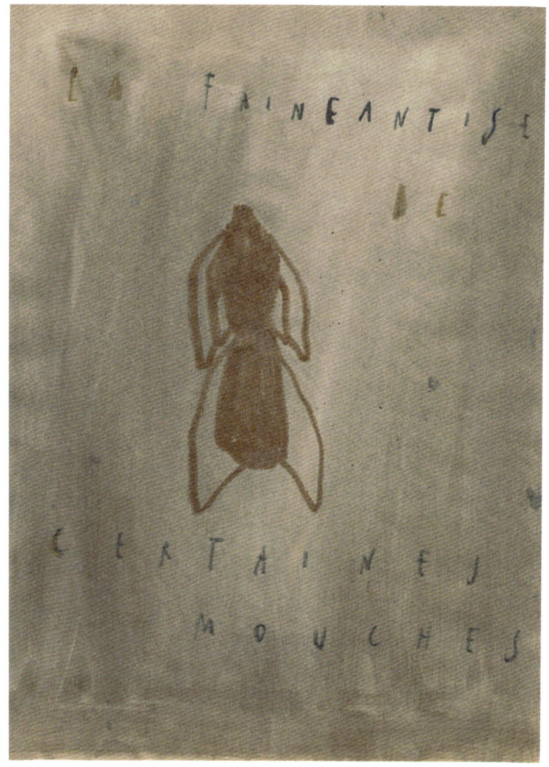
LA FAINEANTISE
DE
CERTAINES
MOUCHES

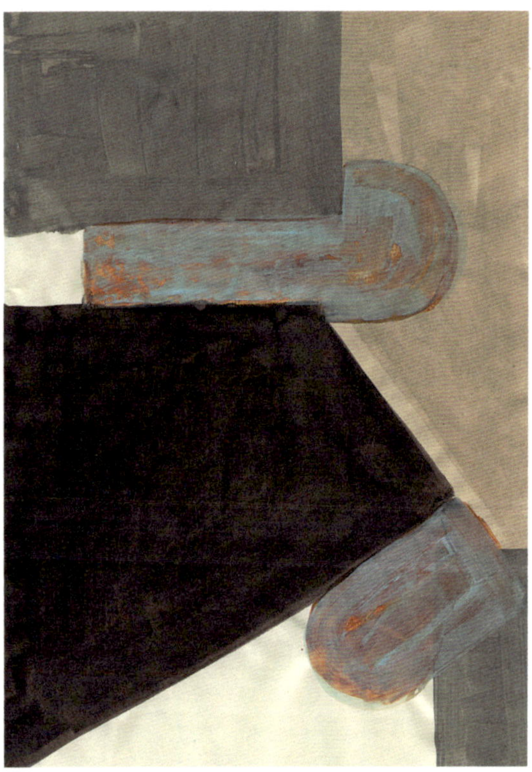

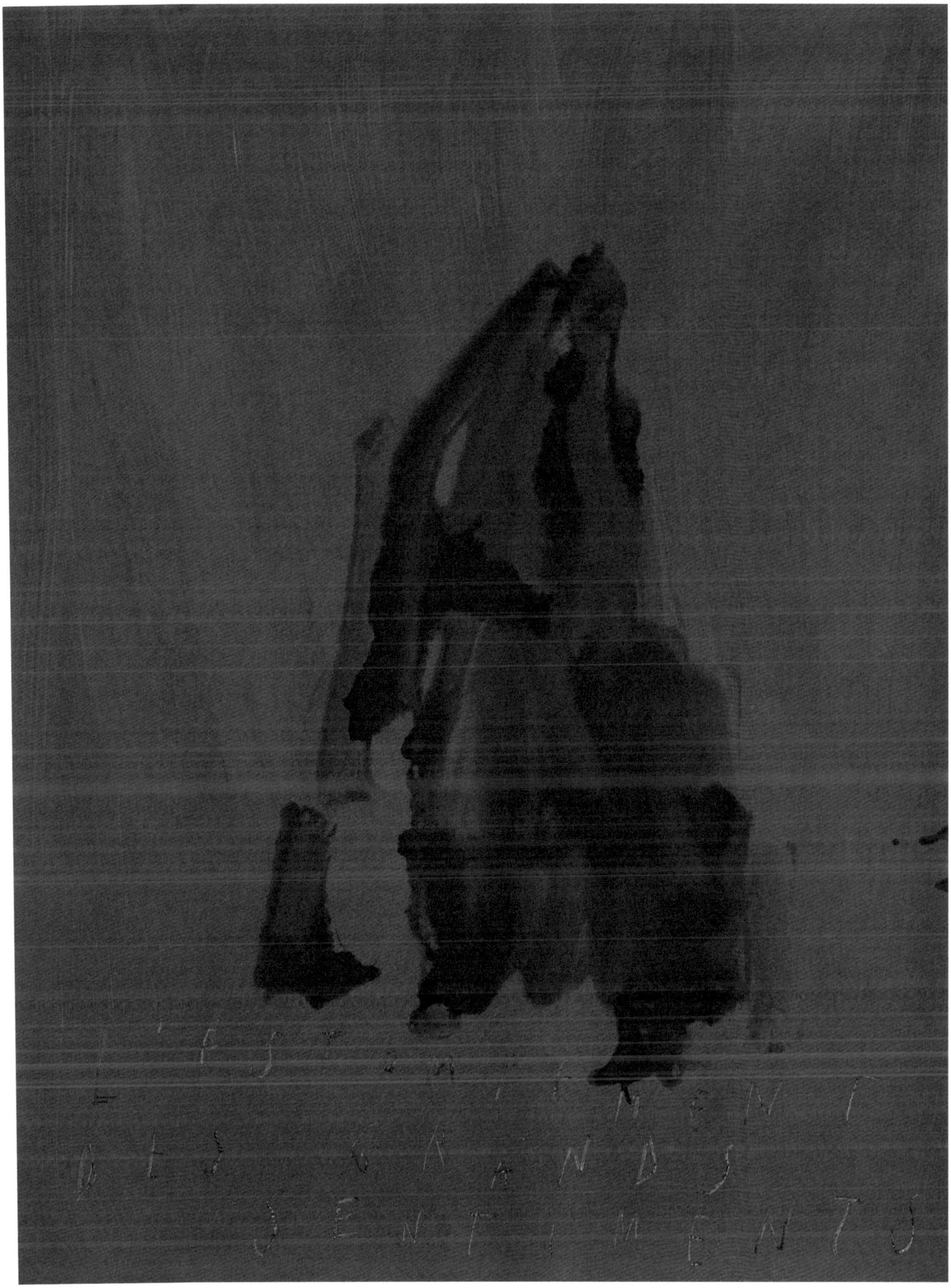
DES GRANDS
SENTIMENTS

List of works chapter one

13. **éclosion sans turbulences**
2017, 25 x 18,5 cm, mixed media on paper
13. **calfeutrer la tendresse**
2017, 25 x 18,5 cm, mixed media on paper
13. **s.t.**
2017, 25 x 18,5 cm, mixed media on paper
13. **s.t.**
2017, 25 x 18,5 cm, pencil and ink on paper
14. **perfectionner l'oppression**
2017, 150 x 110 cm, ink and crayon on paper
15. **en arriver là**
2017, 150 x 110 cm, mixed media on paper
16. **un dessin qui ne finirait pas ses phrases**
2017, 73 x 55 cm, ink, acrylic paint and pencil on paper
17. **traduire le désenchantement**
2017, 73 x 55 cm, mixed media on paper
18. **parader**
2017, 25 x 18,5 cm, mixed media on paper
18. **potentiel révolutionnaire**
2017, 25 x 18,5 cm, ecoline and pencil on paper
19. **au cœur de l'ombre**
2017, 25 x 18,5 cm, acrylic paint and pencil on paper
19. **l'autre fleur**
2017, 25 x 18,5 cm, pencil on paper
19. **reliefs**
2017, 25 x 18,5 cm, pencil and ink on paper
19. **prêcher les seins, même les vieux**
2017, 25 x 18,5 cm, mixed media on paper
20. **s.t.**
2017, 25 x 18,5 cm, mixed media on paper
20. **la myopie du visionnaire**
2017, 25 x 18,5 cm, mixed media on paper
20. **s.t.**
2017, 25 x 18,5 cm, mixed media on paper
20. **en guise de maquillage**
2017, 25 x 18,5 cm, crayon and pencil on paper
21. **désamorcer son baiser**
2017, 150 x 110 cm, mixed media on paper
22. **offrir un bouquet de douleur**
2017, 150 x 110 cm, mixed media on paper
23. **s.t.**
2017, 25 x 18,5 cm, acrylic paint and pencil on paper
23. **grimace peu audacieuse**
2017, 25 x 18,5 cm, mixed media on paper
24. **s.t.**
2017, 25 x 18,5 cm, acrylic paint on paper
24. **buveuse au goulot**
2017, 25 x 18,5 cm, acrylic paint and pencil on paper
24. **s.t.**
2017, 25 x 18,5 cm, acrylic paint and ink on paper
24. **apprivoiser nos peurs comme le prochain orage**
2017, 25 x 18,5 cm, acrylic paint and pencil on paper
25. **ne pas sauver les esprits mazoutés**
2017, 25 x 18,5 cm, mixed media on paper
25. **la voix que notre sang n'aura jamais**
2017, 25 x 18,5 cm, acrylic paint and pencil on paper
25. **malmener sa plage**
2017, 25 x 18,5 cm, acrylic paint and pencil on paper
25. **s.t.**
2017, 25 x 18,5 cm, ink and pencil on paper
26. **s.t.**
2017, 25 x 18,5 cm, acrylic paint and bister on paper
26. **tache sur fond aseptisé**
2017, 25 x 18,5 cm, acrylic paint and pencil on paper
27. **flinguer leur ciel**
2017, 25 x 18,5 cm, pencil on paper
27. **s.t.**
2017, 25 x 18,5 cm, acrylic paint and pencil on paper
27. **attendre le désenchantement**
2017, 25 x 18,5 cm, ink and pencil on paper
27. **faire refleurir l'esprit**
2017, 25 x 18,5 cm, acrylic paint and pencil on paper
28. **lustrer les décombres**
2017, 150 x 110 cm, mixed media on paper
29. **cracher sa sécheresse**
2017, 25 x 18,5 cm, pencil on paper
29. **enivrer la cathédrale**
2017, 25 x 18,5 cm, acrylic paint and pencil on paper

29. **mal tresser la mémoire**
2017, 25 x 18,5 cm, mixed media on paper

29. **s.t.**
2017, 25 x 18,5 cm, ink on paper

30. **jusqu'à violer les fleurs**
2017, 25 x 18,5 cm, pencil on paper

30. **décolorer le HLM**
2017, 25 x 18,5 cm, ecoline and pencil on paper

30. **déformer le chagrin**
2017, 25 x 18,5 cm, mixed media, collage on paper

30. **s.t.**
2017, 25 x 18,5 cm, acrylic paint and bister on paper

31. **au regard diffus**
2017, 25 x 18,5 cm, bister and pencil on paper

31. **faire de l'ombre**
2017, 25 x 18,5 cm, mixed media on paper

31. **s.t.**
2017, 25 x 18,5 cm, acrylic paint and bister on paper

31. **les vieilles patates de Vincent**
2017, 25 x 18,5 cm, mixed media on paper

32. **croire au grand retour de la compassion**
2017, 73 x 55 cm, ink, acrylic paint and pencil on paper

33. **manger les règles du système**
2017, 73 x 55 cm, ink, bister and pencil on paper

34. **dégotter la plante qui console**
2017, 25 x 18,5 cm, crayon and pencil on paper

34. **éviter la souffrance au masque**
2017, 25 x 18,5 cm, crayon and pencil on paper

35. **vomir son âme pendant vingt ans**
2017, 25 x 18,5 cm, acrylic paint and pencil on paper

35. **s.t.**
2017, 25 x 18,5 cm, ecoline and pencil on paper

35. **s'agenouiller devant l'oubli**
2017, 25 x 18,5 cm, mixed media on paper

35. **piloter ta peau**
2017, 25 x 18,5 cm, acrylic paint and pencil on paper

36. **perforer la lune**
2017, 25 x 18,5 cm, acrylic paint and pencil on paper

36. **tant que nous nous salirons**
2017, 25 x 18,5 cm, mixed media on paper

36. **piétiner l'ombre**
2017, 25 x 18,5 cm, ink and pencil on paper

36. **s.t.**
2017, 25 x 18,5 cm, ink on paper

37. **s.t.**
2017, 25 x 18,5 cm, acrylic paint and crayon on paper

37. **s.t.**
2017, 25 x 18,5 cm, acrylic paint and pencil on paper

38. **pourrir le fruit**
2017, 25 x 18,5 cm, acrylic paint and pencil on paper

39. **homme à mi-temps**
2017, 25 x 18,5 cm, mixed media on paper

39. **s.t.**
2017, 25 x 18,5 cm, acrylic paint and ink on paper

39. **la maladie se plaint rarement**
2017, 25 x 18,5 cm, bister and pencil on paper

39. **à l'enterrement de la raison**
2017, 25 x 18,5 cm, ink and pencil on paper

40. **s.t.**
2017, 25 x 18,5 cm, mixed media on paper

40. **s.t.**
2017, 25 x 18,5 cm, acrylic paint and ink on paper

41. **joyeusement inverser le jour et la nuit**
2017, 73 x 55 cm, mixed media on paper

42. **si la providence était un gâteau**
2017, 25 x 18,5 cm, mixed media on paper

42. **se perdre dans son jardin**
2017, 25 x 18,5 cm, mixed media on paper

42. **érailler la blancheur**
2017, 25 x 18,5 cm, acrylic paint and ink on paper

42. **s.t.**
2017, 25 x 18,5 cm, ink and pencil on paper

43. **soupirer le nom des fleurs**
2017, 25 x 18,5 cm, acrylic paint and pencil on paper

43. **éviter le portrait**
2017, 25 x 18,5 cm, mixed media on paper

43. **interroger le hasard**
2017, 25 x 18,5 cm, bister and pencil on paper

43. **s.t.**
2017, 25 x 18,5 cm, acrylic paint on paper

44. **qui se trompe de colère**
2017, 25 x 18,5 cm, ink and pencil on paper

44. **se bégayer le présent**
2017, 25 x 18,5 cm, bister and pencil on paper

44. **au fond d'un lit**
2017, 25 x 18,5 cm, mixed media on paper

45. **éclaircir toute noirceur**
2017, 25 x 18,5 cm, ink, bister and pencil on paper

45. **si nous chantions le jour la nuit**
2017, 25 x 18,5 cm, acrylic paint and pencil on paper

45. **de l'inutilité du dessin**
2017, 25 x 18,5 cm, pencil on paper

46. **le provisoire du réconfort**
2017, 73 x 55 cm, ink, acrylic paint and pencil on paper

47. **s.t.**
2017, 73 x 55 cm, ink, acrylic paint on paper

48. **étourdir un reflet du soir**
2017, 25 x 18,5 cm, ecoline and pencil on paper

48. **un caillot à briser**
2017, 25 x 18,5 cm, ink and pencil on paper

48. **exécuter l'air dans nos poumons**
2017, 25 x 18,5 cm, pencil on paper

48. **se retrouver mendiant de lumière**
2017, 25 x 18,5 cm, pencil on paper

49. **au creux d'une nuit**
2017, 25 x 18,5 cm, acrylic paint and pencil on paper

49. **au bec sincère**
2017, 25 x 18,5 cm, ink and pencil on paper

50. **démêler nos orages**
2017, 73 x 55 cm, ink and pencil on paper

51. **les mots à dire**
2017, 73 x 55 cm, ink, bister and pencil on paper

52. **une vie de détails**
2017, 25 x 18,5 cm, bister and pencil on paper

52. **savoir faire chavirer**
2017, 25 x 18,5 cm, ink and pencil on paper

52. **tourner le dos au cortège**
2017, 25 x 18,5 cm, acrylic paint and pencil on paper

53. **sortir d'un très vieil œuf**
2017, 25 x 18,5 cm, ink and pencil on paper

53. **pour calmer la tempête dans mes veines**
2017, 25 x 18,5 cm, acrylic paint and pencil on paper

54. **reconfier la tâche aux yeux pendant le repos du cerveau**
2017, 73 x 55 cm, ink, acrylic paint and pencil on paper

55. **révolte de la gaieté soumise**
2017, 25 x 18,5 cm, acrylic paint and pencil on paper

55. **l'ampleur des dégâts**
2017, 25 x 18,5 cm, mixed media on paper

56. **s.t.**
2017, 25 x 18,5 cm, mixed media on paper

56. **la fainéantise de certaines mouches**
2017, 25 x 18,5 cm, ink and pencil on paper

57. **l'estompement des grands sentiments**
2017, 73 x 55 cm, acrylic paint and ink on paper

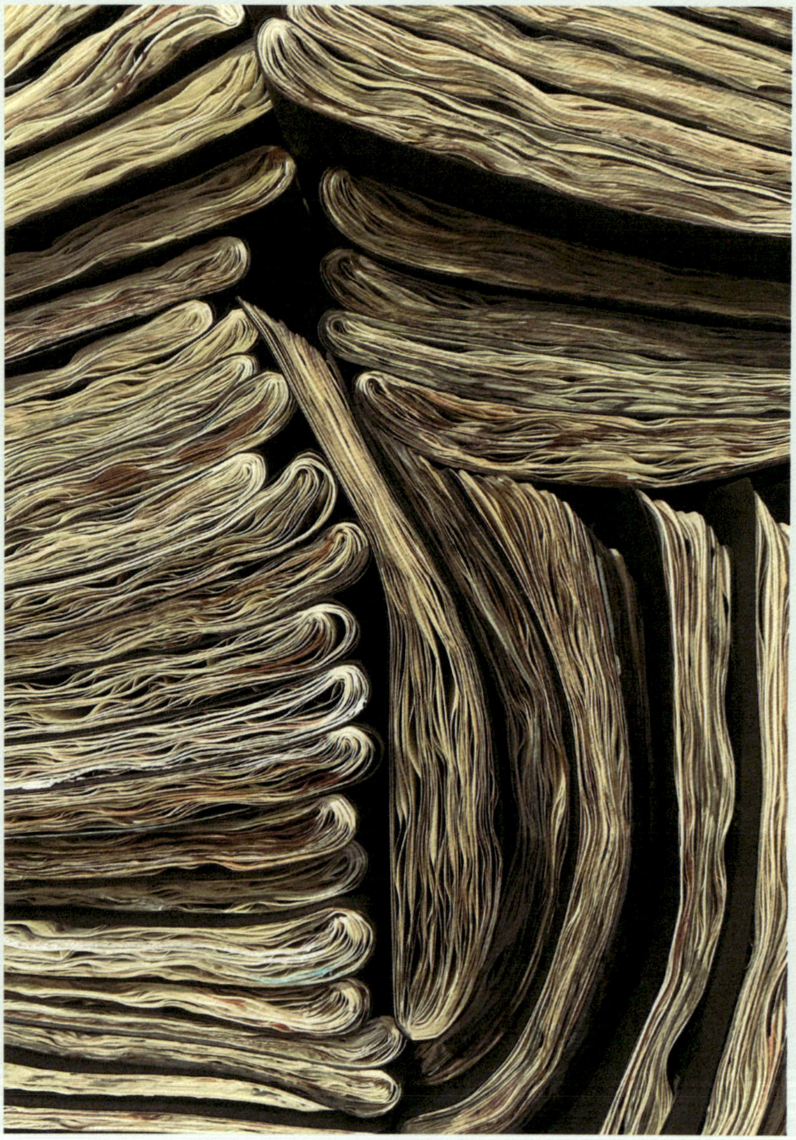

REFILER TOUTES SES CLÉS AU BONHEUR

On peut pousser le cri jusqu'au moment où il rejoint la structure. On peut aussi écheveler la structure jusqu'à ce qu'elle touche au cri. Autrement dit, aujourd'hui, il n'y a plus de poète ni de romancier, il y a des poétiques.

Édouard Glissant.

Des paroles en archipel

Si, au sein de ses compositions, Arpaïs Du Bois a toujours privilégié une distribution affolée des lettres dans un tracé tantôt hésitant, tantôt autoritaire, c'est pour mieux brouiller notre lecture et réaffirmer le rythme verbal des mots. Leur musique en sorte. Bruce Nauman avait déjà expérimenté ce principe en 1967 avec un dessin (ensuite transformé en néon) ou il répétait dix fois chaque lettre de son prénom au point d'en faire un signe impossible à déchiffrer. Seule l'énonciation lui restituait sa cohérence. Dans les œuvres d'Arpaïs Du Bois (comme chez Nauman), il faut donc se méfier de ce qui est inscrit. En témoigne ces lettres perdant avec les années leur régularité et leur rassurante stabilité. Bien que tracé en capitale, certaines sont à la limite du lisible, forçant en retour le regard à scruter chaque syllabe pour recomposer le mot. L'inscription devient déchiffrement et le regard se fait archéologue. Rien à voir avec de quelconques effets de typographie ou de graphisme. Les espacements entre les lettres, les césures entre les syllabes, brusques, soudaines, la manière dont chaque inscription griffe, biffe et oblitère la matière peinture, bref cet affolement de la notation est aussi l'esquive d'un récit à venir. Ce qu'elle rédige est clos. La suite, s'il en existe une, il faut la chercher dans les creux de l'image, de la couleur et des formes qui orchestrent la composition.

Quant à l'énoncé verbal, il se présente régulièrement sous la forme d'injonctions : *Parader* (2017), *Replanter l'audace* (2020), *Laver les fleurs* (2020). Une sommation au lieu d'une description des choses. Une manière de désacraliser l'univers de la phrase en signalant quelque chose d'opaque et transformant l'œuvre en carte d'errance. Il y a aussi dans ces messages une concision et une rapidité propres à la rhétorique publicitaire et sa stupéfiante capacité à condenser une morale, au final toujours d'ordre économique. Mais chez cette artiste habitée par la littérature et la poésie, la concision de ses énoncés inverse cette rhétorique féroce en la détruisant de l'intérieur par la déclinaison poétique des sens possibles. Au slogan, elle oppose la multiplicité des interprétations, à la sommation des mots d'ordre, elle substitue les écarts de l'imaginaire, à la typographie new age, elle privilégie le trait oscillant dicté par sa main. Ecrire à la limite de l'écriture, écrire en jouant de la surface et de la profondeur, du réel et du possible, du dessus et du dessous, du manifeste et du caché.

Dans cette œuvre, l'écriture aurait donc le pouvoir d'énoncer une frontière entre différents ordres considérés comme antinomiques : l'humour et le politique. L'humour surgit, doucement, en tant que qualité secondaire mais remarquable. Et il faut un certain temps pour que des titres aussi différents que *Frapper très fort à la mauvaise porte* (2020), *Apocalypse ambiance boudoir* (2020), *Une ambition de papier peint* (2020) ou le merveilleux *Mort aux vivants* (2020) acquièrent une force dictée par la dérision et l'ironie de nos vies. L'humour, lorsqu'il est convoqué, aussi comme écho lointain des anciennes fables et des contes où l'horreur ne prenait tout son sens qu'à condition d'affirmer une dimension satirique qui, en dernier ressort, devait se lire comme des paraboles philosophiques. Pourtant, dans ces œuvres, rien de grinçant, pas ce rire sardonique propre aux écrivains de la fin du XIXe siècle, pas d'ironie à la Lautréamont, ou même celui plus innocent des auteurs des années 60. Au contraire, lorsqu'il est convoqué, l'humour est imaginé comme un moyen, presque une méthode, destiné à briser chez le spectateur la sensation d'un travail basé sur une lecture (trop) sérieuse du monde, trop cynique, voire exagérément poétique. Les pointes d'humour parsemant régulièrement son œuvre restent aussi pour Arpaïs un exutoire face à la mélancolie, mélancolie dont la vie quotidienne fournit continuellement des motifs allégoriques comme l'avait signalé Baudelaire en son temps. Et le politique ? Il affleure continuellement comme sous-couche signifiante. *Offrir un bouquet de douleur* (2017), *Tenter d'éclaircir un paysage de demain* (2017), *Dédramatiser l'insignifiance* (2020), *Tout corps sans tête fera l'affaire* (2020) sont autant d'apostrophes sur notre contemplation impuissante et hypnotisée du monde comme spectacle.

Ainsi, il y a toujours une ambivalence dans chacune des compositions verbales. Si elles tissent les fils d'une narration qui vise à ré-enchanter notre monde et à l'instruire de beautés cachées, elles sonnent tout autant comme des avertissements pointant notre capacité à ne plus rien voir, ne plus rien entreprendre et ne plus rien imaginer comme si notre asservissement au système généralisé de l'économie roi nous dissuadait de toute intervention dans le réel.

Damien Sausset

You can cry out until the cry joins the structure.
The structure can also be disassembled until it meets the cry.
In other words, today there are no longer any poets or novelists, there are poetics.

Édouard Glissant.

Words in an archipelago

If, in her compositions, Arpaïs Du Bois has always favoured a frantic distribution of letters in a sometimes hesitant, sometimes authoritarian layout, it is to better muddle our reading and reaffirm the verbal rhythm of the words. It unleashes their music. Bruce Nauman had already experimented with this principle in 1967 with a drawing (later transformed into neon) in which he repeated each letter of his first name ten times to the point of making it impossible to decipher. Only the enunciation restores its coherence. In the works of Arpaïs Du Bois (as in Nauman's), one must therefore be wary of what is inscribed. The letters have lost their regularity and reassuring stability over the years. Although drawn in capitals, some are at the limit of being legible, forcing the eye to scrutinise each syllable in order to recompose the word. The inscription becomes a decryption and the gaze adopts the role of archaeologist. It has nothing to do with any typographic or graphic effects. The spacing between the letters, the caesuras between syllables, sudden, abrupt, the way in which each inscription scratches, deletes and obliterates the painting material, in short, this frantic notation is also an evasion of a future narrative. What she writes is closed. The continuation, if there is one, is to be found in the hollows of the image, colour and forms that orchestrate the composition.

As for the verbal statement, it regularly takes the form of injunctions: *Parader (To parade)* (2017), *Replanter l'audace (To replant audacity)* (2020), *Laver les fleurs (To wash the flowers)* (2020). A challenge instead of a description of things. A way of desacralising the realm of the sentence by alluding to something opaque and transforming the work into a rambling map. There is also a conciseness and speed in these messages that is typical of advertising rhetoric and its astonishing ability to condense a moral, and ultimately always of an economic nature. But with this artist inhabited by literature and poetry, the conciseness of her statements reverses this ferocious rhetoric by destroying it from within through the poetic declension of possible meanings. She contrasts the slogan with the multiplicity of interpretations; she substitutes the challenge of watchwords with the deviations of the imaginary. She favours the oscillating stroke dictated by her hand for new age typography. Writing at the limits of the written word, writing by playing with the surface and the depth, the real and the possible, the above and the below, the manifest and the hidden.
In this oeuvre, writing would therefore have the power to set out a boundary between different orders considered to be antinomic: humour and politics. Humour emerges, softly, as a secondary but

remarkable quality. And it takes a while for titles as different as *Frapper très fort à la mauvaise porte (To knock Hard at the Wrong Door)* (2020), *Apocalypse ambiance boudoir* (2020), *Une ambition de papier peint (A Wallpaper Ambition)* (2020) or the wonderful *Mort aux vivants (Death to the Living)* (2020) to acquire a force dictated by the derision and irony of our lives. Humour, when summoned, also as a distant echo of ancient fables and tales where horror only made sense if it affirmed a satirical dimension which, as a last resort, was to be read as philosophical parables. Yet, there is nothing grating in these works, not the sardonic laughter of late 19th-century writers, no Lautréamont irony, or even the more innocent laughter of authors of the Sixties. On the contrary, when it is summoned, humour is imagined as a means, almost a method, intended to break the spectator's sense of a work based on a (too) serious reading of the world, too cynical, even overly poetic. To Arpaïs the touches of humour that regularly dot her work also remain an outlet for melancholy, a melancholy of which everyday life continually provides allegorical motifs, as Baudelaire pointed out in his time. What about politics? It continuously emerges as a telling underlay. *Offrir un bouquet de douleur (To offer a bouquet of pain)* (2017), *Tenter d'éclaircir un paysage de demain (To try and brighten up a landscape of tomorrow)* (2017), *Dédramatiser l'insignifiance (To dedramatise insignificance)* (2020), *Tout corps sans tête fera l'affaire (Any body without a head will do)* (2020) are all apostrophes on our powerless and hypnotised contemplation of the world as a spectacle.

Thus, there is always an ambivalence in each of the verbal compositions. If they weave the threads of a narrative that aims to re-enchant our world and instruct it in hidden beauties, they sound just as much like warnings pointing out our capacity to no longer see anything, undertake or imagine anything, as if our enslavement to the generalised system of the kingly economy were deterring us from any intervention in reality.

Damien Sausset

We kunnen de schreeuw voor ons uit duwen tot hij één wordt met de structuur. Maar we kunnen ook de structuur ontwarren tot hij de schreeuw raakt. Of anders gezegd: vandaag zijn er geen dichters of romanschrijvers meer, er zijn dichterlijken.

Édouard Glissant (vrije vertaling).

Een archipel van woorden

In haar composities heeft Arpaïs Du Bois altijd al de voorkeur gegeven aan een verwrongen verdeling van de letters in een soms aarzelende, soms autoritaire lay-out. Zo creëert ze een eigen toegang tot het lezen en versterkt ze het verbale ritme van de woorden. Hun muzikale taal. Bruce Nauman experimenteerde al in 1967 met dit principe. In een tekening (later tot neon getransformeerd) schreef hij elke letter van zijn voornaam tien keer na elkaar tot niemand het nog kon ontcijferen. Je moest het woord uitspreken om het te begrijpen. Bij Arpaïs Du Bois moet je dus (net als bij Nauman) op je hoede zijn voor wat er geschreven staat. Dat bewijzen ook deze letters, die in de loop van de jaren hun regelmatigheid en geruststellende stabiliteit verloren zijn. Ook al zijn ze in hoofdletters geschreven, toch zijn sommige letters nauwelijks leesbaar, waardoor je lettergreep per lettergreep moet bekijken om het woord te kunnen vormen. De tekst wordt een ontcijfering. Je blik wordt archeoloog. Dit heeft niets te maken met (typo)grafische effecten. De ruimte tussen de letters, de abrupte en plotse onderbrekingen tussen de lettergrepen, op een manier waarbij elk opschrift de verf bekrast, doorhaalt en vervaagt... kortom, met deze zinderende weergave ontwijkt ze het verhaal dat komen zal. Wat ze schrijft, is afgesloten. Het vervolg, als dat er al is, moet je zoeken in de holtes van het beeld, de kleur en de vormen die de compositie bepalen.

De tekst neemt vaak de vorm aan van een stelling: *Parader* (2017), *Replanter l'audace* (2020), *Laver les fleurs* (2020). Een oproep in plaats van een beschrijving van de dingen. Een manier om het universum van de zin te desacraliseren door op iets onderliggends te wijzen en het werk om te vormen tot de kaart van een dooltocht. In deze boodschappen zitten ook een beknoptheid en snelheid die eigen zijn aan de welsprekendheid en de verbluffende capaciteit van reclamemakers om iets – uit markteconomische overweging – te condenseren. Maar bij deze kunstenares, die bezeten is door literatuur en poëzie, keert de beknoptheid van haar taaluitingen deze woeste welsprekendheid om door deze van binnenuit neer te halen met de poëtische ombuiging van de mogelijke betekenissen. Ze plaatst allerlei interpretaties tegenover de slogan.

Ze vervangt allerlei leuzen door het brede van de verbeelding. Ze verkiest de slingerende lay-out, gedicteerd door haar eigen hand, boven de typografie van de new age. Schrijven op de grens van het schrijven. Schrijven door te spelen met oppervlak en het onderliggende, met reëel en mogelijk, met boven en onder, met zichtbaar en onzichtbaar.

In dit werk heeft het schrijven dus de kracht om een grens tussen zogenaamd tegenstrijdige ordes aan te roepen, namelijk humor en het politieke. De humor komt naar voren, onderliggend maar wel opmerkelijk. En het vraagt ook wat tijd tot de erg uiteenlopende titels zoals *Frapper très fort à la mauvaise porte* (2020), *Apocalypse ambiance boudoir* (2020), *Une ambition de papier peint* (2020) of het wondermooie *Mort aux vivants* (2020) een kracht krijgen, die door de spot en ironie van ons leven wordt gedicteerd. Wanneer die humor opgeroepen wordt, ook als verre weerklank van oude fabels en verhalen, waarin afschuw pas zijn volledige betekenis kreeg als deze uiting gaf aan een satirische dimensie, die uiteindelijk gelezen moest worden als filosofische parabels. In deze werken zit nochtans niets snerpends: geen sardonisch gelach zoals van de schrijvers van het einde van de 19e eeuw, geen ironie à la Lautréamont en zelfs geen onschuldigere ironie zoals in de *sixties*. Integendeel. De gehanteerde humor wordt beschouwd als een middel of haast een methode om de toeschouwer het gevoel te geven dat dit werk niet gebaseerd is op (te) ernstige, te cynische of zelfs overdreven poëtische teksten. De humoristische toespelingen her en der blijven ook voor Arpaïs een uitlaatklep voor de melancholie, waarvoor het dagelijkse leven voortdurend zinnebeeldige redenen geeft, zoals Baudelaire destijds ook al zei. En het politieke? Deze steekt voortdurend de kop op als een belangrijke onderlaag. *Offrir un bouquet de douleur* (2017), *Tenter d'éclaircir un paysage de demain* (2017), *Dédramatiser l'insignifiance* (2020) en *Tout corps sans tête fera l'affaire* (2020) zijn stuk voor stuk uitvallen naar onze hulpeloze en bezeten beschouwing van de wereld als een spektakel.

Zo zit er altijd een tegenstrijdigheid in elke verbale compositie. Hoewel ze de draden weven van een verhaal dat onze wereld opnieuw wil betoveren en over de verborgen schoonheden wil vertellen, toch klinken ze als een waarschuwing voor het feit dat we in staat zijn niets meer te zien, niets meer te kunnen ondernemen en ons niets meer te kunnen voorstellen, alsof onze onderwerping aan het veralgemeende systeem van 'koning economie' ons van enige tussenkomst in de realiteit afhoudt.

Damien Sausset

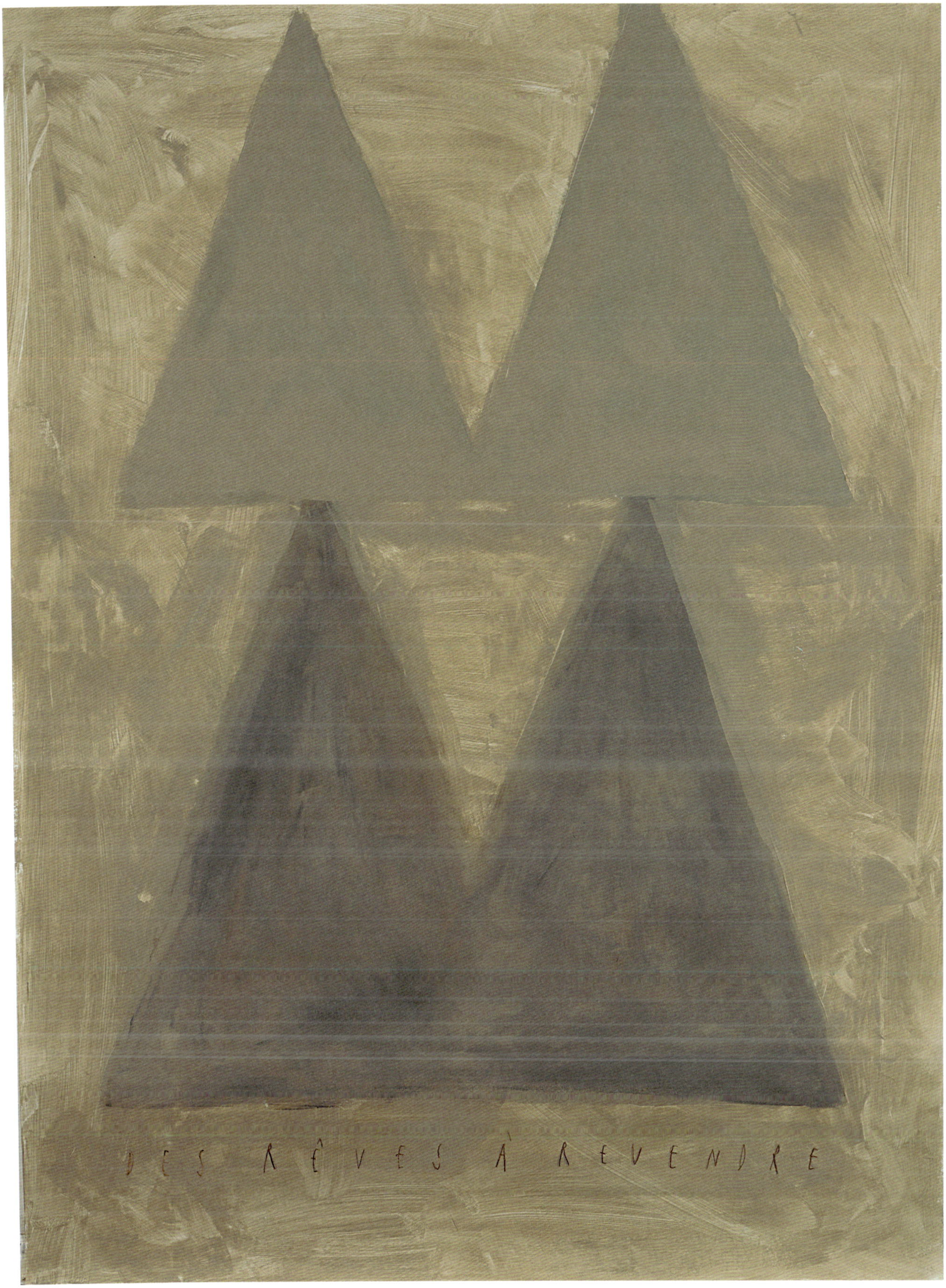
DES RÊVES À REVENDRE

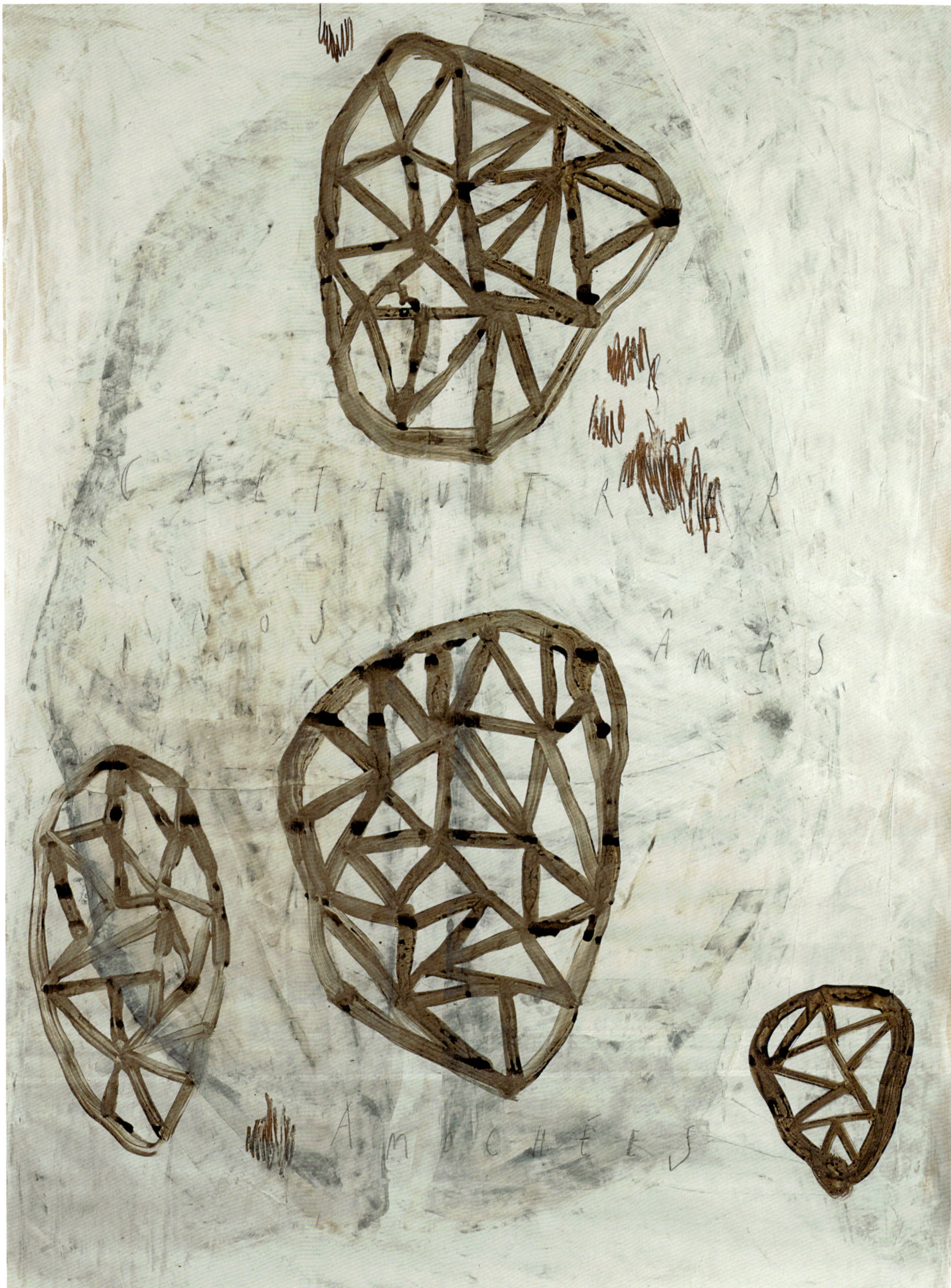

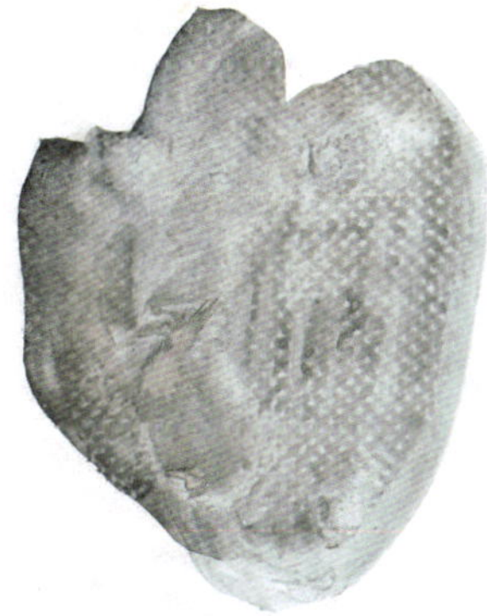

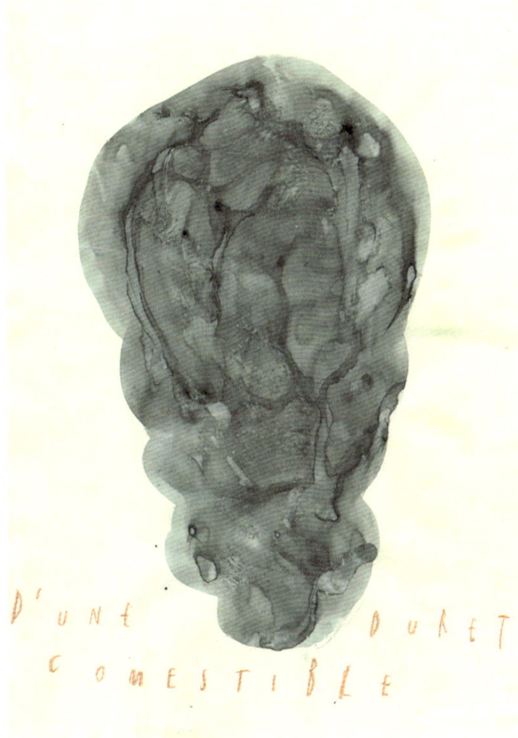
D'UNE DURETÉ
COMESTIBLE

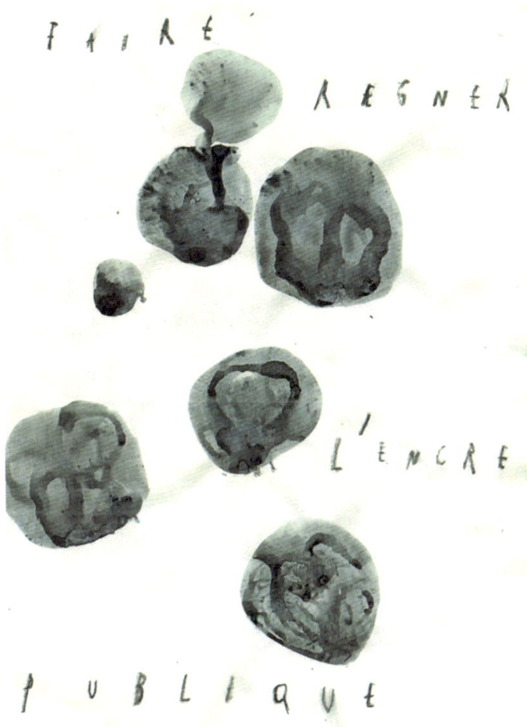
FAIRE RÉGNER
L'ENCRE
PUBLIQUE

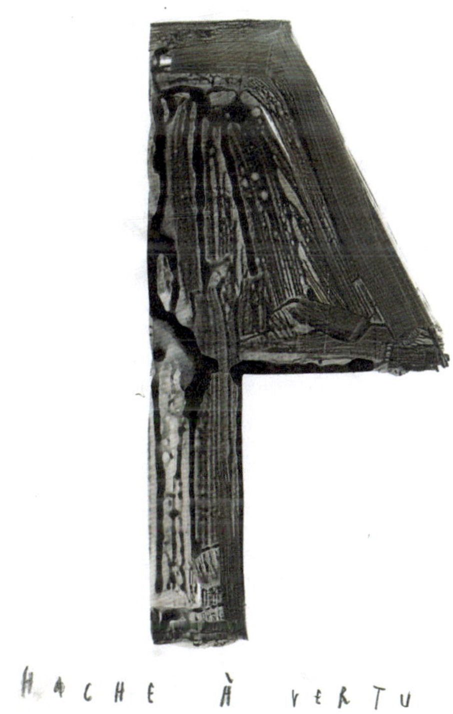
HACHE À VERTU

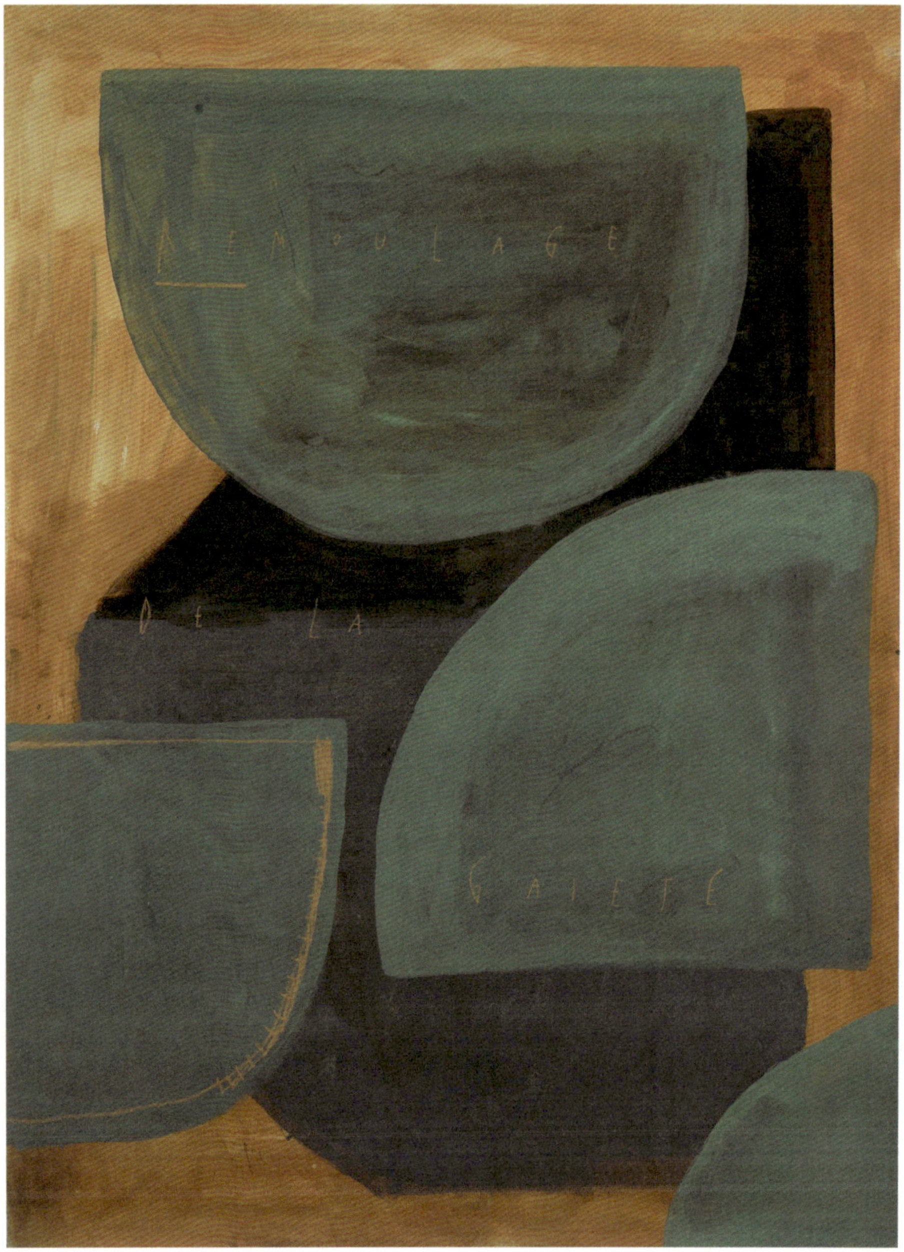

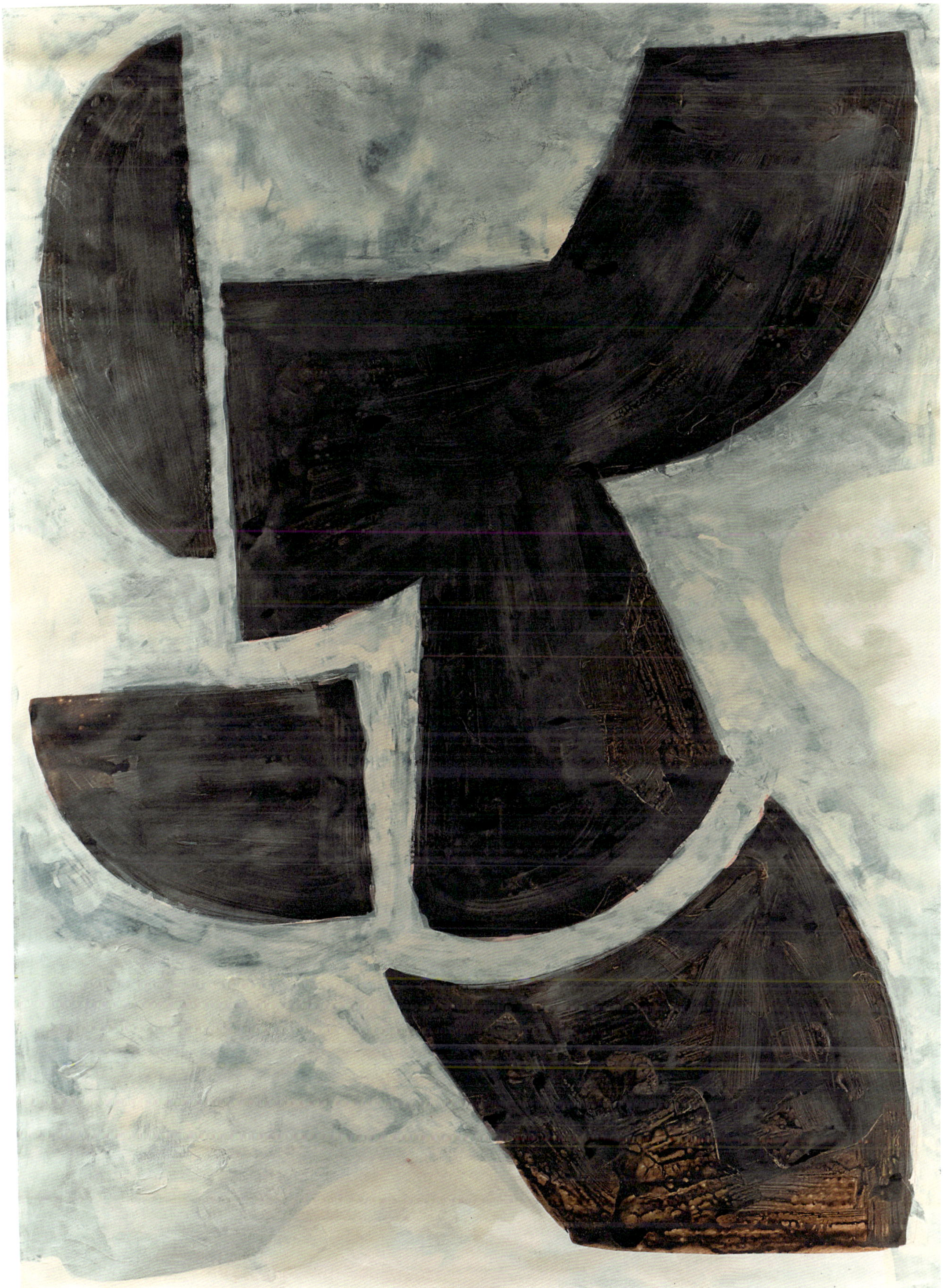

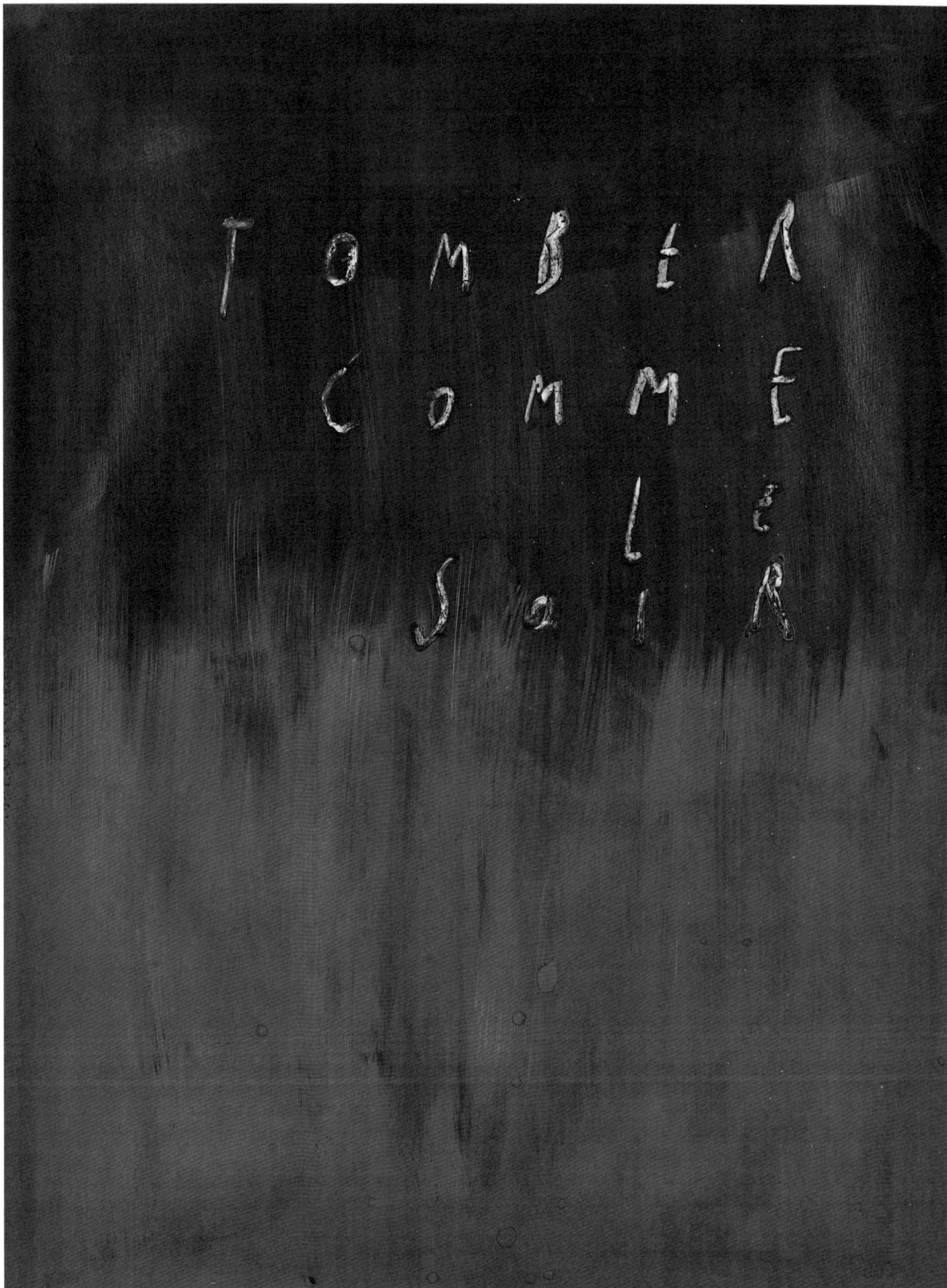
TOMBER
COMME
LE
SOIR

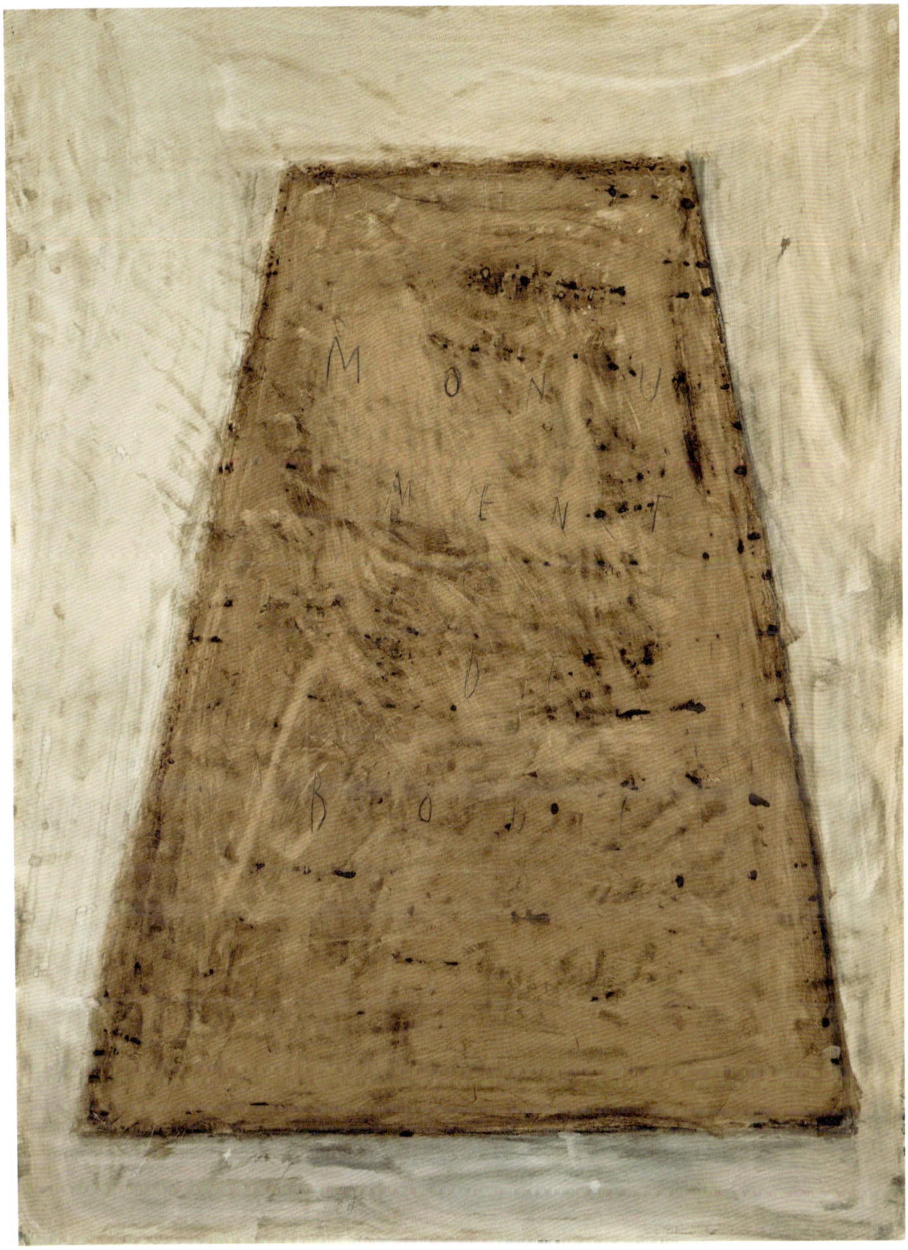
M O N U
M E N T

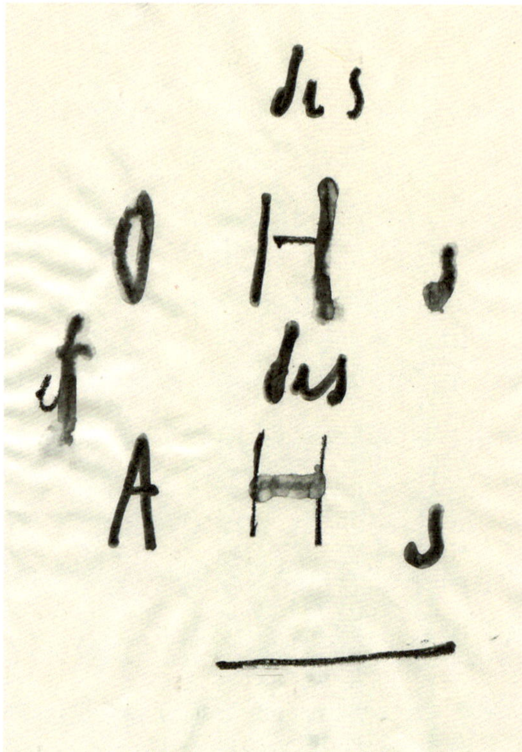

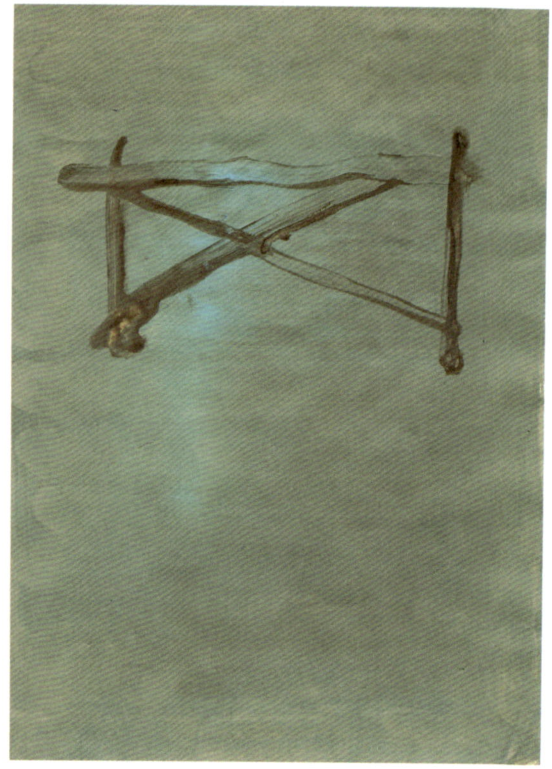

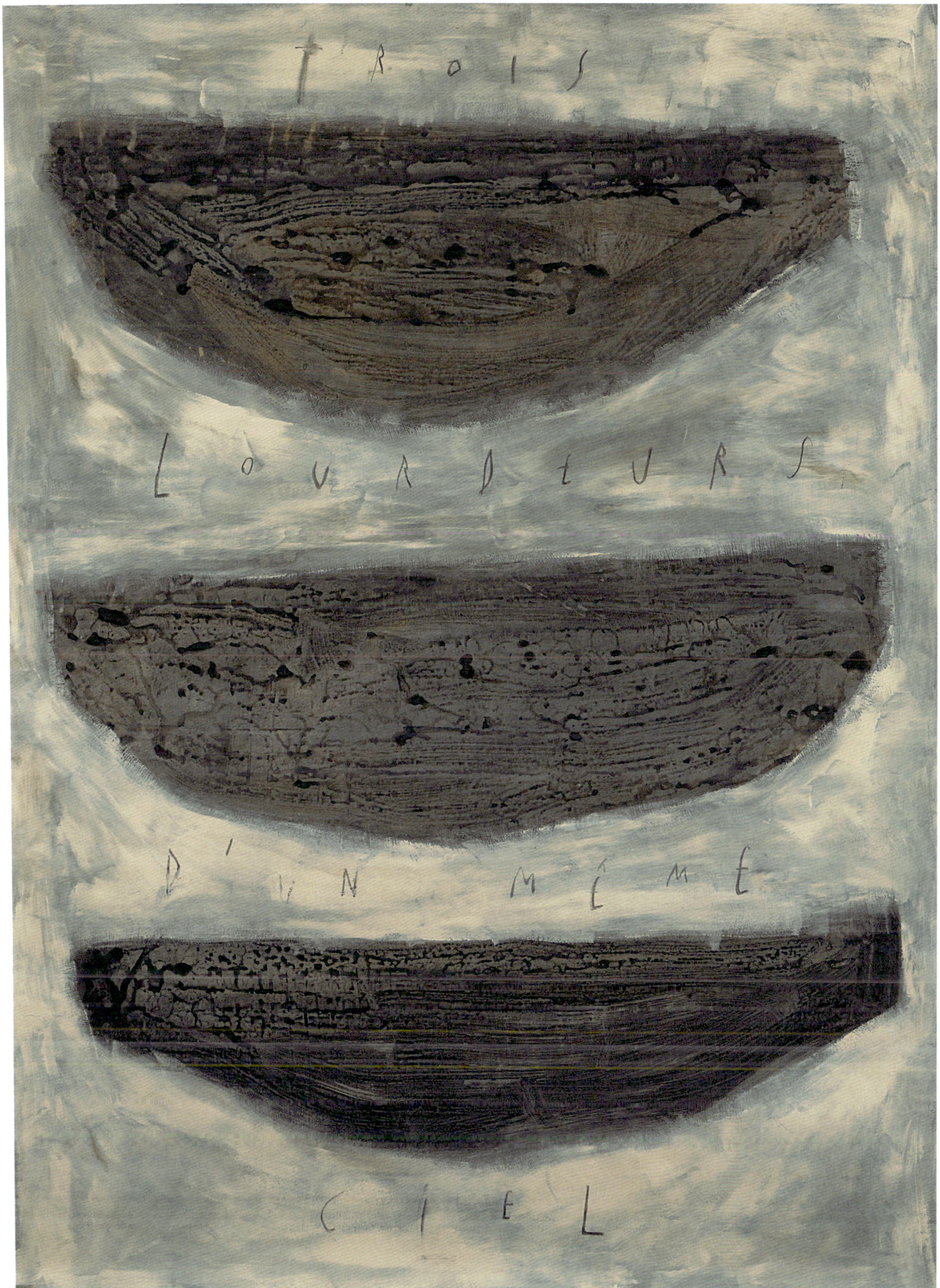
TROIS
LOURDEURS
D'UN MÊME
CIEL

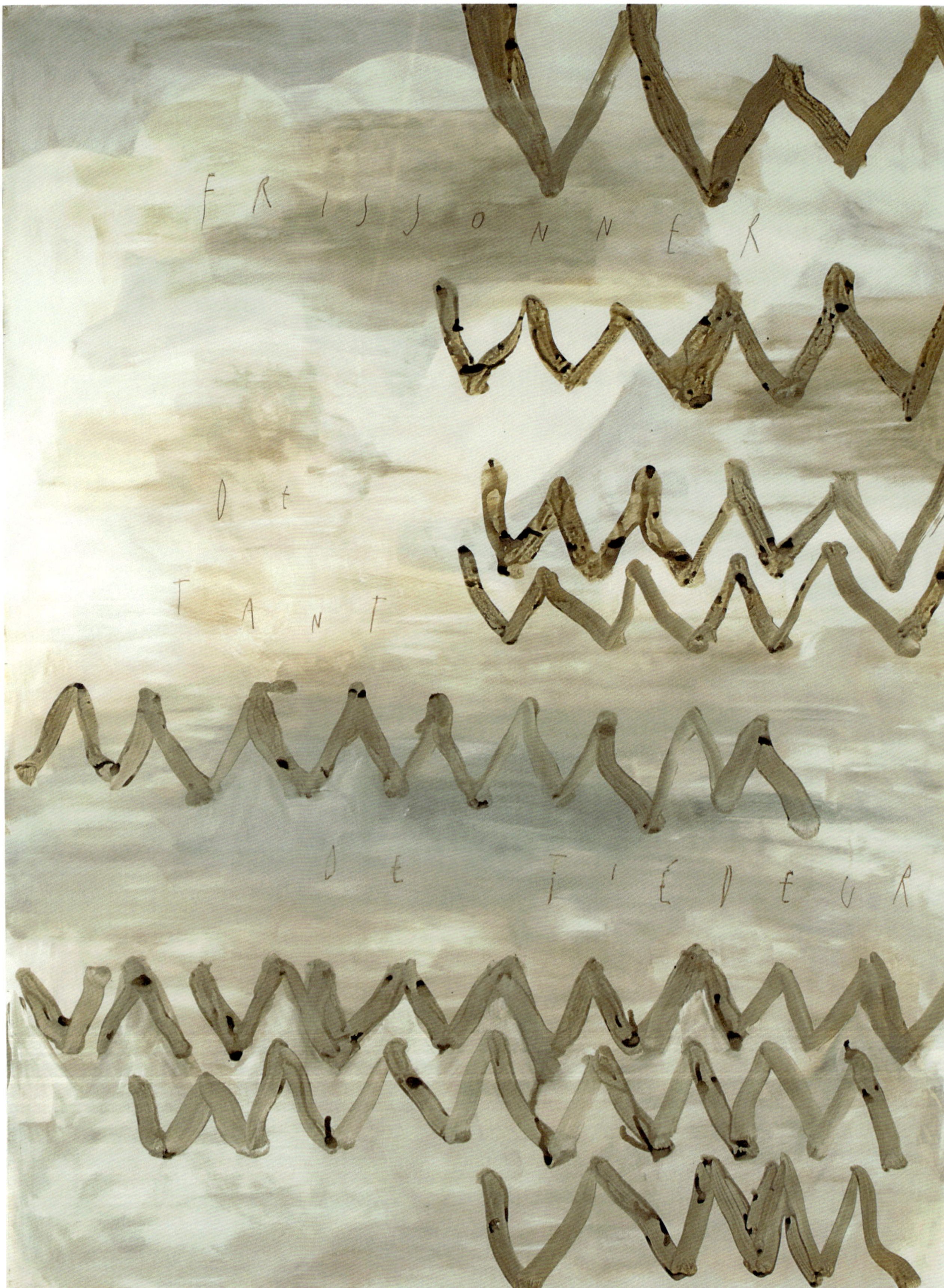
FRISSONNER
DE
TANT
DE TIÉDEUR

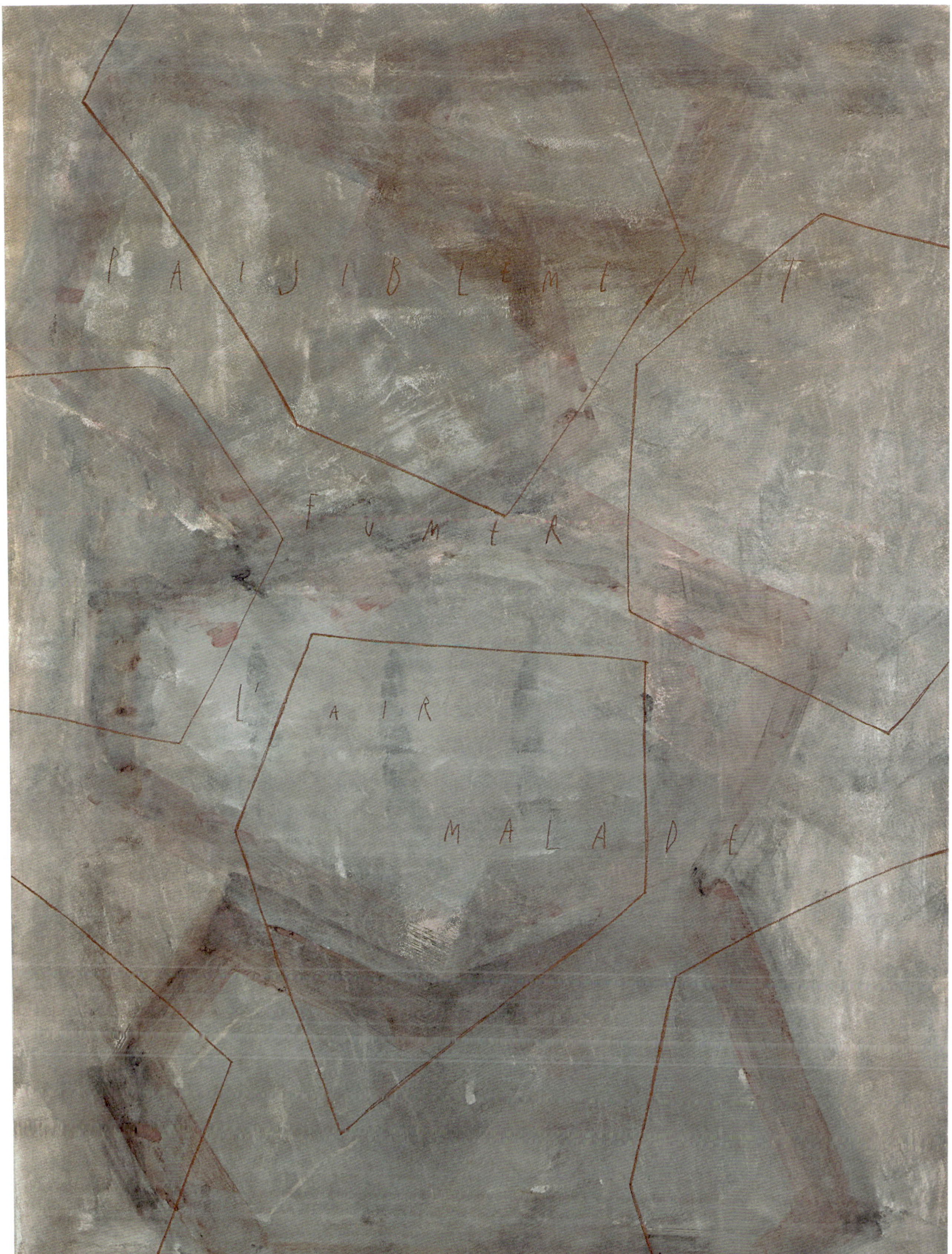
PAISIBLEMENT
FUMER
L'AIR
MALADE

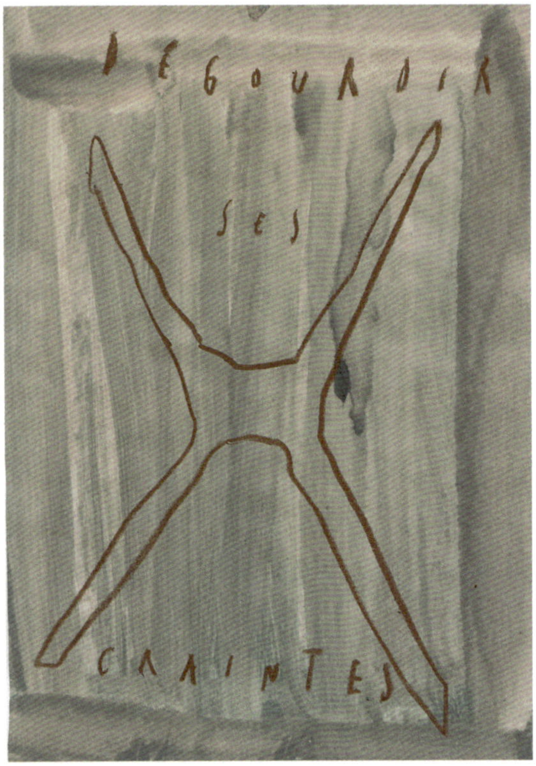
DEGOURDIR
SES
CRAINTES

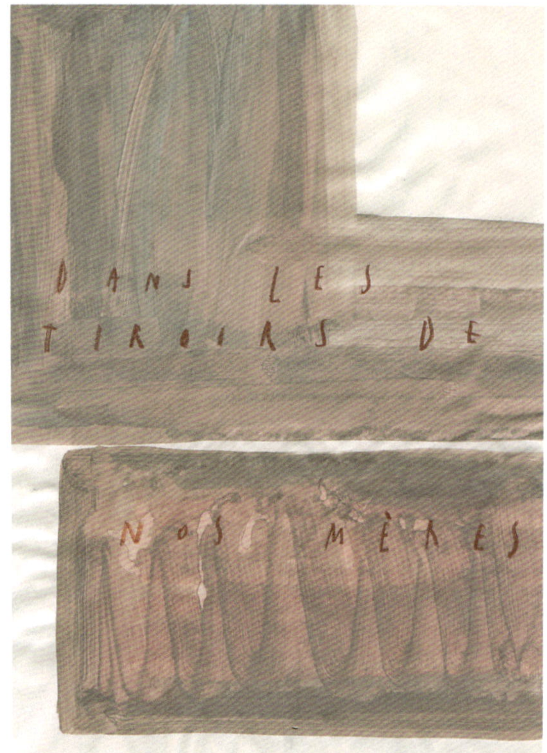
DANS LES
TIROIRS DE
NOS MÈRES

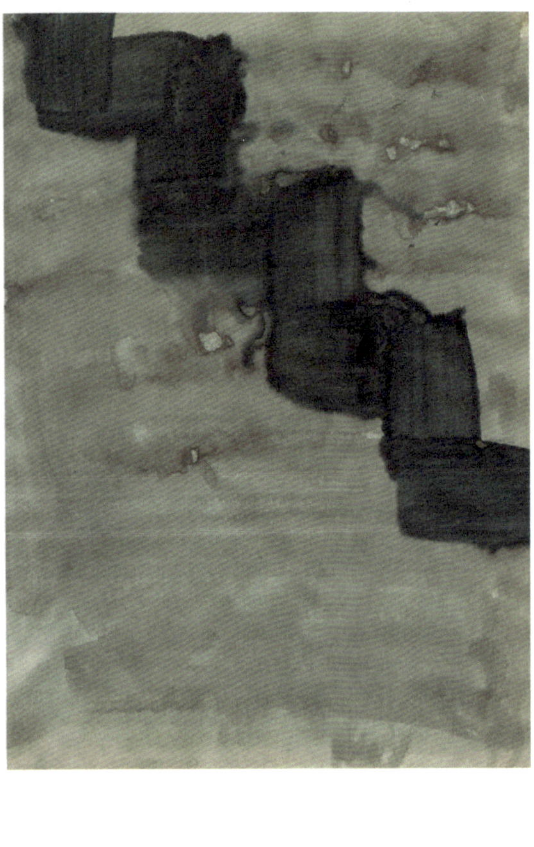

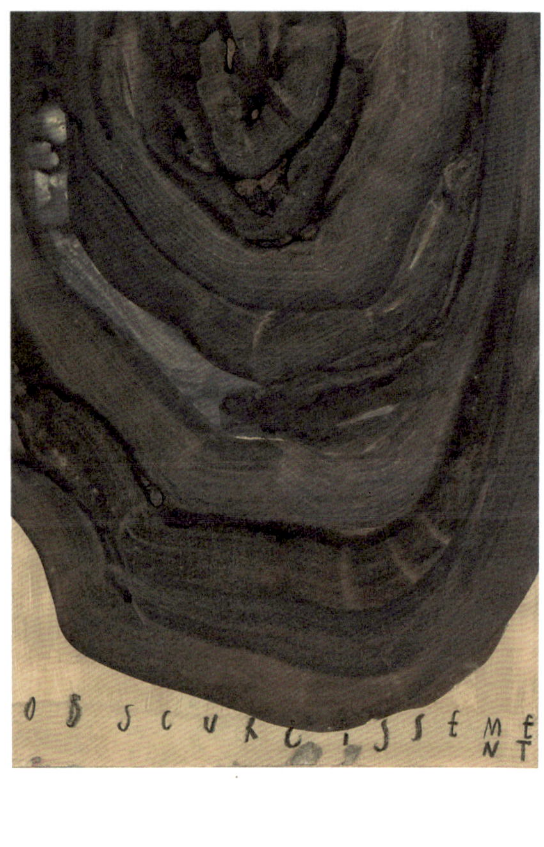
OBSCURCISSEMENT

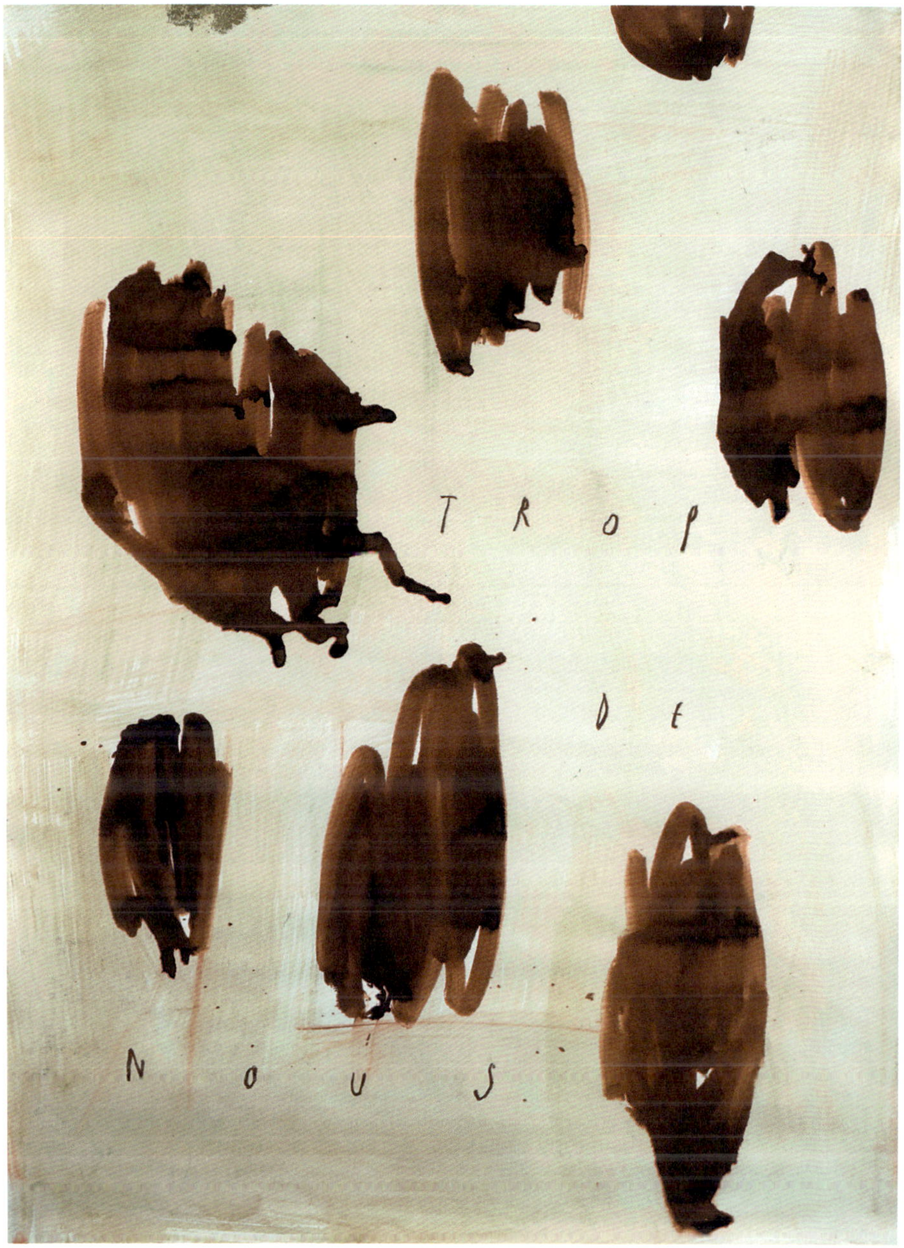
TROP
DE
NOUS

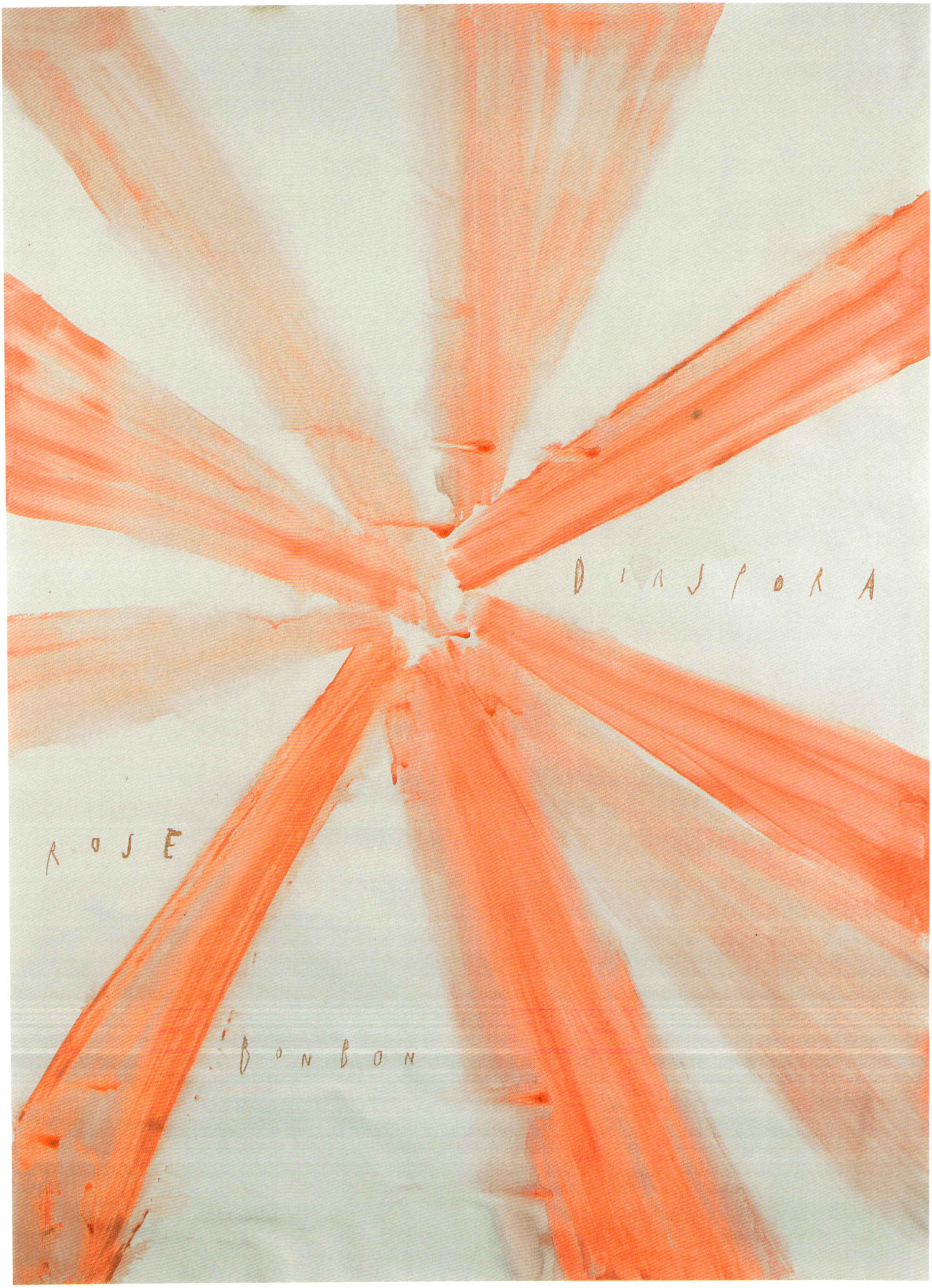
DIASPORA
ROSE
BONBON

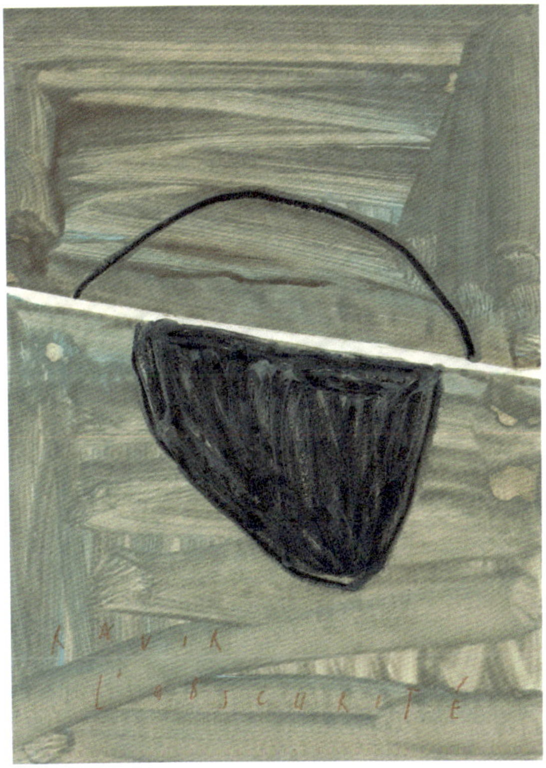
A NUIR
L'OBSCURITÉ
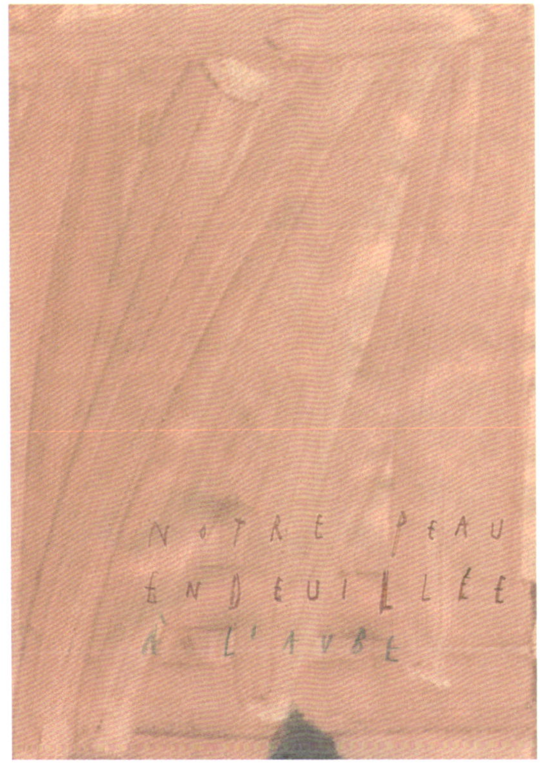
NOTRE PEAU
ENDEUILLÉE
À L'AUBE
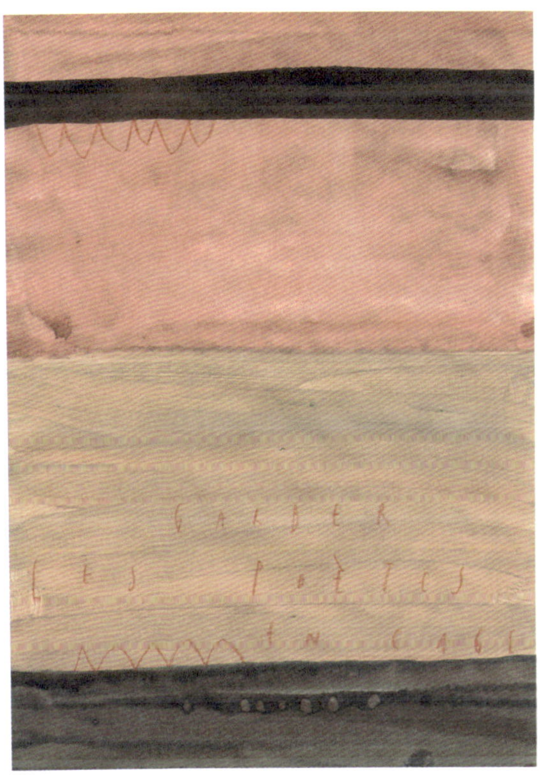
GARDER
LES POÈTES
EN CAGE
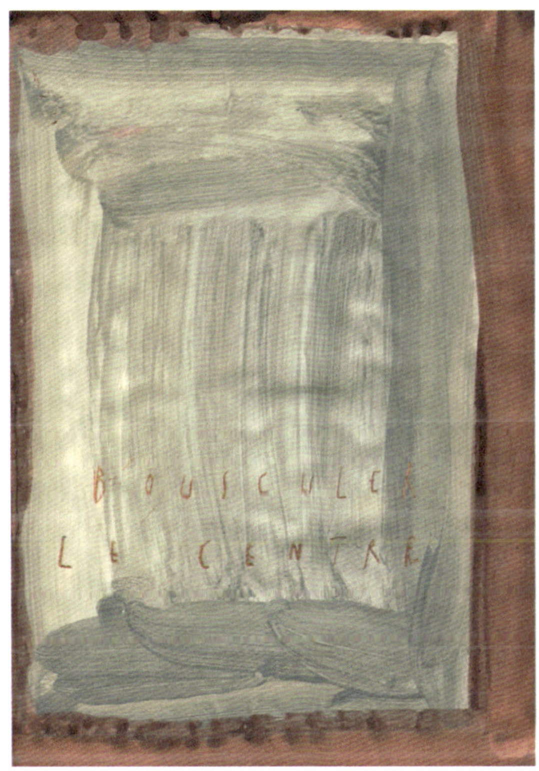
BOUSCULER
LE CENTRE

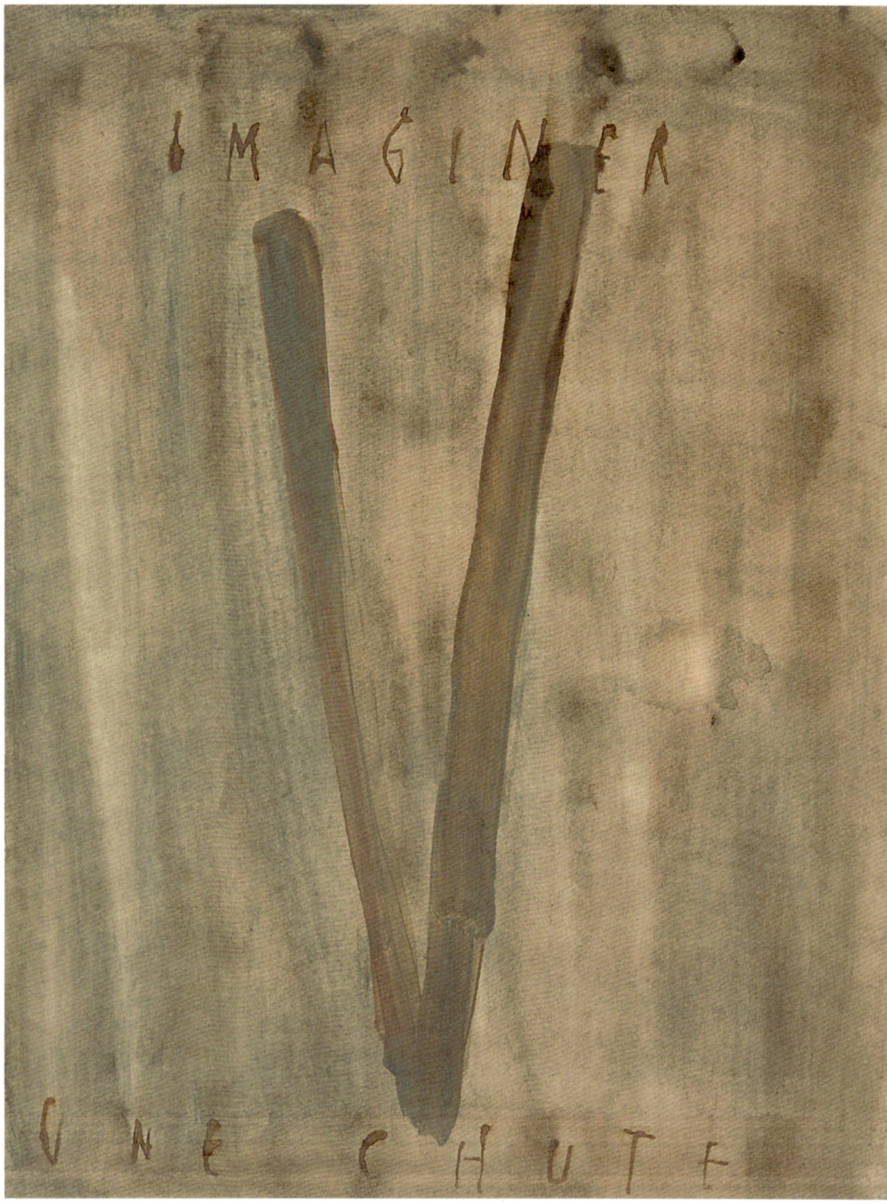
IMAGINER
UNE CHUTE

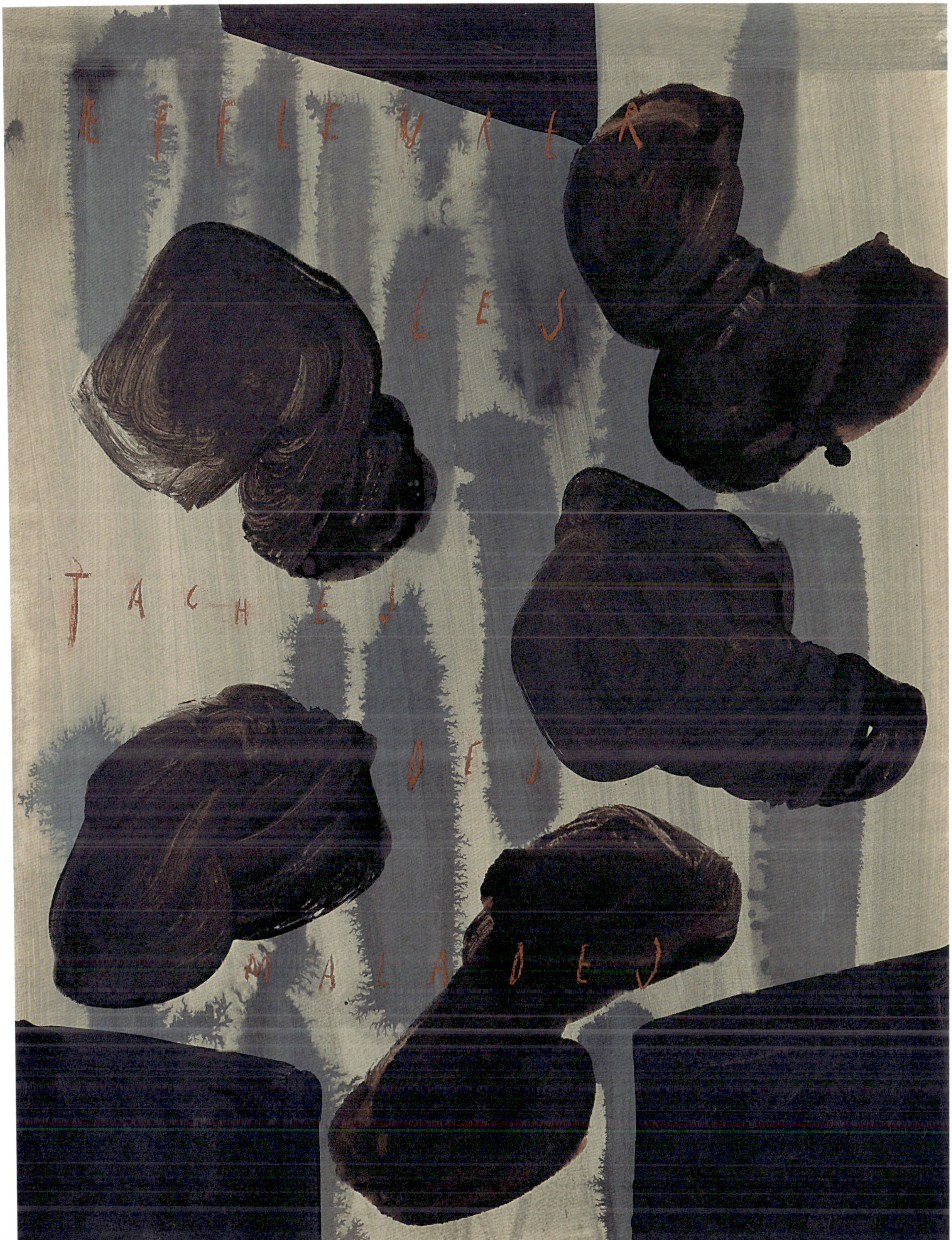
EFFLEURER
LES
TACHES
DES
MALADES

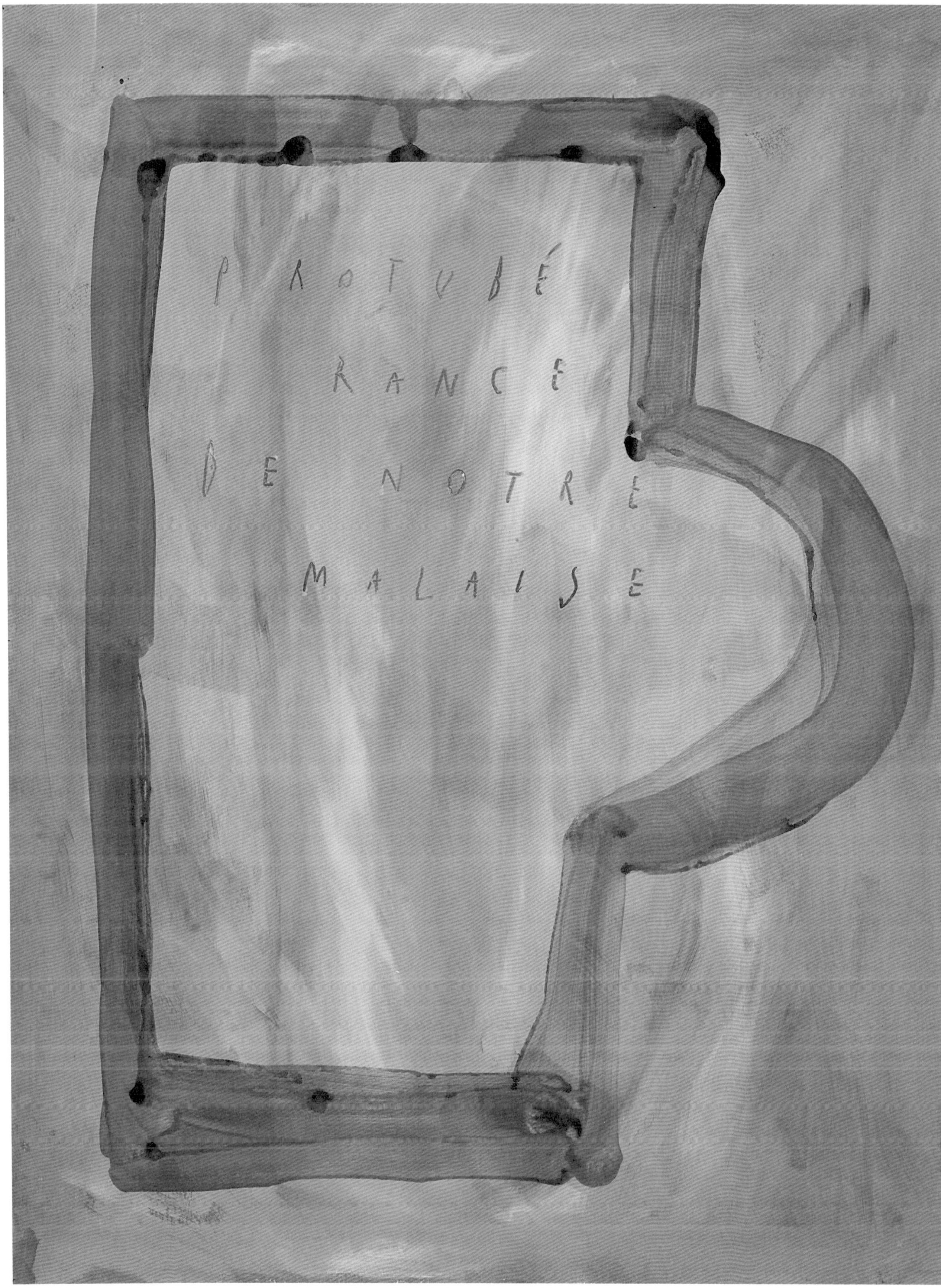
PROTUBÉ
RANCE
DE NOTRE
MALAISE

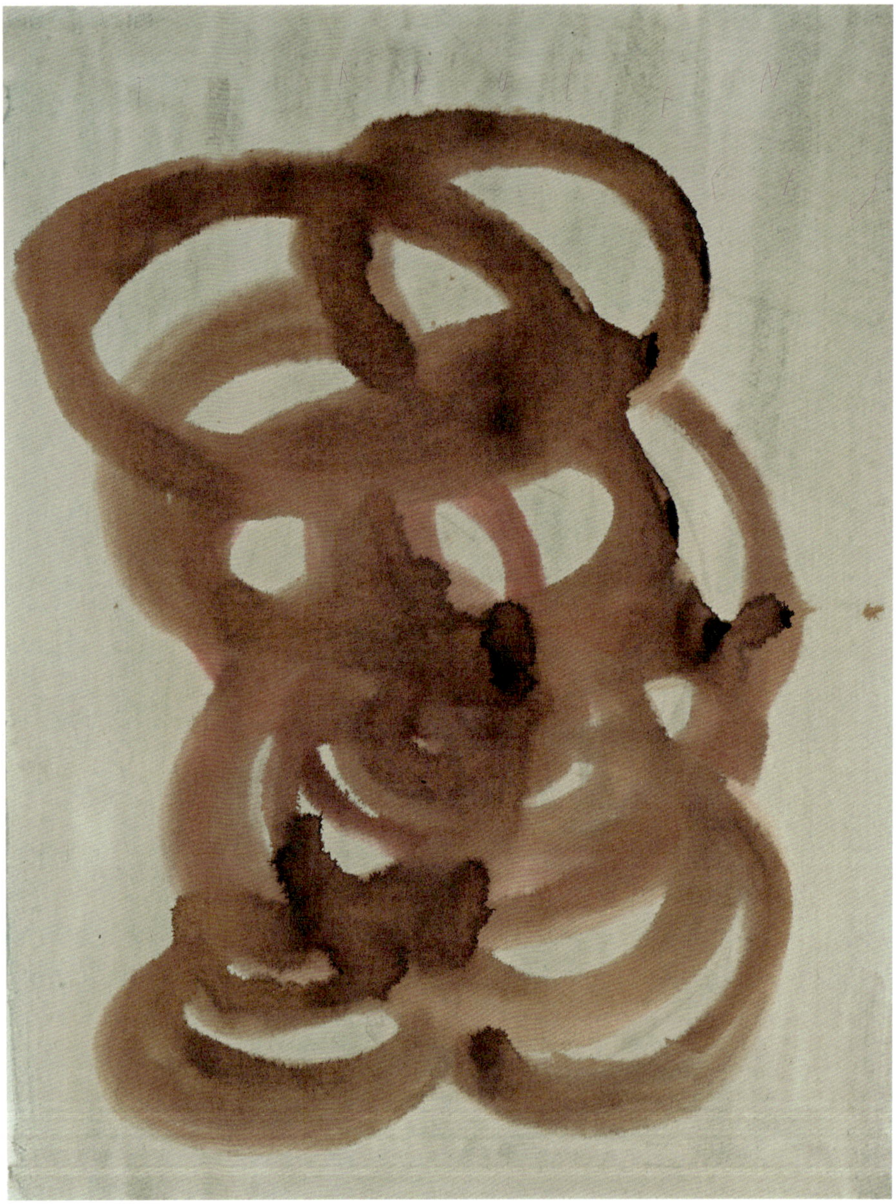

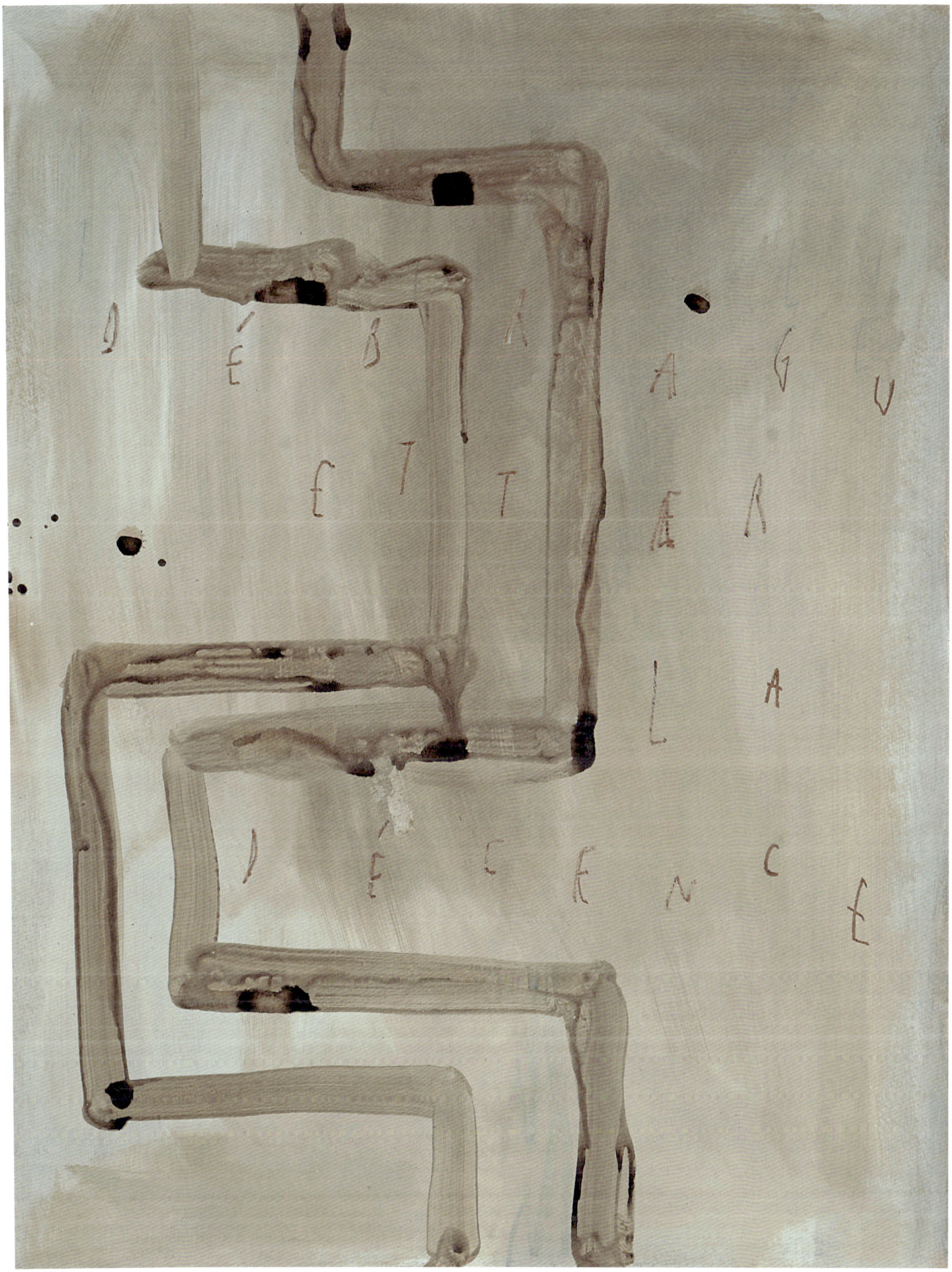

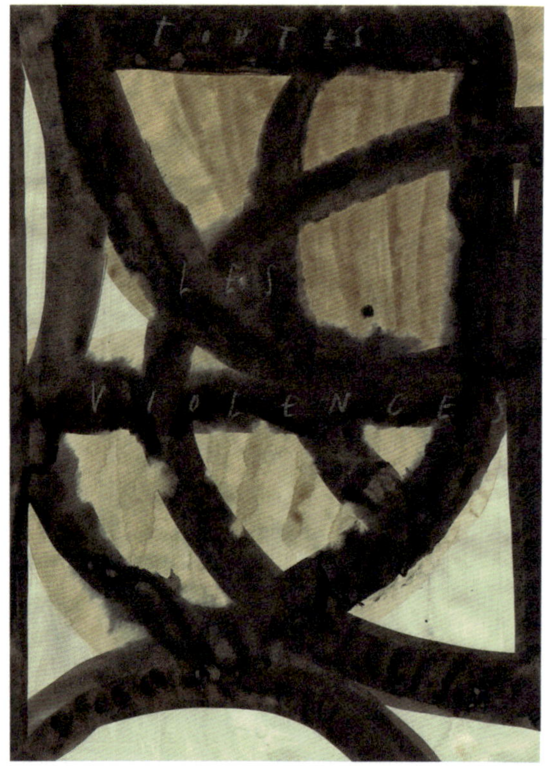
TOUTES
LES
VIOLENCES

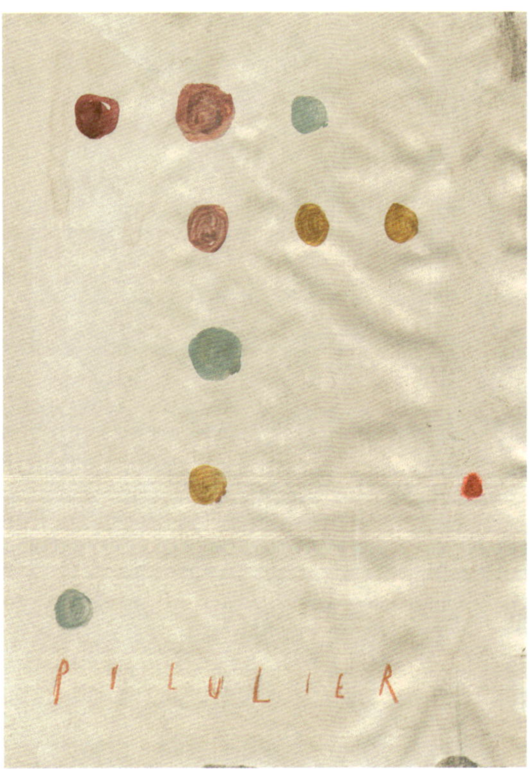
PILULIER

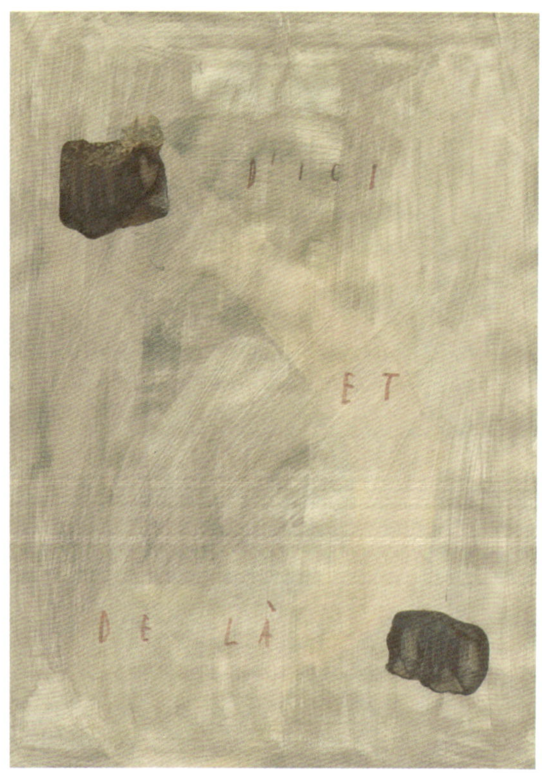
D'ICI
ET
DE LÀ

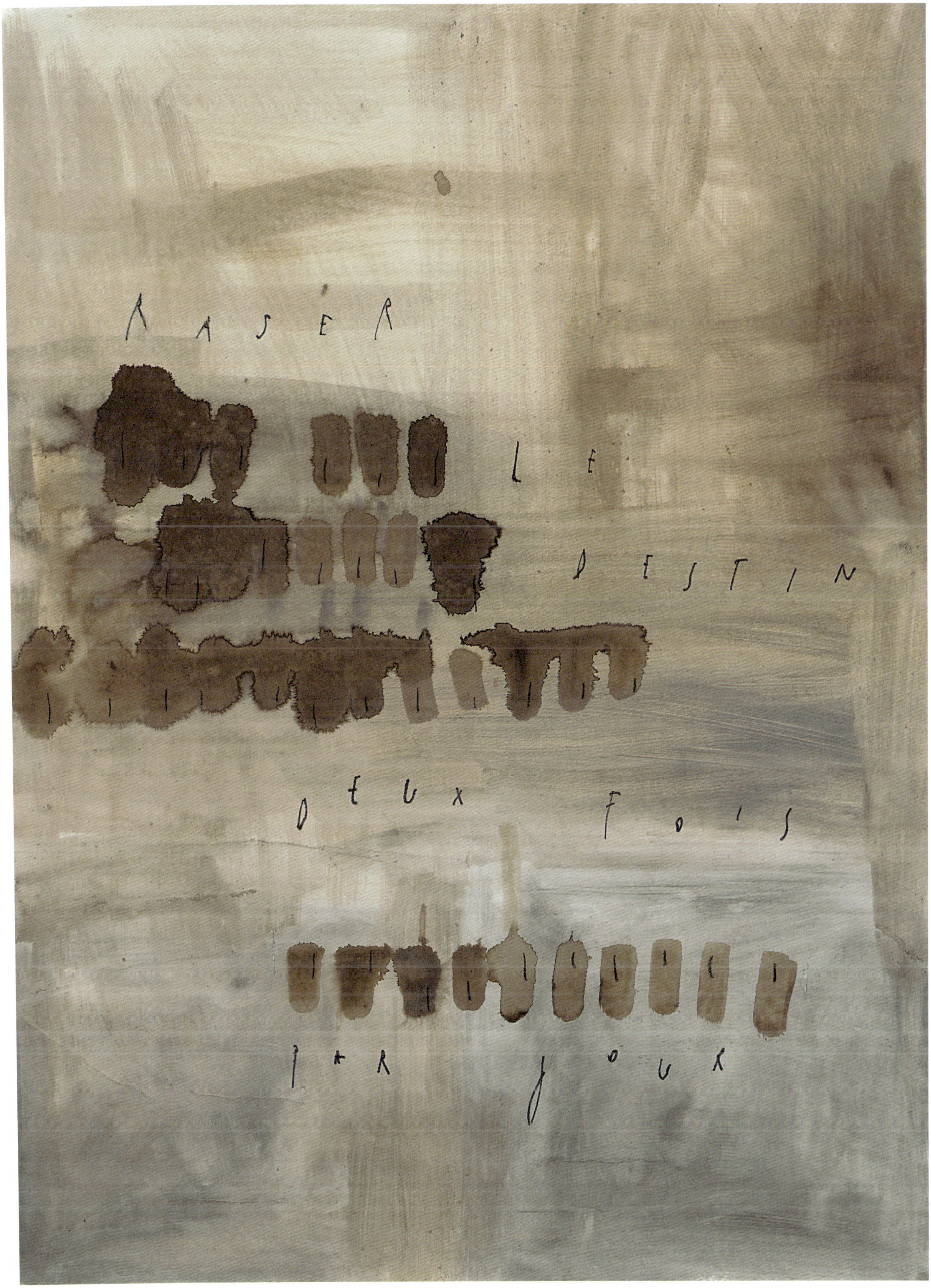
RASER
LE
DESTIN
DEUX FOIS
PAR JOUR

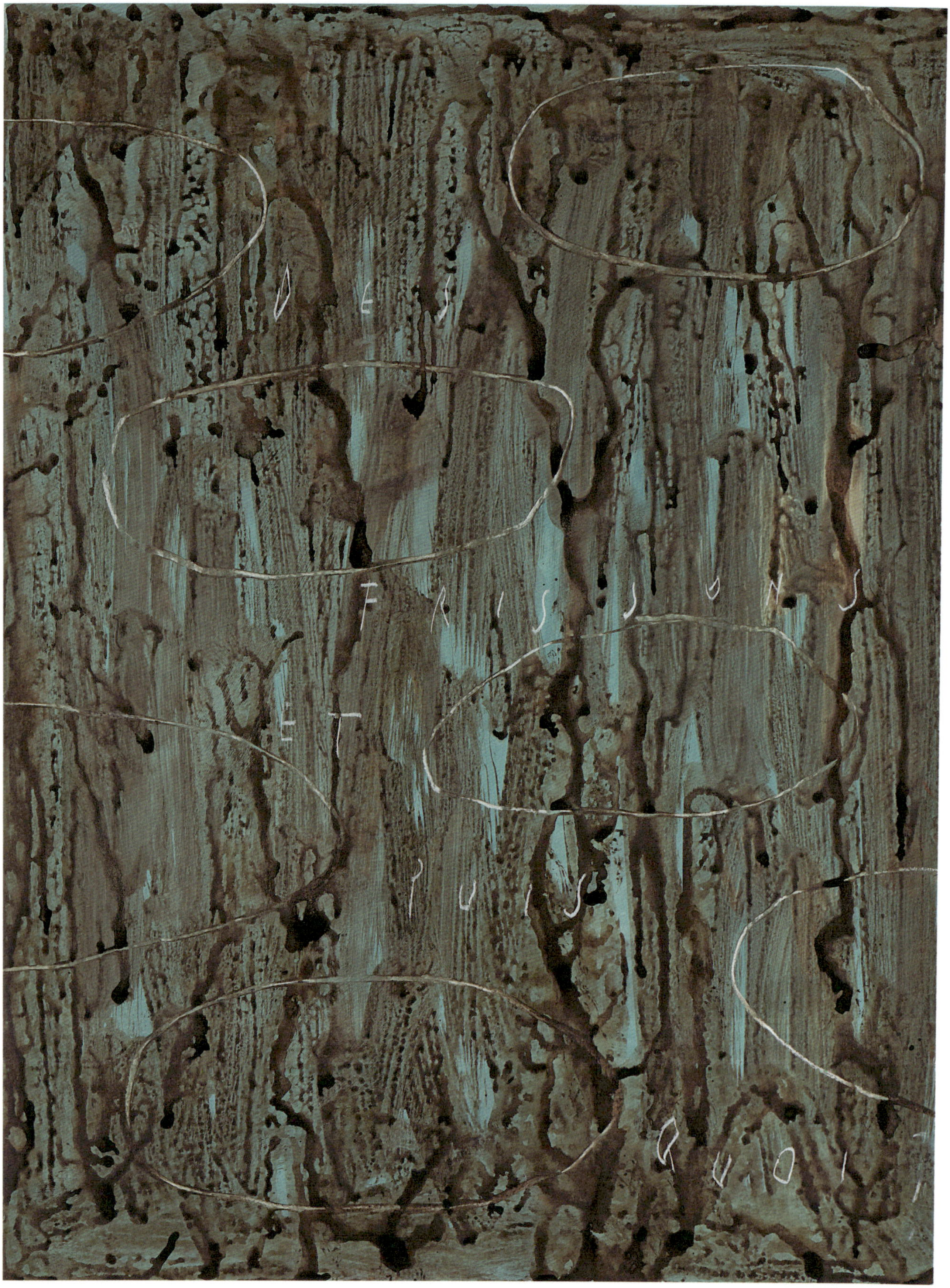
DES
FRISSONS
ET
PUIS
QUOI

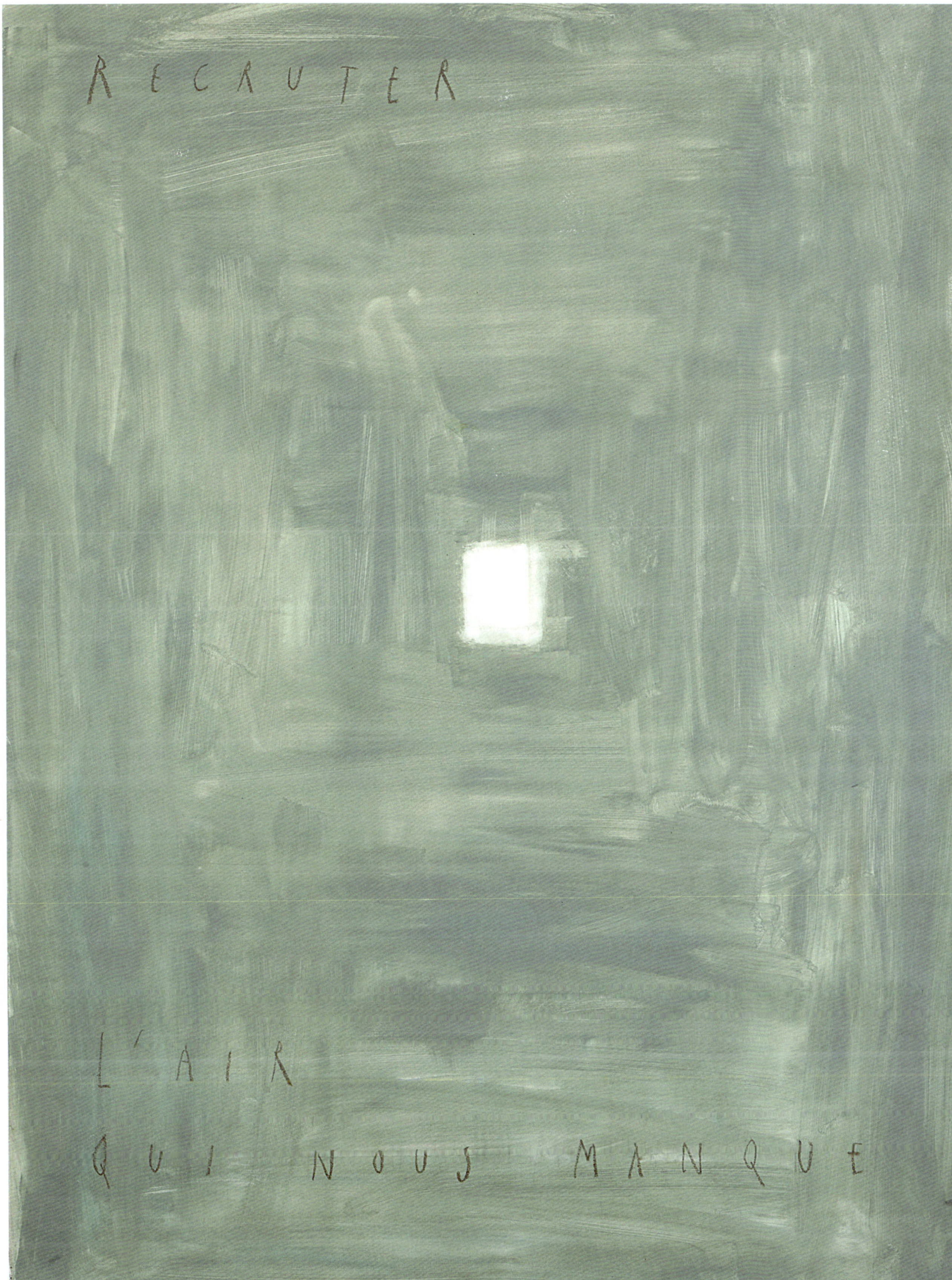
RECRUTER
L'AIR
QUI NOUS MANQUE

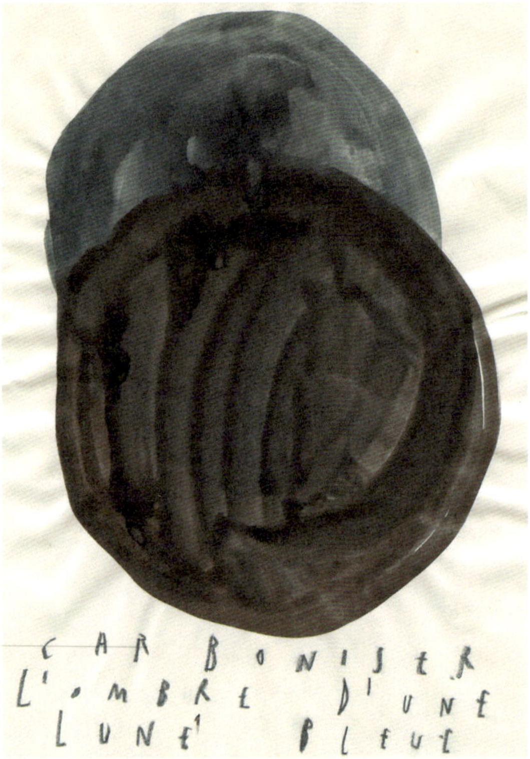
CARBONISER
L'OMBRE D'UNE
LUNE BLEUE

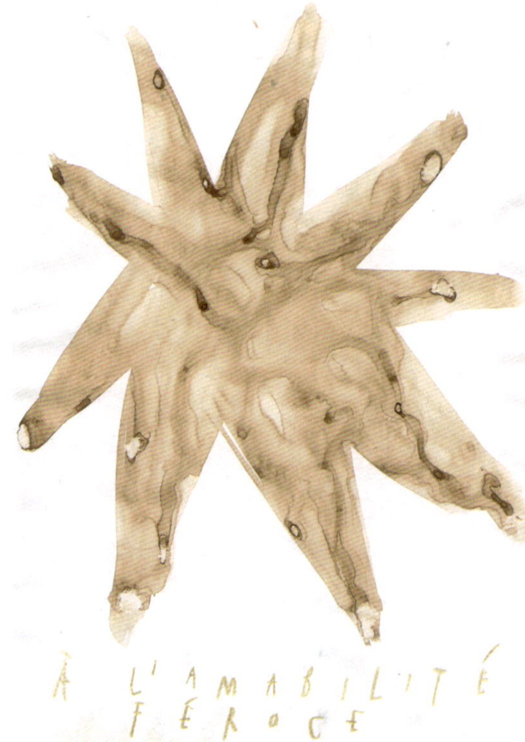
À L'AMABILITÉ
FÉROCE

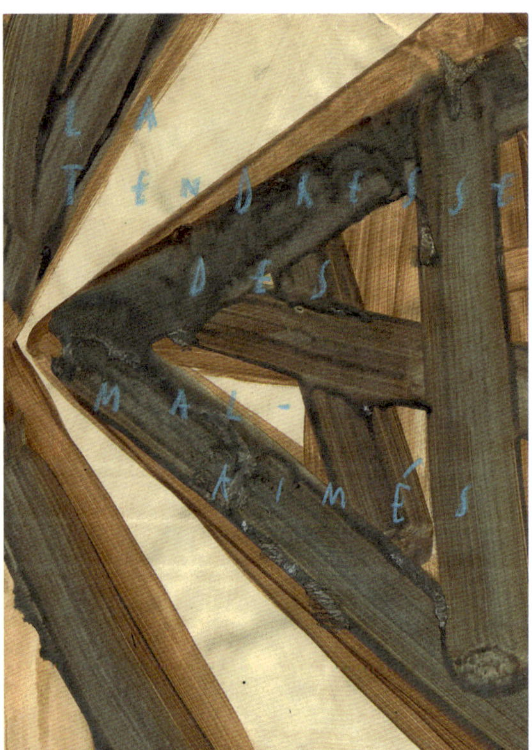
LA
TENDRESSE
DES
MAL-
AIMÉS

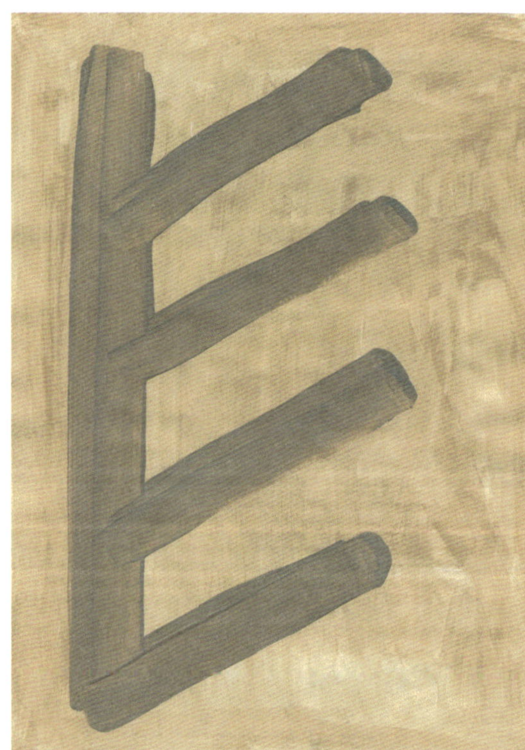

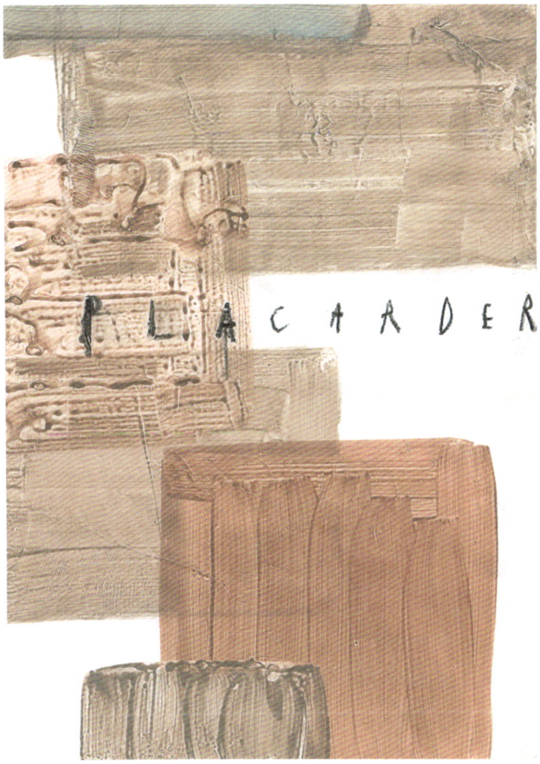
PLACARDER

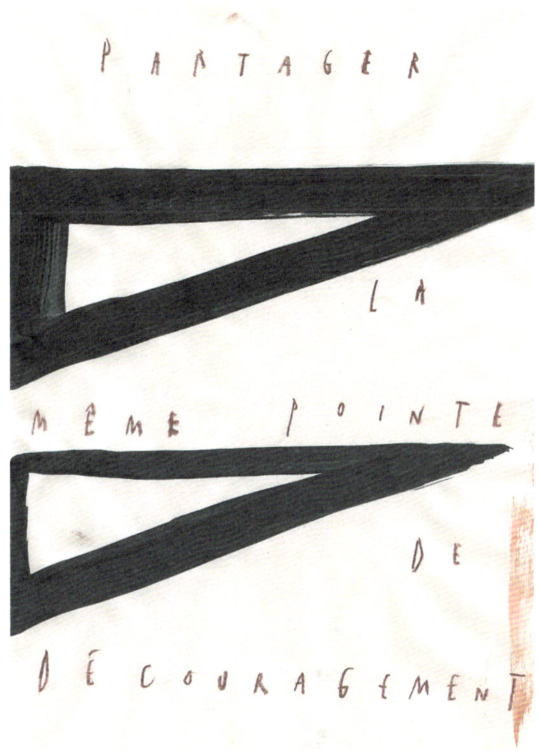
PARTAGER
LA
MÊME POINTE
DE
DÉCOURAGEMENT

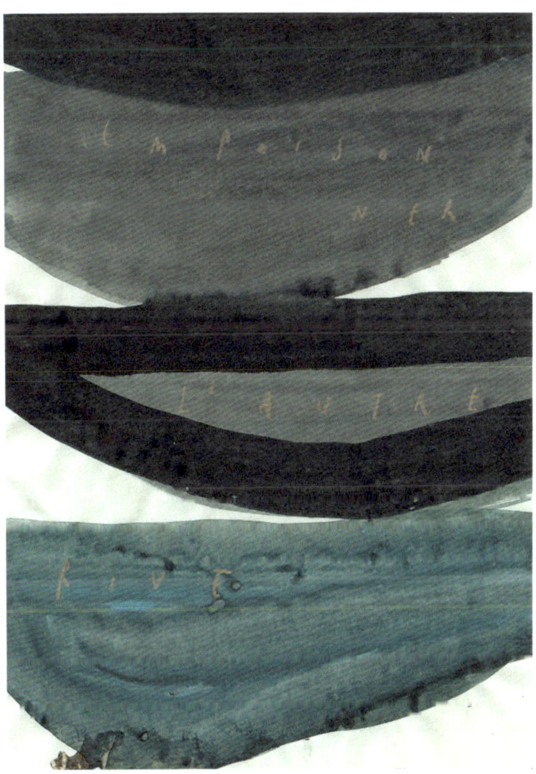
EMPOISONNER
L'AUTRE
RIVE

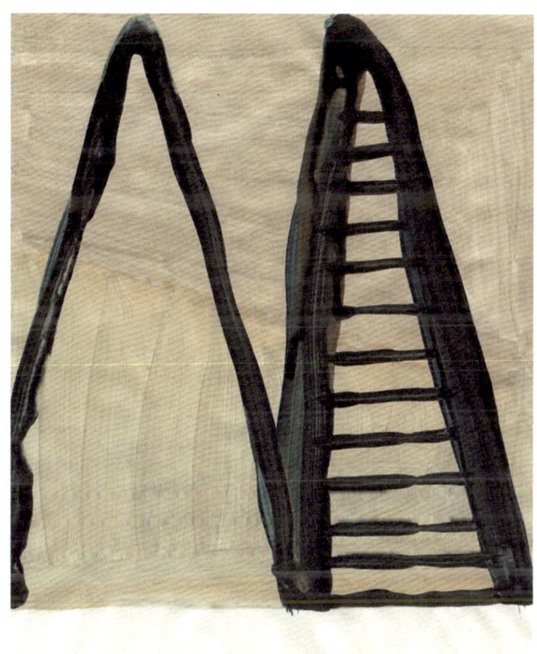

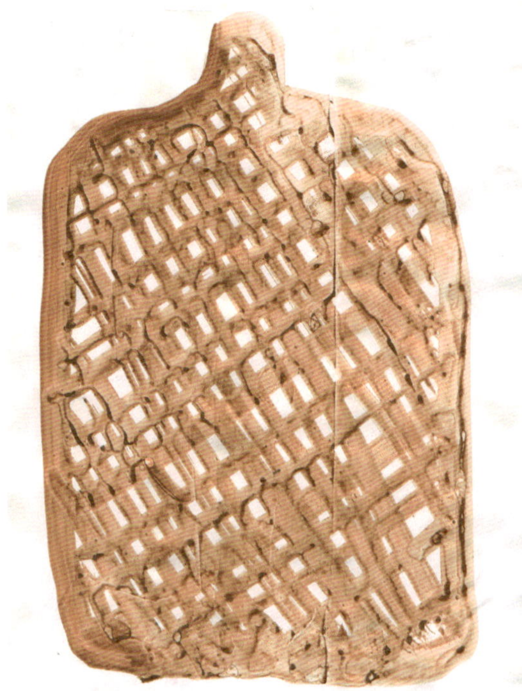

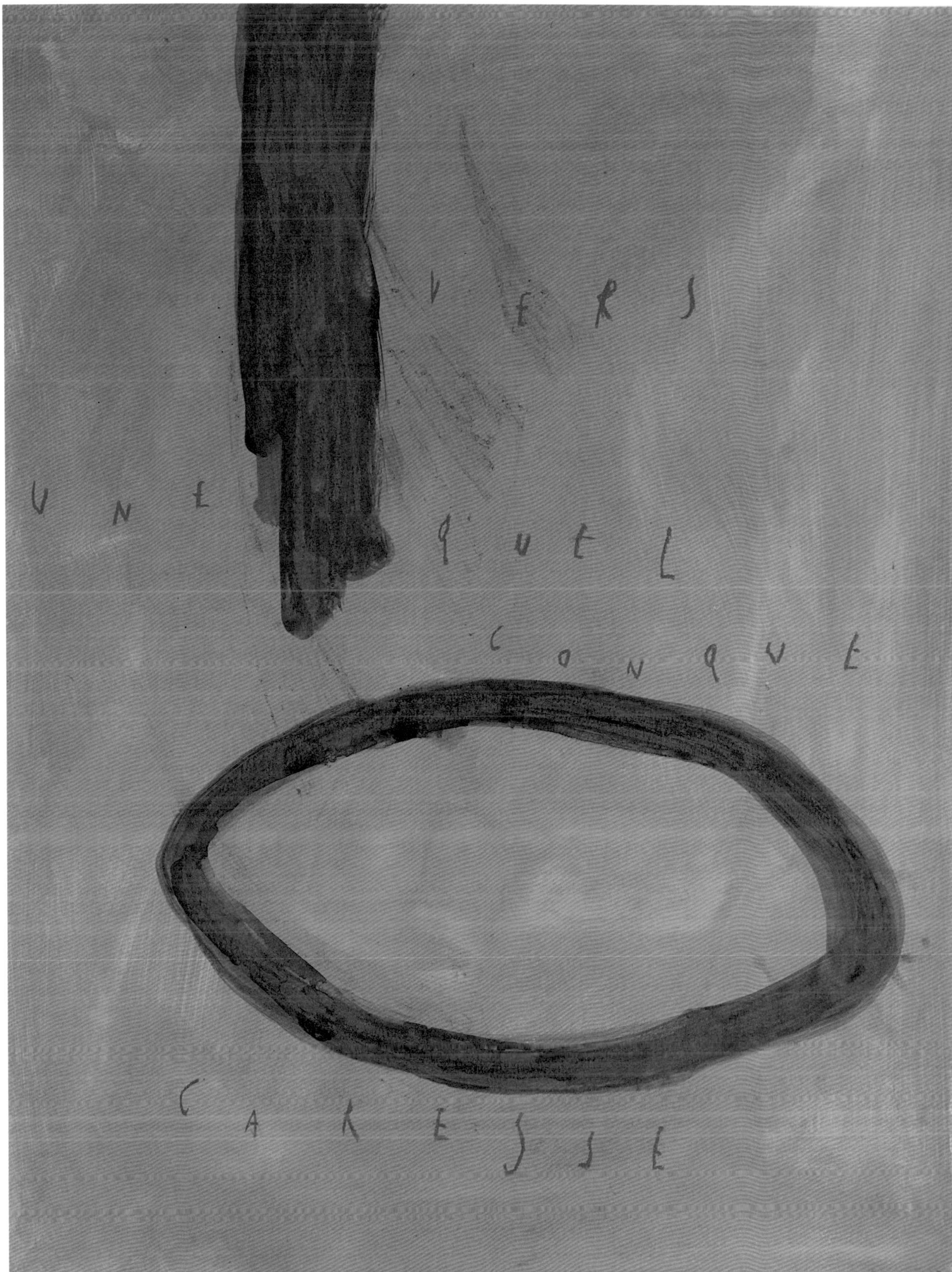
VERS
UNE
QUEL
CONQUE
CARESSE

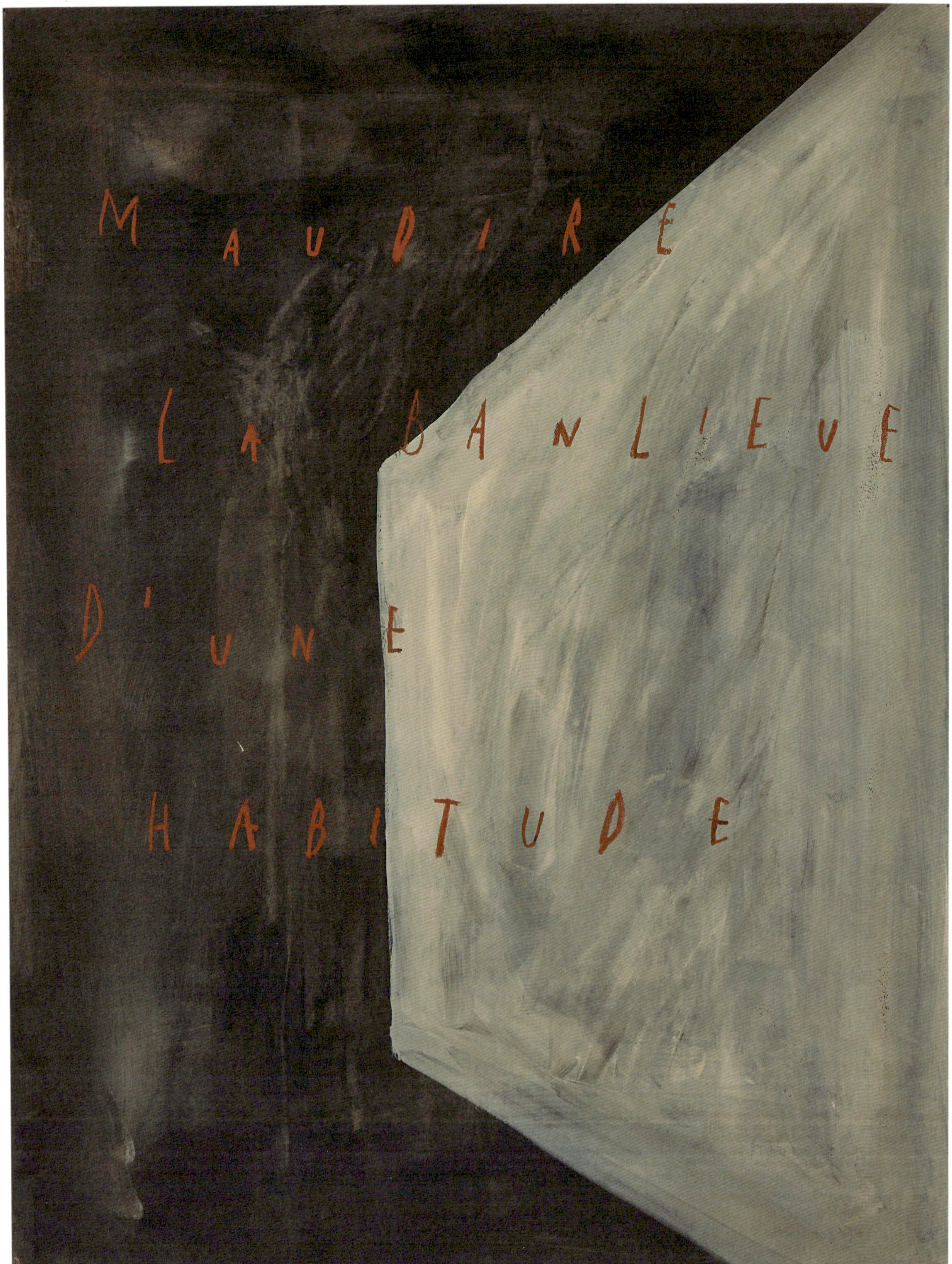
MAUDIRE
LA BANLIEUE
D'UNE
HABITUDE

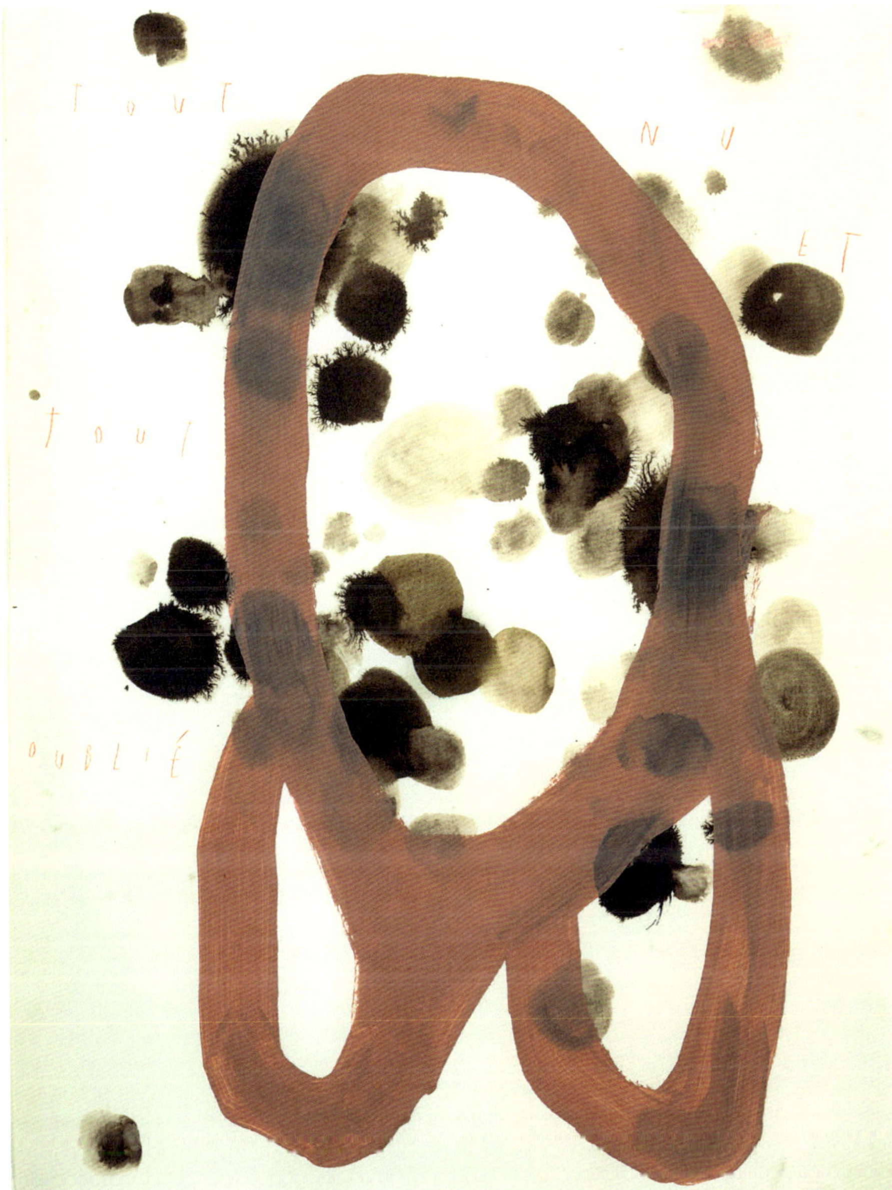
TOUT NU
ET
TOUT
OUBLIÉ

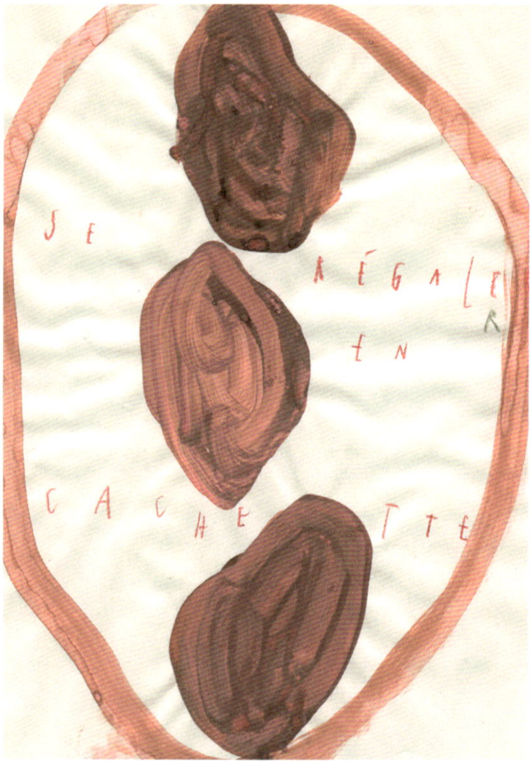
SE
RÉGALER
EN
CACHETTE

PEUT-ÊTRE
UNE ARME

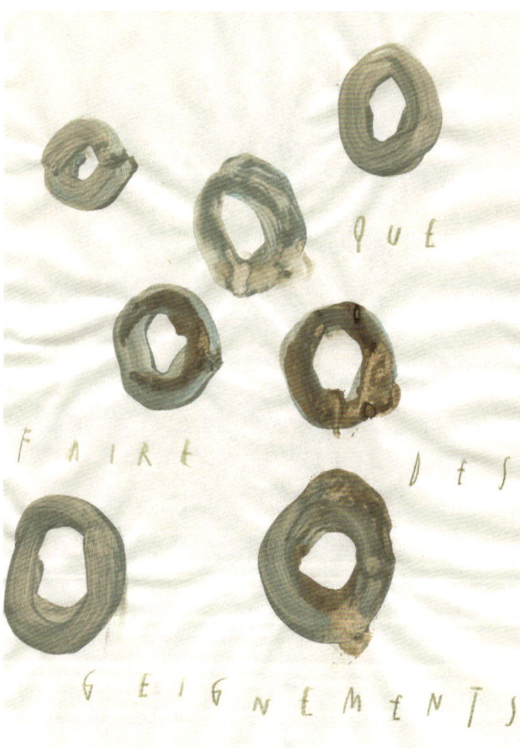
QUE
FAIRE DES
GEIGNEMENTS

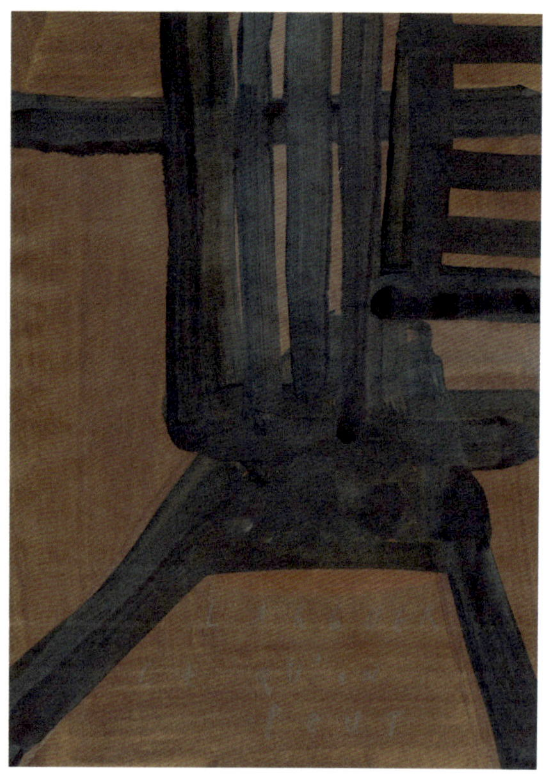

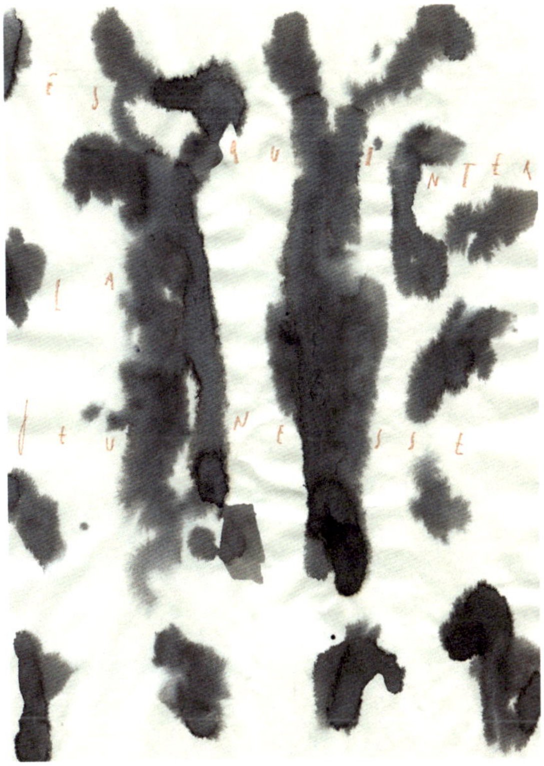
ESQUINTER LA JEUNESSE

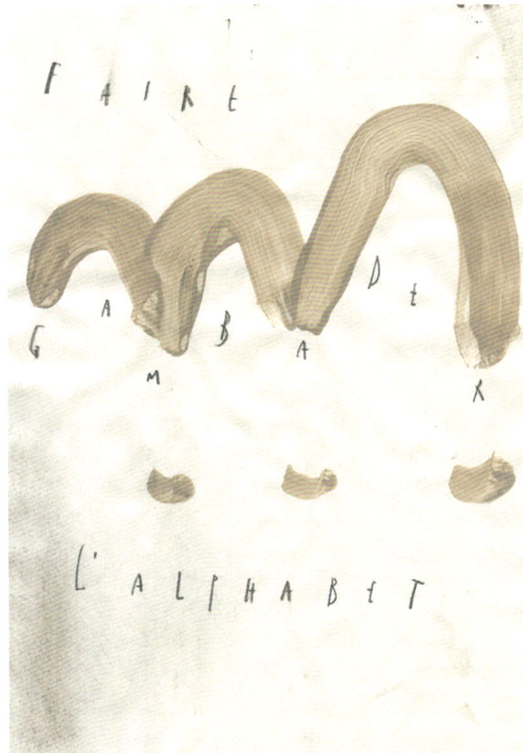
FAIRE
GAMBADER
L'ALPHABET

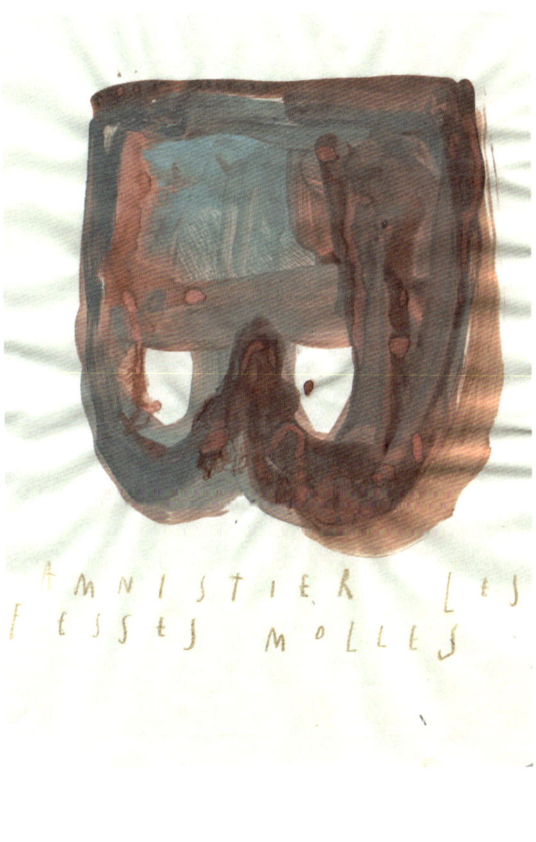
AMNISTIER LES
FESSES MOLLES

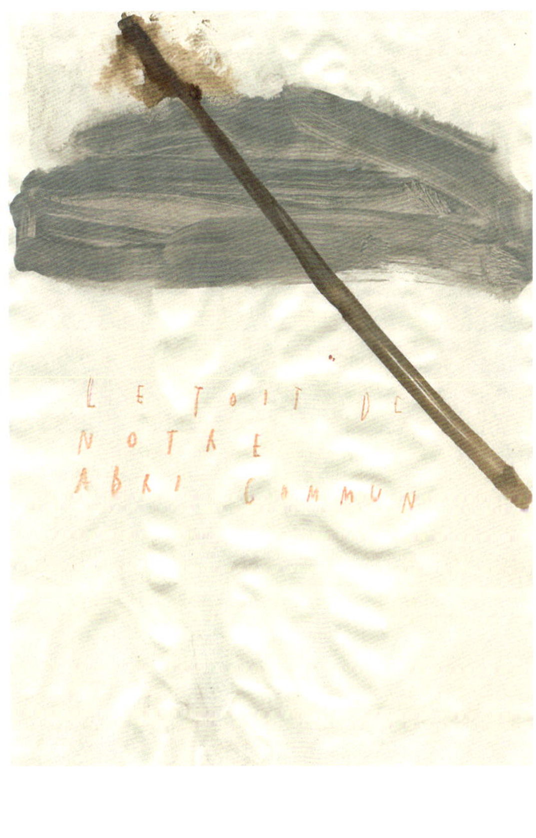
LE TOIT DE
NOTRE
ABRI COMMUN

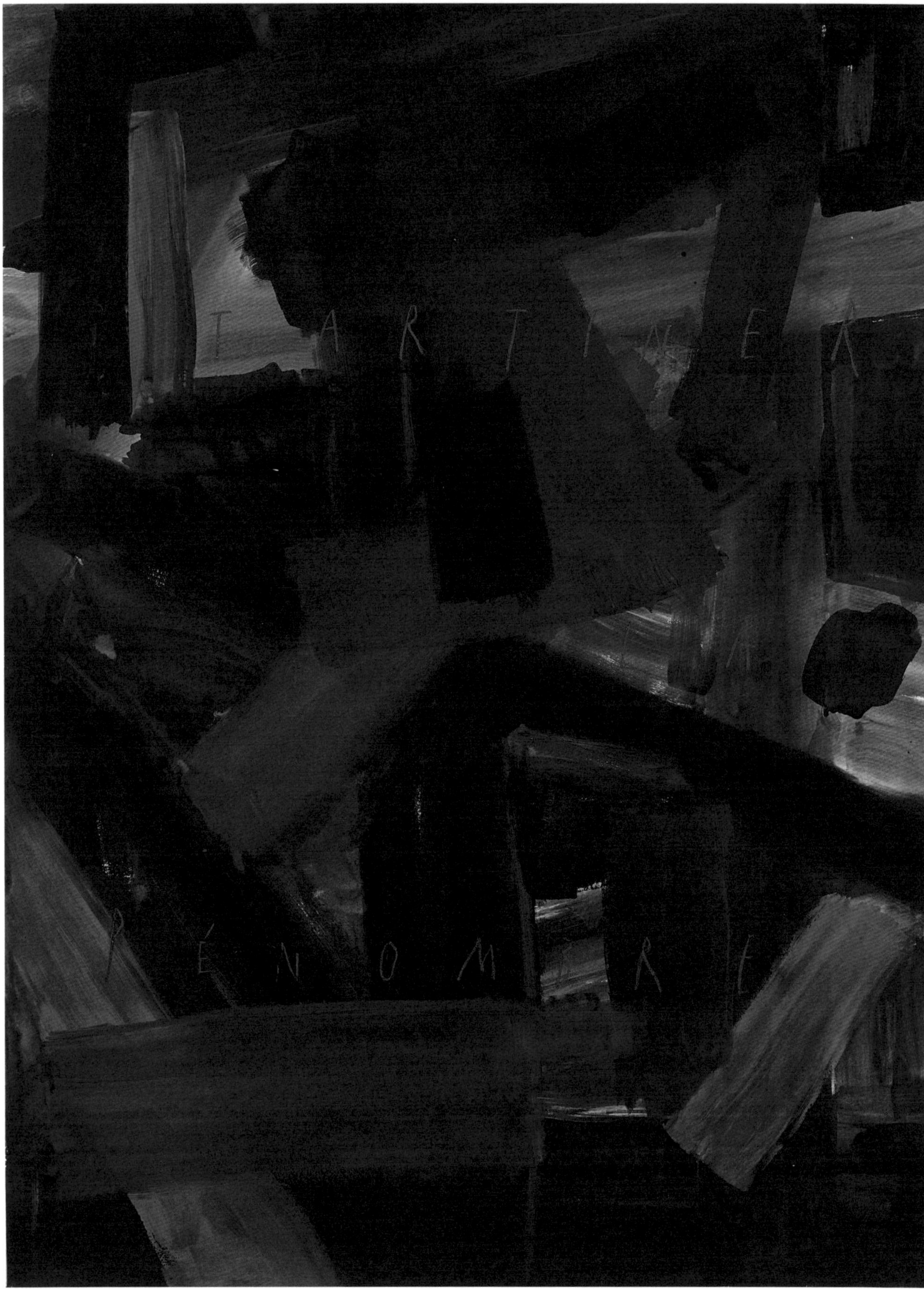
T A R T I N E A

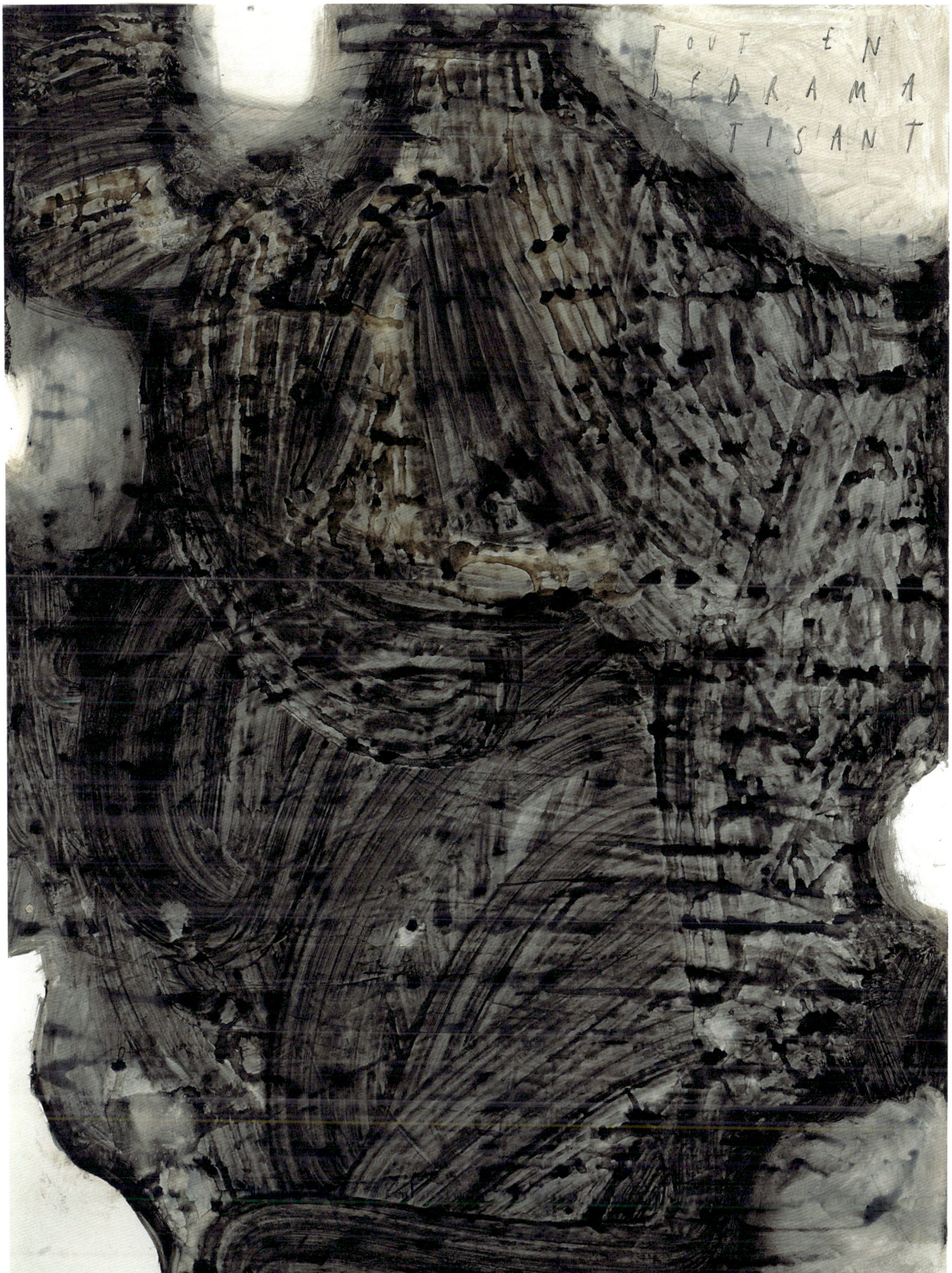
TOUT EN
DEDRAMA
TISANT

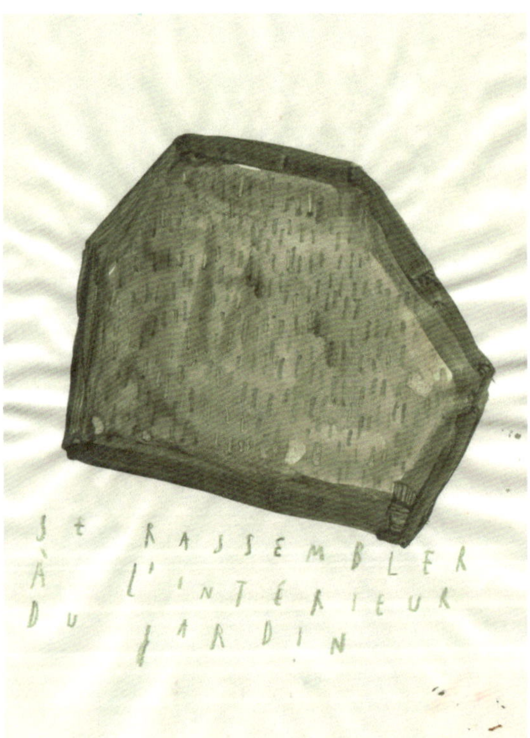
SE RASSEMBLER
À L'INTÉRIEUR
DU JARDIN

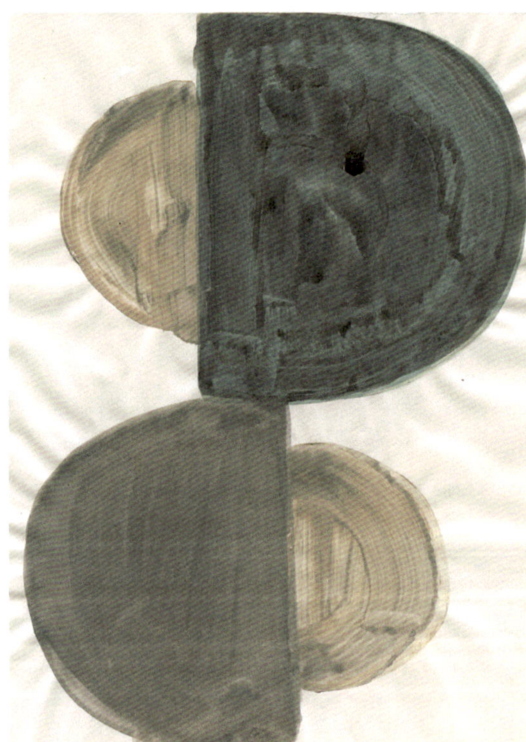

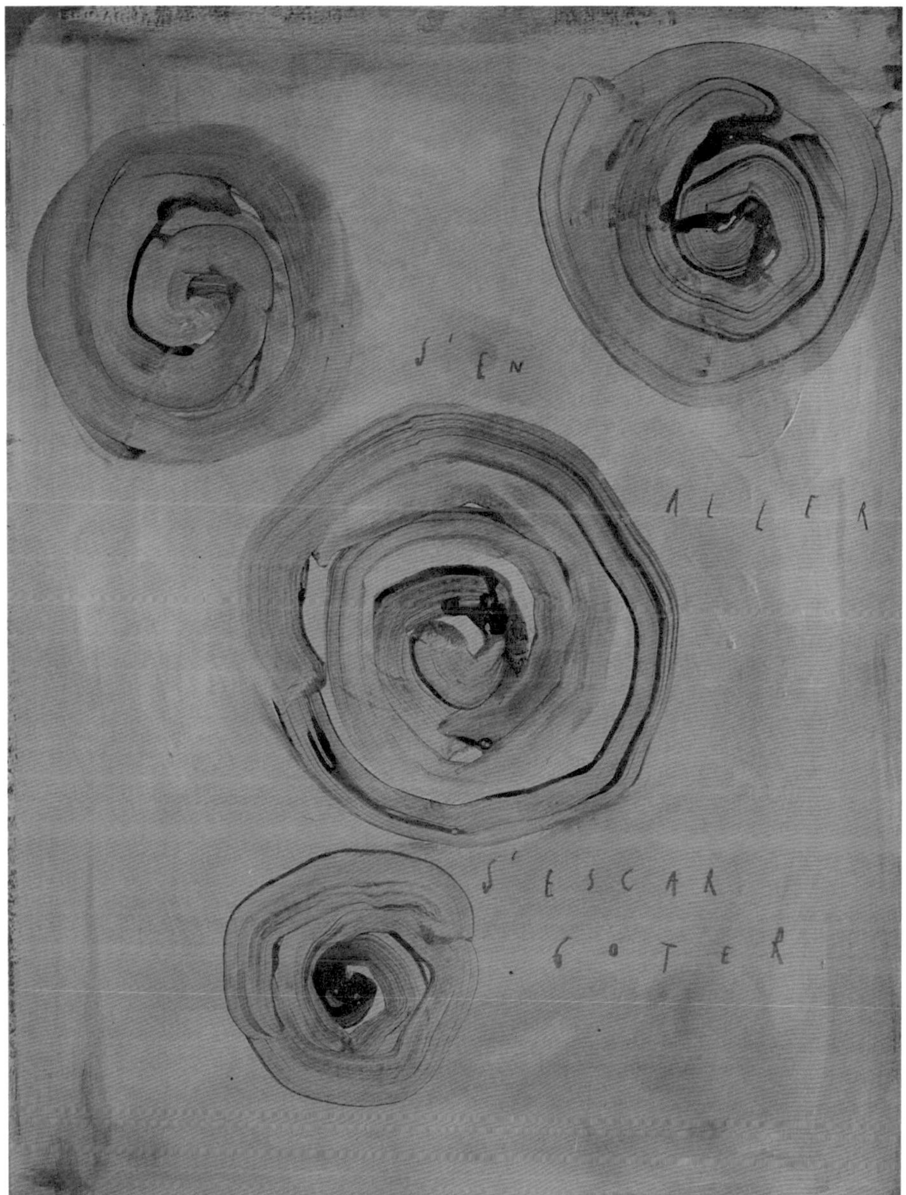
S'EN
ALLER
S'ESCAR
GOTER.

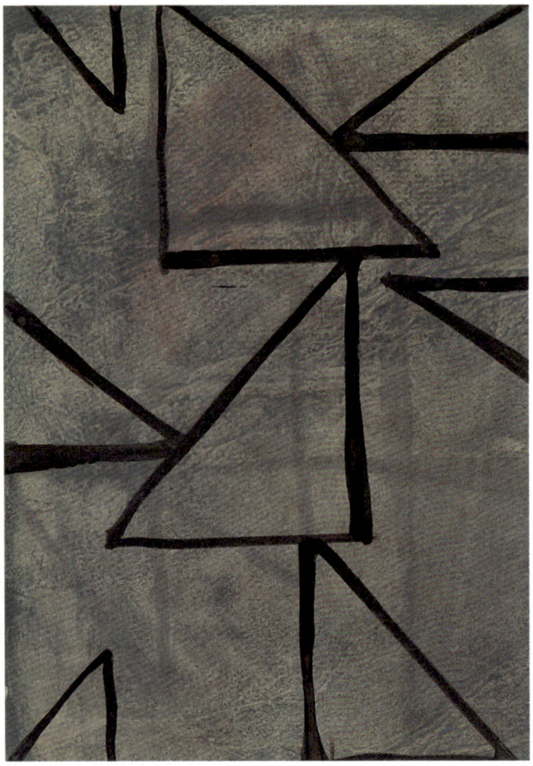

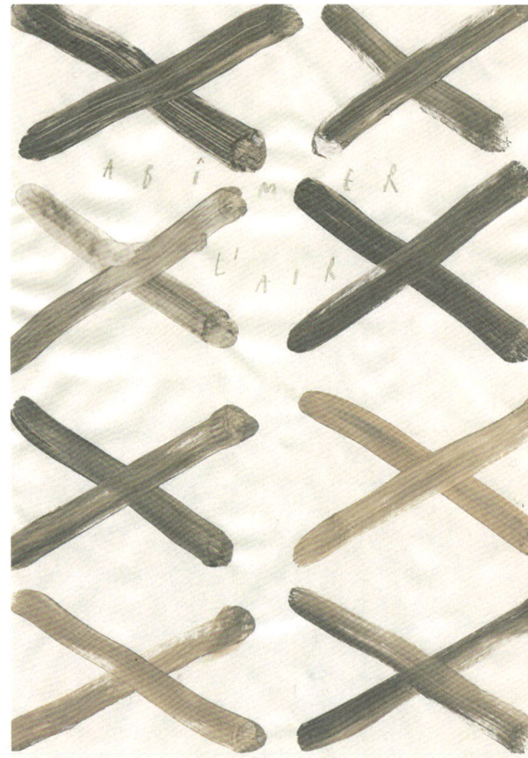
ABÎMER
L'AIR

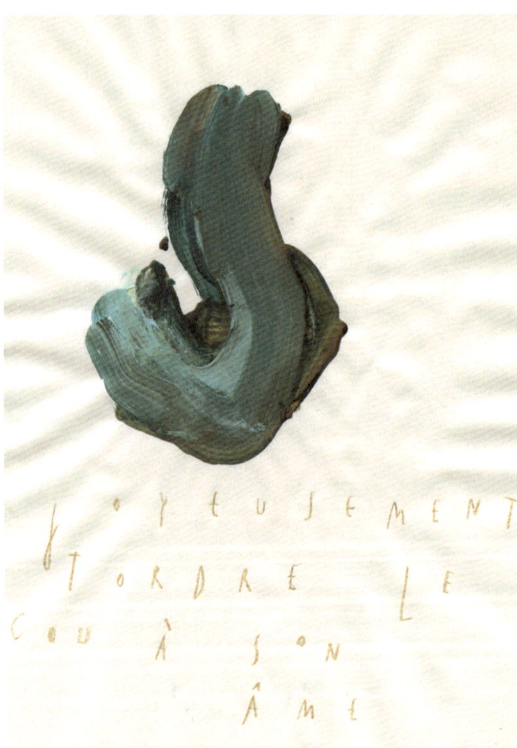
JOYEUSEMENT
TORDRE LE
COU À SON
ÂME

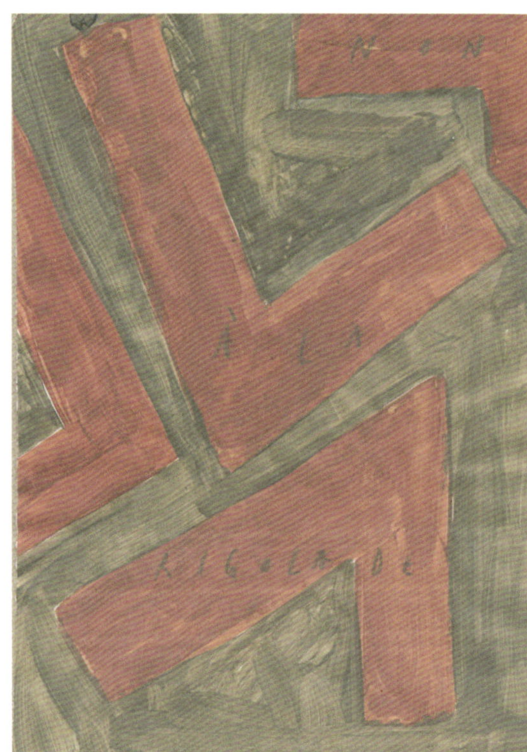
NON
À LA
RIGUEUR DE

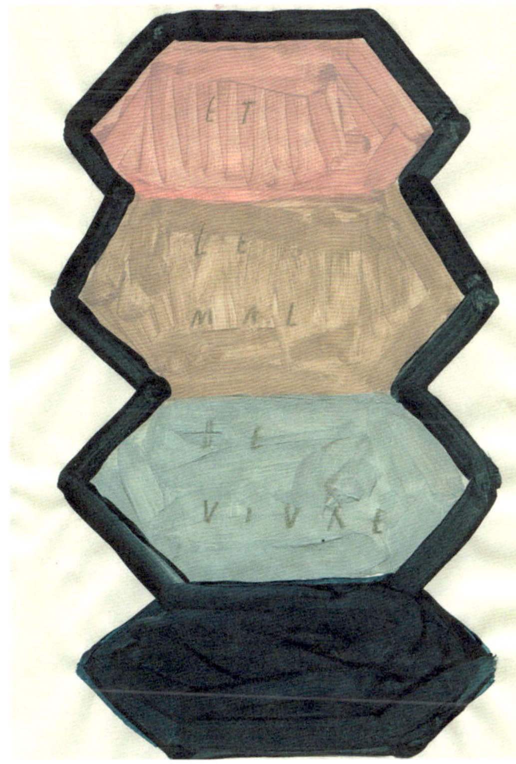
ET
MAL
VIVRE

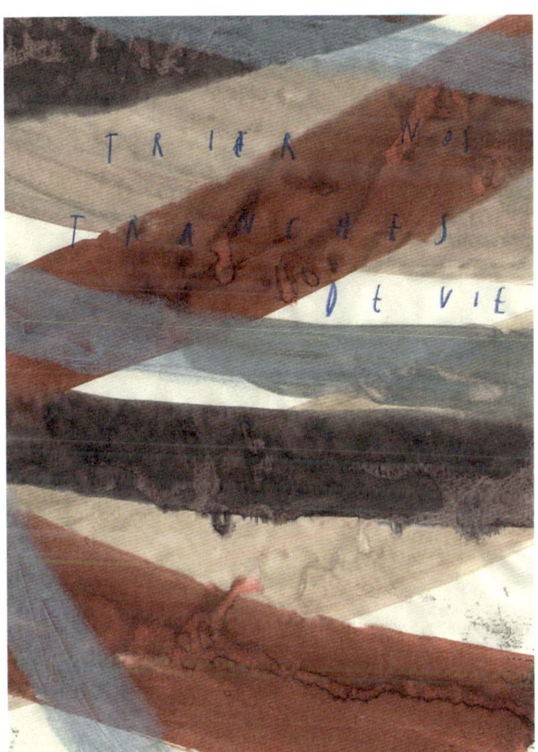
TRIER NOS
TRANCHES
DE VIE

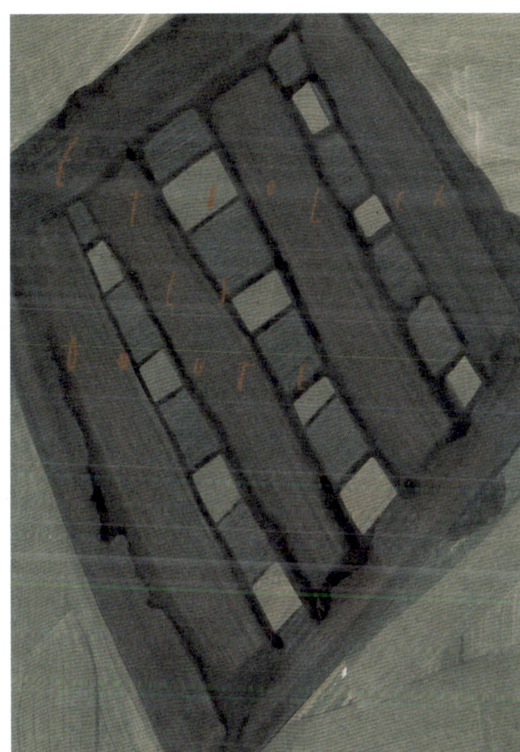

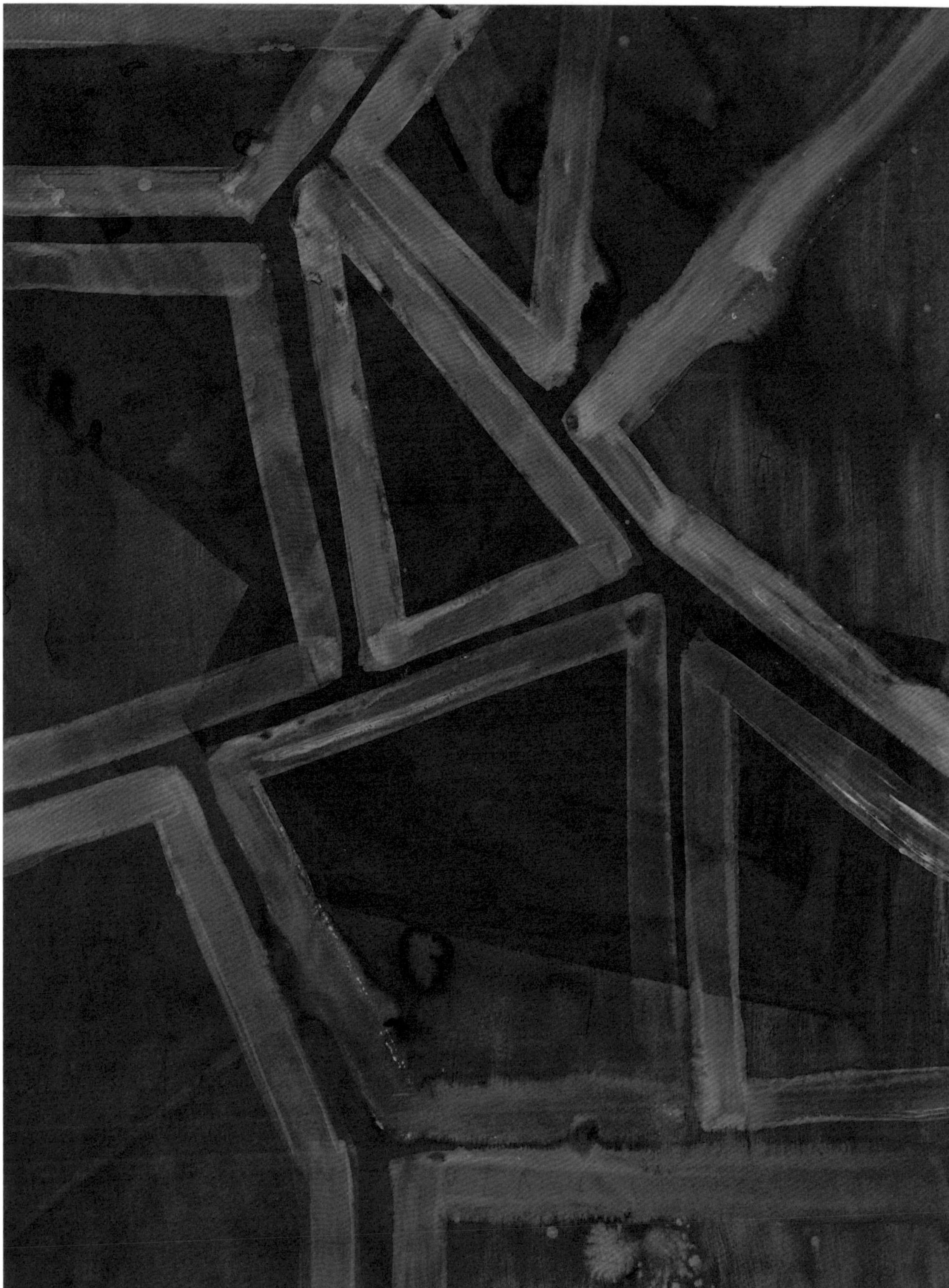

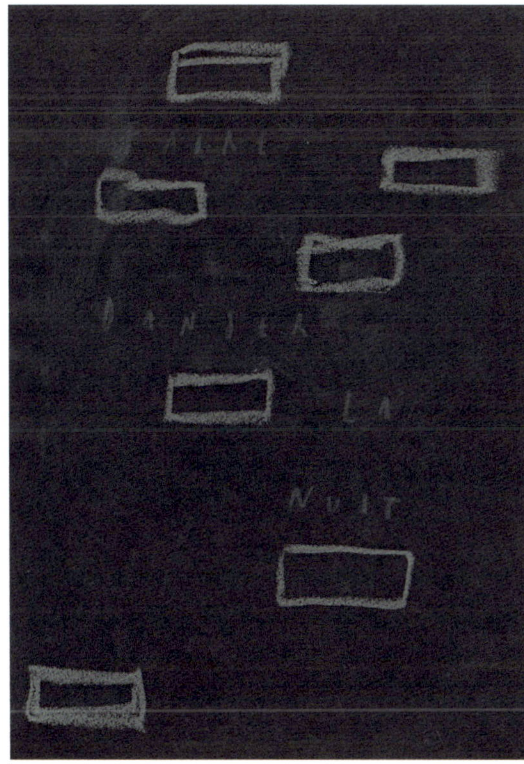
LA
NUIT

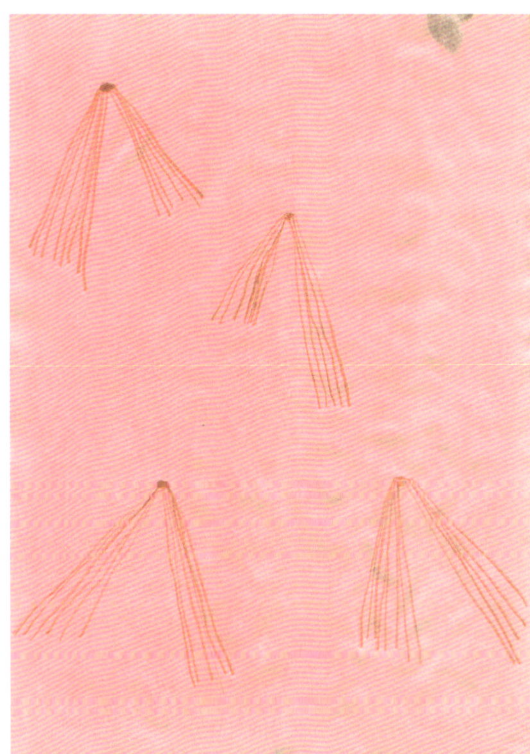

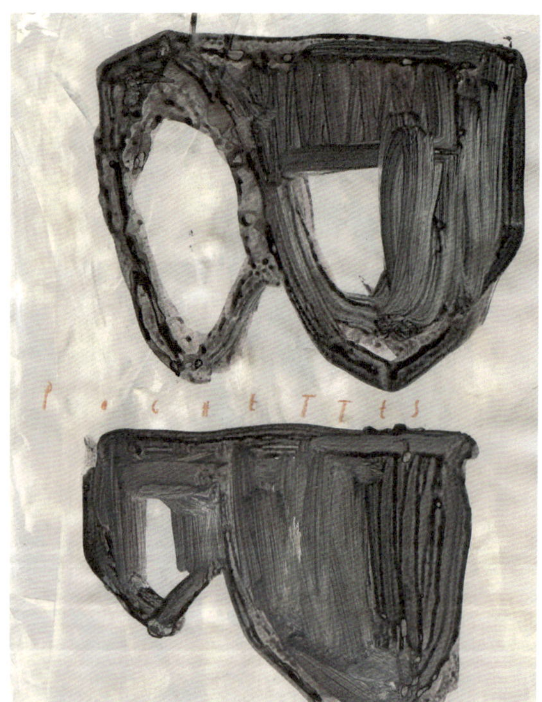

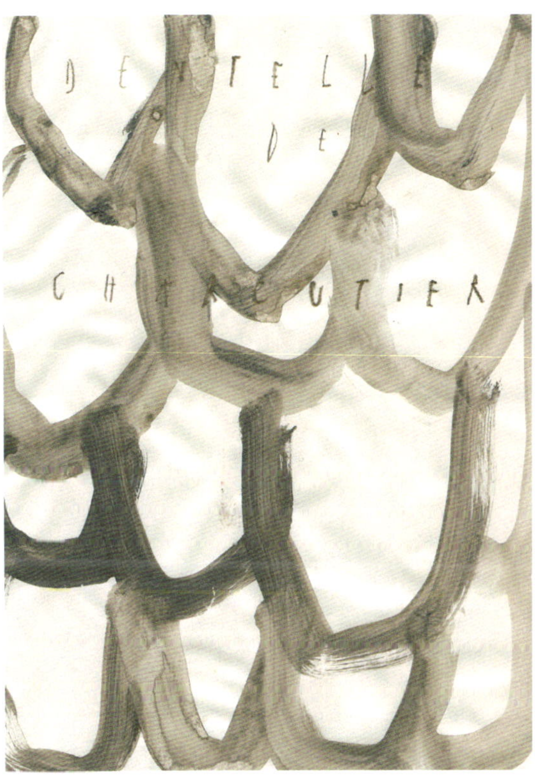
DENTELLE
DE
CHARCUTIER

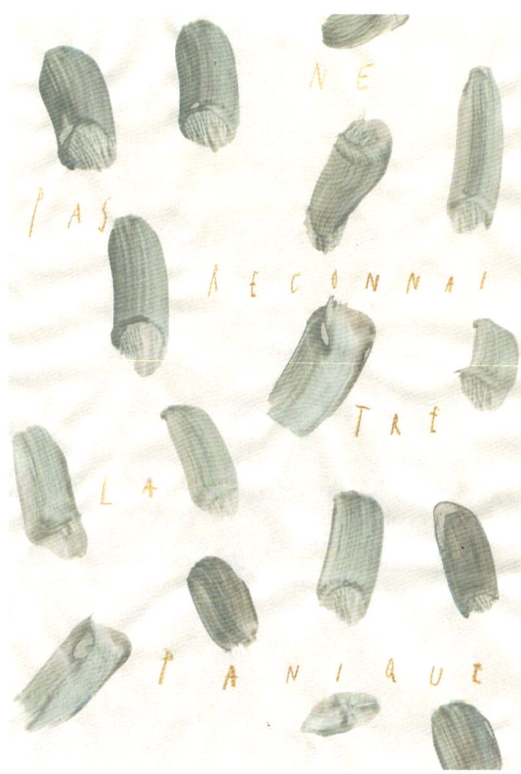
NE
PAS
RECONNAI
TRE
LA
PANIQUE

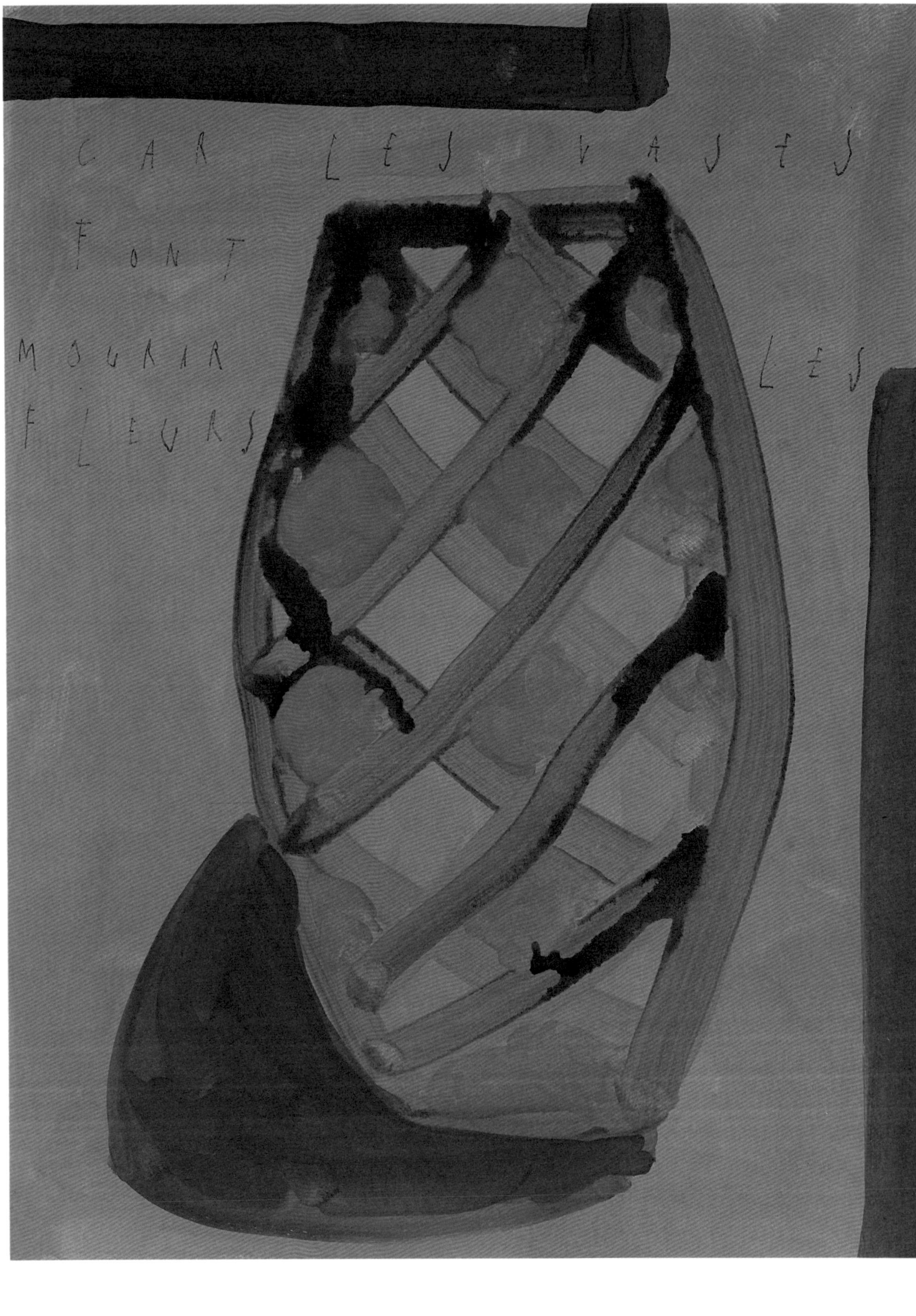
CAR LES VASES
FONT
MOURIR LES
FLEURS

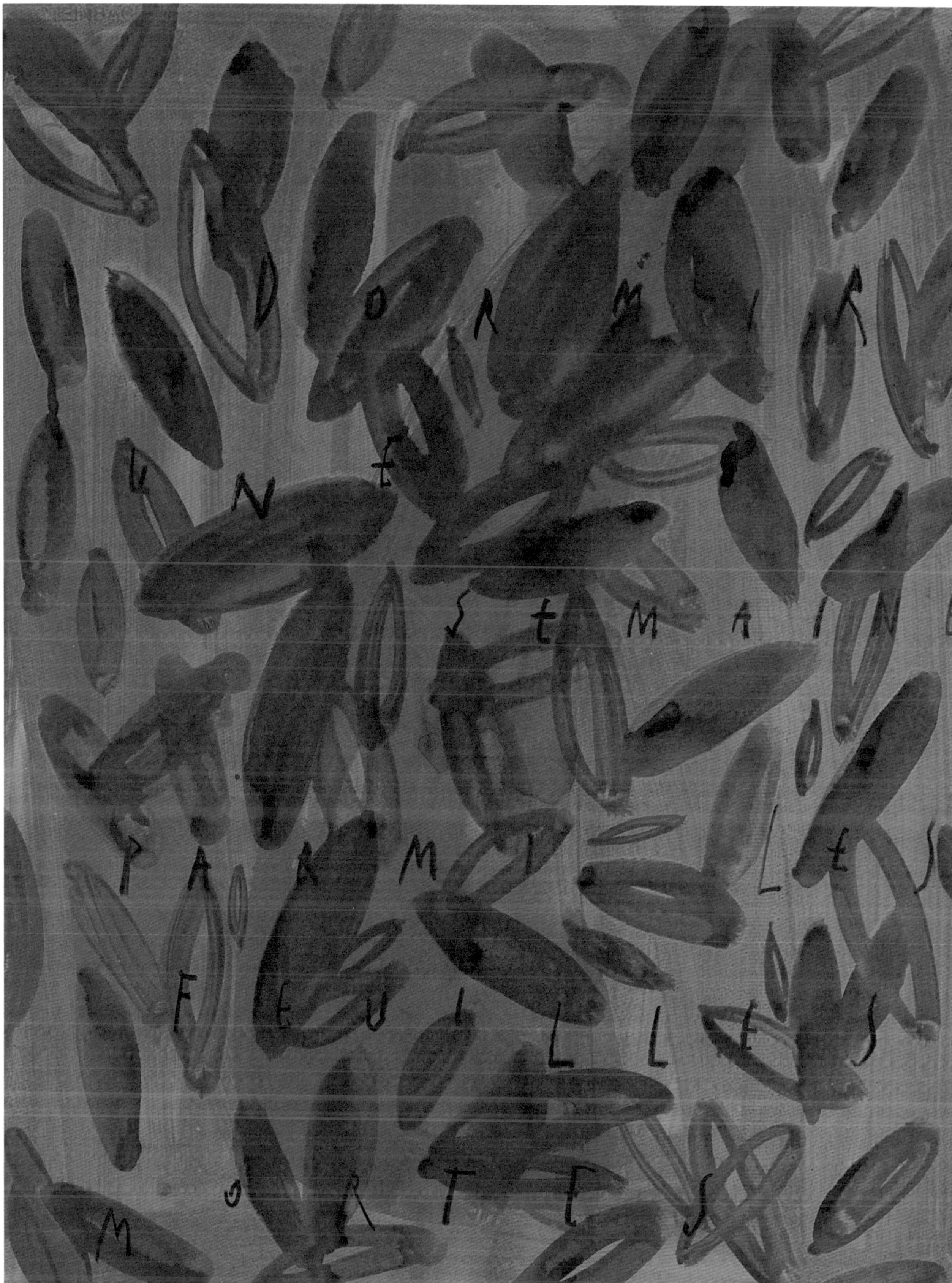
DORMIR
UNE
SEMAINE
PARMI LES
FEUILLES
MORTES

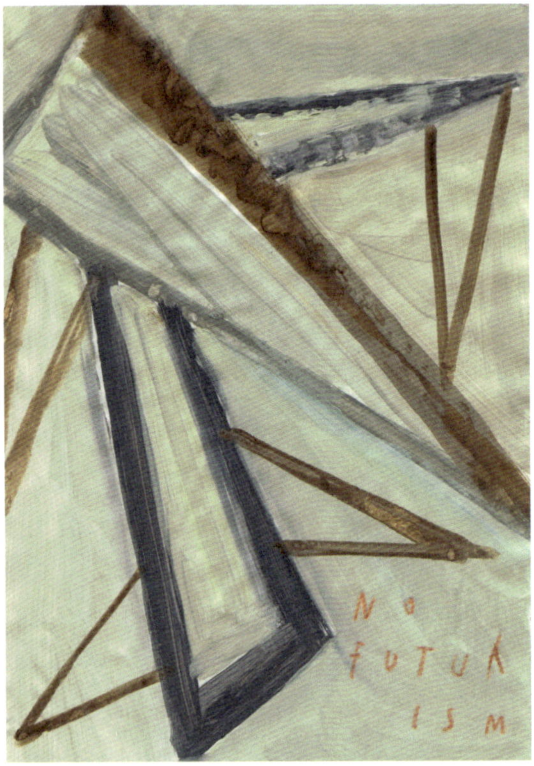
NO
FUTUR
ISM

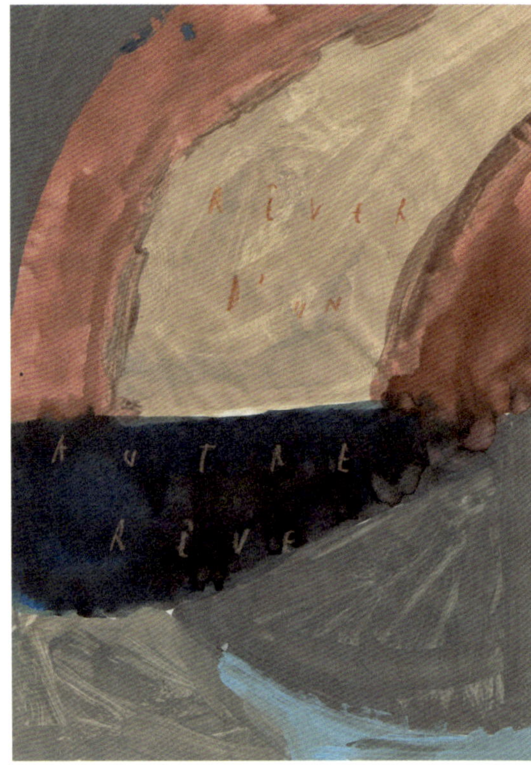
RÊVER
D'UN
AUTRE
RÊVE

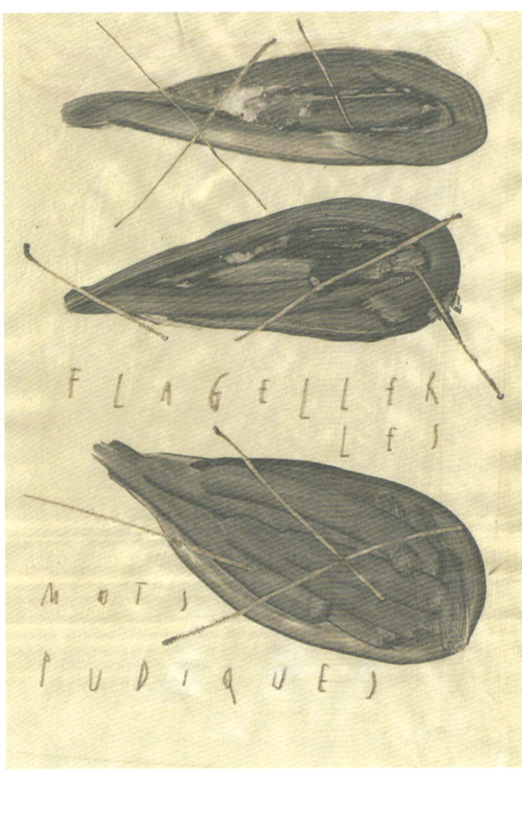
FLAGELLER
LES
MOTS
PUDIQUES

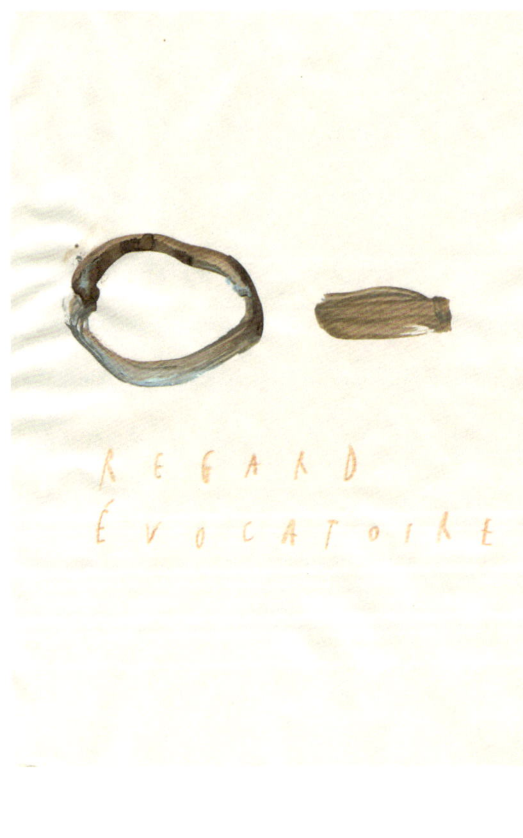
REGARD
ÉVOCATOIRE

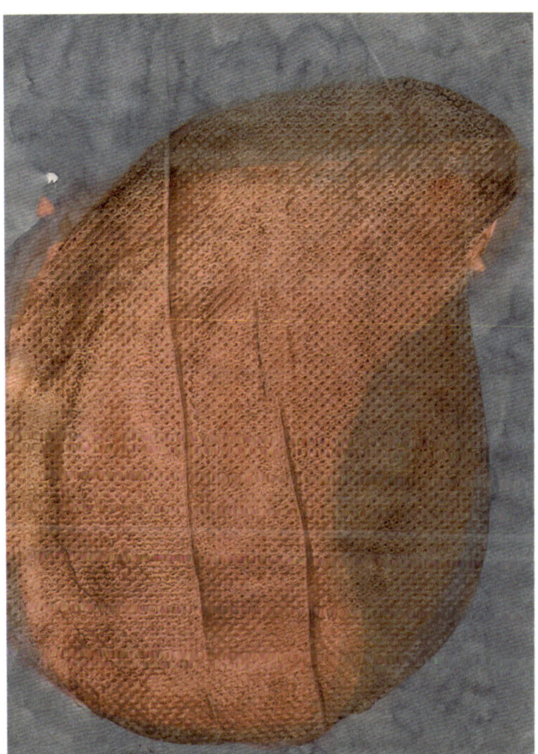

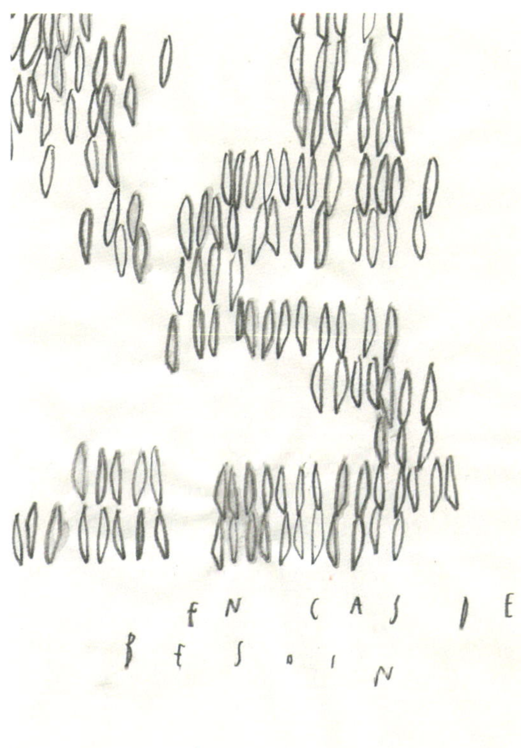
EN CAS DE
BESOIN

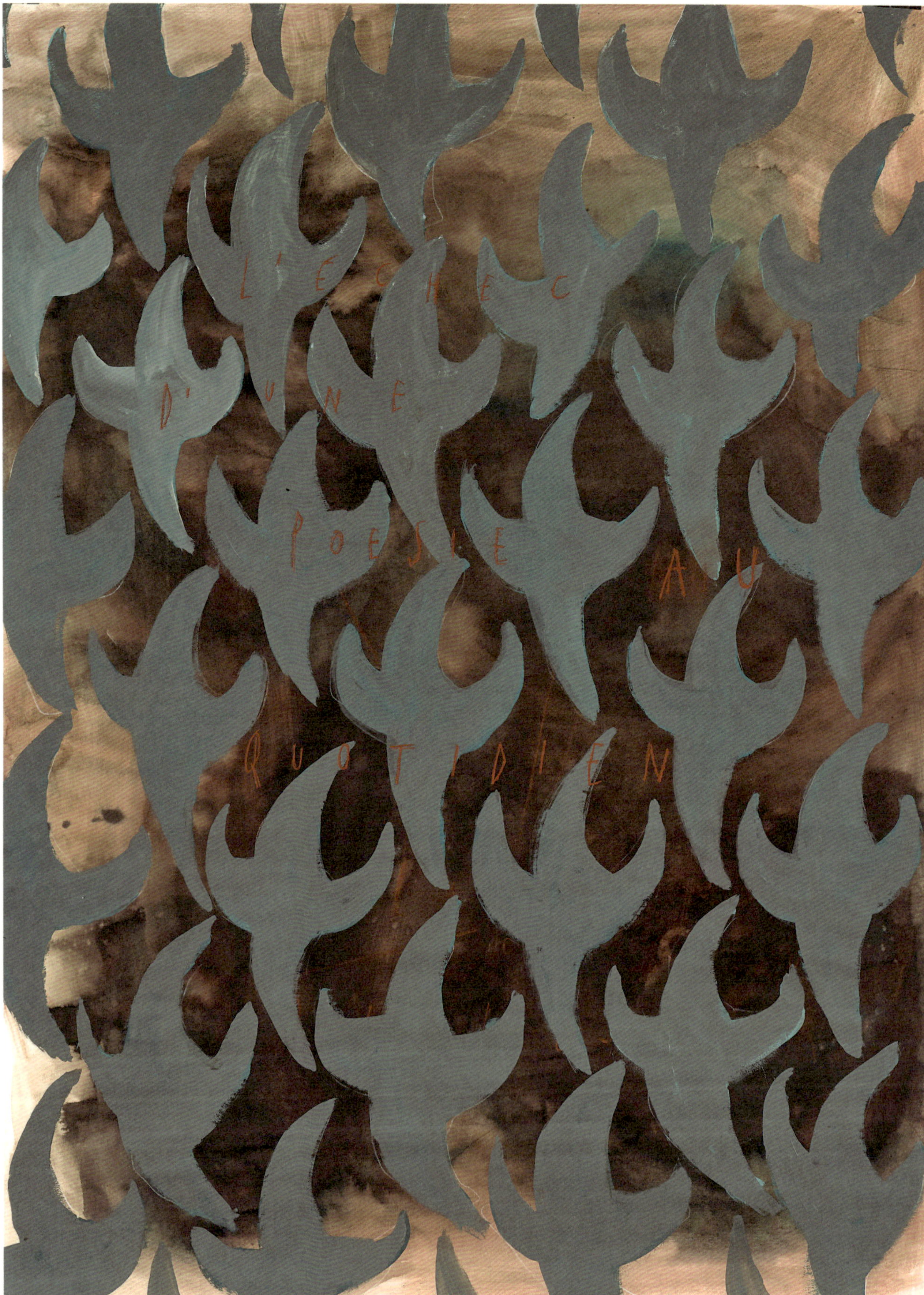
L'ECHEC
D'UNE
POESIE
AU
QUOTIDIEN

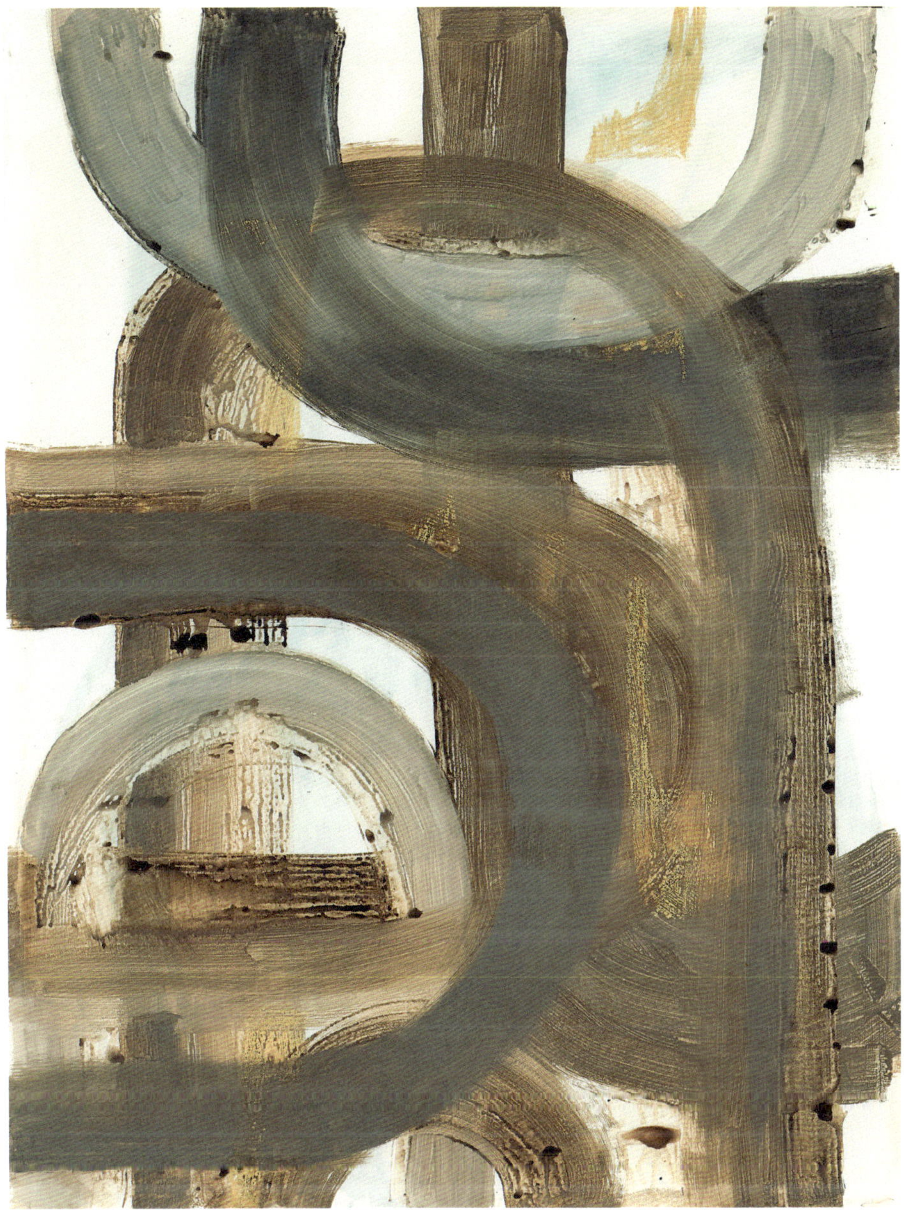

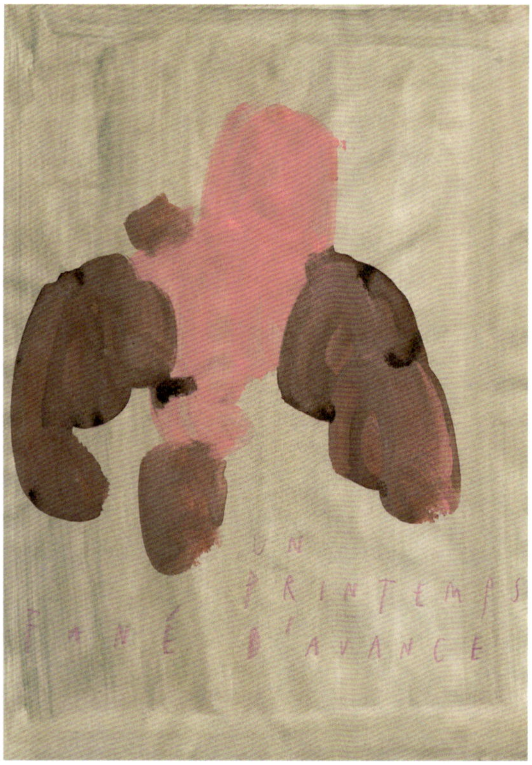
UN
PRINTEMPS
FANÉ D'AVANCE

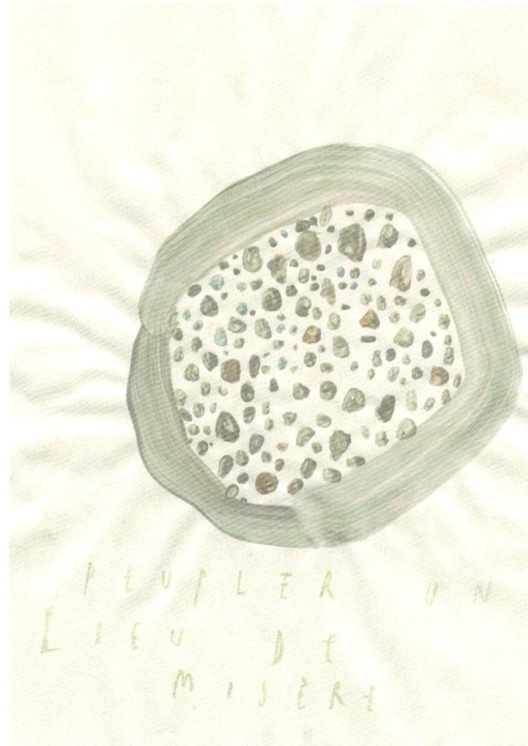
PEUPLER UN
LIEU DE
MISÈRE

RETISSAGES
D'HISTOIRES OUBLIÉES

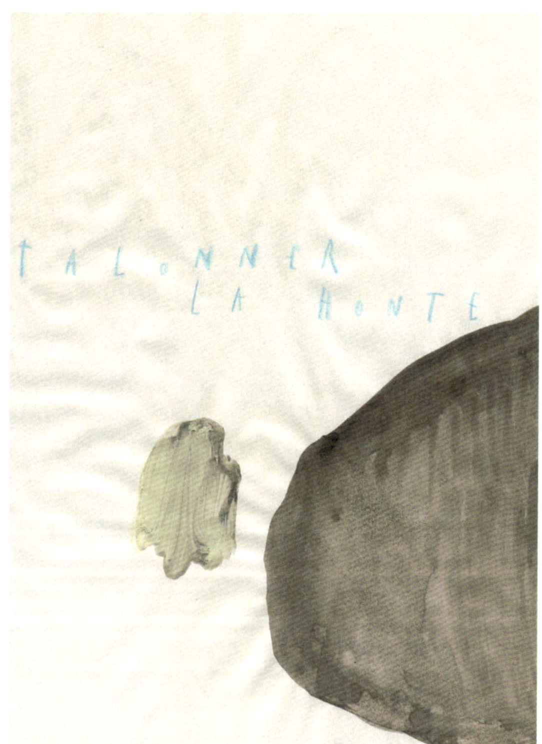
TALONNER
LA HONTE

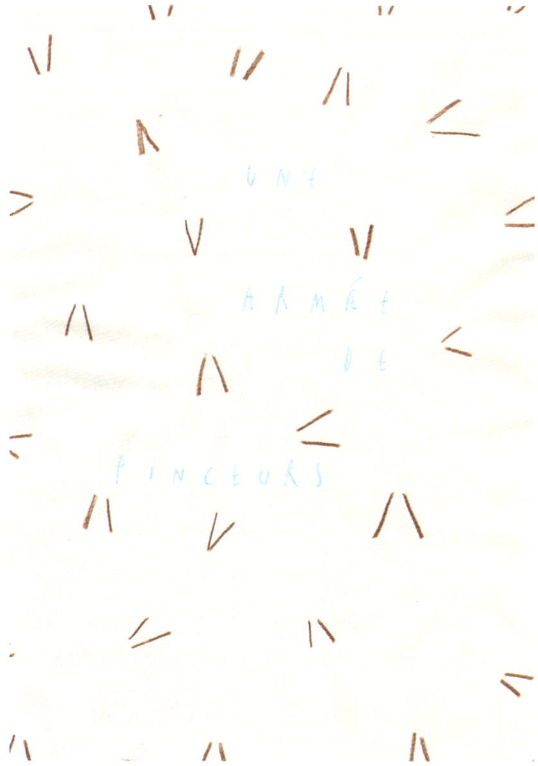
UNE
ARMÉE
DE
PINCEURS

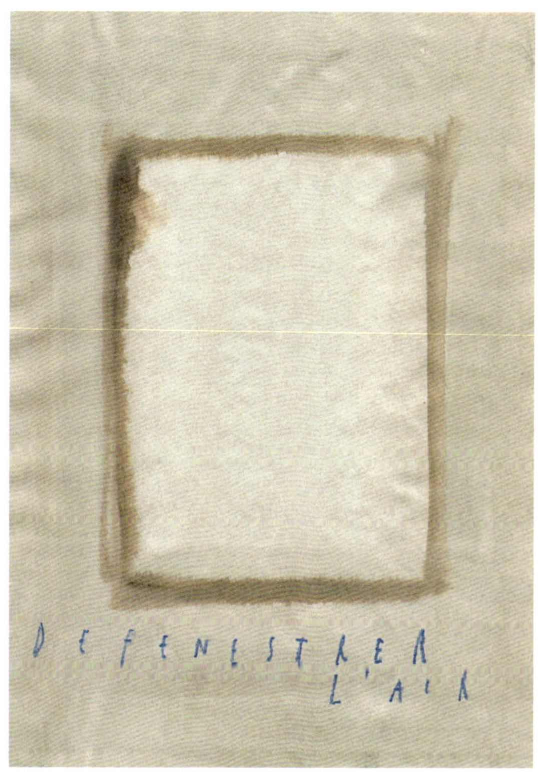
DEFENESTRER
L'AIR

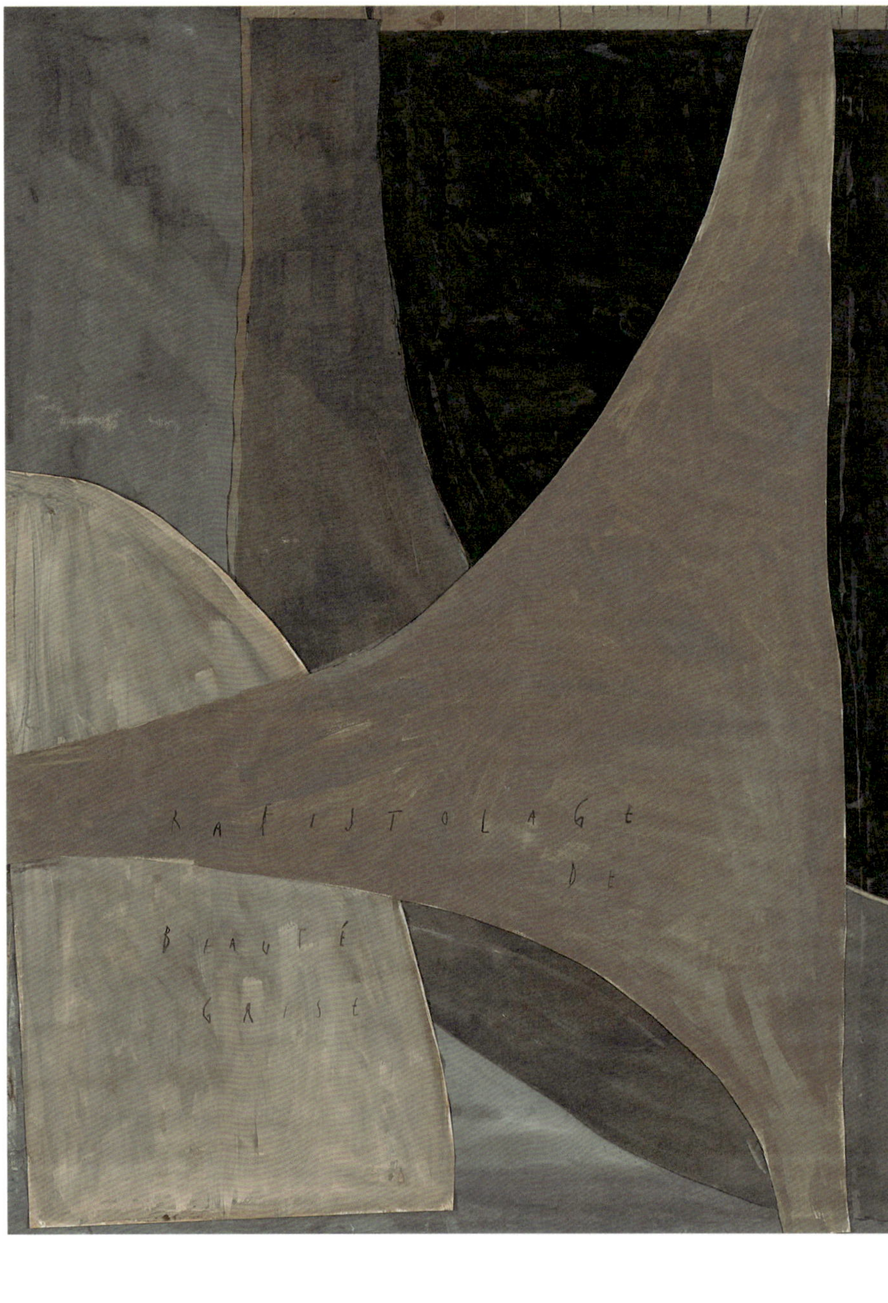
RAFISTOLAGE
DE
BEAUTÉ
GRISE

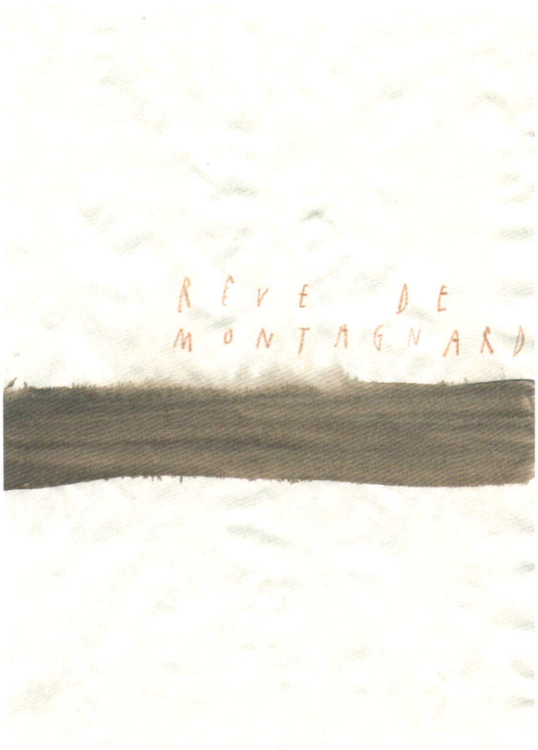
RÊVE DE
MONTAGNARD

NOIRCIR
ZÈLE

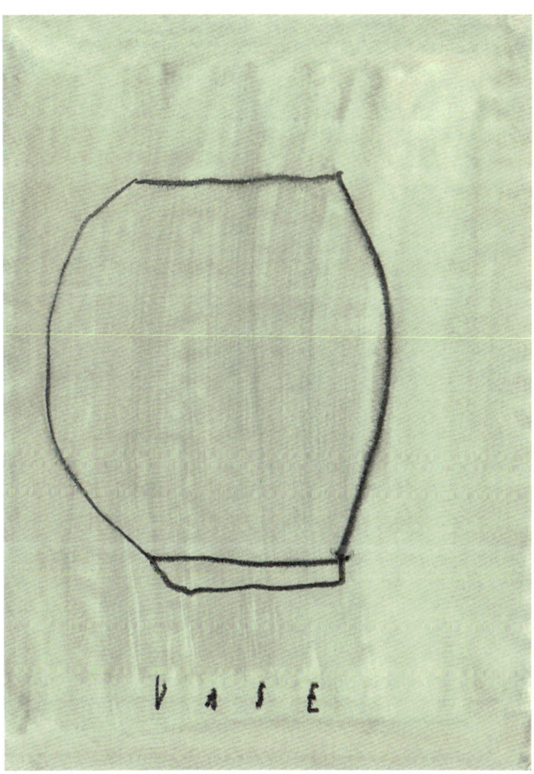
VASE

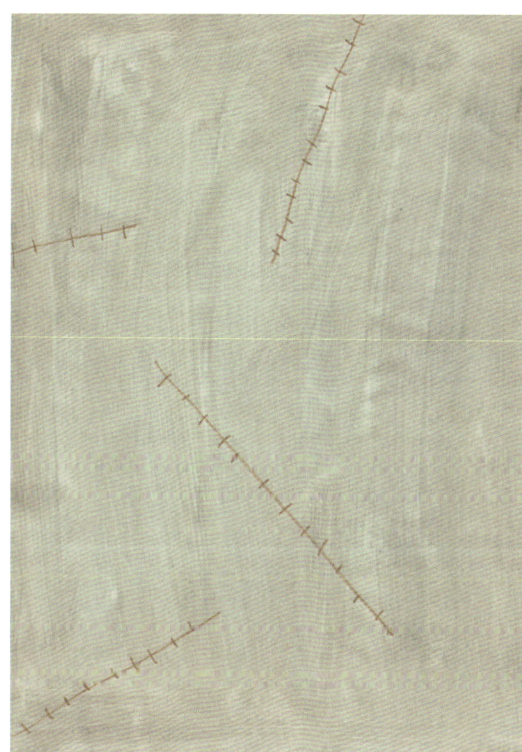

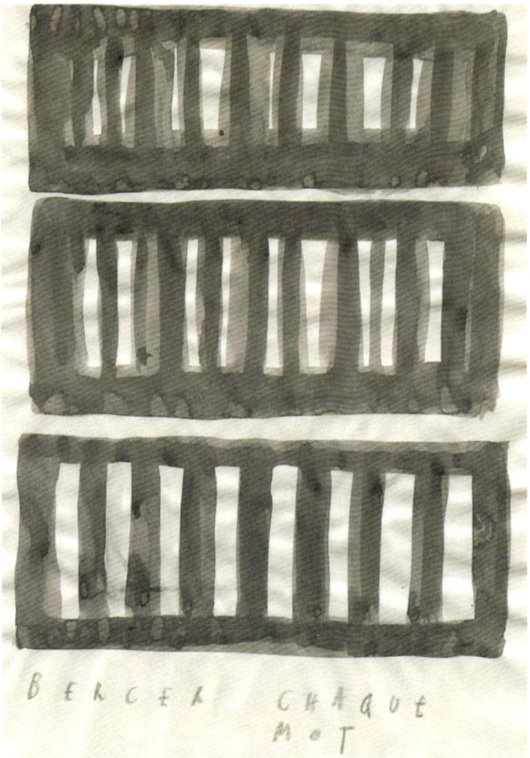
BERCER CHAQUE MOT

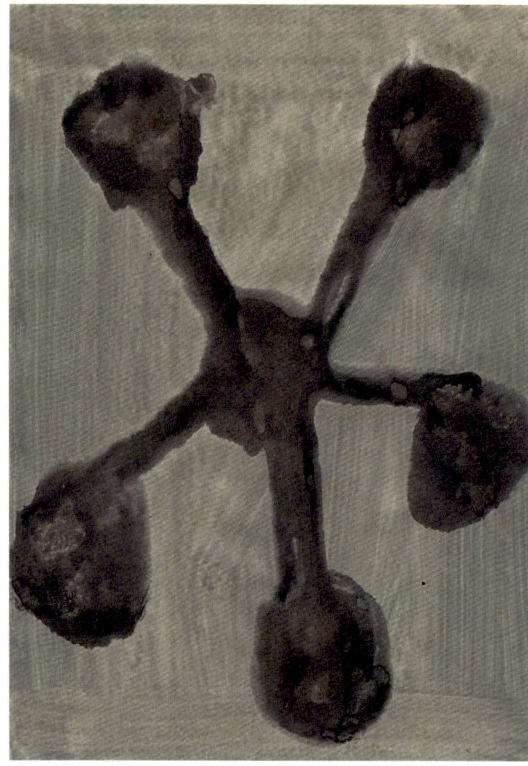

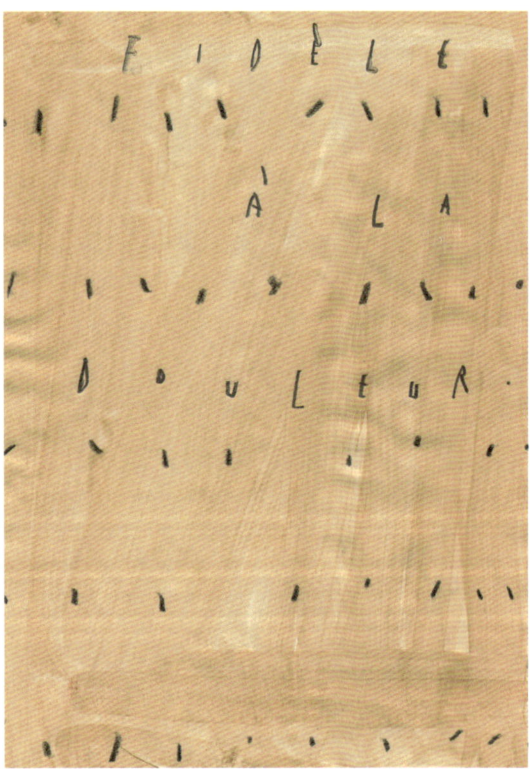
FIDÈLE
À LA
DOULEUR.

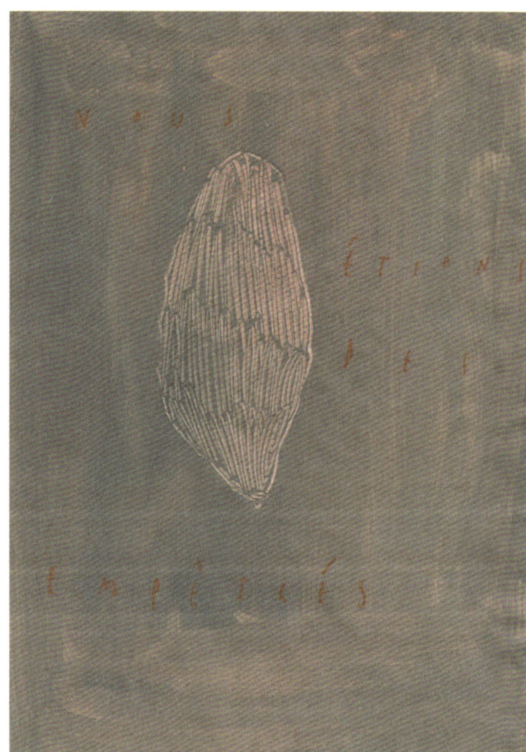
NOUS
ÉTIONS
DES
EMPÊTRÉS

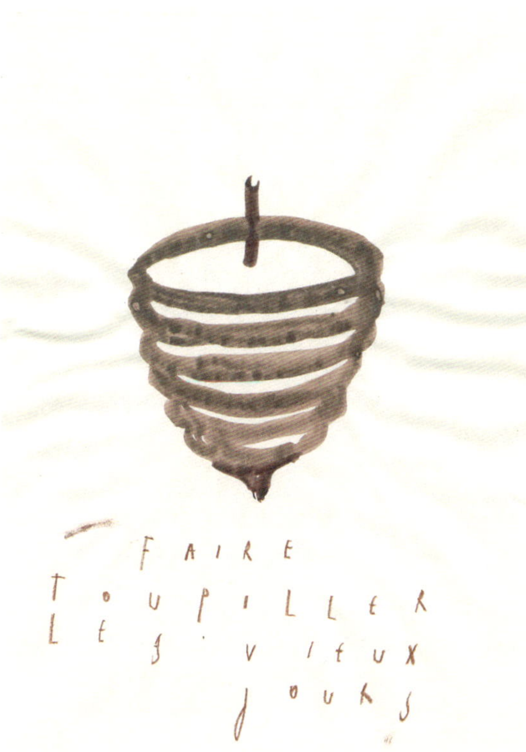
FAIRE
TOUPILLER
LES VIEUX
JOURS

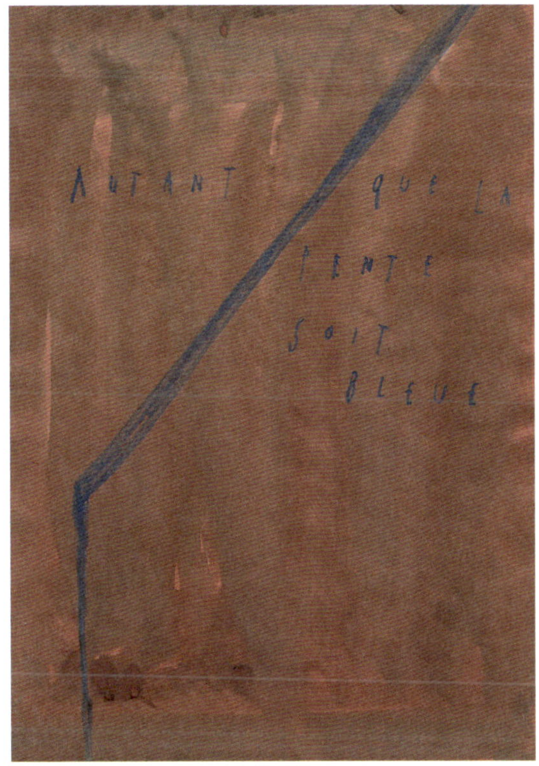
AUTANT QUE LA
PENTE
SOIT
BLEUE

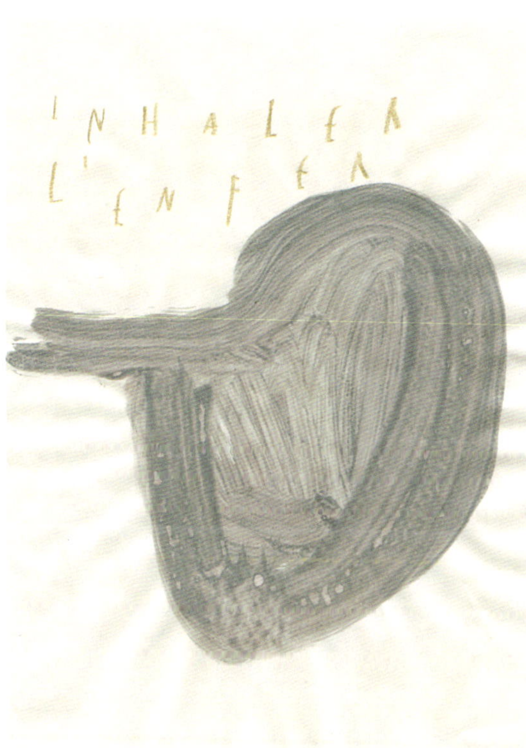
INHALER
L'ENFER

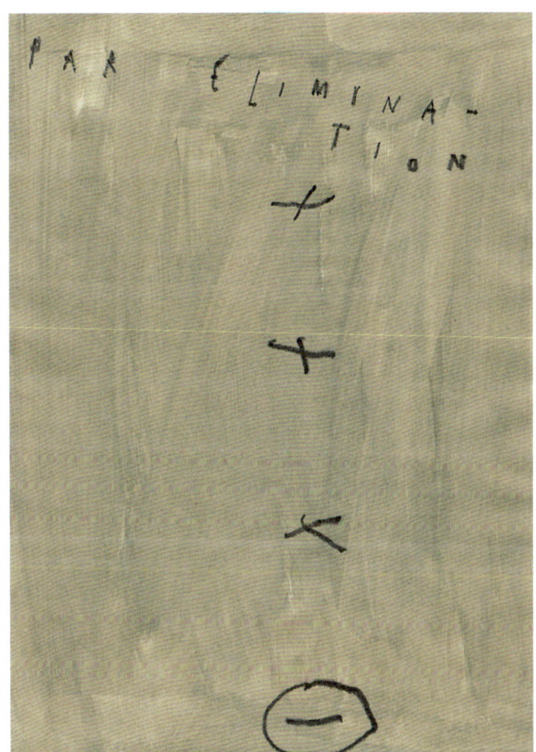
PAR ELIMINA-
TION

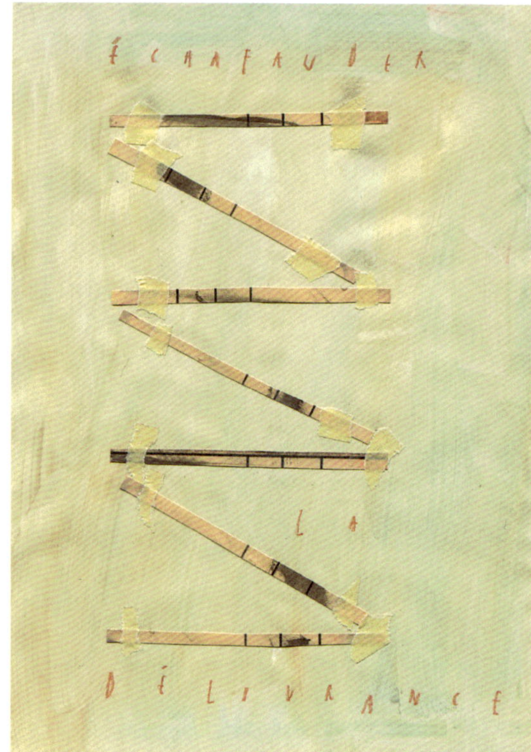
ÉCHAFAUDER
LA
DÉLIVRANCE

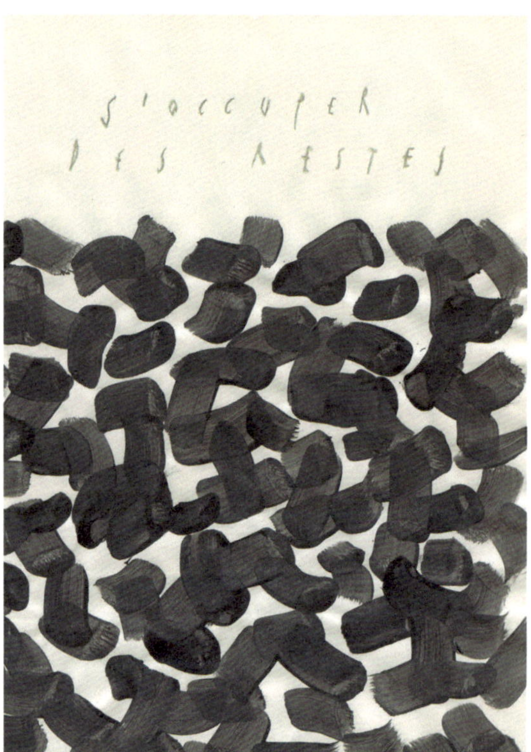
S'OCCUPER
DES RESTES

Dessiner, c'est saisir l'empreinte de la fluidité de la pensée. C'est un état, voire un état intermédiaire ou un état d'être. Dessiner ne nécessite aucune technique, aucun support. Tout peut, d'une manière ou d'une autre, être dessin : un mouvement du bras, une promenade en ville, la direction d'un regard, un jeu de ficelle, le jet d'une lance, le tournoiement d'une toupie… Dessiner est un acte que les artistes savent transformer en dessin. Chez Arpaïs Du Bois, le support, c'est le papier ; les signifiants, ce sont le crayon et divers matériaux (écoline, fusain, acrylique, encre…). J'imagine ceci : Arpaïs Du Bois tourne une page dans l'un de ses carnets de dessin. La page de gauche est noircie par l'écho d'un dessin antérieur ; celle de droite est blanche et vierge. Mais ceci n'est peut-être vrai qu'en tant que fait, les pages blanches n'existent pas. L'acte de regarder, de penser, et donc aussi de dessiner, est toujours, dès les prémices, pollué par un inévitable bruit de fond. Le monde qui entoure cette page de droite est le paravent qui renforce la direction d'une ligne, la vitesse d'un balayage, ou le rythme des mots. L'arrière-fond est une stratigraphie de carnets de dessins, de piles à la disposition organique, dont les pages gondolent sous l'effet de l'humidité de la couleur utilisée. Le monde regarde à l'intérieur à travers une fenêtre. Du moins, c'est comme ça que je me représente la chose ; qu'il en soit ainsi ou non, ça n'a pas d'importance. Arpaïs Du Bois aime les couleurs sales, les couleurs terre, abjectes et sombres. Je retrouve aussi dans les dessins le tâtonnement. Les lignes ne sont jamais droites, elles explorent ce qui pourrait l'être. Chaque dessin est donc une exploration sur papier. Les taches de couleur deviennent des surfaces qui se rapportent de manière synchrone à des phrases courtes, à des mots qui se succèdent. Des émotions lourdes, des choses humaines, enroulées en oppositions et désirs ambigus qui explorent les limites. Comme si dessiner, c'était montrer ce qui ne peut l'être. Quelque part sur un dessin, je lis : « de l'inutilité du dessin ». En d'autres mots, quelque chose qu'on ne peut pas utiliser pour autre chose, qu'on ne peut pas récupérer. Un dessin ne doit rien prouver, il doit juste exister en tant que chose dépourvue de sens ou d'utilité. Mais peut-être s'agit-il plutôt d'une intention sans but ou, pour le dire brièvement, la description de la façon dont Emmanuel Kant décrit le jugement esthétique. Ce n'est pas pour rien que l'artiste a intitulé l'un de ses ouvrages précédents « tout droit vers la fin en sifflotant » (Hannibal, 2016). On peut donc tendre vers quelque chose, même en sifflotant. Mais siffloter, c'est une façon de respirer, et respirer, c'est l'inventaire du pouls et du mouvement d'un corps, cahin-caha, fluide. Les dessins d'Arpaïs Du Bois forment un corps, un corpus, un perpetuum mobile, un tout sans fin et en perpétuel développement. Seule la finitude peut compléter l'infini. Revenons un instant à l'idée de tâtonnement, ou à la notion de hasard. La probabilité que l'imprévu surgisse et fasse sens constitue, selon moi, un acteur permanent dans la pratique de l'artiste. L'art d'Arpaïs Du Bois consiste à flâner dans les couleurs, les empreintes, les touches, la langue et les signes. C'est le démantèlement de la réalité jusqu'à l'essence de l'être. Je dessine donc je suis.

Philippe Van Cauteren, Zele, 14 janvier 2021

ABOMINER
LES HABITANTS DE LA
MOQUETTE

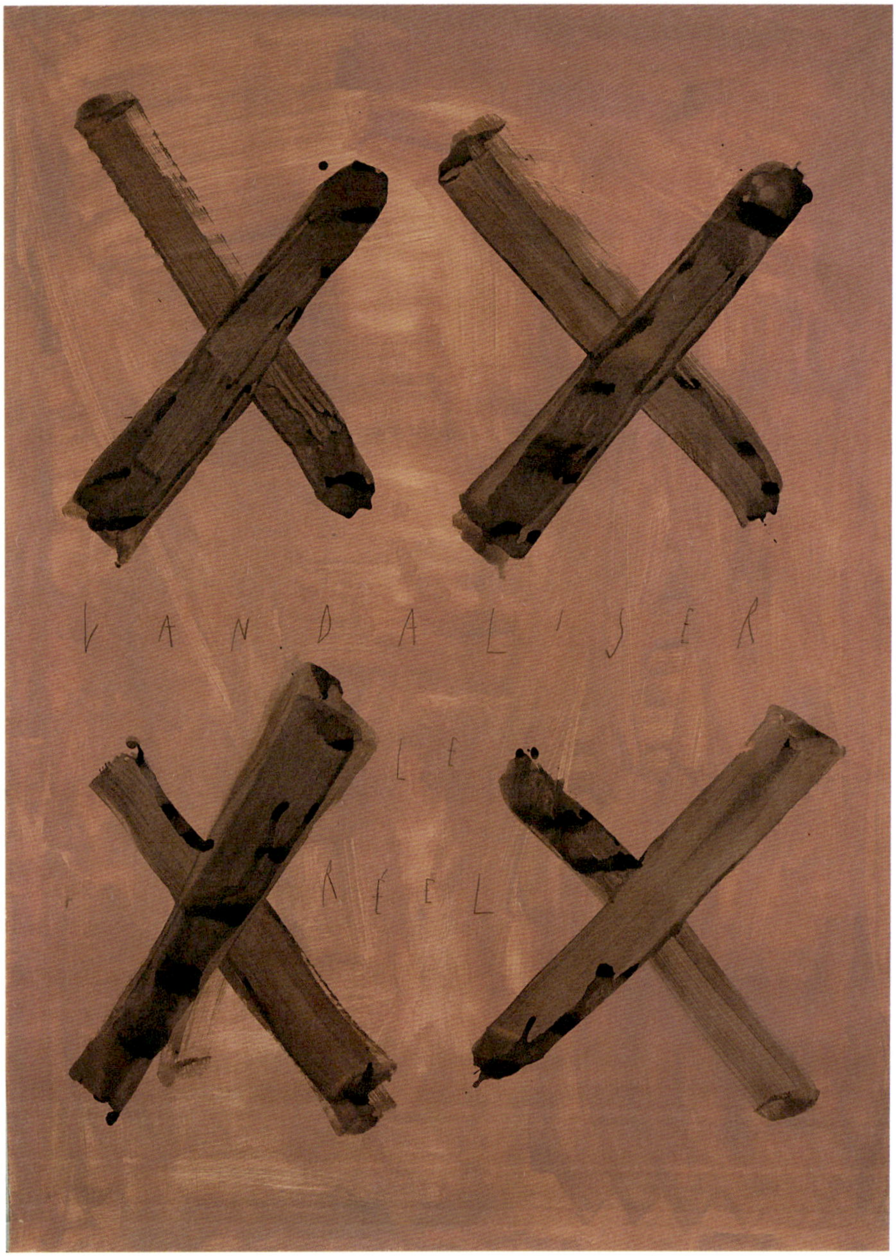
VANDALISER
LE
REEL

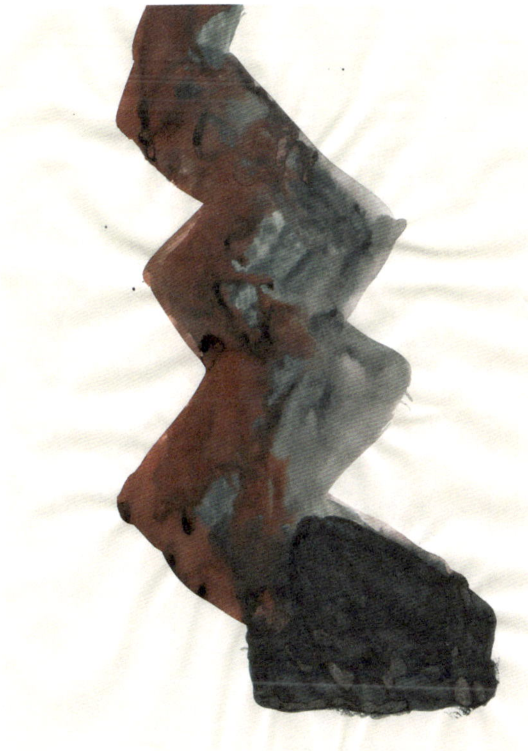

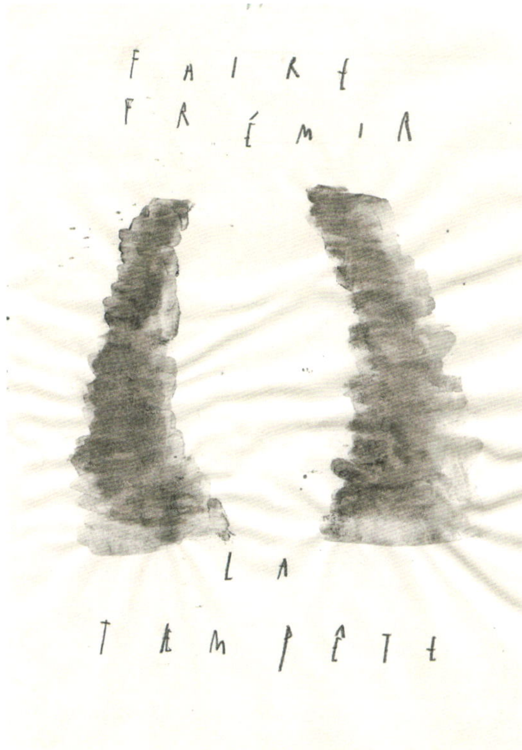
FAIRE
FRÉMIR
LA
TEMPETE

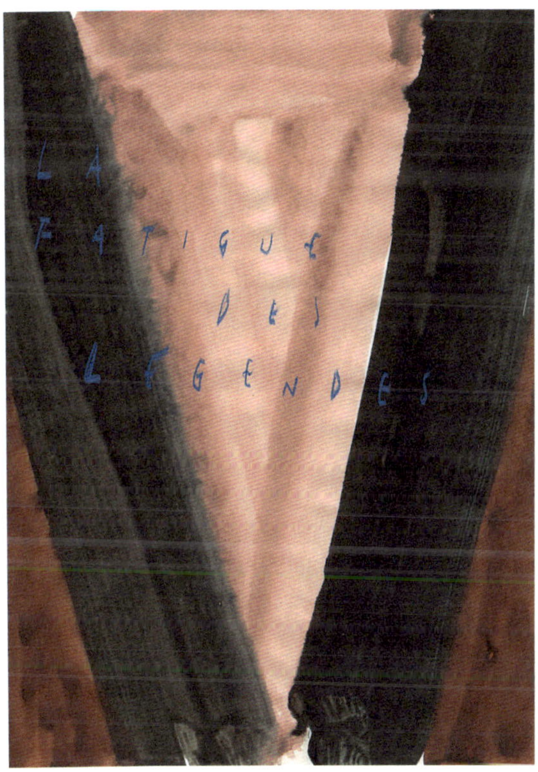
LA
FATIGUE
DES
LEGENDES

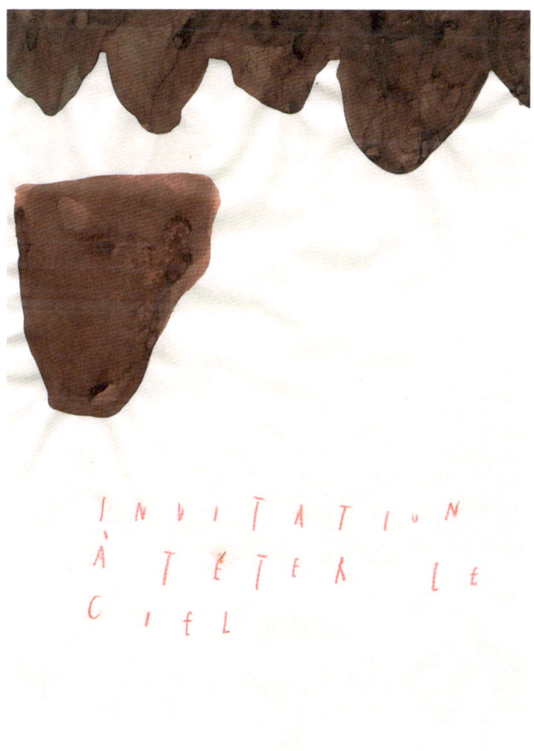
INVITATION
À TÉTER LE
CIEL

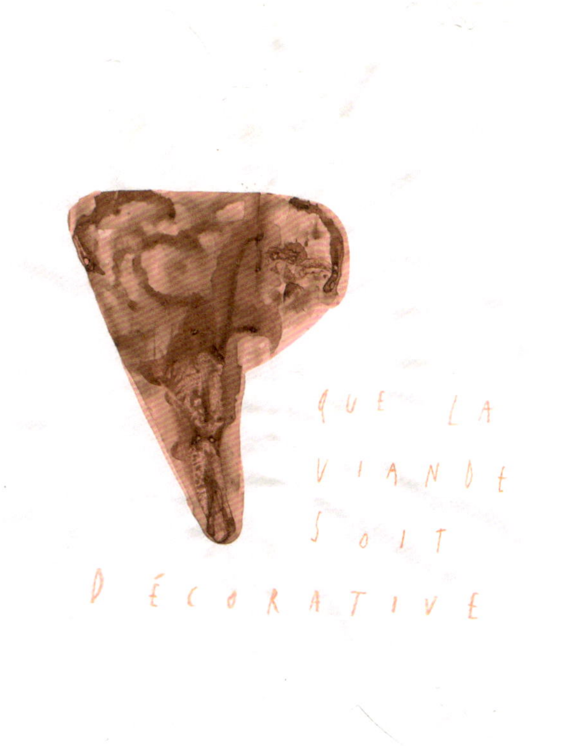
QUE LA
VIANDE
SOIT
DÉCORATIVE

OUBLIER
LE
POUVOIR
ET FAIRE
POUSSER
DES
FLEURS

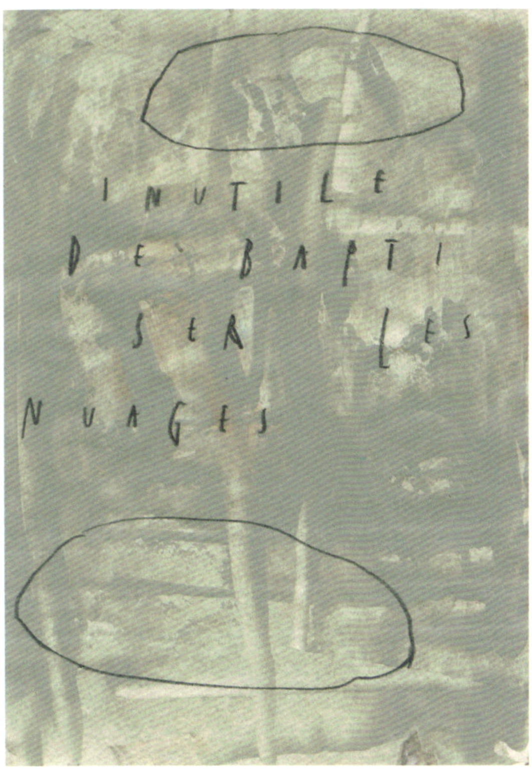
INUTILE
DE BAPTI
SER LES
NUAGES

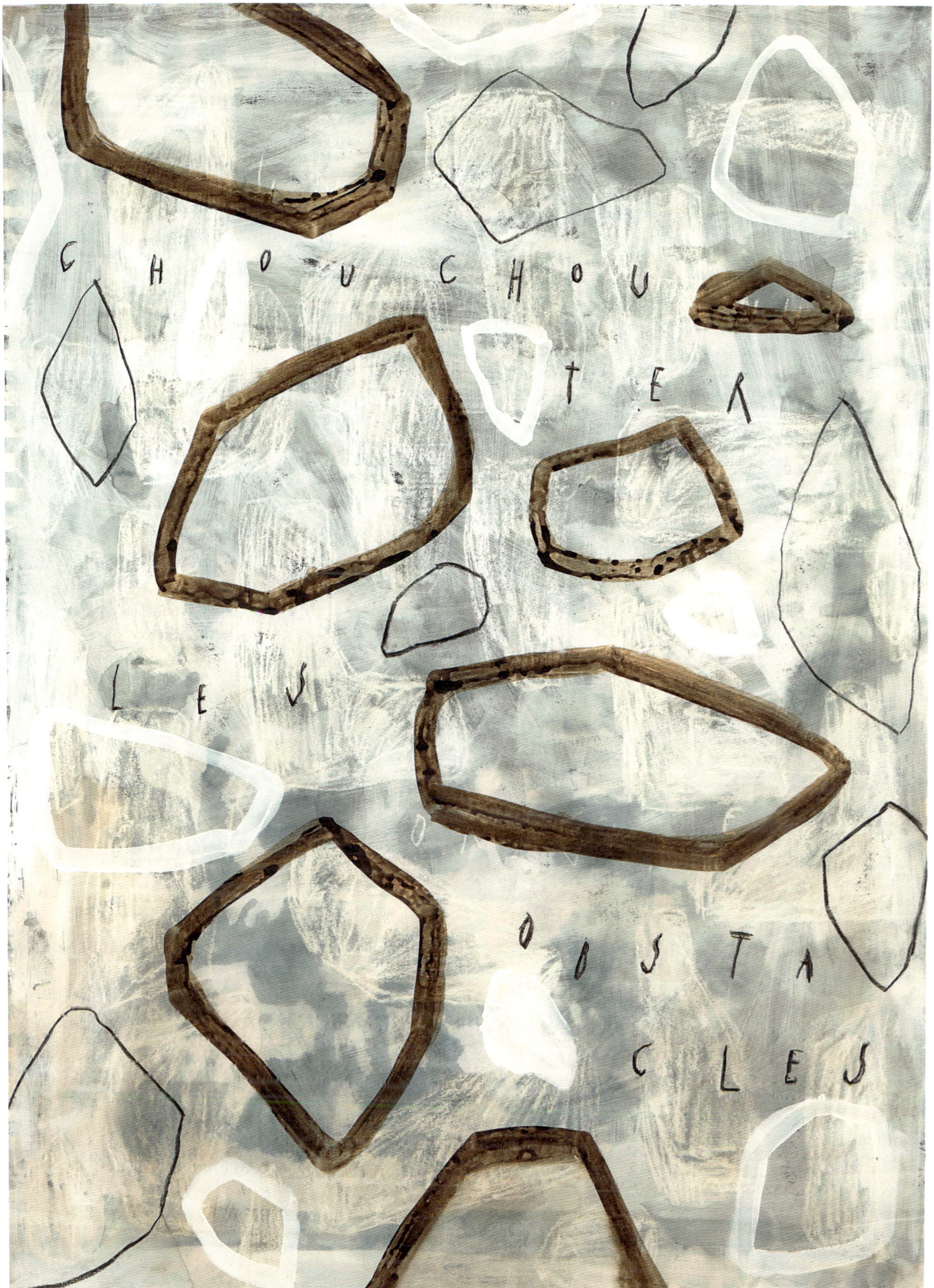
CHOUCHOU
TER
LES
OBSTA
CLES

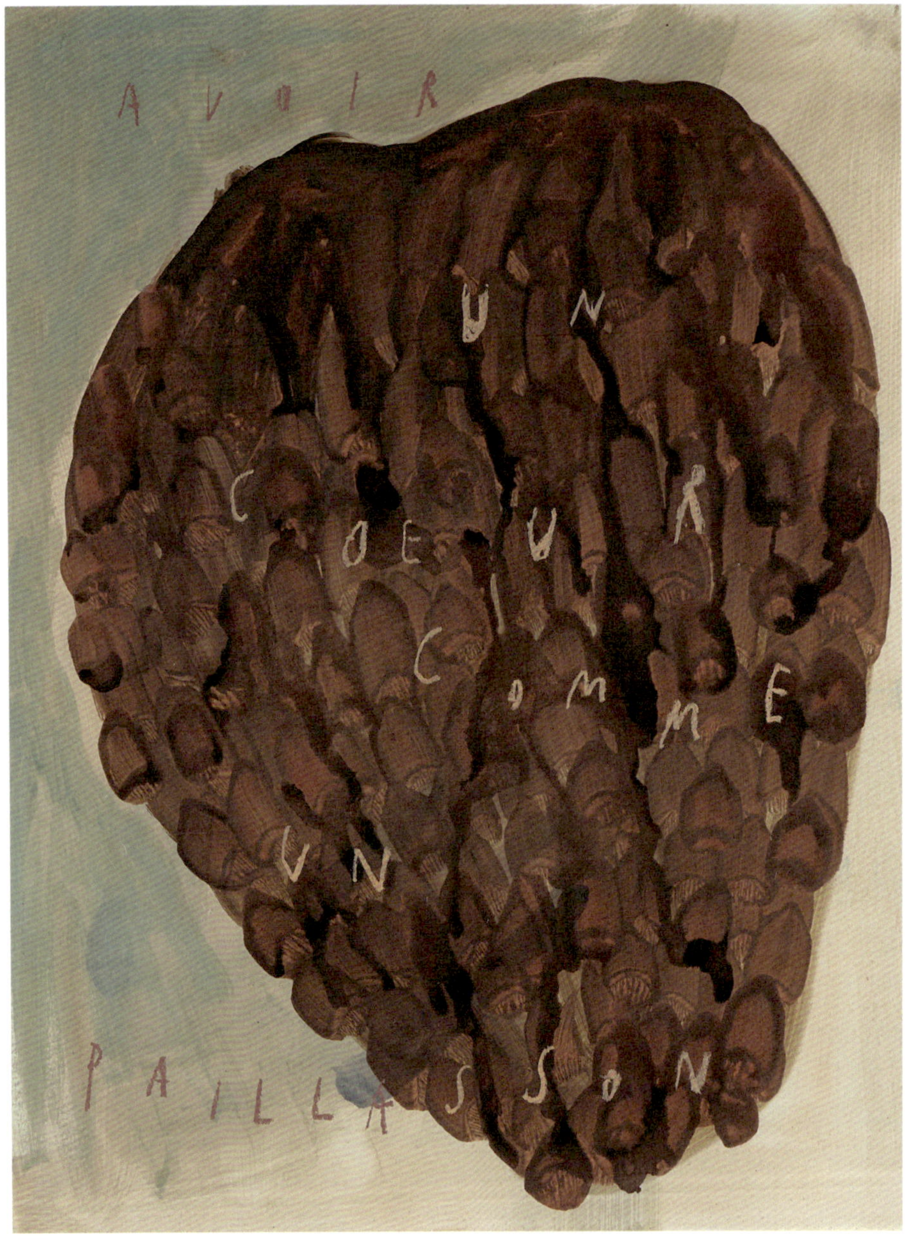
AVOIR
UN
COEUR
COMME
UN
PAILLASSON

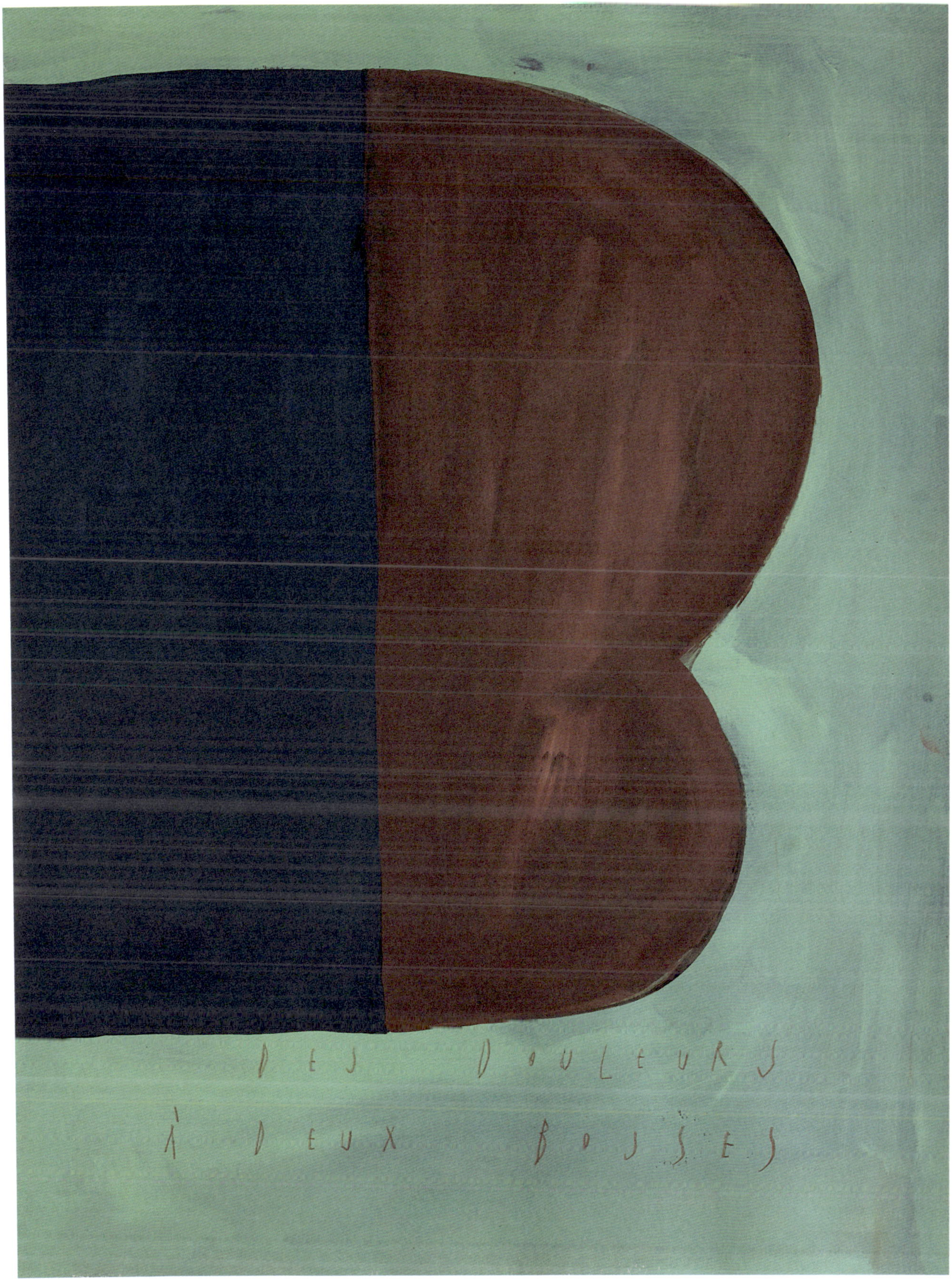
DES DOULEURS
À DEUX BOSSES

List of works chapter two

71. **des rêves à revendre**
2018, 150 x 110 cm, acrylic paint and crayon on paper

72. **calfeutrer nos âmes amochées**
2018, 150 x 110 cm, acrylic paint and crayon on paper

73. **s.t.**
2018, 25 x 18,5 cm, acrylic paint and ink on paper

73. **faire régner l'encre publique**
2018, 25 x 18,5 cm, acrylic paint and ink on paper

73. **d'une dureté comestible**
2018, 25 x 18,5 cm, mixed media on paper

73. **hache à vertu**
2018, 25 x 18,5 cm, acrylic paint and ink on paper

74. **remoulage de la gaieté**
2018, 150 x 110 cm, acrylic paint and crayon on paper

75. **s.t.**
2018, 150 x 110 cm, acrylic paint on paper

76. **tomber comme le soir**
2018, 73 x 55 cm, ink, acrylic paint and crayon on paper

77. **monument de boue**
2018, 150 x 110 cm, acrylic paint and crayon on paper

78. **des ohs et des ahs**
2018, 25 x 18,5 cm, pencil on paper

78. **s.t.**
2018, 25 x 18,5 cm, acrylic paint on paper

79. **trois lourdeurs d'un même ciel**
2018, 150 x 110 cm, acrylic paint and charcoal on paper

80. **frissonnner de tant de tiédeur**
2018, 150 x 110 cm, acrylic paint and crayon on paper

81. **paisiblement fumer l'air malade**
2018, 150 x 110 cm, acrylic paint and crayon on paper

82. **dégourdir ses craintes**
2018, 25 x 18,5 cm, ink and pencil on paper

82. **s.t.**
2018, 25 x 18,5 cm, acrylic paint on paper

82. **dans les tiroirs de nos mères**
2018, 25 x 18,5 cm, acrylic paint and pencil on paper

82. **obscurcissement**
2018, 25 x 18,5 cm, acrylic paint and pencil on paper

83. **trop de nous**
2018, 150 x 110 cm, acrylic paint on paper

84. **diaspora rose bonbon**
2018, 150 x 110 cm, acrylic paint and crayon on paper

85. **ravir l'obscurité**
2018, 25 x 18,5 cm, mixed media on paper

85. **garder les poètes en cage**
2018, 25 x 18,5 cm, mixed media on paper

85. **notre peau endeuillée à l'aube**
2018, 25 x 18,5 cm, acrylic paint and pencil on paper

85. **bousculer le centre**
2018, 25 x 18,5 cm, mixed media on paper

86. **imaginer une chute**
2018, 73 x 55 cm, ink, acrylic paint and bister on paper

87. **effleurer les taches des malades**
2018, 73 x 55 cm, ink, acrylic paint and crayon on paper

89. **protubérance de notre malaise**
2018, 73 x 55 cm, ink, acrylic paint and pencil on paper

90. **turbulences**
2018, 73 x 55 cm, acrylic paint and pencil on paper

91. **débraguetter la décence**
2018, 73 x 55 cm, acrylic paint and crayon on paper

92. **pilulier**
2018, 25 x 18,5 cm, mixed media on paper

92. **toutes les violences**
2018, 25 x 18,5 cm, bister, ink and pencil on paper

92. **d'ici et de là**
2018, 25 x 18,5 cm, mixed media on paper

93. **raser le destin deux fois par jour**
2018, 150 x 110 cm, bister and charcoal on paper

94. **des frissons et puis quoi ?**
2018, 73 x 55 cm, acrylic paint and crayon on paper

95. **recruter l'air qui nous manque**
2018, 150 x 110 cm, acrylic paint and crayon on paper

96. **carboniser l'ombre d'une lune bleue**
2018, 25 x 18,5 cm, ink and pencil on paper

96. **la tendresse des mal-aimés**
2018, 25 x 18,5 cm, mixed media on paper

96. **à l'amabilité féroce**
2018, 25 x 18,5 cm, mixed media on paper

96. **s.t.**
2018, 25 x 18,5 cm, acrylic paint on paper

97. **placarder**
2018, 25 x 18,5 cm, acrylic paint and pencil on paper

97. **empoisonner l'autre rive**
2018, 25 x 18,5 cm, acrylic paint and pencil on paper

97. **partager la même pointe de découragement**
2018, 25 x 18,5 cm, acrylic paint and pencil on paper

97. **s.t.**
2018, 25 x 18,5 cm, acrylic paint on paper

98. **s.t.**
2018, 25 x 18,5 cm, acrylic paint on paper

99. **vers une quelconque caresse**
2018, 73 x 55 cm, acrylic paint and crayon on paper

100. **maudire la banlieue d'une habitude**
2018, 73 x 55 cm, ink, acrylic paint and crayon on paper

101. **tout nu et tout oublié**
2018, 73 x 55 cm, ink, acrylic paint and pencil on paper

102. **se régaler en cachette**
2018, 25 x 18,5 cm, acrylic paint and pencil on paper

102. **que faire des geignements**
2018, 25 x 18,5 cm, acrylic paint and pencil on paper

102. **peut-être une arme**
2018, 25 x 18,5 cm, mixed media on paper

102. **larguer ce qu'on peut**
2018, 25 x 18,5 cm, acrylic paint and pencil on paper

103. **esquinter la jeunesse**
2018, 25 x 18,5 cm, ink and pencil on paper

103. **amnistier les fesses molles**
2018, 25 x 18,5 cm, acrylic paint and pencil on paper

103. **faire gambader l'alphabet**
2018, 25 x 18,5 cm, acrylic paint and pencil on paper

103. **le toit de notre abri commun**
2018, 25 x 18,5 cm, acrylic paint and pencil on paper

104. **tartiner la pénombre**
2018, 150 x 110 cm, acrylic paint and crayon on paper

105. **tout en dédramatisant**
2018, 150 x 110 cm, acrylic paint and crayon on paper

106. **se rassembler à l'intérieur du jardin**
2018, 25 x 18,5 cm, acrylic paint and pencil on paper

106. **s.t.**
2018, 25 x 18,5 cm, acrylic paint on paper

107. **s'en aller s'escargoter**
2018, 73 x 55 cm, mixed media on paper

108. **s.t.**
2018, 25 x 18,5 cm, acrylic paint and ink on paper

108. **joyeusement tordre le cou à son âme**
2018, 25 x 18,5 cm, acrylic paint and pencil on paper

108. **abîmer l'air**
2018, 25 x 18,5 cm, acrylic paint and pencil on paper

108. **non à la rigolade**
2018, 25 x 18,5 cm, acrylic paint and pencil on paper

109. **trier nos tranches de vie**
2018, 25 x 18,5 cm, mixed media on paper

109. **et le mal de vivre**
2018, 25 x 18,5 cm, mixed media on paper

109. **étioler le doute**
2018, 25 x 18,5 cm, mixed media on paper

110. **s.t.**
2018, 73 x 55 cm, acrylic paint on paper

111. **faire danser la nuit**
2018, 25 x 18,5 cm, mixed media on paper

111. **s.t.**
2018, 25 x 18,5 cm, ecoline and pencil on paper

112. **pochettes**
2018, 25 x 18,5 cm, mixed media on paper

113. **dentelle de charcutier**
2018, 25 x 18,5 cm, acrylic paint and pencil on paper

113. **ne pas reconnaître la panique**
2018, 25 x 18,5 cm, acrylic paint and pencil on paper

114. **car les vases font mourir les fleurs**
2018, 73 x 55 cm, mixed media on paper

115. **dormir une semaine parmi les feuilles mortes**
2018, 73 x 55 cm, mixed media on paper

116. **no futurism**
2018, 25 x 18,5 cm, mixed media on paper

116. **flageller les mots pudiques**
2018, 25 x 18,5 cm, acrylic paint and pencil on paper

116. **rêver d'un autre rêve**
2018, 25 x 18,5 cm, mixed media on paper

116. **regard évocatoire**
2018, 25 x 18,5 cm, acrylic paint and pencil on paper

117. **s.t.**
2018, 25 x 18,5 cm, mixed media on paper

117. **en cas de besoin**
2018, 25 x 18,5 cm, pencil on paper

118. **l'échec d'une poésie au quotidien**
2018, 150 x 110 cm, acrylic paint and crayon on paper

119. **s.t.**
2018, 150 x 110 cm, acrylic paint on paper

120. **un printemps fané d'avance**
2018, 25 x 18,5 cm, mixed media on paper

120. **retissages d'histoires oubliées**
2018, 25 x 18,5 cm, acrylic paint and pencil on paper

120. **peupler un lieu de misère**
2018, 25 x 18,5 cm, acrylic paint and pencil on paper

120. **talonner la honte**
2018, 25 x 18,5 cm, acrylic paint and pencil on paper

121. **une armée de pinceurs**
2018, 25 x 18,5 cm, pencil on paper

121. **défenestrer l'air**
2018, 25 x 18,5 cm, acrylic paint and pencil on paper

122. **rafistolage de beauté grise**
2018, 150 x 110 cm, acrylic paint and charcoal on paper

123. **rêve de montagnard**
2018, 25 x 18,5 cm, acrylic paint and pencil on paper

123. **vase**
2018, 25 x 18,5 cm, acrylic paint and pencil on paper

123. **noircir son zèle**
2018, 25 x 18,5 cm, ink and pencil on paper

123. **s.t.**
2018, 25 x 18,5 cm, acrylic paint and pencil on paper

124. **bercer chaque mot**
2018, 25 x 18,5 cm, ink and pencil on paper

124. **fidèle à la douleur**
2018, 25 x 18,5 cm, acrylic paint and pencil on paper

124. **s.t.**
2018, 25 x 18,5 cm, acrylic paint and ink on paper

124. **nous étions des empêtrés**
2018, 25 x 18,5 cm, acrylic paint and pencil on paper

125. **faire toupiller les vieux jours**
2018, 25 x 18,5 cm, acrylic paint and pencil on paper

125. **inhaler l'enfer**
2018, 25 x 18,5 cm, acrylic paint and pencil on paper

125. **autant que la pente soit bleue**
2018, 25 x 18,5 cm, acrylic paint and pencil on paper

125. **par élimination**
2018, 25 x 18,5 cm, acrylic paint and pencil on paper

126. **s'occuper des restes**
2018, 25 x 18,5 cm, acrylic paint and pencil on paper

126. **échafauder la délivrance**
2018, 25 x 18,5 cm, acrylic paint, collage and pencil on paper

127. **abominer les habitants de la moquette**
2018, 150 x 110 cm, acrylic paint and charcoal on paper

128. **vandaliser le réel**
2018, 150 x 110 cm, acrylic paint and crayon on paper

129. **s.t.**
2018, 25 x 18,5 cm, mixed media on paper

129. **la fatigue des légendes**
2018, 25 x 18,5 cm, mixed media on paper

129. **faire frémir la tempête**
2018, 25 x 18,5 cm, pencil and charcoal on paper

129. **invitation à téter le ciel**
2018, 25 x 18,5 cm, bister and pencil on paper

130. **que la viande soit décorative**
2018, 25 x 18,5 cm, mixed media on paper

130. **inutile de baptiser les nuages**
2018, 25 x 18,5 cm, acrylic paint and pencil on paper

130. **oublier le pouvoir et faire pousser des fleurs**
2018, 25 x 18,5 cm, pencil on paper

131. **chouchouter les obstacles**
2018, 150 x 110 cm, acrylic paint and charcoal on paper

132. **avoir un cœur comme un paillasson**
2018, 73 x 55 cm, acrylic paint and crayon on paper

133. **des douleurs à deux bosses**
2018, 73 x 55 cm, acrylic paint and crayon on paper

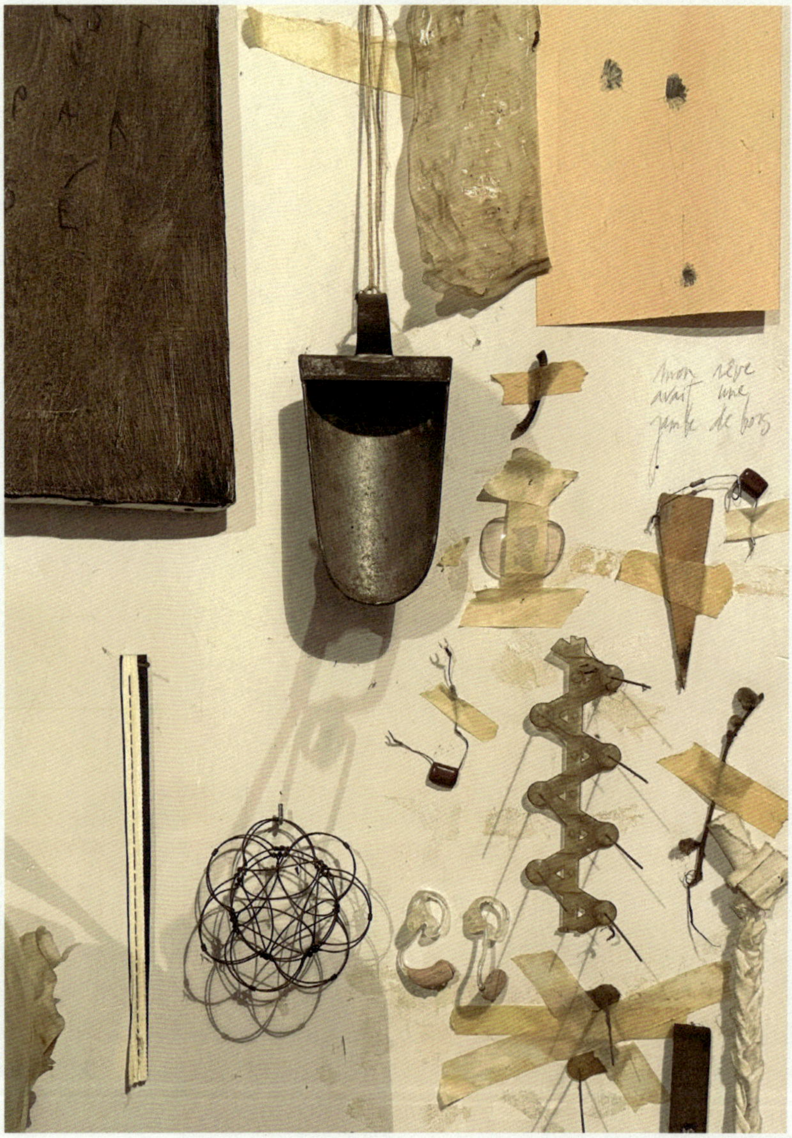
Mon rêve
avait une
jambe de bois

LA MOINS BELLE ÉPOQUE

JADIS LES ARBRES VIEILLISSAIENT

Jamais essayé. Jamais raté. Pas de problème.
Essaye encore. Rate encore. Rate mieux.

Samuel Beckett.

Opérer dans l'image ou la texture imaginaire du réel

Peindre avec les mots, écrire avec le trait ou la peinture ! S'il faut effectivement prêter une extrême attention à ce qu'Arpaïs Du Bois inscrit sur ses œuvres, il faut tout autant regarder les fonds, voir comment ils s'annoncent comme de purs espaces de couleurs dans lesquels formes et matières s'opposent. Et c'est une autre histoire qui est ici convoquée. Non pas celle de l'opposition simpliste entre figuration et abstraction mais bien ce questionnement sur les rapports entre l'espace de l'image et l'espace du tableau. On sait que cette artiste ne fait pas mystère des techniques utilisées : une feuille de papier puis une couche d'acrylique parfois mélangée à du brou de noix, parfois d'encres. Sur cette base, elle appose le fusain, de l'acrylique, le crayon gras ou les pastels, des encres encore, lors de séances convoquant toute son énergie et sa concentration. Il y a là de l'accumulation, de l'effacement. C'est aussi de l'ordre du cri comme du bégaiement.

Et si le travail des années 2000 était hanté de motifs ouvrant sur de possibles figurations avec ces fantômes de fleurs ou de corps, ces vagues contours esquissant un abri, une maison, un paysage, les travaux depuis 2017 ont gagné en mystère, en incertitude et en ambiguïté. Ce qui compte surtout, avec une force accrue, c'est l'espace même de la peinture avec ces formes, ces matières, ces aplats, ces transparences, ces rapports de couleurs, ces jeux avec le support papier... Pour autant la relation au monde – même métaphorique – subsiste encore dans quelques œuvres. *Laver les fleurs* (2020) déploie la vision éclatée de pétales dans un abandon terrible. *Tête résistante* (2020) se propose de magnifier une tête réduite à ses plus simples éléments. Puisque la peinture effectue toujours un travail d'indexation, autant montrer, ponctuellement, ce qu'elle peut laisser transparaître du réel. Mais l'étude de ces quatre années de production atteste surtout de ruptures dont la plus visible se situe en 2019. Depuis 2017, l'œil était souvent pris à défaut. On ne savait où situer le regard.

Question d'un all-over plus affirmé, de plans colorés plus complexes, question aussi de ces lettres encore plus dispersées, question tout autant d'un espace qui se fait tactile avec son opacité, ses transparences et les réactions des pigments. Aussi ses compositions soudainement en archipels, en constellations, en rhizomes incertains d'où partent des lignes, d'où s'échappent des cercles, des triangles, des tissages de traits et de formes sombres. Le papier devient épiderme. Y affleuraient des substances obscures, couleurs de la terre, du crépuscule et de la nuit, puis lentement à partir de 2019 de nouvelles lumières, passant des ocres aux roses, aux bleus éclatants, à des rouges et des jaunes inédits. Dans le même temps, des formes tendent à se cristalliser pour laisser libre cours à des formules faussement géométriques. Au cœur d'autres œuvres, elles semblent au contraire se dissoudre dans le simple plaisir de voir ce qui est en jeu dans l'acte de faire. Une rigueur se dégage de ces compositions immédiatement contredites par le plaisir du faire et du hasard. Et c'est ainsi qu'il convient de les comprendre. Un geste se répète, se poursuit, noie le sujet affirmant aussi que toute peinture est de l'ordre du labeur, du travail acharné, de la domestication d'un mouvement. *Perfectionner l'oppression* (2017) et son quadrillage infini ou *L'échec d'une poésie au quotidien* (2018) recouverte d'une forme répétitive. Rejouer, c'est éventuellement décliner le motif, l'épuiser dans sa multiplication et sa variation (comme Viallat pouvait le faire). Parfois, c'est immédiat et une sorte d'évidence entraine la main de l'artiste. On le perçoit dans cette façon souveraine dont le pinceau s'est déplacé, balayant les couleurs à certains endroits, renforçant la densité d'un aplat plus loin (*Chouchouter les obstacles*, 2018) ou creusant la représentation d'une accumulation imprévue (*Cabosser un vieux rêve*, 2020).

C'est rater aussi ! Merleau-Ponty aimait affirmer combien le plus important dans le langage, c'est le ratage avec les silences, les approximations, l'insuffisance même des mots dans leur précision… Il en va de même ici. Mais parler de ratage ce n'est pas mentionner une quelconque faillite du pictural ou évoquer un fiasco de la composition. Au contraire, rarement œuvre n'aura été aussi maitrisée, aussi pensée, aussi splendide dans son exécution. Le ratage serait alors une possibilité inouïe : toute peinture manifeste la possibilité – et sans doute la nécessité – de son propre échec, c'est-à-dire son ouverture et sa capacité à se mettre en accusation, et ce faisant de mettre le spectateur en accusation. « Manger les règles du système » comme déclame l'une de ses dernières réalisations.

Souvent, il y a donc de la résistance dans les œuvres d'Arpaïs. Celle de l'esprit, celle du corps, mais aussi celle de la matière. Les stigmates sont là, explicites : *En arriver là* (2020) et ses coups de brosse rapides, *Préparer la valse et la guerre* (2020) troué par ces hachures au crayon bleu ou *Un dessin qui ne finirait pas ses phrases* (2017) et ses trois cercles à peine esquissés. Nous sommes dans l'indiscernable. Impossible de trancher. Il y a autant de résistance que de libération. D'ailleurs le pictural est fait de cela. *Lustrer les décombres* (2017), *Tomber comme le soir* (2018), *Des frissons et puis quoi ?* (2018) ouvrent sur des espaces infinis. Et si les œuvres d'Arpaïs possèdent une spontanéité évidente, il y a tout autant chez elle l'acte de prévoir, de penser l'œuvre avant même son exécution, de revenir en arrière et de reformuler ses doutes et hésitations. Encore, toujours, reposer les conditions de la peinture comme tant d'autres l'ont tenté par le passé. Leon Spilliaert, Dubuffet, Twombly, Thierry de Cordier, Polke, Carol Rama, Pierrette Bloch, Agnes Martin bien évidemment.

L'intérêt de cet ouvrage compilant 4 années d'activités quotidiennes consiste à exposer ces tensions, ces équilibres et vertiges. Au détours des ensembles d'œuvres, l'œil semble parfois repérer une logique interne : ici un motif décliné, là une gamme de couleurs reportée ou un principe de composition répété. Rien de plus trompeur. Ponctuellement, des écarts apparaissent, presque des ruptures. S'ils ouvrent des pistes en devenir, parfois explorées des années plus tard, ils ont aussi pour fonction de casser l'idée de série, voire de séquences. Il n'y a pas d'habitude, pas de méthode, pas de logique du faire, pas de métier si bien appris que les formules viennent spontanément. L'écriture est là pour en attester, l'imprévisibilité de la peinture aussi. Ecrire et peindre, il y a de l'enlacement entre ces deux actions. Elles fonctionnent en entités d'énergies duales, l'une recouvrant l'autre puis se retirant subrepticement. Cet enlacement fonctionne aussi de manière dialectique, chaque action se régénérant l'une l'autre, contraignant à l'exploration des possibles dans un refus affirmé de la répétition. Sous cet angle ces deux énergies ne cessent d'apparaître dans un état de critique mutuelle sapant les certitudes de l'une et de l'autre.

L'art d'Arpaïs Du Bois se présente toujours comme une expérience intime, voire une déchirure de soi qui se joue dans ce combat entre langage et peinture. Or, ce combat – toujours perdu par l'un et par l'autre puisqu'il n'existe aucune antériorité de l'un sur l'autre – ne cesse d'aborder frontalement la question de l'image et de son apparition. Et nous, spectateurs, en sommes à la fois les témoins, les arbitres et les acteurs.

Damien Sausset

Ever tried. Ever failed. No problem.
Try again. Fail again. Fail better.

Samuel Beckett.

Operating in the imaginary image or texture of reality

Paint with words, write with the stroke or paint! If we must indeed focus intently on what Arpaïs Du Bois inscribes on her works, we must devote the same attention to the backgrounds, see how they appear as pure spaces of colour in which forms and materials oppose each other. And it is another story that is summoned here. Not that of the simplistic opposition between figuration and abstraction, but the questioning of the relationships between the space of the image and the space of the painting. We know that this artist makes no secret of the techniques used: a sheet of paper then a layer of acrylic sometimes mixed with bister, sometimes with ink. On top of this base, she applies charcoal, acrylic, crayon or pastels, and even inks, during sessions that demand all her energy and concentration. It entails an accumulation, erasure. It's also about the order of the cry and stuttering.

And if the work of the 2000s was haunted by motifs opening onto possible figurations with these ghosts of flowers or bodies, these vague contours sketching a shelter, a house, a landscape; the work since 2017 has gained in mystery, uncertainty and ambiguity. What counts above all, with increasing power, is the very space of the painting with these forms, these materials, these flat areas, these transparencies, these colour relationships, these games with the paper carrier… However, the relationship to the world – even metaphorical – still endures in some works. *Laver les fleurs (To wash the flowers)* (2020) reveals the vision bursting with petals in horrifying abandonment. *Tête résistante (Resistant head)* (2020) suggests magnifying a head reduced to its simplest elements. Since painting always involves a task of indexation, we might as well reveal, promptly, what it allows to show through from reality.

But, above all, the study of these four years of production reveals breaks, the most visible of which occurs in 2019. Since 2017, the eye was often caught off guard. We didn't know where to look. It is a question of a more general assertiveness, of more complex coloured planes, and a question of the letters even more dispersed, a question just as much of a space that becomes tactile with its opacity, its transparencies and the reactions of the pigments. Also her compositions suddenly as archipelagos, constellations, and uncertain rhizomes from which lines begin, from which circles, triangles, interwoven strokes and dark forms escape. The paper becomes the epidermis. Where dark substances, the colours of the earth, of twilight and night, emerged, and then slowly, from 2019 onwards, a new brightness, from ochres to pinks, bright blues, reds and yellows, which had never been seen before. At the same time, shapes tend to crystallise to give free rein to falsely geometric formulas. At the heart of other works, on the contrary, they seem to dissolve in the simple pleasure of seeing what is at stake in the act of doing. A rigour emanates from these compositions immediately contradicted by the pleasure of doing and of chance. And this is how they should be understood. A gesture is repeated, continues, swamping the subject, affirming also that all painting is about toil, hard work, the domestication of a movement. *Perfectionner l'oppression (To perfect Oppression)* (2017) and its infinite grid or *L'échec d'une poésie au quotidien (The Failure of Everyday Poetry)* (2018) overlaid with repetitive form. Replaying means eventually declining the motif, exhausting it in its multiplication and variation (as Viallat could do). Sometimes it's immediate and a kind of obviousness drives the artist's hand. It can be seen in the sovereign manner in which the brush has moved, sweeping the colours in certain places, reinforcing the density of a further flat area *(Chouchouter les obstacles) (To pamper obstacles)* (2018) or excavating the representation of an unexpected accumulation *(Cabosser un vieux rêve) (To dent an old dream)* (2020).

It is failure too! Merleau-Ponty liked to affirm how the most important thing in language is failure with the silences, the approximations, the very insufficiency of the words in their precision. The same applies here. But to speak of failure is not to mention any failure of the pictorial or to evoke a disastrous composition. On the contrary, rarely has a work been mastered to such a degree, so thought-out, so splendid in its execution. Failure would then be an unprecedented possibility: every painting manifests the possibility – and no doubt the necessity – of its own failure, that is to say its openness and its ability to blame itself, and in so doing to blame the viewer. 'To eat the rules of the system' as recited in one of her latest creations.

Often, therefore, there is resistance in the works of Arpaïs. That of the spirit, that of the body, but also that of the matter. The stigmas are there, explicit: *En arriver là (Getting there)* (2020) and the rapid brushstrokes, *Préparer la valse et la guerre (To prepare for the waltz and the war)* (2020) pierced by the blue pencil shading or *Un dessin qui ne finirait pas ses phrases (A drawing that wouldn't finish its sentences)* (2017) and its three barely sketched circles. We are in the indiscernible. Impossible to decide. There is as much resistance as there is liberation. Besides, this is what constitutes the pictorial. *Lustrer les décombres (To polish the rubble)* (2017), *Tomber comme le soir (To fall like the evening)* (2018), *Des frissons et puis quoi ? (Shivers and then what)* (2018) open onto infinite spaces. And if Arpaïs' works possess an obvious spontaneity, the act of predicting, of thinking about the work even before its execution, of going back and reformulating her doubts and hesitations are also present. Again, always, setting aside the conditions of painting as so many others have tried in the past.

Leon Spilliaert, Dubuffet, Twombly, Thierry de Cordier, Polke, Carol Rama, Pierrette Bloch, Agnes Martin of course.

The merits of this book, compiling four years of daily activities, lie in exposing these tensions, balances and disorientation. When looking through the collections of works, the eye sometimes seems to spot an internal logic: here a declined motif, there a range of colours or a repeated compositional principle. Nothing could be more misleading. From time to time, deviations appear, almost ruptures. If they open up paths in the making, sometimes explored years later, their function is also to destroy the idea of series, or even sequences. There is no habit, no method, no logic of doing, no job mastered so well that formulas emerge spontaneously. The writing is there to attest to this, as is the unpredictability of the painting. The two acts of writing and painting are intertwined. They serve as entities of dual energies, one covering the other and then surreptitiously withdrawing. This intertwining also functions dialectically, each action regenerating the other, forcing the exploration of possibilities in an assertive refusal of repetition. From this angle, these two energies constantly appear in a state of mutual criticism, undermining each other's certainties.

The art of Arpaïs Du Bois always presents itself as an intimate experience, even a ripping apart of the self that is played out in the battle between language and painting. Yet the battle – always lost by one and the other since there is no precedence of the one over the other – does not cease to tackle the question of image and its appearance head-on. And we, the spectators, are witnesses, referees and actors all at the same time.

Damien Sausset

Ooit geprobeerd. Ooit gefaald. Maakt niet uit.
Probeer opnieuw. Faal opnieuw. Faal steeds beter.

Samuel Beckett.

Zich bewegen in het beeld of de denkbeeldige textuur van het reële

Schilderen met woorden. Schrijven met lijnen of verf! Hoewel je bijzonder aandachtig moet zijn voor wat Arpaïs Du Bois op haar werken schrijft, mag je zeker ook de achtergronden niet vergeten. Deze kondigen zich namelijk aan als een zuivere ruimte van kleuren waarin vormen en materialen tegenover elkaar staan. En daar wordt een ander verhaal verteld. Geen verhaal over de simplistische tegenstelling tussen figuratie en abstractie, maar wel het vraagstuk over het verband tussen de ruimte van het beeld en de ruimte van het schilderij. De kunstenares maakt geen geheim van de technieken die ze gebruikt. De basis bestaat uit een vel papier met een laagje acrylverf, soms vermengd met bister, soms met inkt. Daarop brengt ze houtskool, acrylverf, waskrijt, pastels of inkt aan, tijdens sessies die al haar energie en concentratie vereisen. Het gaat hier om opeenstapelen en vervagen. Zoals schreeuwen en stotteren.

Terwijl haar oeuvre uit de jaren 2000 bulkte van de motieven die leidden tot mogelijke figuratieve voorstellingen van spookbeelden van bloemen of lichamen, van vage contouren die een schuilplaats, huis of landschap schetsten, hebben de werken sinds 2017 aan mysterie, onzekerheid en ambiguïteit gewonnen. Wat meer en sterker dan ooit telt, is de ruimte zelf van het schilderij met de vormen, de materialen, de vlakken, de transparanties, de kleurverhoudingen, de interactie met het papier... Toch blijft de relatie tot de wereld – zelfs metaforisch – nog in enkele werken bestaan. *Laver les fleurs* (2020) toont het uit elkaar gereten beeld van vreselijk desolate bloemblaadjes. *Tête résistante* (2020) stelt voor om een hoofd uit te vergroten tot zijn eenvoudigste elementen. Omdat de schilderkunst altijd enige vorm van indexatie verricht, kan er zo even goed zeer gericht getoond worden wat ze uit de werkelijkheid kan laten doorschijnen.
Maar wanneer we deze vier productiejaren onder de loep nemen, stellen we vooral breuklijnen vast. En de meest opvallende breuk is er in 2019. Sinds 2017 wordt het oog vaak verrast. We wisten

niet waar onze blik te richten. Het is een kwestie van een meer uitgesproken totaalbeeld, van complexere kleurplannen, van nog meer verspreide letters, van een ruimte die tastbaar wordt door zijn ondoorzichtigheid, transparanties en reacties van de pigmenten. Maar plots kiest ze ook voor composities in grote en kleine groepen, in onzekere rizomen van waaruit lijnen vertrekken, van waaruit cirkels, driehoeken, verweven strengen en donkere vormen ontsnappen. Het papier wordt opperhuid. Daaruit kwamen onbekende stoffen, kleuren van de aarde, de avondschemering en de nacht tevoorschijn. Vanaf 2019 volgden stilaan nieuwe tinten van oker, roze, helderblauw, rood en geel die nooit eerder gezien waren. In die tijd hebben de vormen ook de neiging om te kristalliseren, en zo vals geometrische formules de vrije loop te laten. In andere werken blijken ze echter op te lossen in een eenvoudig plezier om te zien wat er op het spel staat bij de handeling van het maken. Hieruit komt een strengheid naar voren die meteen wordt betwist door het plezier van het doen en het toeval. En zo moet je ze ook begrijpen. Een schildersgebaar herhaalt zich, gaat verder, verdringt het onderwerp. Schilderen is duidelijk een kwestie van hard labeur, vastberadenheid en het zich eigen maken van een beweging. *Perfectionner l'oppression* (2017) en zijn oneindige raster, of *L'échec d'une poésie au quotidien* (2018) bedekt met een repetitieve vorm. Opnieuw opvoeren, dat is eventueel het motief verbuigen en uitputten in zijn veelheid en variatie (zoals Viallat dat ook kon). Soms is het onmiddellijk, en neemt een soort van vanzelfsprekendheid de kunstenaar bij de hand. We zien dit aan deze soevereine manier waarop het penseel zich verplaatst, de kleuren op bepaalde plaatsen uitveegt, de dichtheid van een vlak versterkt (*Chouchouter les obstacles,* 2018) of de representatie van een onvoorziene accumulatie van materie uitdiept (*Cabosser un vieux rêve,* 2020).

Maar mislukken mag ook! Merleau-Ponty bevestigde zo graag hoe stiltes, benaderingen en zelfs de ontoereikendheid van de woorden, gefaald in hun precisie, het belangrijkste zijn in taal... Dat is hier niet anders. Maar als we het hebben over falen, dan bedoelen we geen mislukking van het geschilderde of van de compositie. Integendeel. Zelden is een werk zo beheerst, doordacht en fantastisch uitgevoerd. Falen zou dan een ongehoorde mogelijkheid zijn: elk schilderij toont de mogelijkheid – en ongetwijfeld de noodzaak – van zijn eigen falen, i.e. zijn openheid en vermogen om zichzelf en bij uitbreiding de toeschouwer, in vraag te stellen. "De regels van het systeem opeten", zoals een van haar laatste realisaties stelt.

Weerstand komt dus vaak voor in het werk van Arpaïs. Weerstand van de geest, van het lichaam en van het materiaal. De stigma's zijn er, expliciet: *En arriver là* (2020) en die snelle penseelstreken, *Préparer la valse et la guerre* (2020) doorspekt met die blauwe potloodstrepen of *Un dessin qui ne finirait pas ses phrases* (2017) en die drie cirkels die nauwelijks geschetst zijn. We bevinden ons in 'het onontwaarbare'. Onmogelijk om te beslissen. We voelen zowel weerstand als bevrijding. Het picturale draait hier trouwens om. *Lustrer les décombres* (2017), *Tomber comme le soir* (2018) en *Des frissons et puis quoi ?* (2018) nemen je mee naar oneindige ruimtes. De werken van Arpaïs hebben een duidelijke spontaniteit, maar tegelijk denkt ze na voordat ze het werk maakt, keert ze op haar stappen terug en herformuleert ze haar twijfels en aarzelingen. Ze bevraagt nog altijd de voorwaarden van de schilderkunst, zoals zovelen ook in het verleden hebben geprobeerd. Leon Spilliaert, Dubuffet, Twombly, Thierry de Cordier, Polke, Carol Rama, Pierrette Bloch en Agnes Martin uiteraard.

Dit boek bundelt vier jaar van haar dagelijkse bezigheden. Het legt spanningsvelden, (on)evenwichten en duizelingen bloot, en dat maakt het zo interessant. Bij het bekijken van de werken lijkt het oog soms een inherente logica waar te nemen: hier een verbogen motief, daar een uitgesteld kleurengamma of een herhaling in de compositie. Niets is zo misleidend. We zien afwijkingen, bijna breuken. Ook al geven ze de aanzet voor denkpistes in wording, die soms jaren later worden verkend, toch zijn ze ook bedoeld om het idee van een reeks of zelfs sequenties te doorbreken. Geen gewoonte, geen methode, geen logica van het doen, geen vak wordt zo goed begrepen dat de formules spontaan komen. De teksten zijn hiervan een bewijs, maar ook de onvoorspelbaarheid van de schilderkunst. Schrijven en schilderen, beide zijn met elkaar verweven. Ze werken als duale energieën: de ene bedekt de andere en trekt zich dan heimelijk terug. Deze verstrengeling werkt ook dialetisch, waarbij de ene actie uit de andere voortvloeit, wat op zijn beurt leidt tot de verkenning van de mogelijkheden in een uitgesproken weigering van herhaling. In dit opzicht komen beide energieën voortdurend in een toestand van wederzijdse kritiek, die de zekerheden van beide ondermijnt.

De kunst van Arpaïs Du Bois dient zich aan als een intieme beleving, zelfs als een afscheuring van zichzelf, die zich afspeelt in deze strijd tussen taal en schilderkunst. Maar een van beide verliest sowieso, want geen enkele heeft voorrang. Deze onderlinge strijd blijft de kwestie van het beeld en zijn verschijning dus frontaal aan de orde stellen. En wij, toeschouwers, zijn hierbij tegelijk getuige, scheidsrechter én acteur.

Damien Sausset

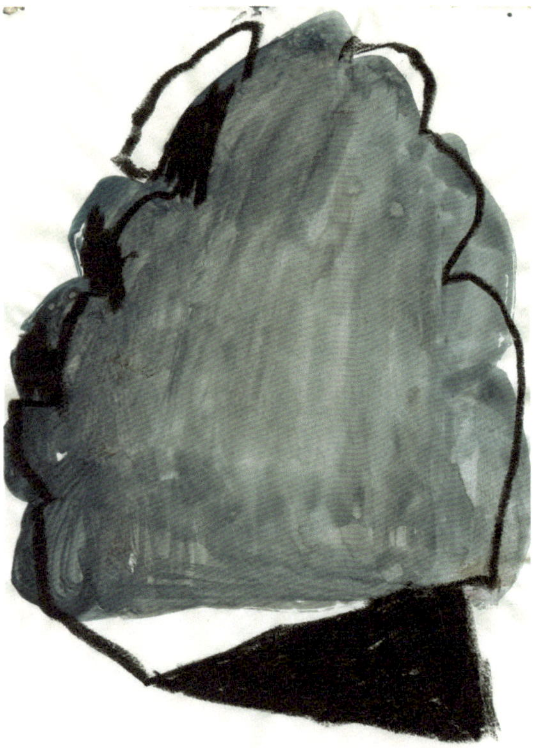

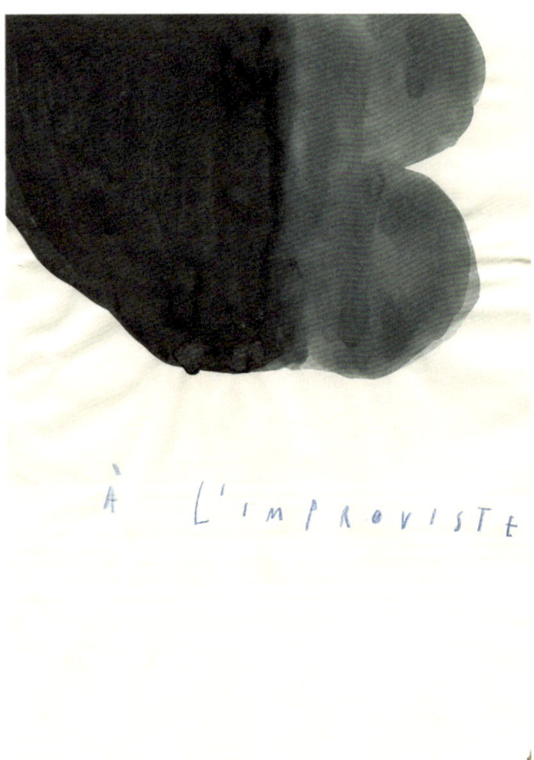
À L'IMPROVISTE

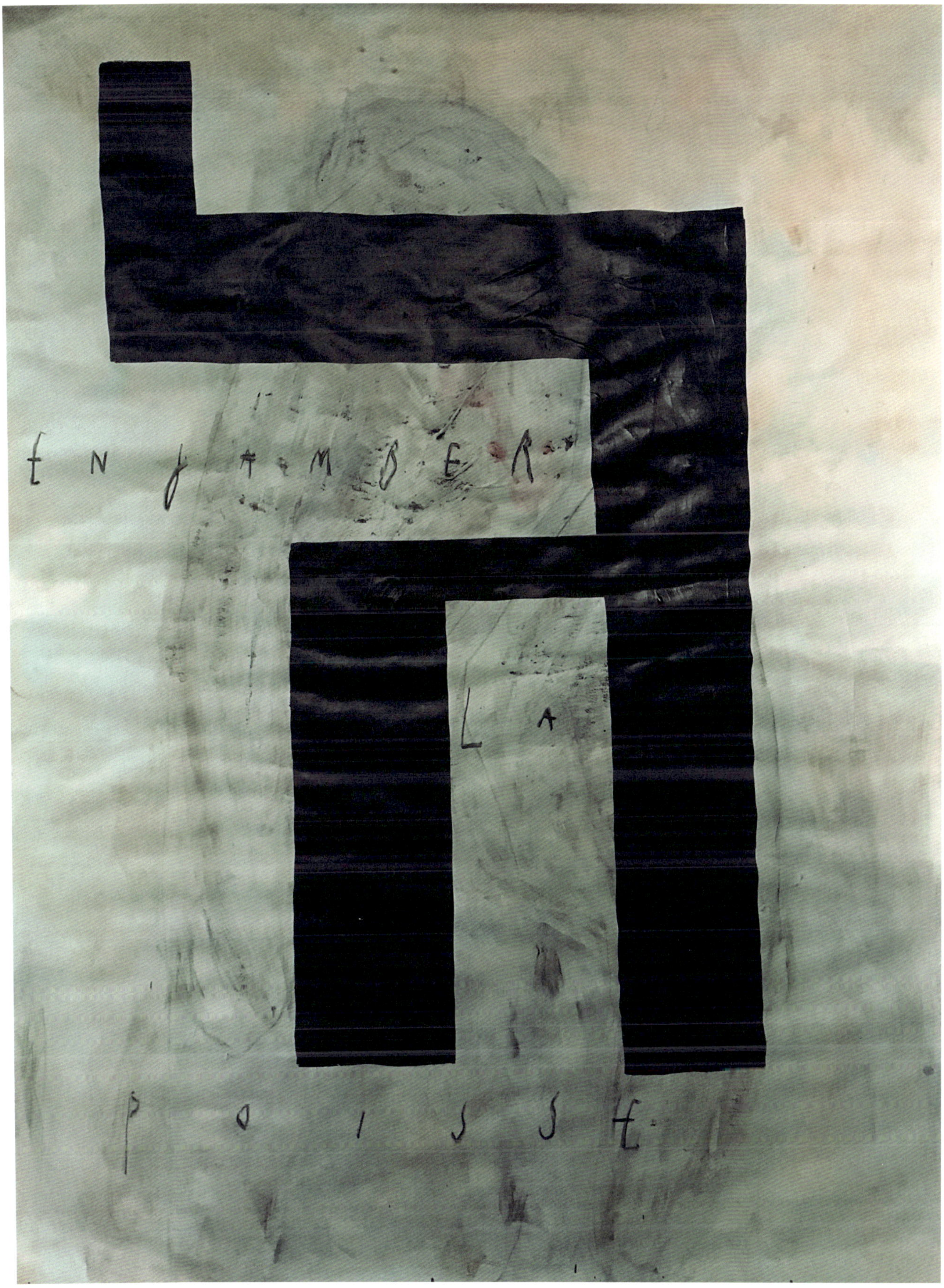
ENJAMBER
LA
POISSE

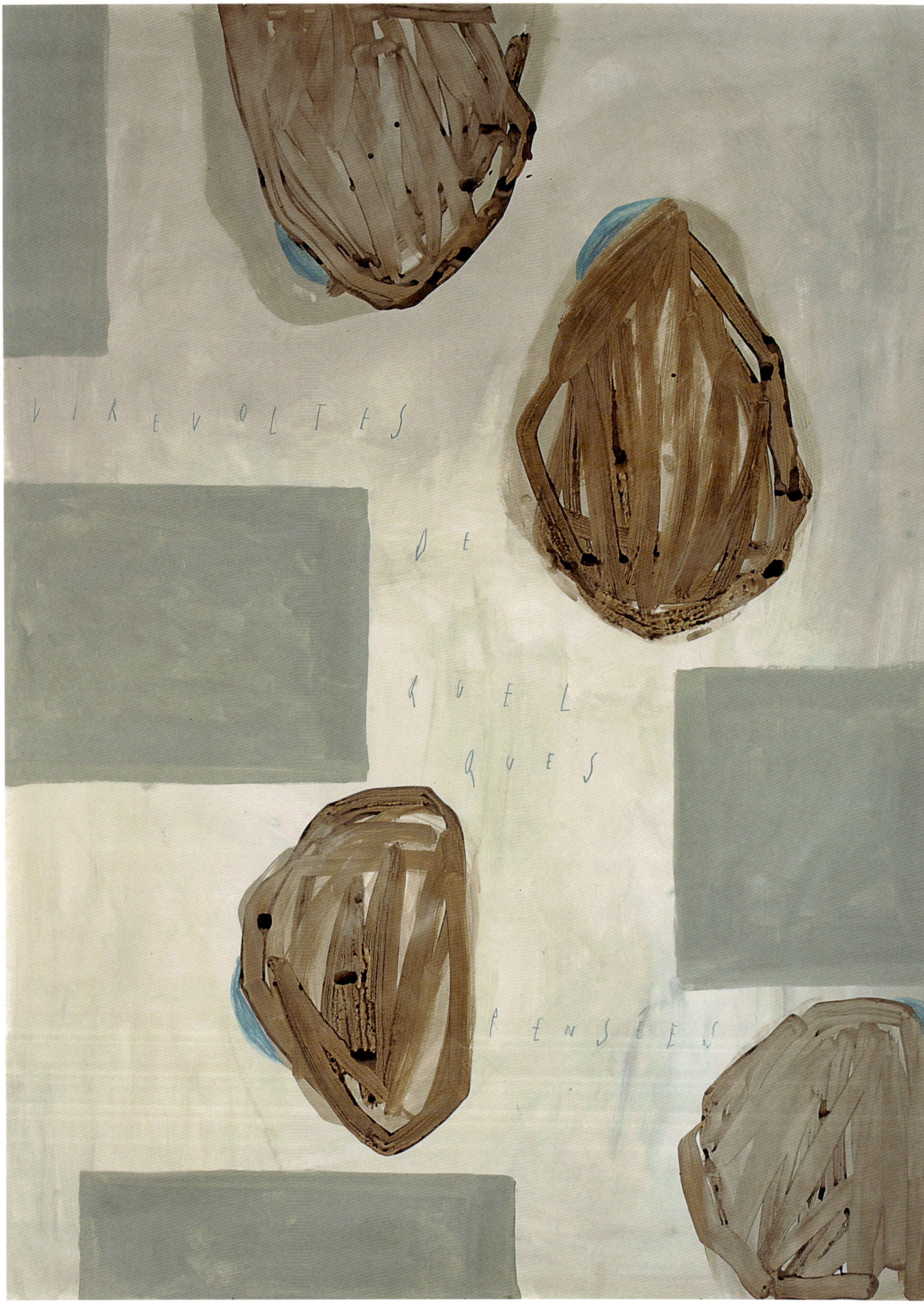
VIREVOLTES
DE
QUEL
QUES
PENSÉES

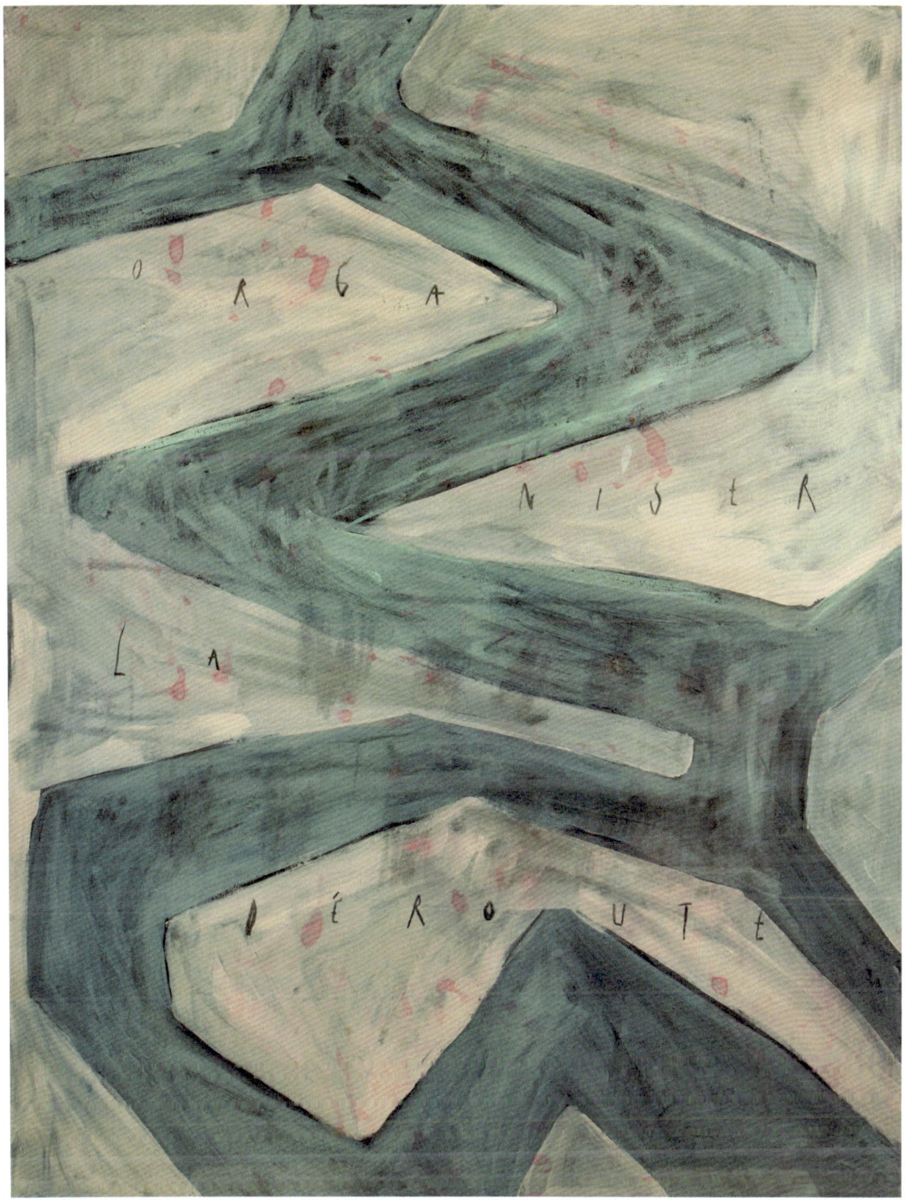
O R G A
N I S E R
L A
D É R O U T E

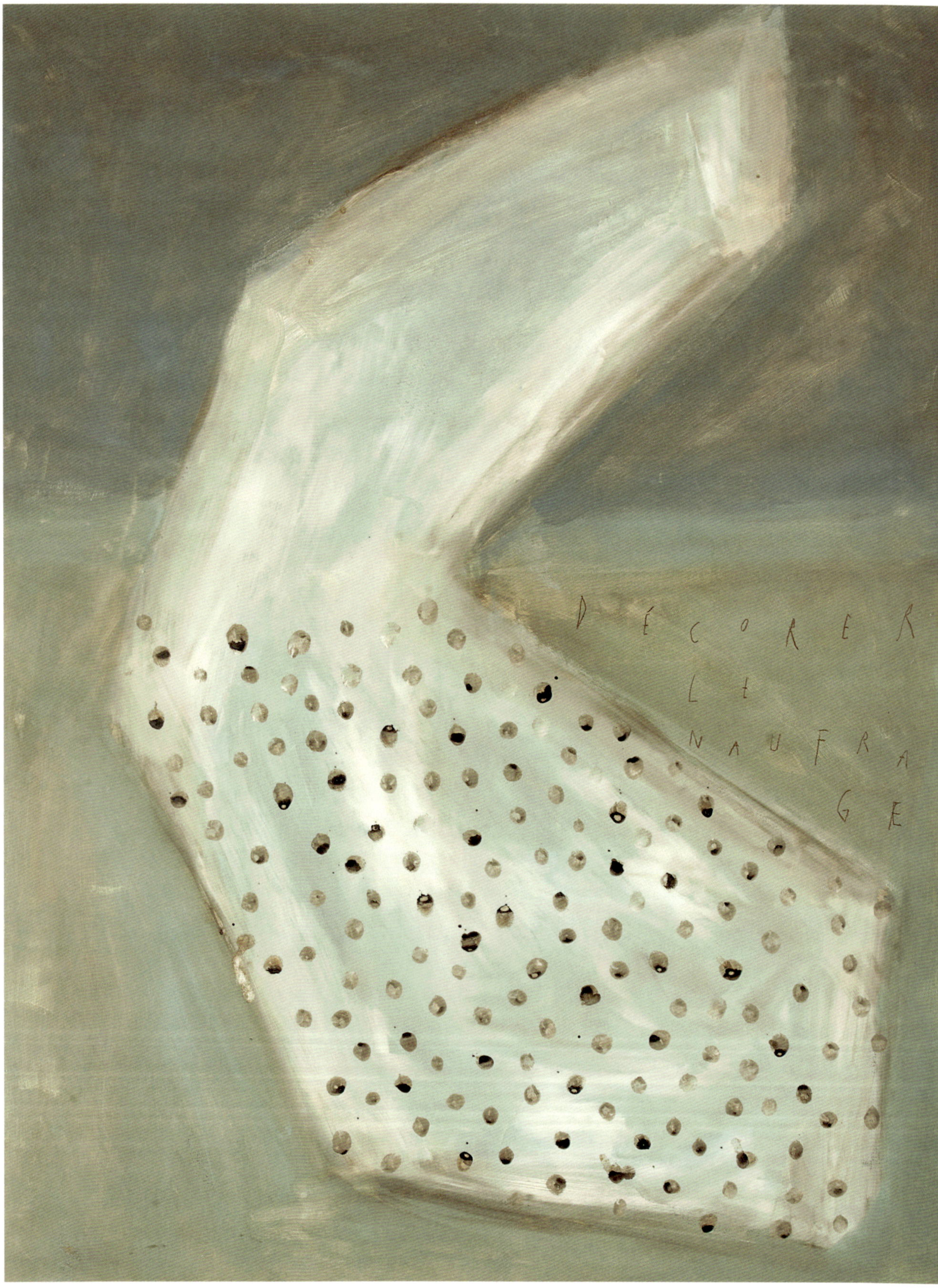
DÉCORER
LE
NAUFRAGE

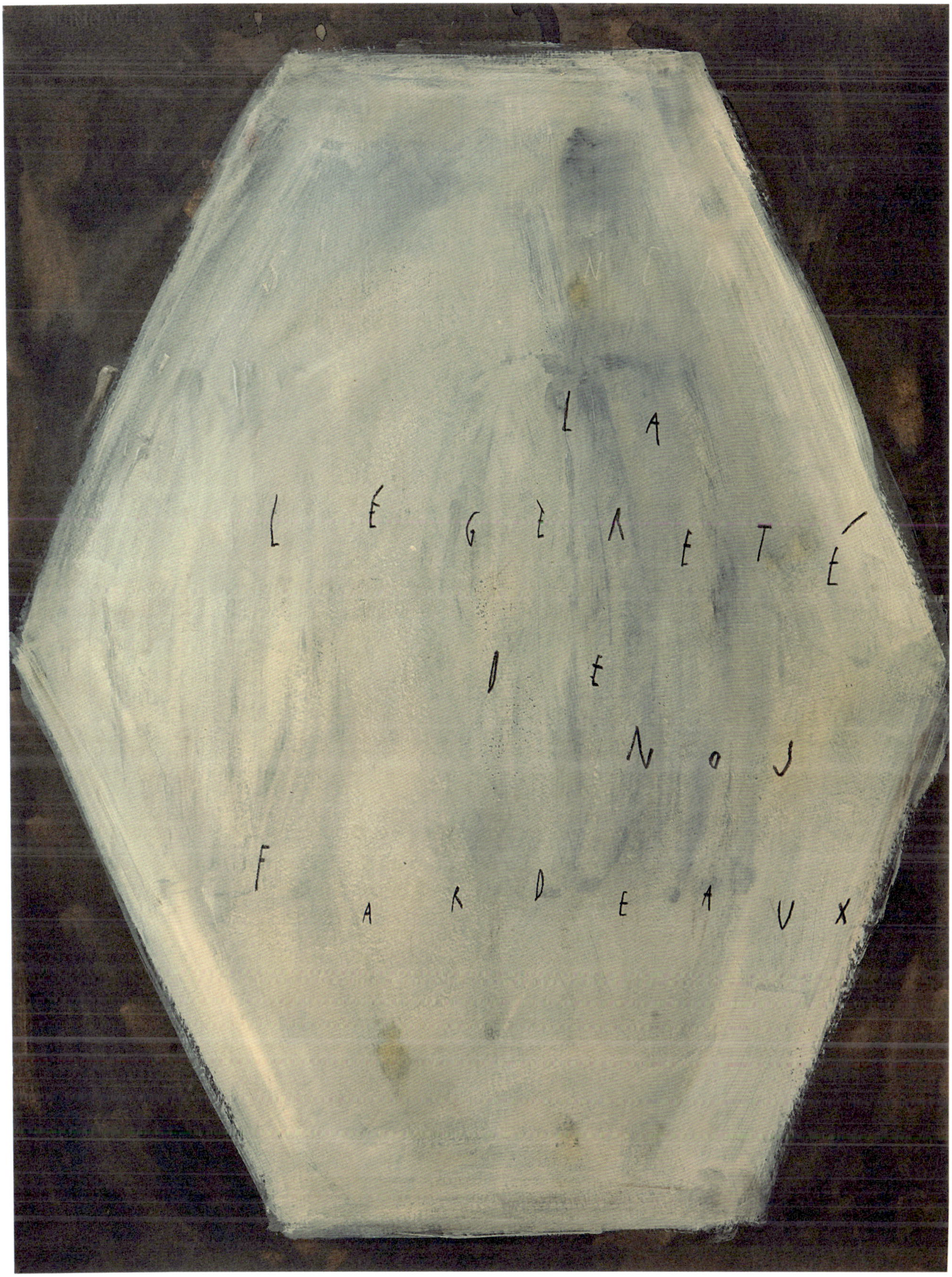
LA
LEGERETÉ
DE
NOS
FARDEAUX

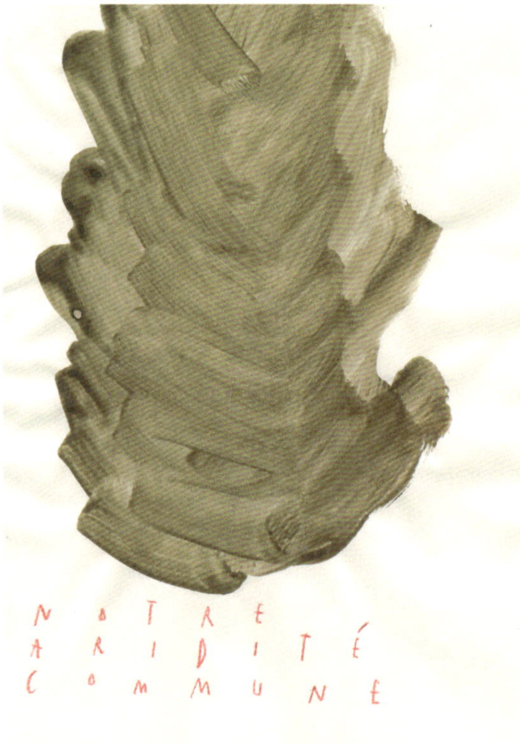
NOTRE
ARIDITÉ
COMMUNE

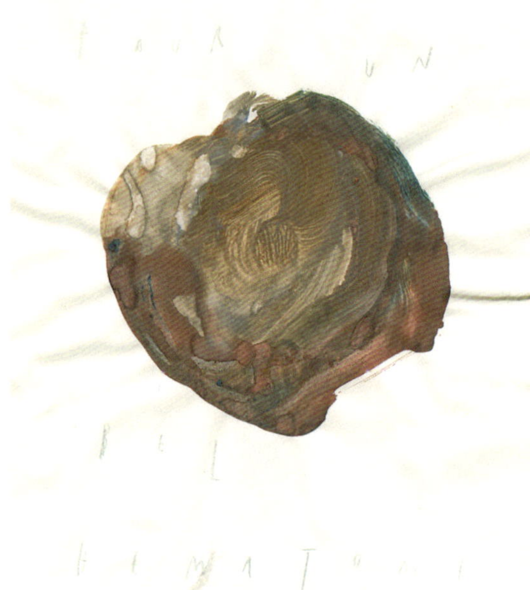

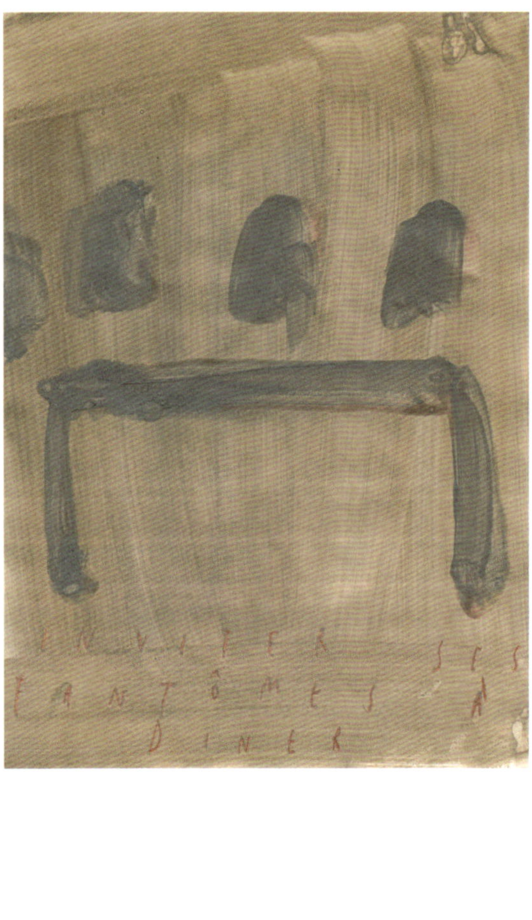
FANTÔMES À
DINER

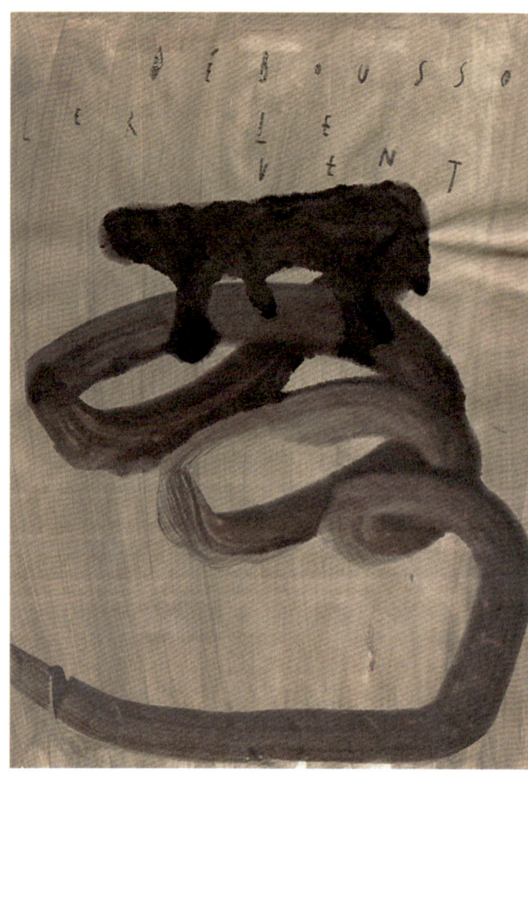
DÉBOUSSO
LER LE
VENT

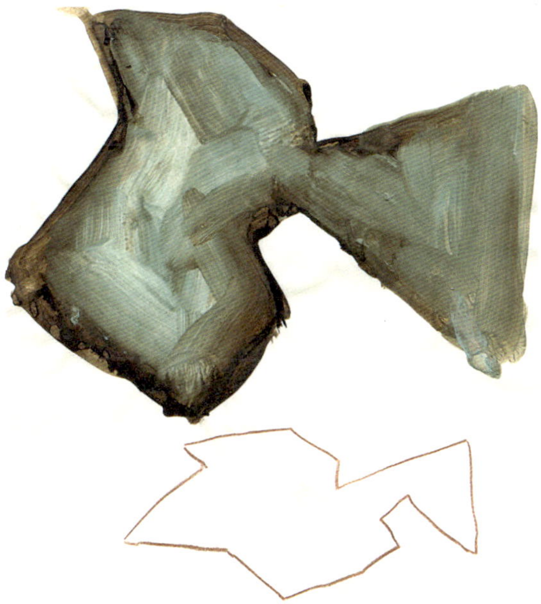

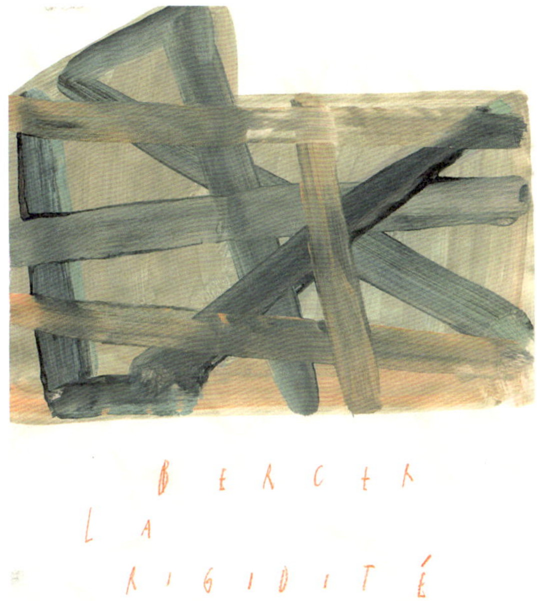
BERCER
LA
RIGIDITÉ

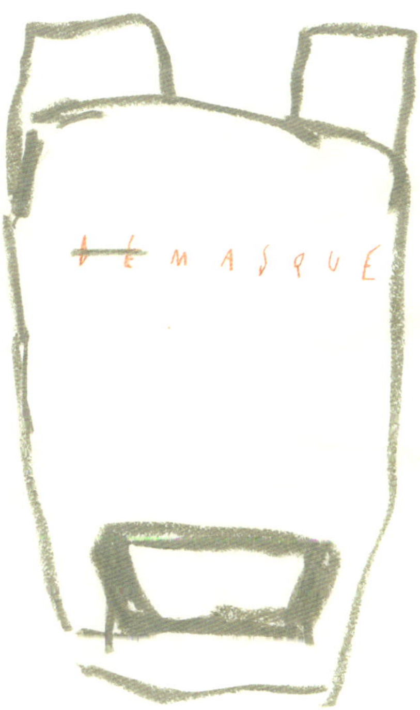
DÉMASQUE

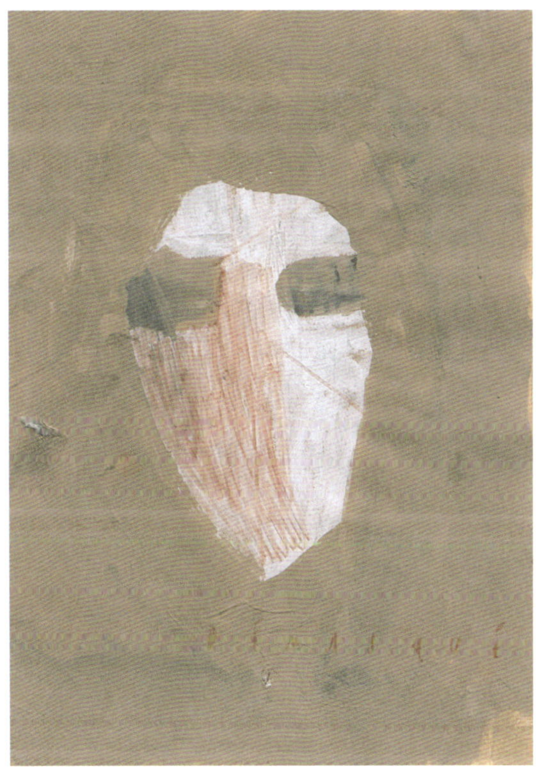

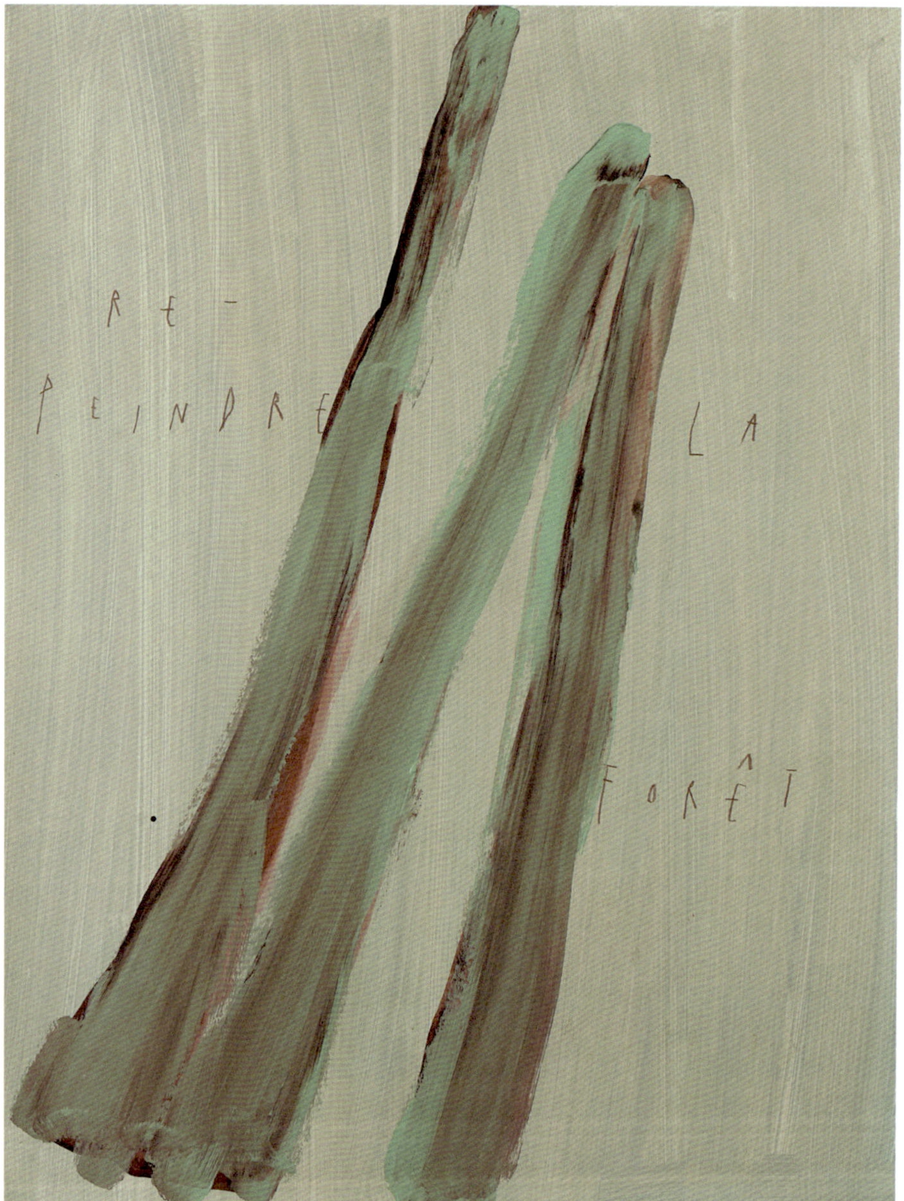
RE-
PEINDRE LA
FORÊT

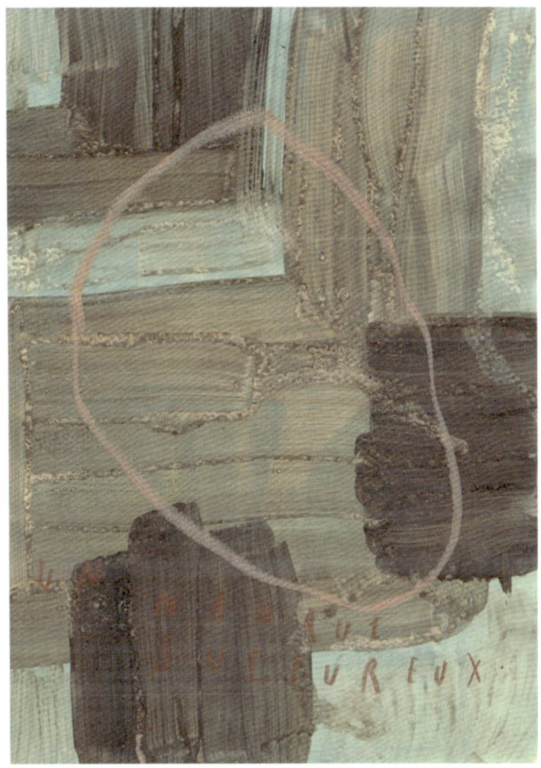

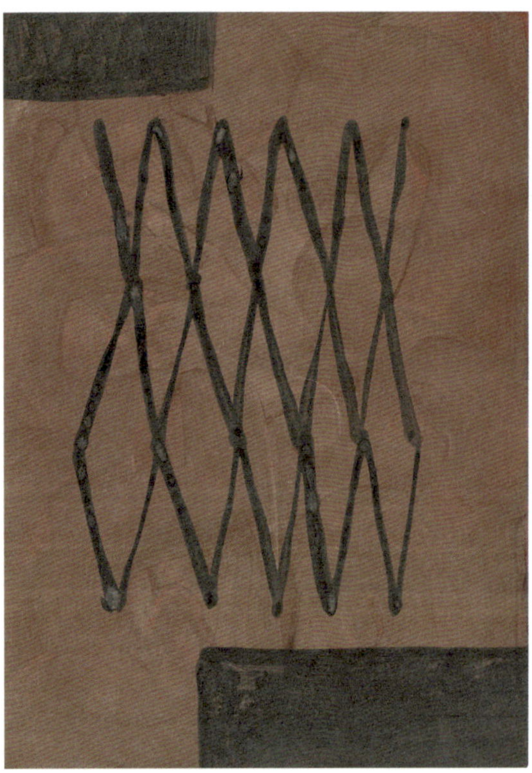

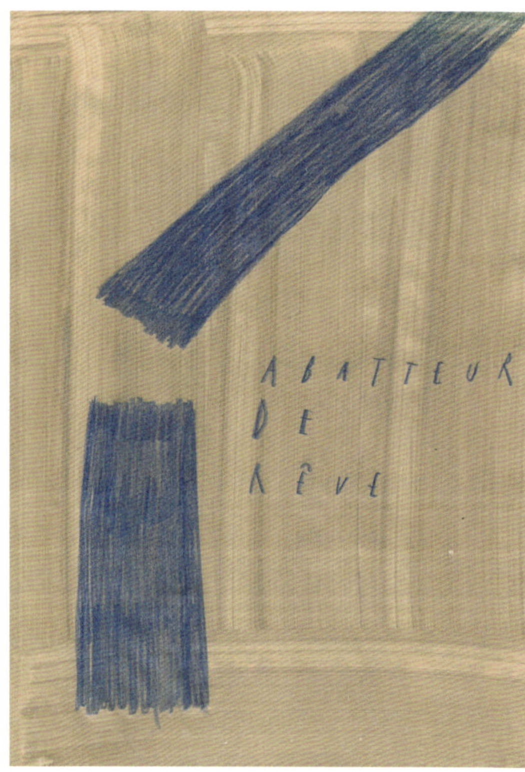
ABATTEUR
DE
RÊVE

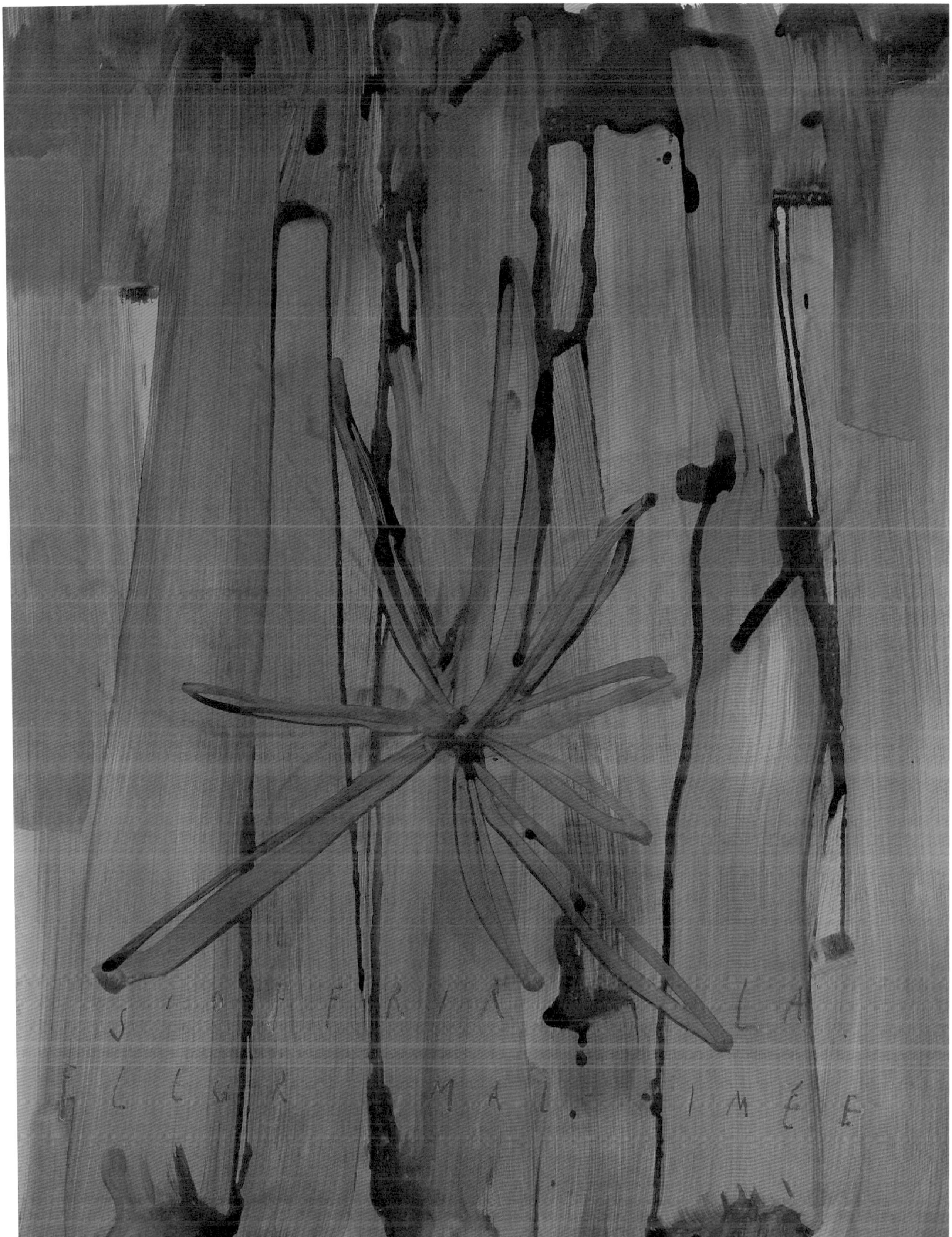
S'OFFRIR LA
FLEUR MAL-AIMÉE

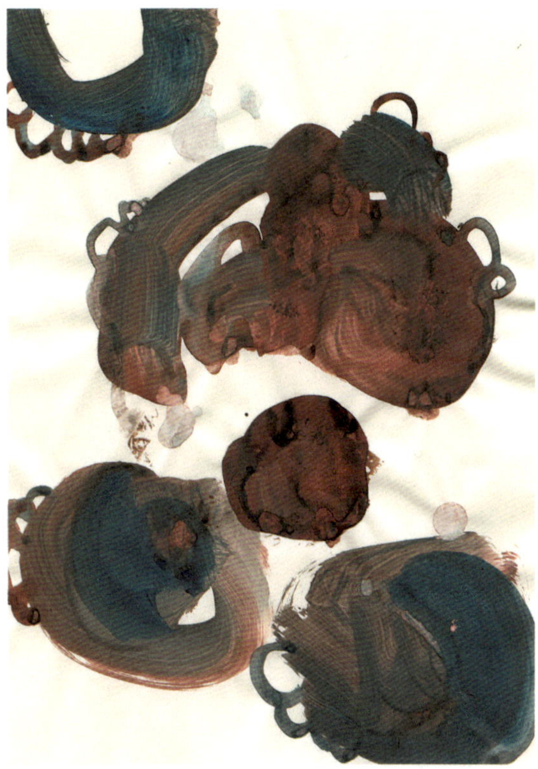

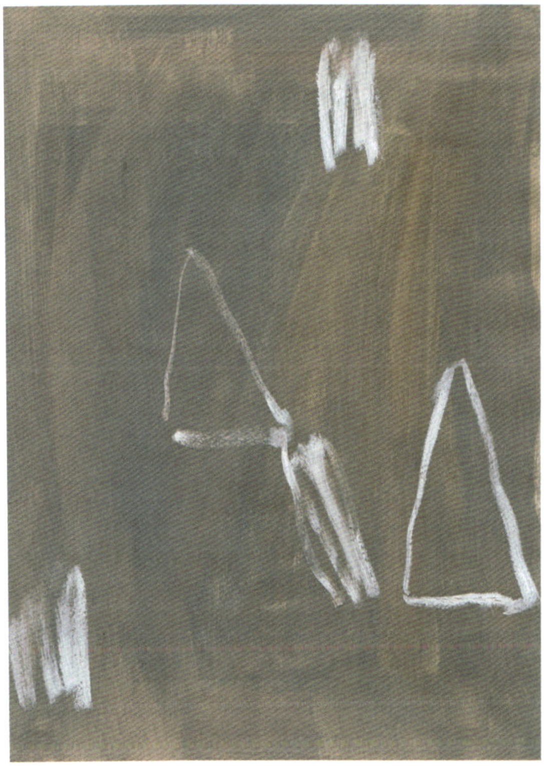

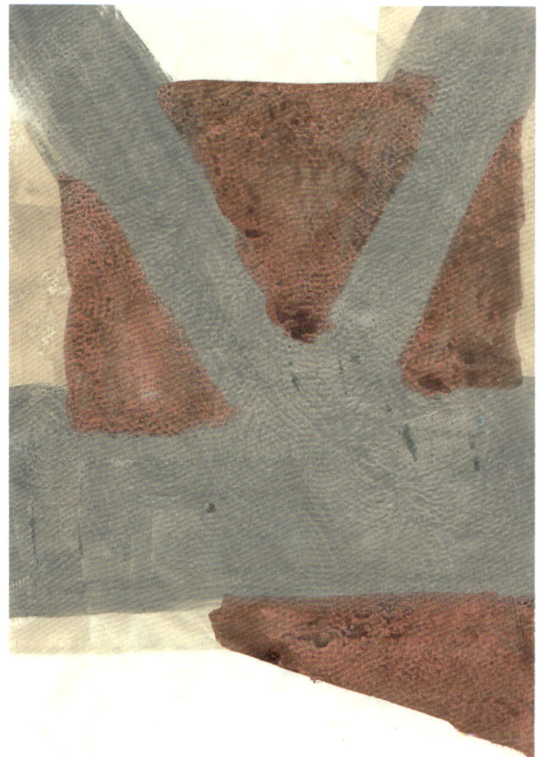

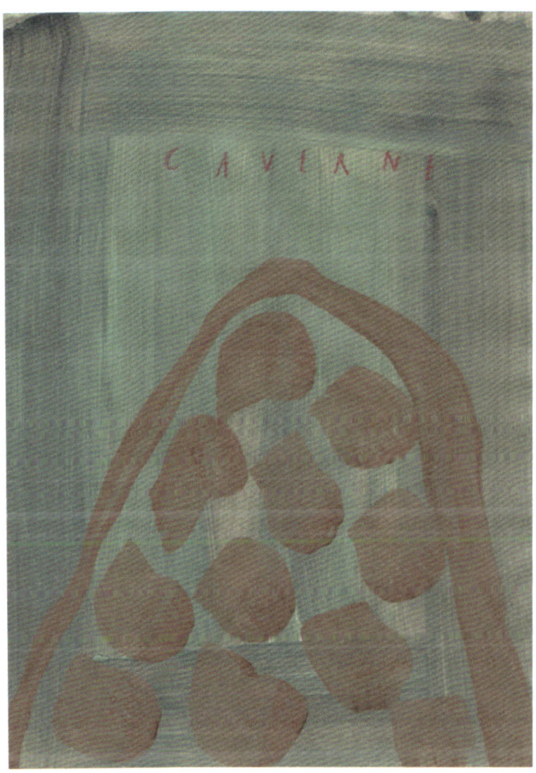
CAVERNE

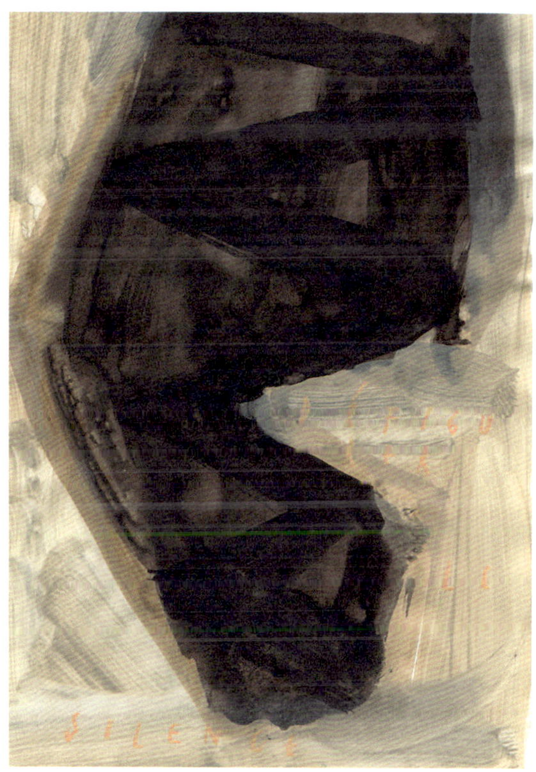

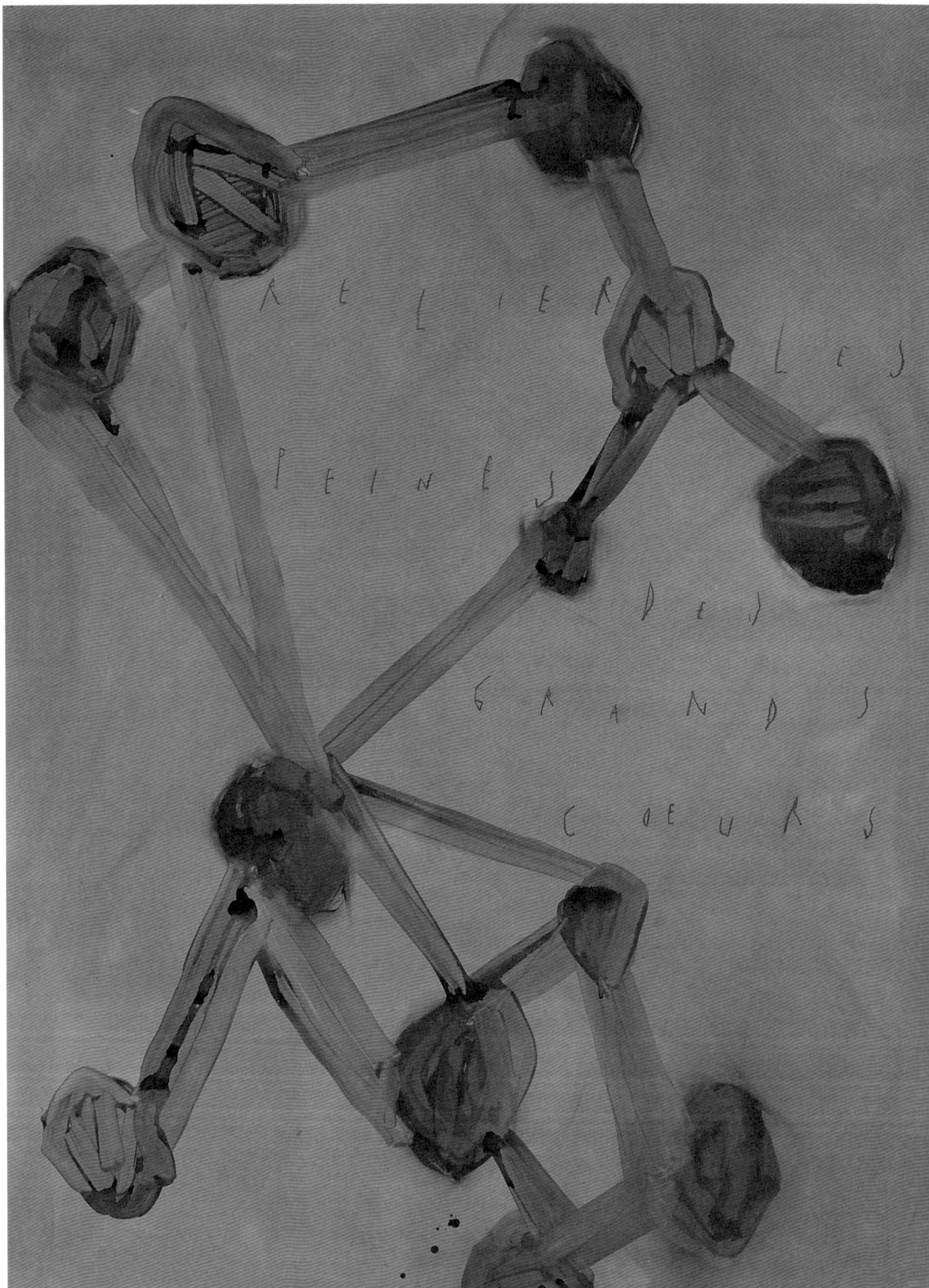
RELIER LES
PEINES
DES
GRANDS
COEURS

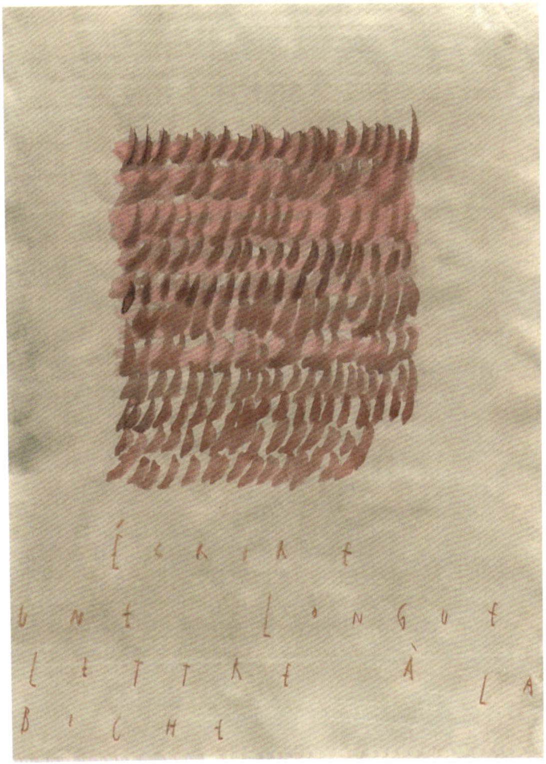
ÉCRIRE
UNE LONGUE
LETTRE À LA
BICHE

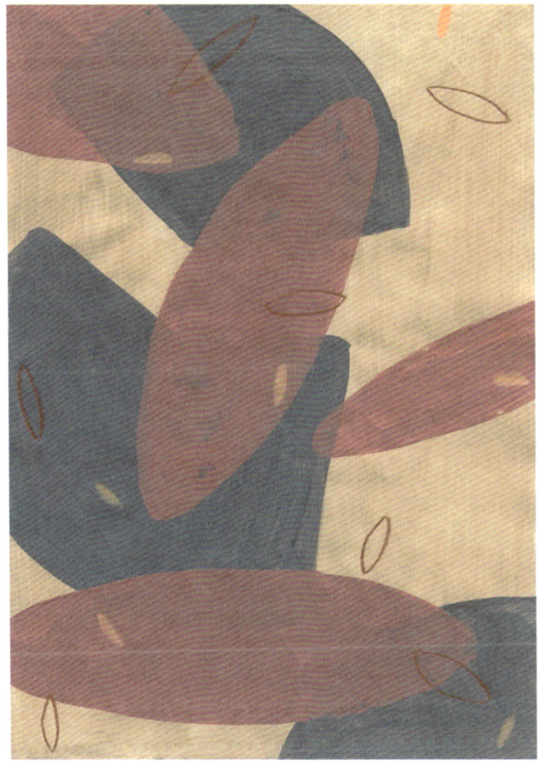

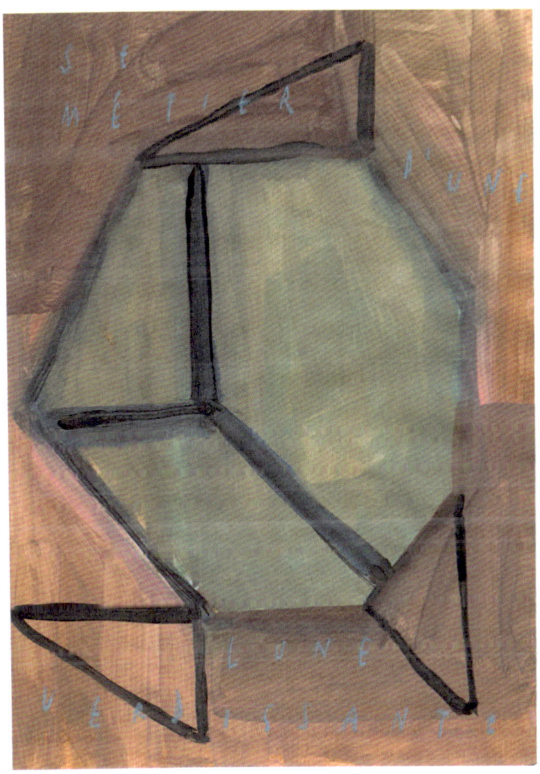

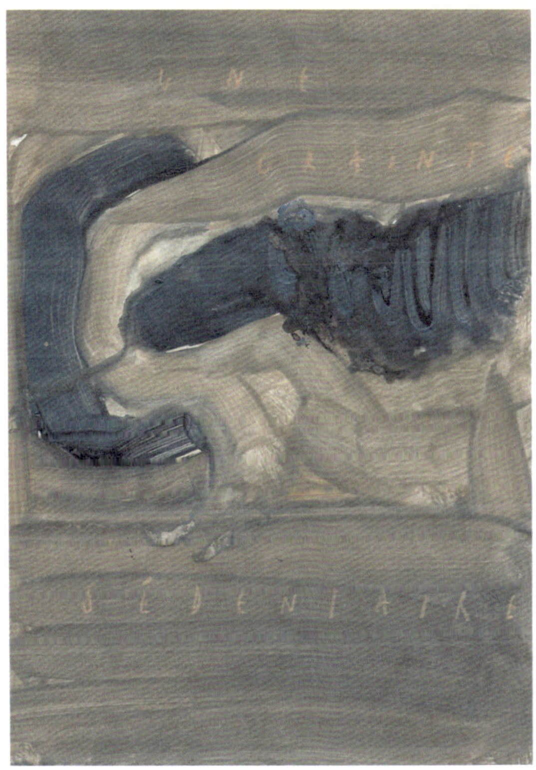

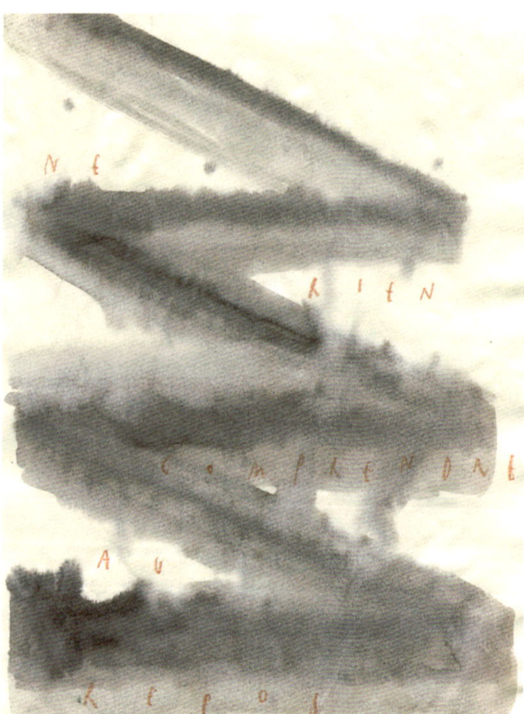
NE
RIEN
COMPRENDRE
AU
REPOS

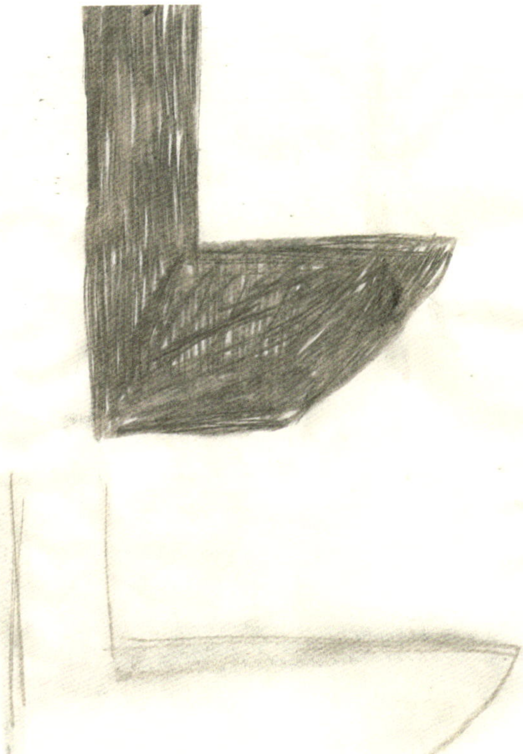

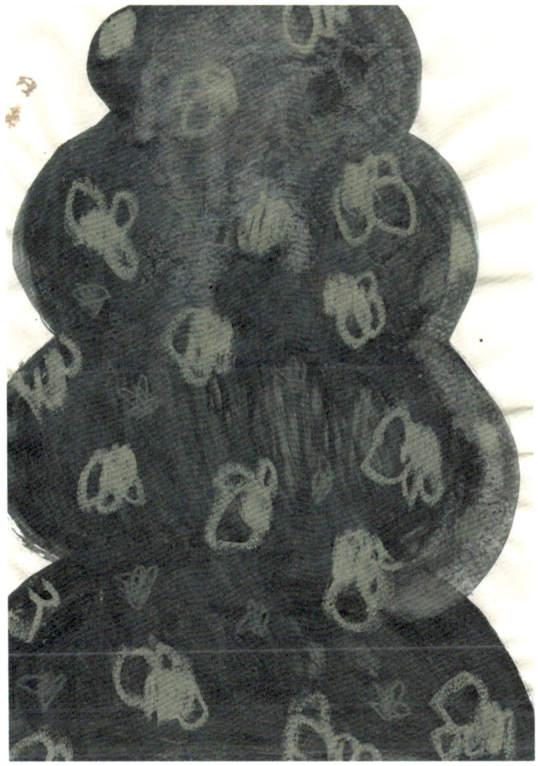

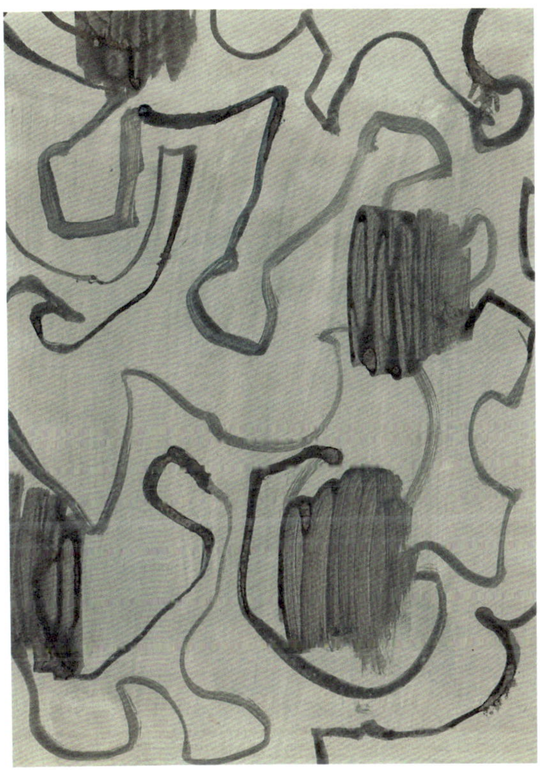

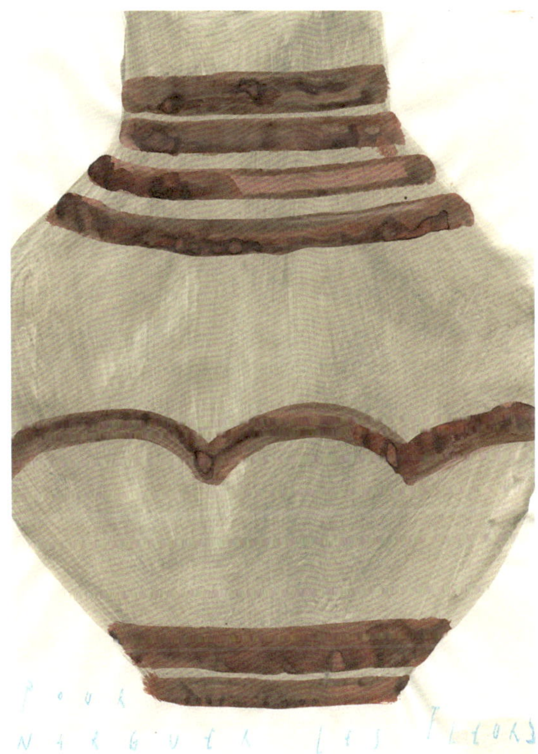
POUR
NARGUER LES FLEURS

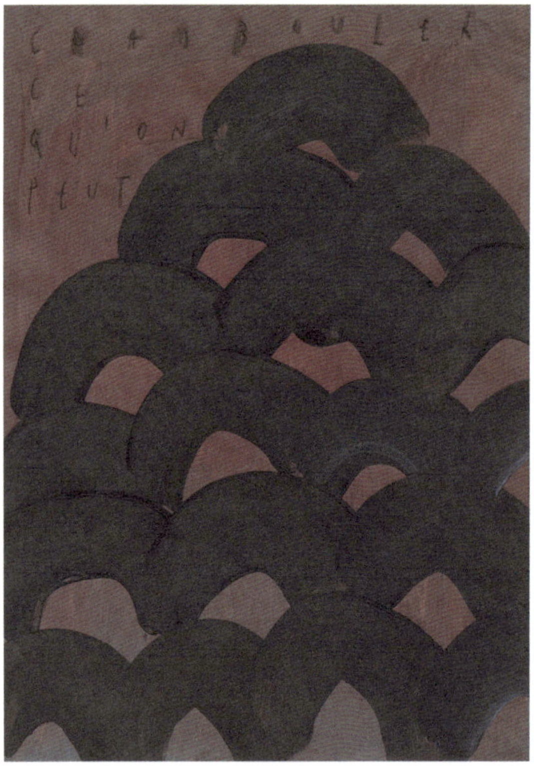
CHAMBOULER
CE
QU'ON
PEUT

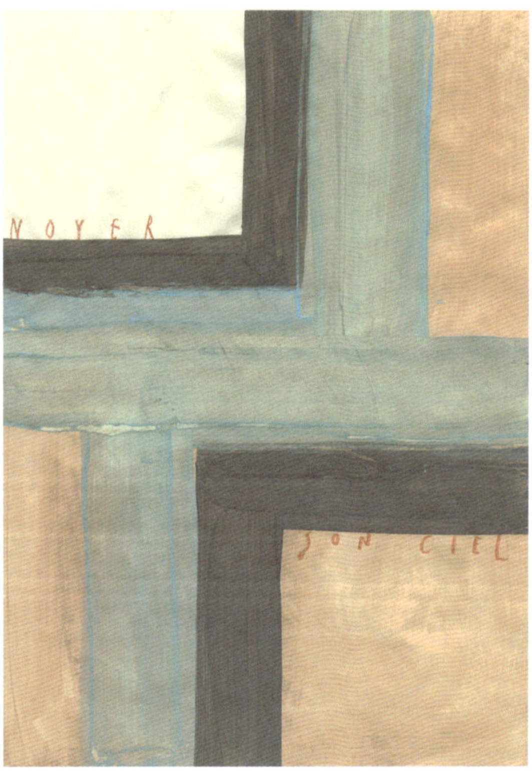
NOYER
SON CIEL

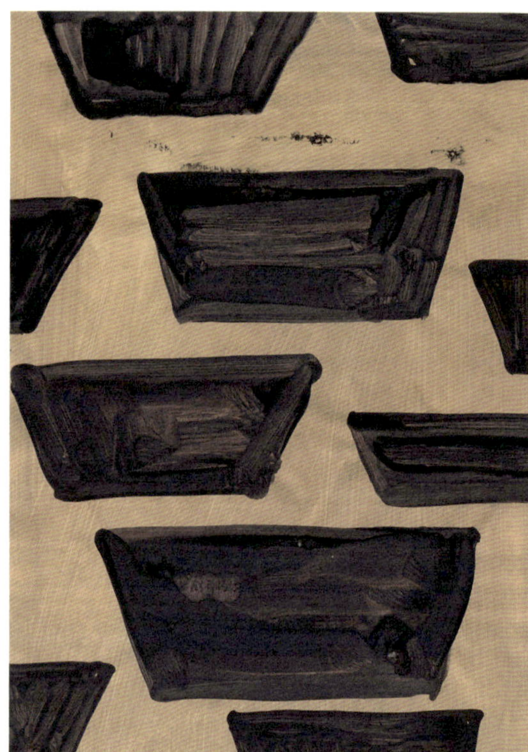

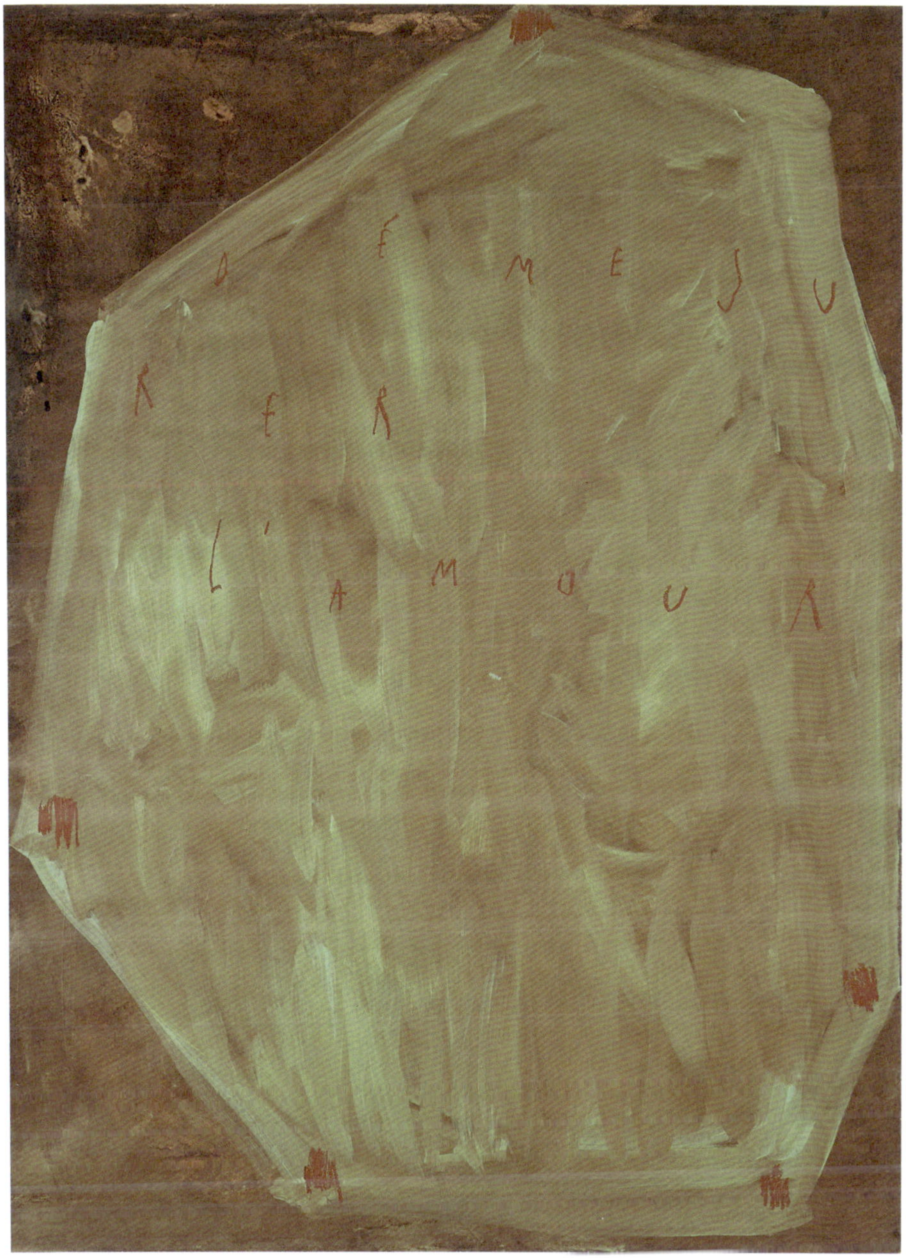
D E M E S U
R E R
L' A M O U R

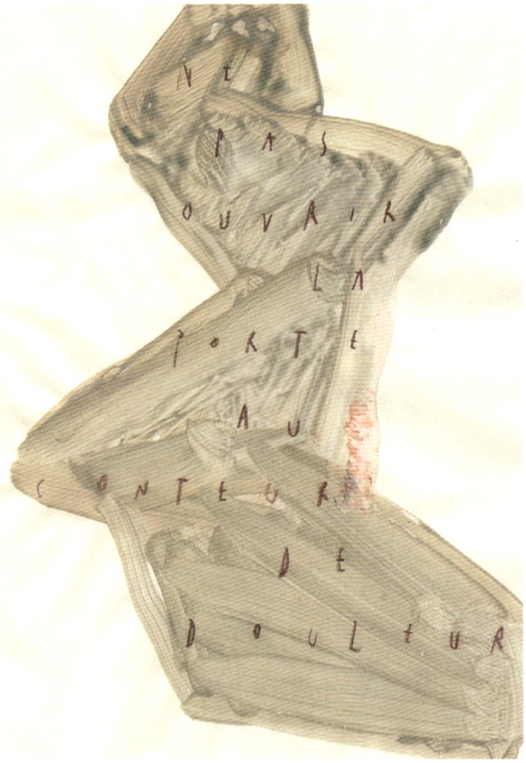
NE
PAS
OUVRIR
LA
PORTE
AU
CONTEUR
DE
DOULEUR

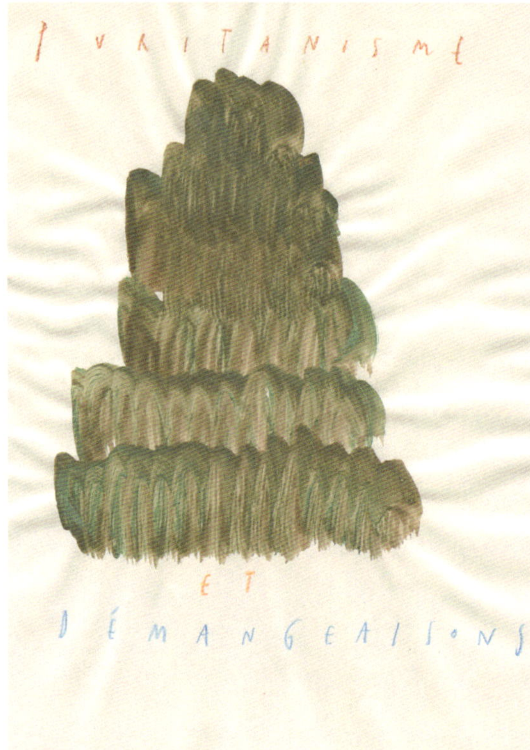
PURITANISME
ET
DÉMANGEAISONS

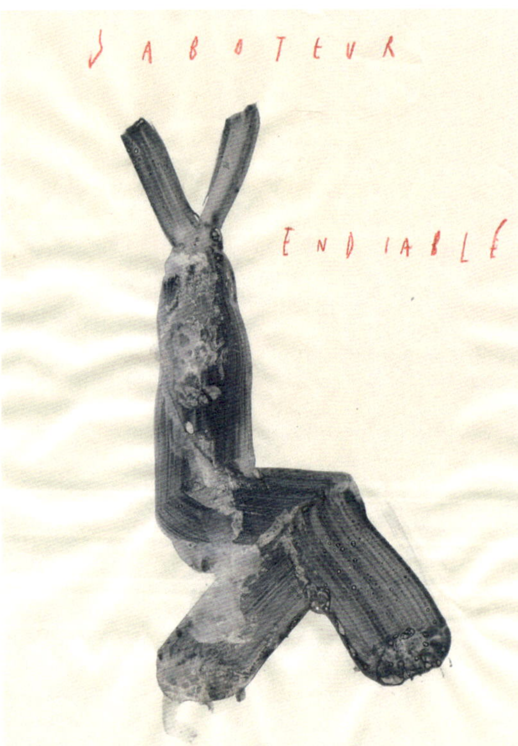
SABOTEUR
ENDIABLÉ

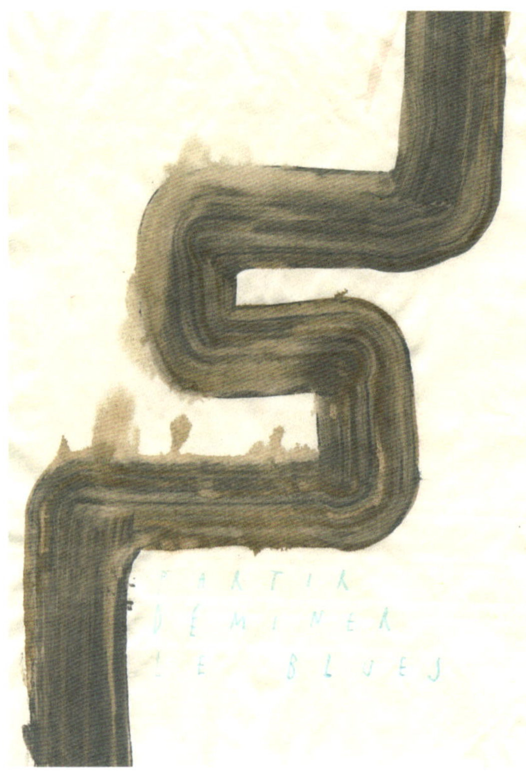
PARTIR
DÉMINER
LE BLUES

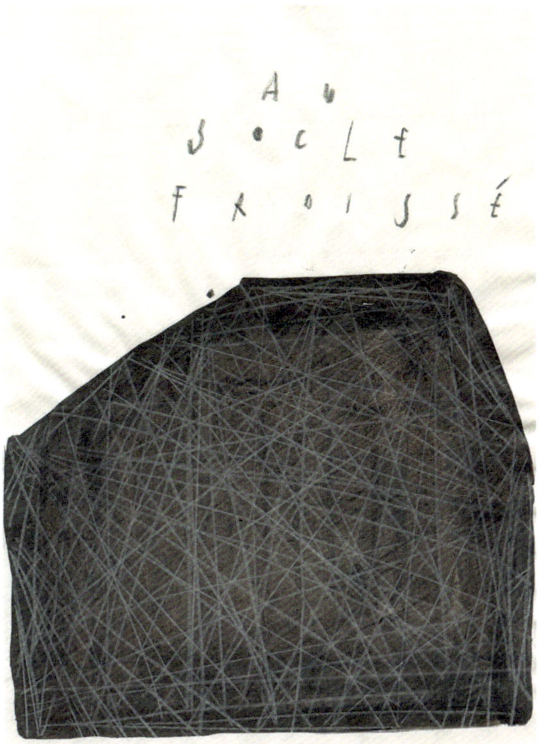
AU
SOCLE
FROISSÉ

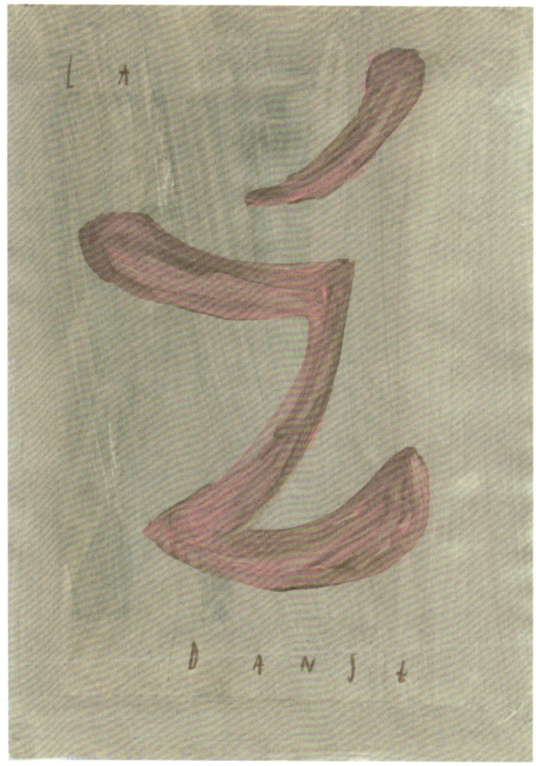
LA
DANSE

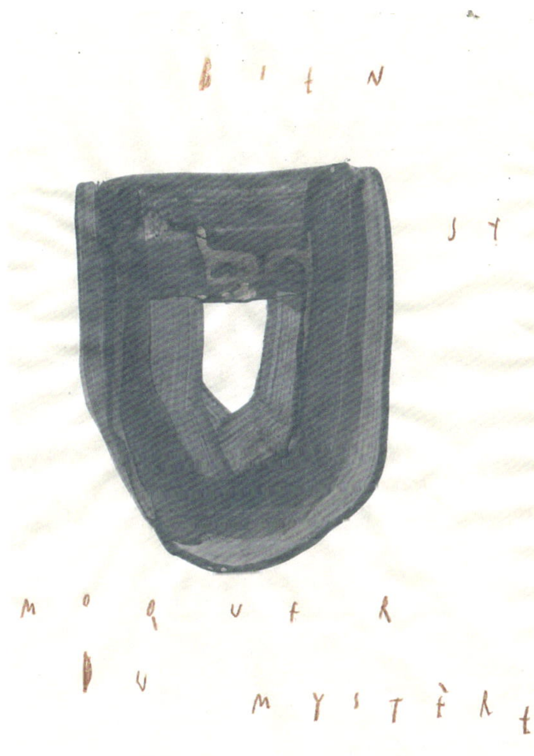
BIEN
SY
MOQUER
DU MYSTÈRE

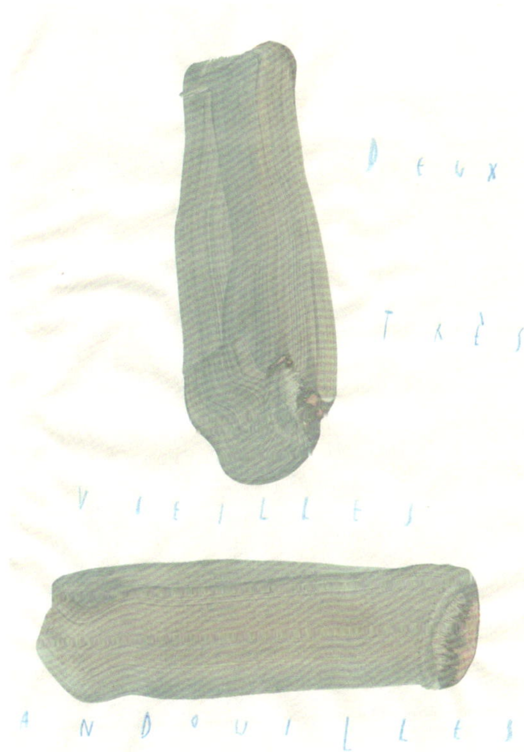
DEUX
TRÈS
VIEILLES
ANDOUILLES

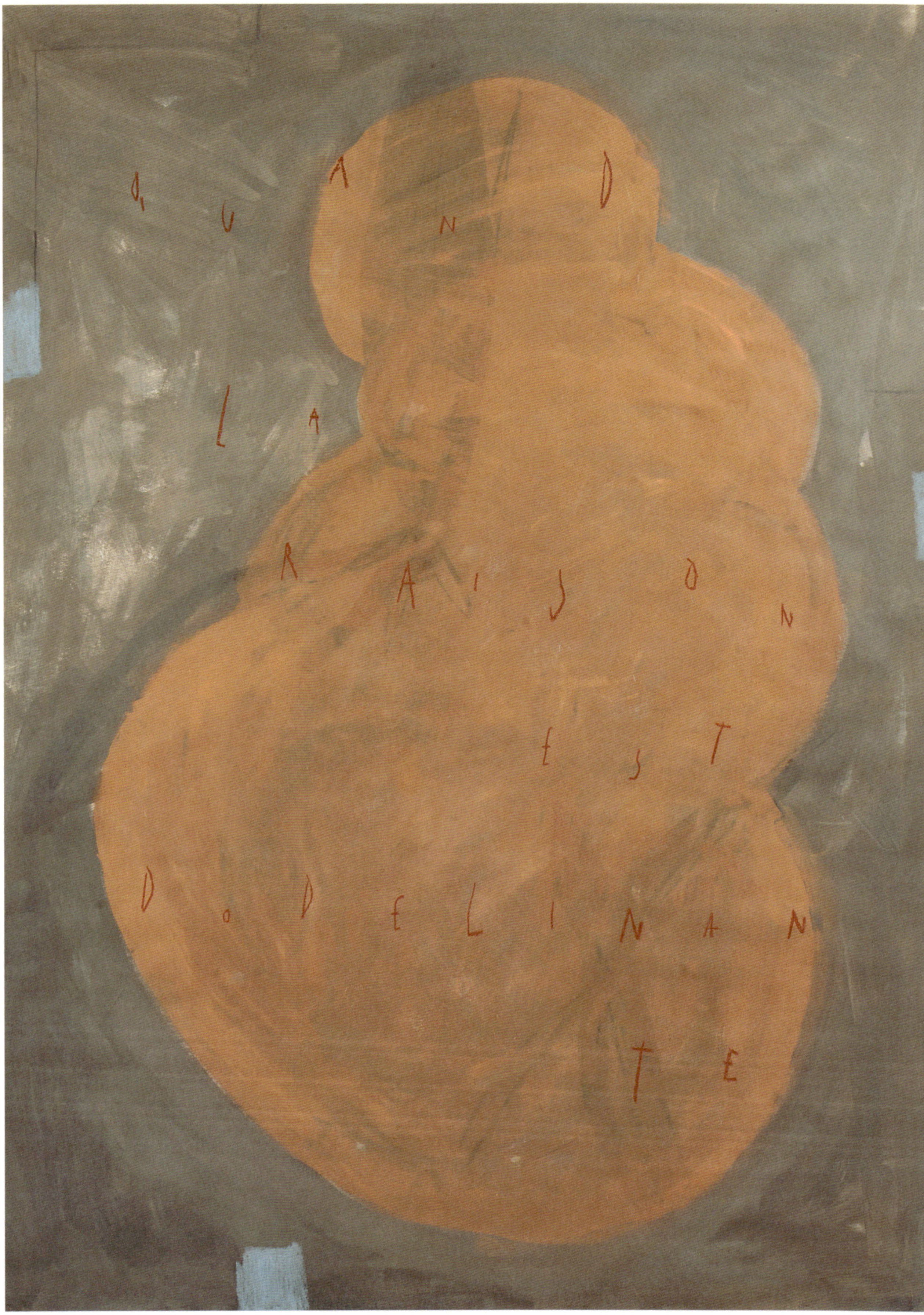
Q U A N D
L A
R A I S O N
E S T
D O D E L I N A N
T E

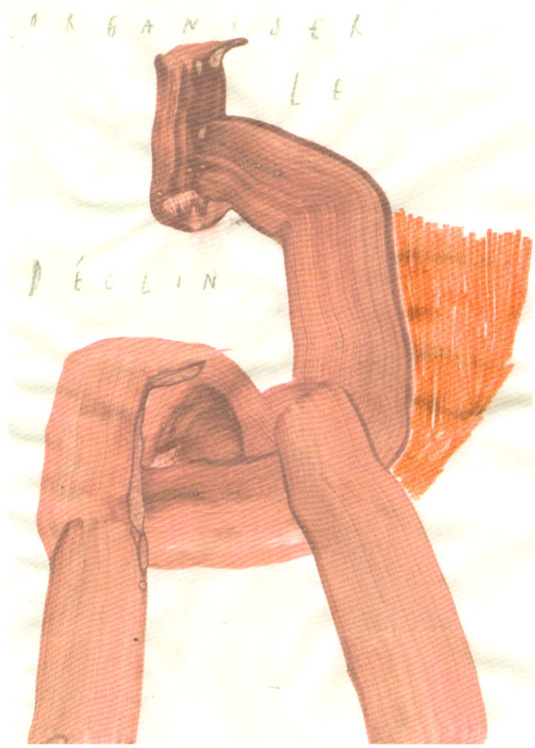
ORGANISER
LE
DÉCLIN

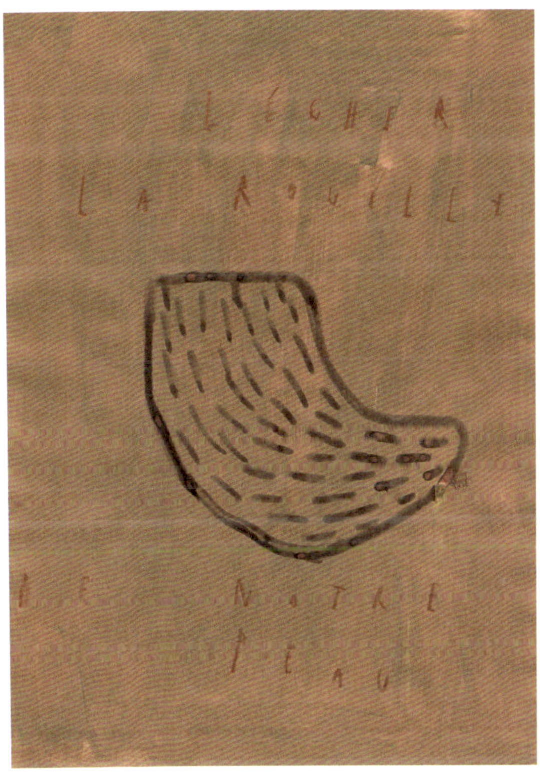
LÉCHER
LA ROUILLE
DE NOTRE
PEAU

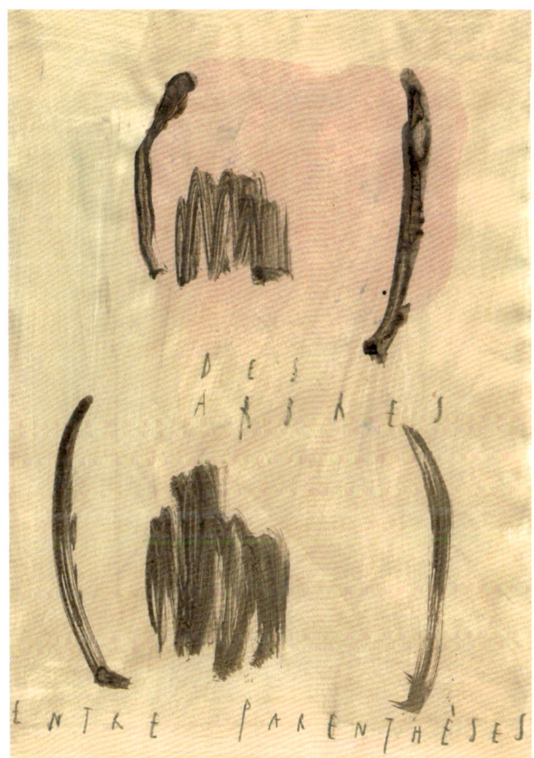
DES
ARBRES
ENTRE PARENTHÈSES

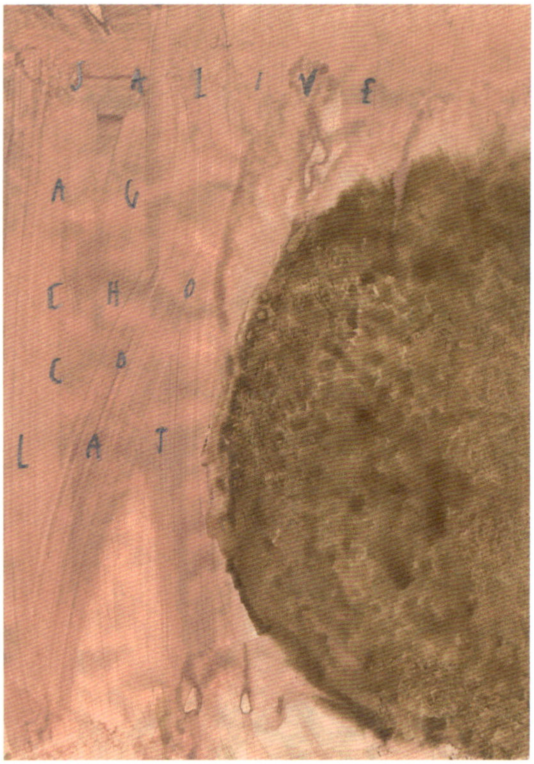
SALIVE
AU
CHO
CO
LAT

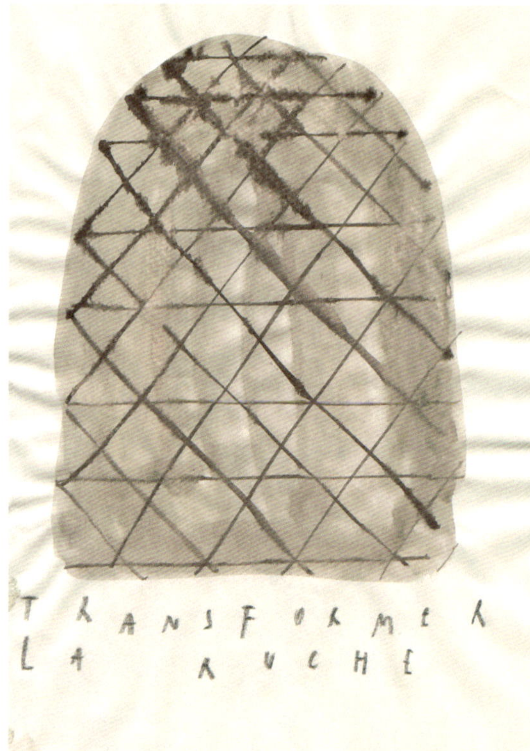
TRANSFORMER
LA RUCHE

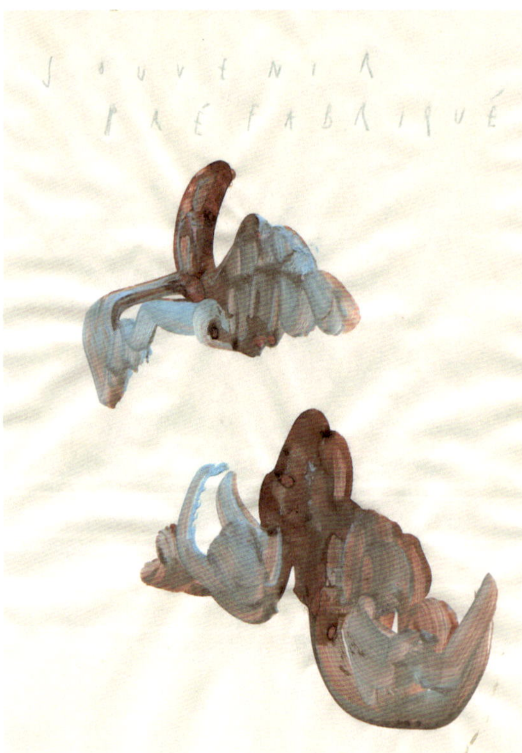
SOUVENIR
PRÉFABRIQUÉ

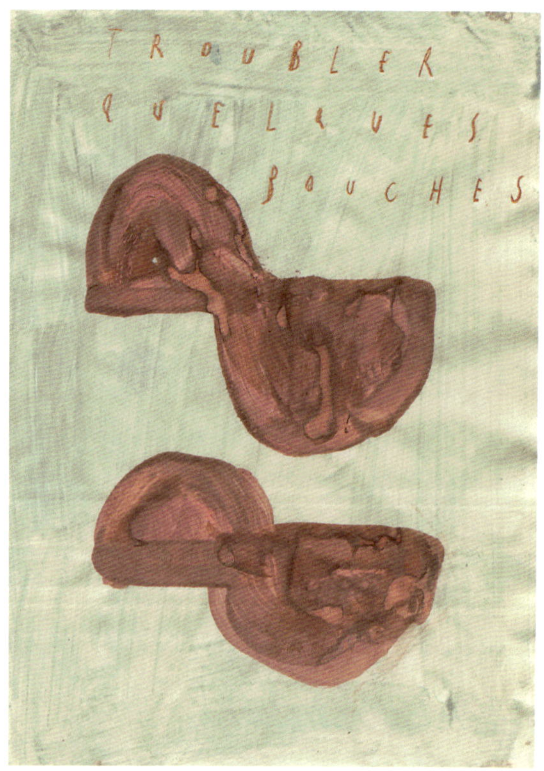
TROUBLER
QUELQUES
BOUCHES

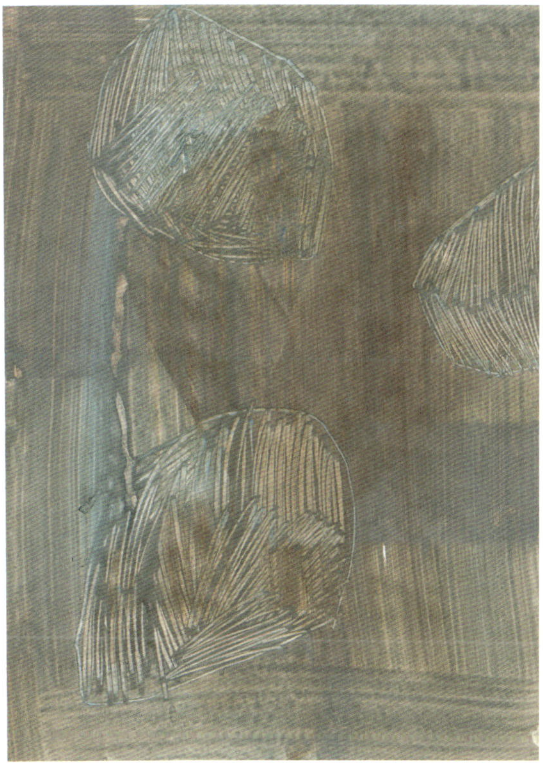

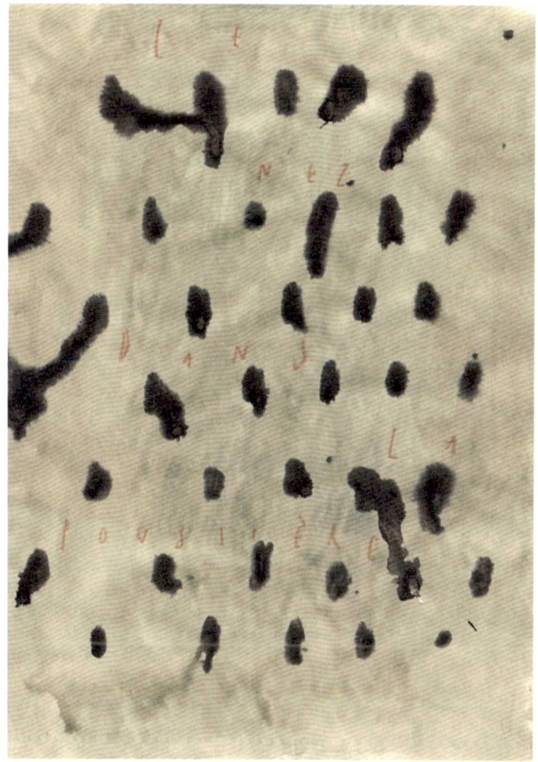

DE LA
NUDITÉ ET
DE L'EAU
STAGNANTE

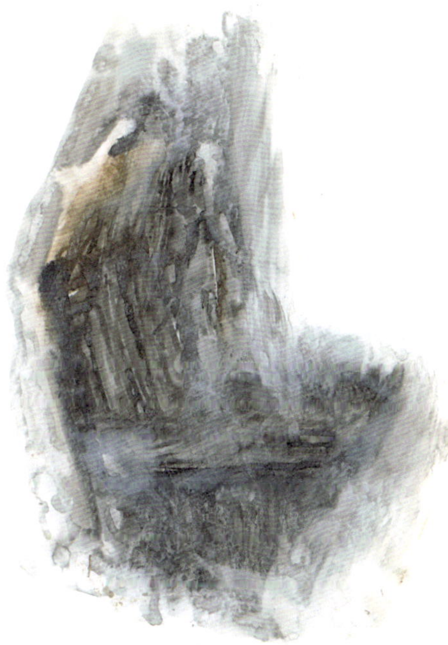

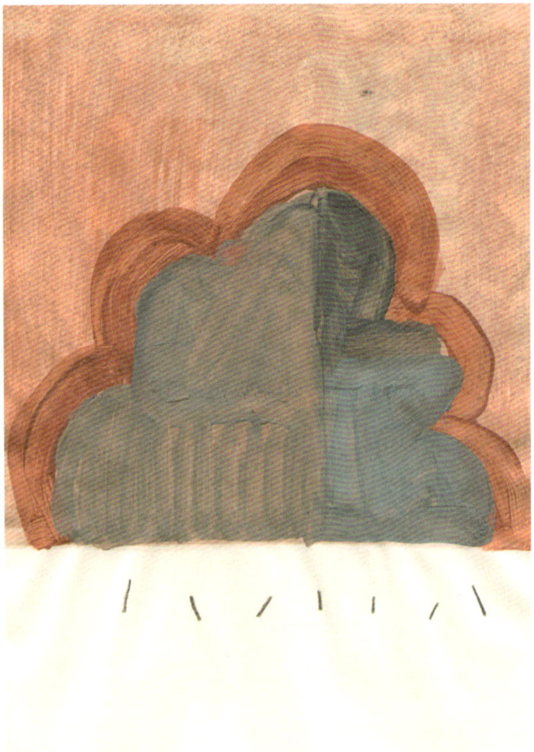

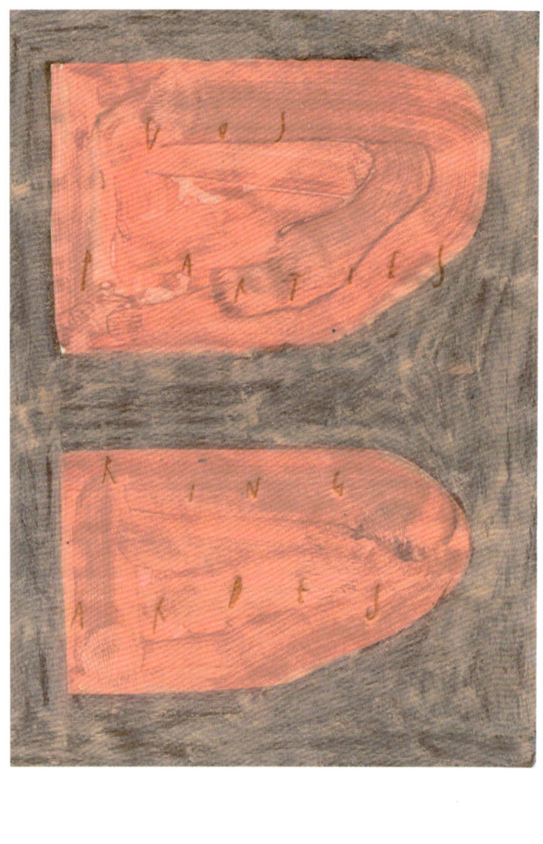

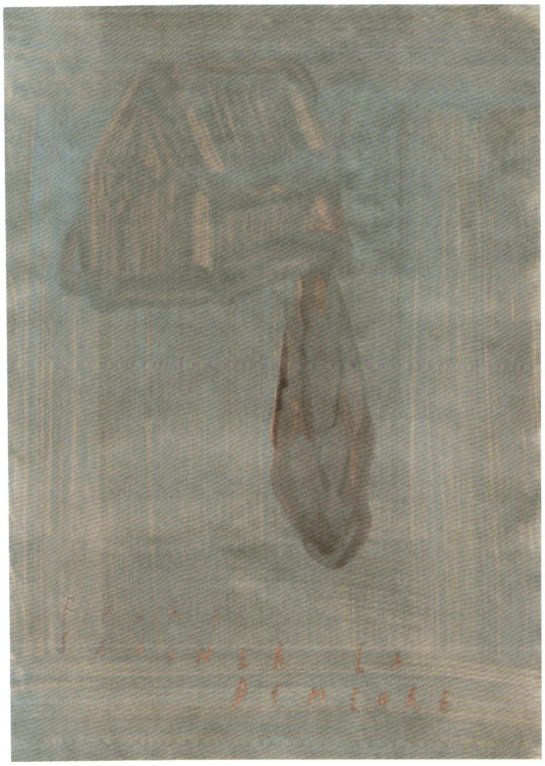
LA
DEMEURE

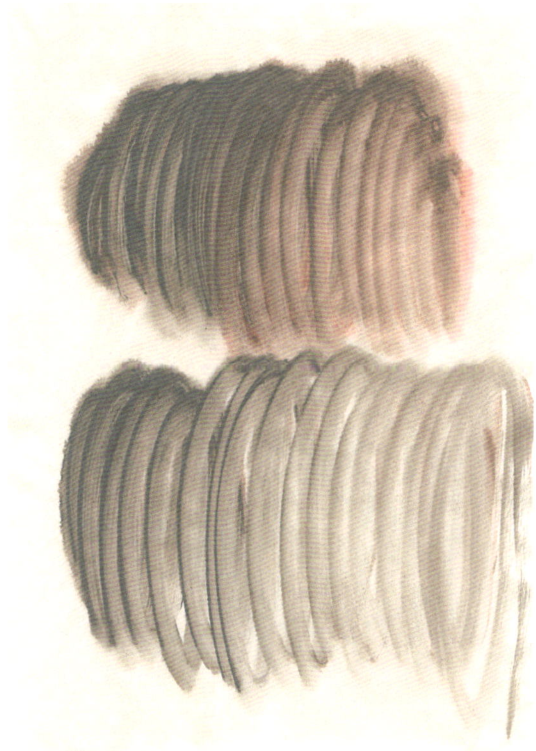

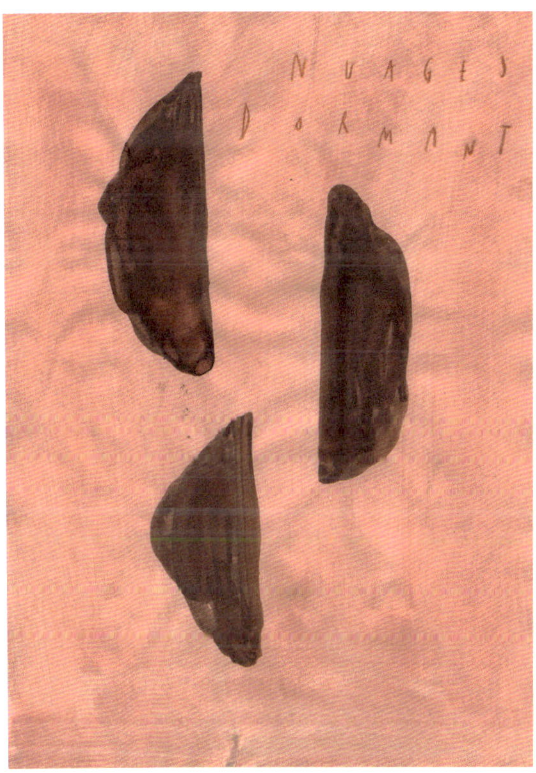
NUAGES
DORMANT

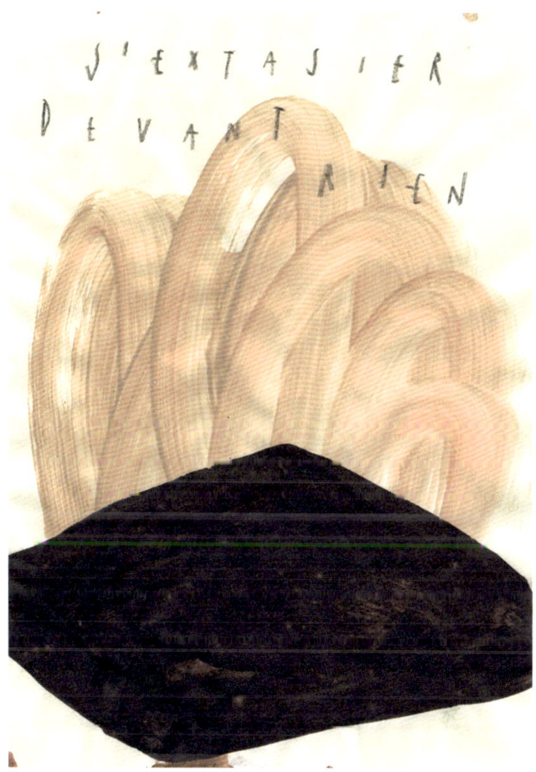
S'EXTASIER
DEVANT RIEN

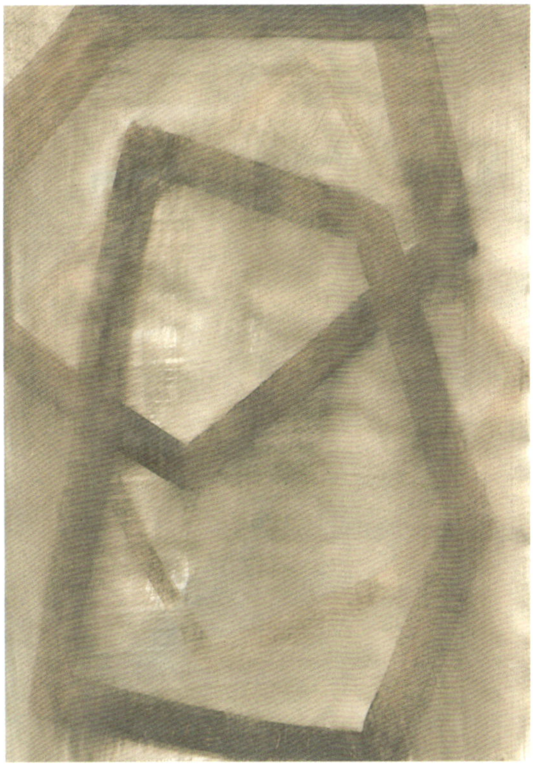

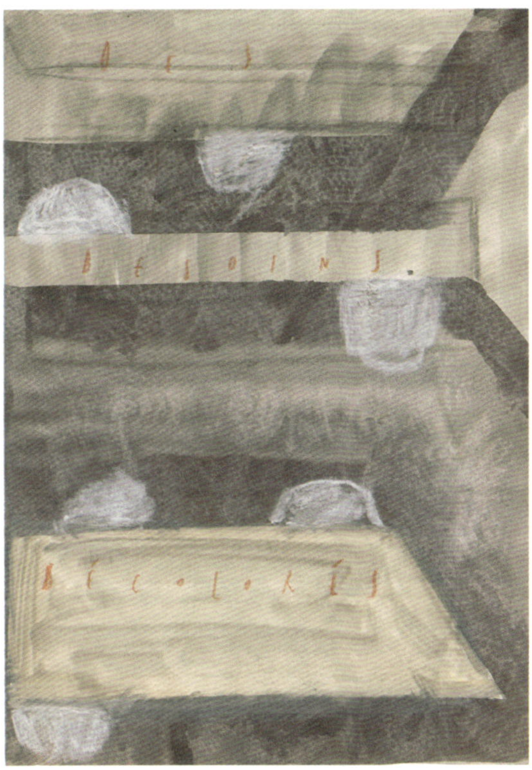
DES
BESOINS.
DÉCOLORÉS

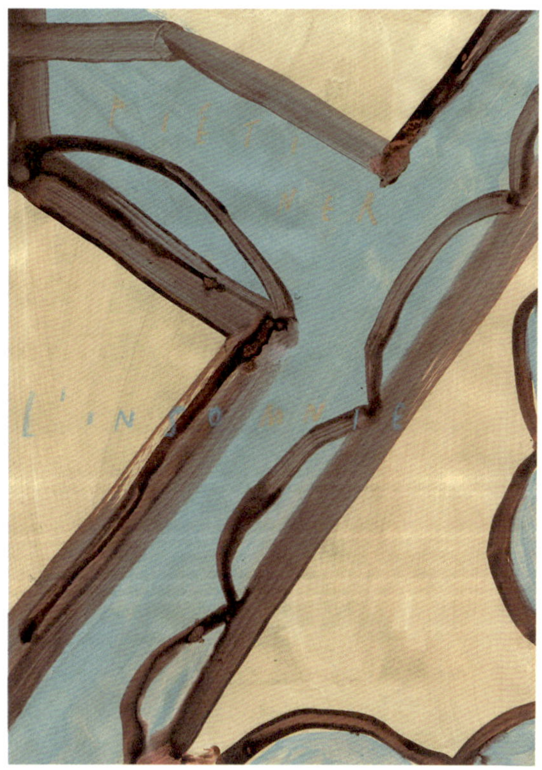
L'INSOMNIE

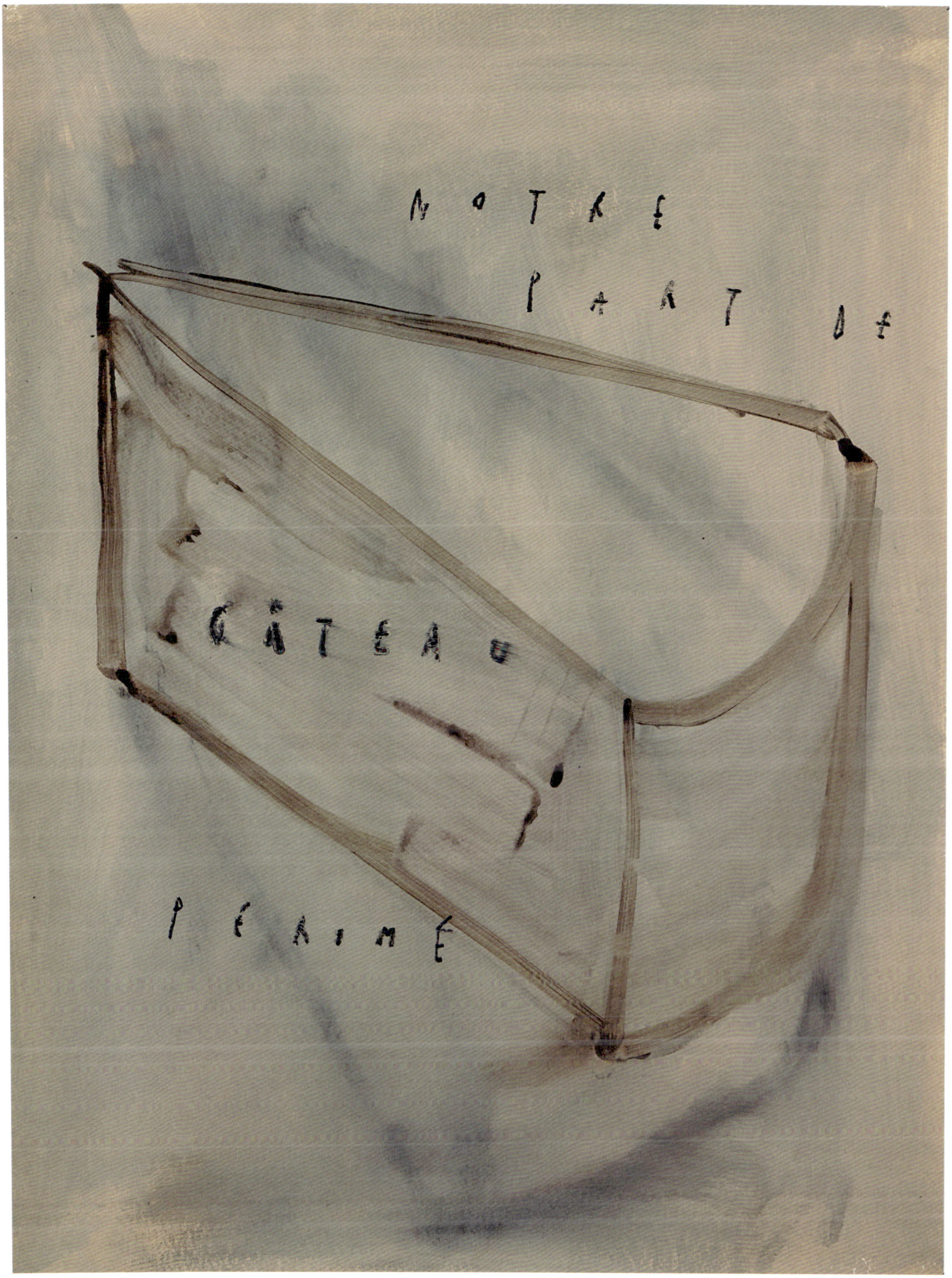
NOTRE
PART DE
GÂTEAU
PÉRIME

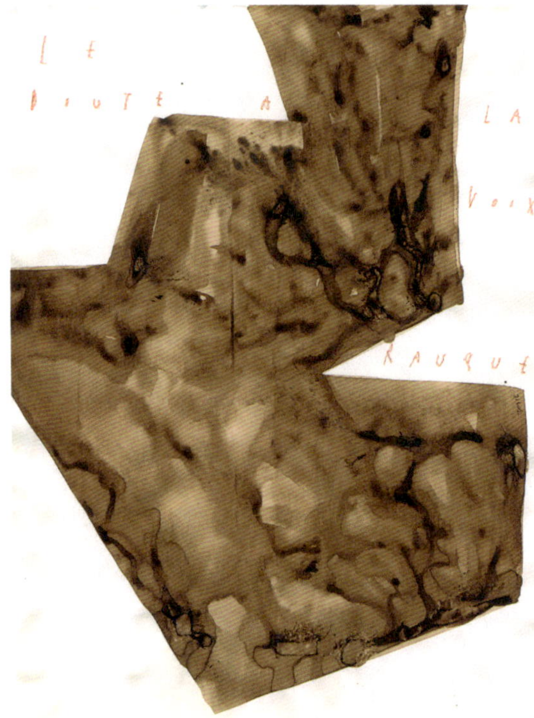
LE
DOUTE A LA
VOIX
RAUQUE

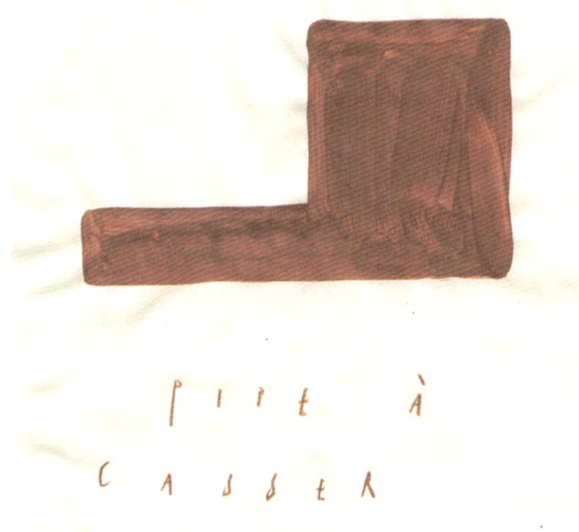
PIPE À
CASSER

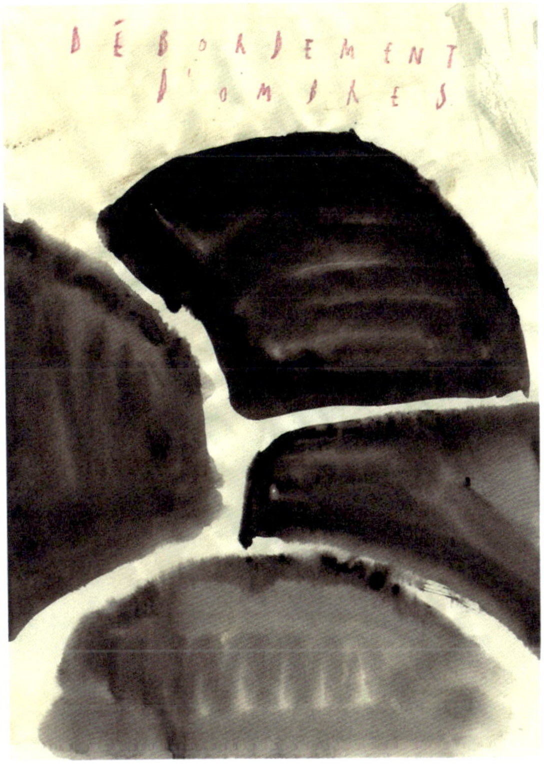
DÉBORDEMENT
D'OMBRES

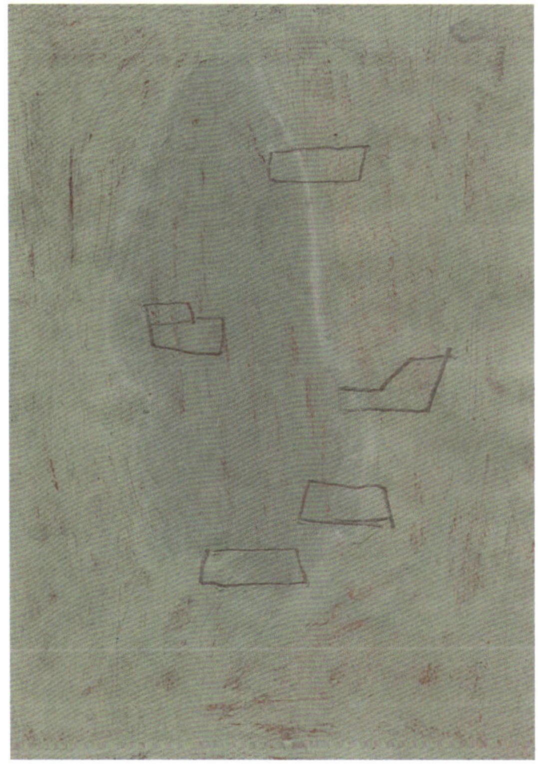

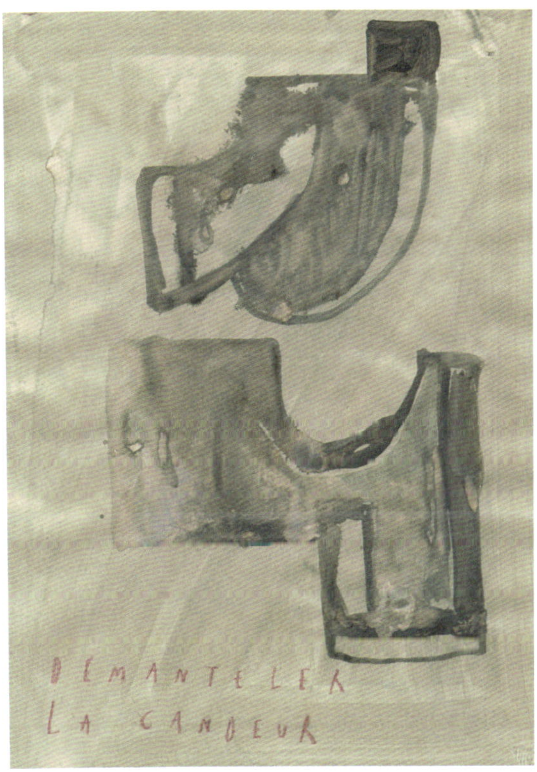
DEMANTELER
LA CANDEUR

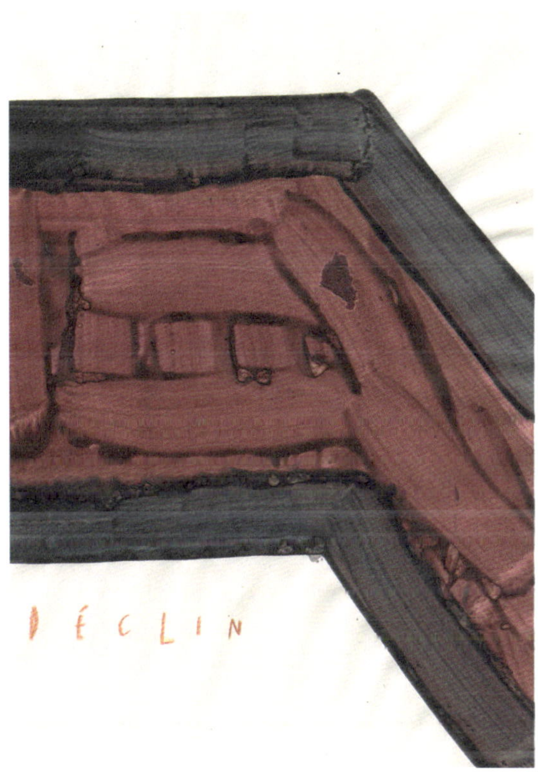
DÉCLIN

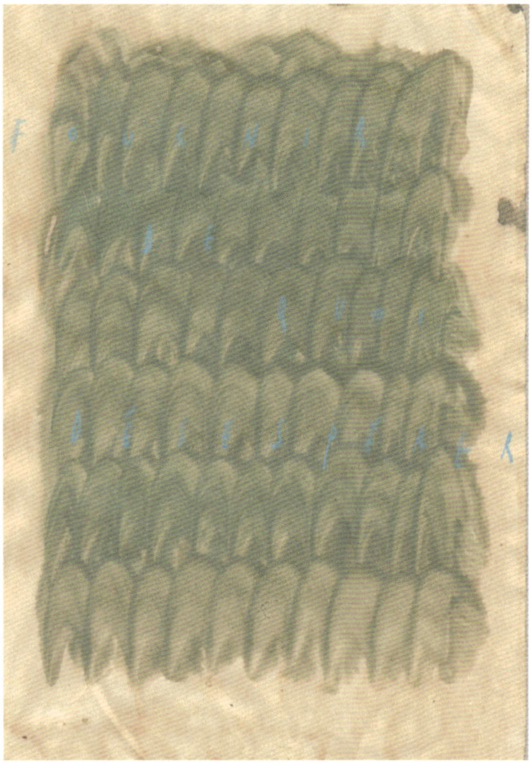

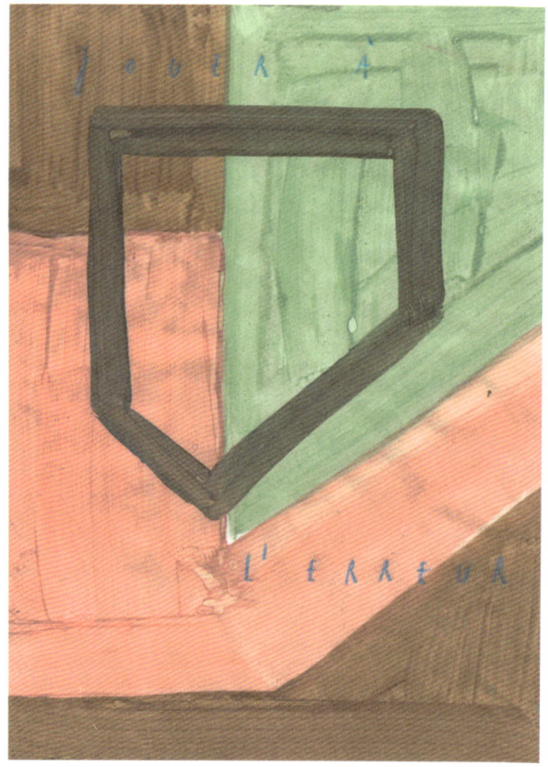
JOUER À
L'ERREUR

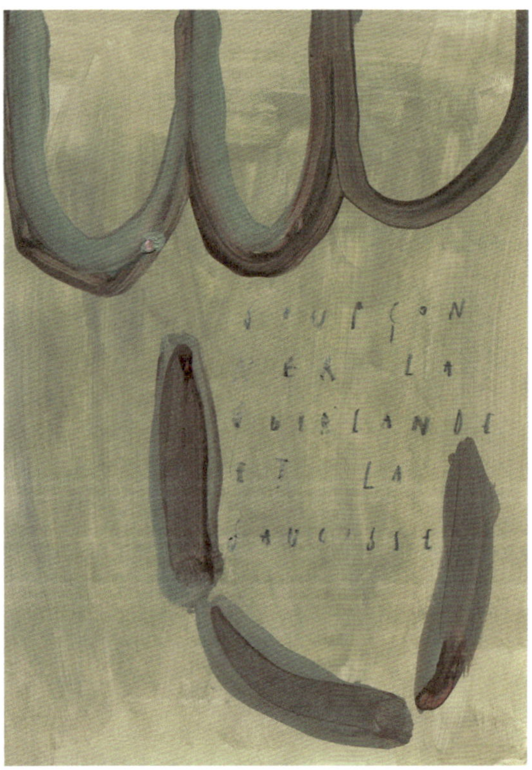

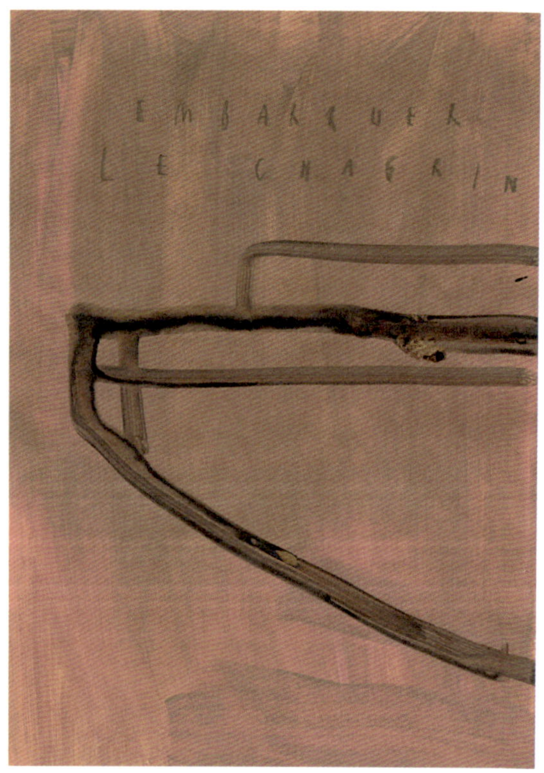
EMBARQUER
LE CHAGRIN

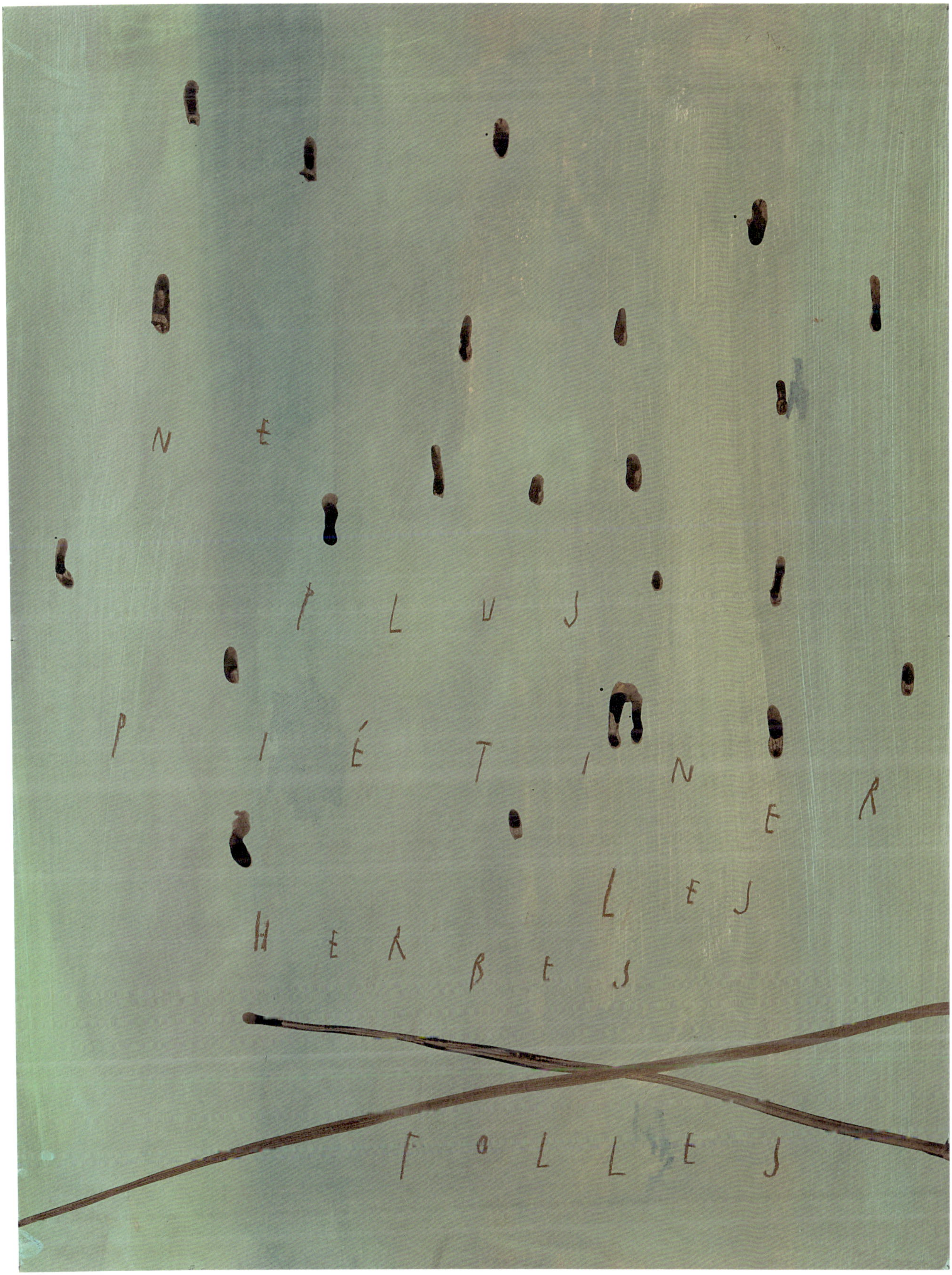
N E
P L U S
P I É T I N E R
L E S
H E R B E S
F O L L E S

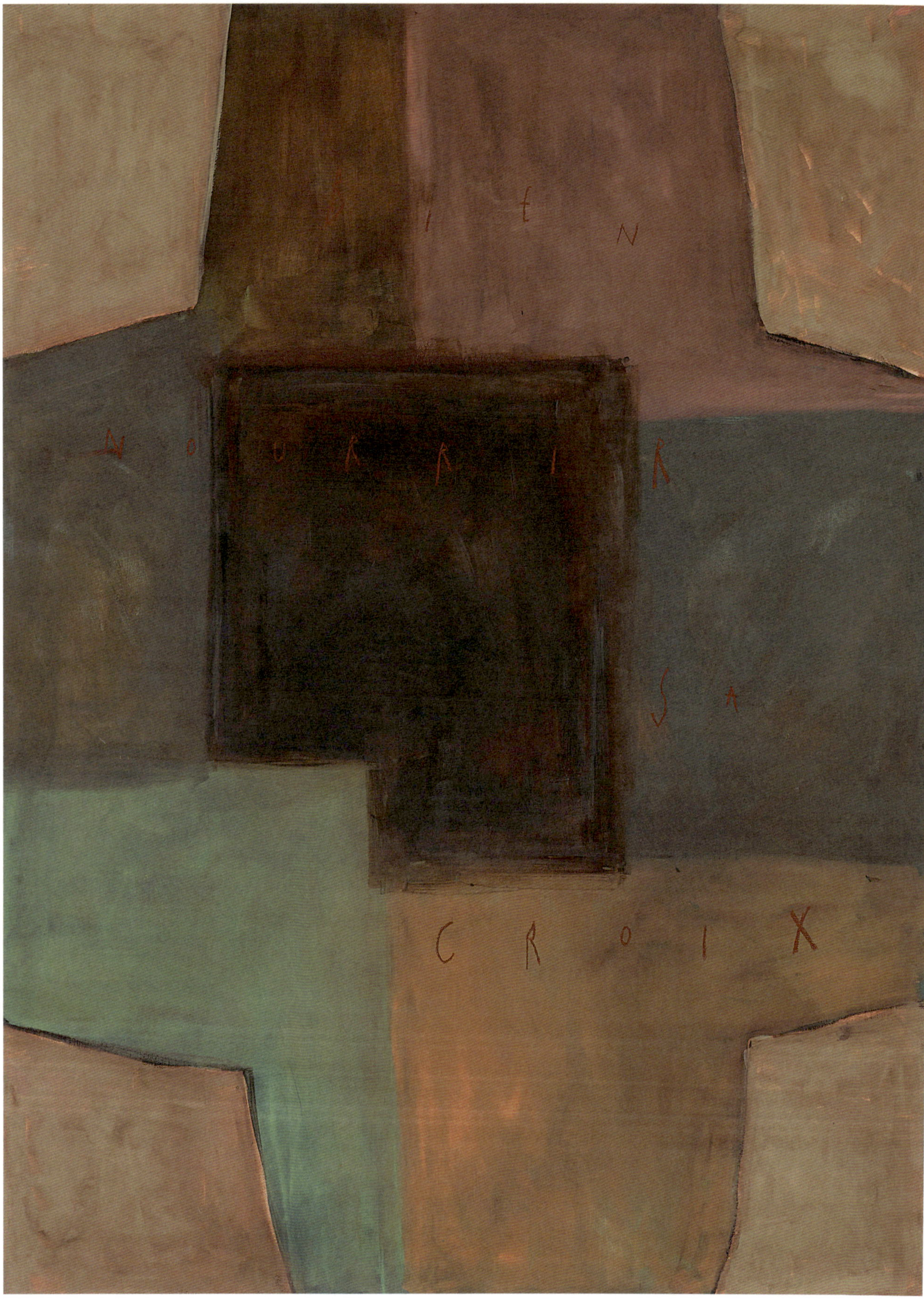
I E N
N O U R R I R
S A
C R O I X

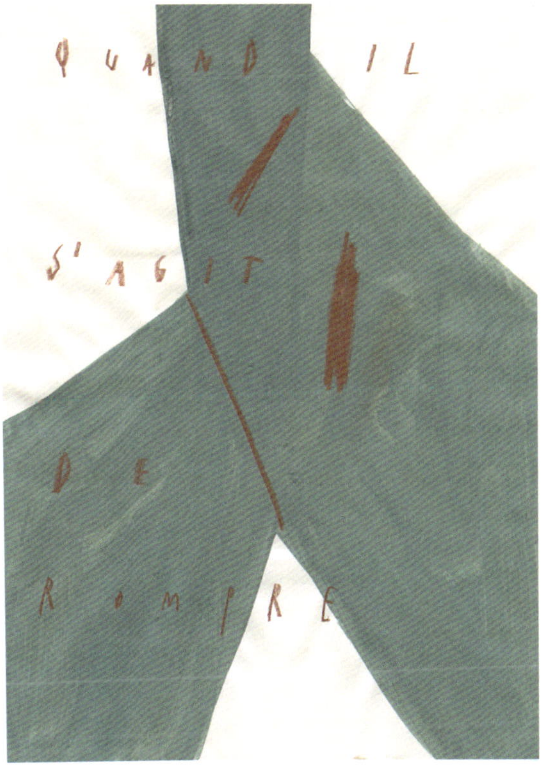
QUAND IL
S'AGIT
DE
ROMPRE

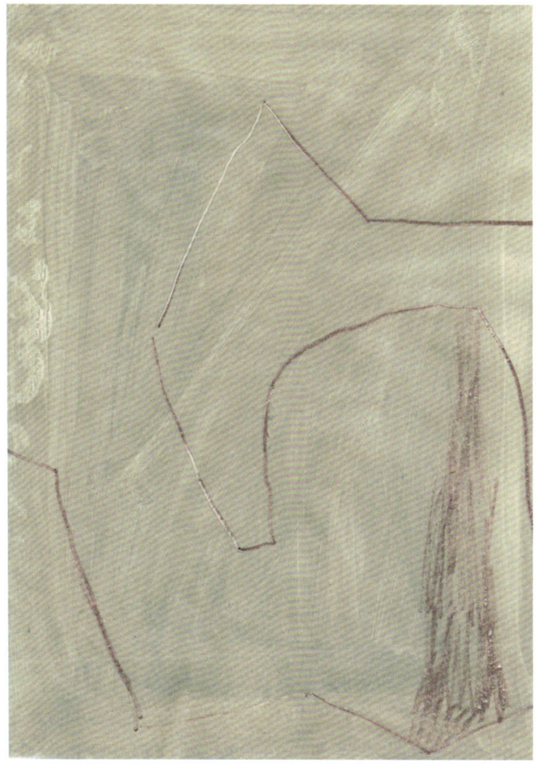

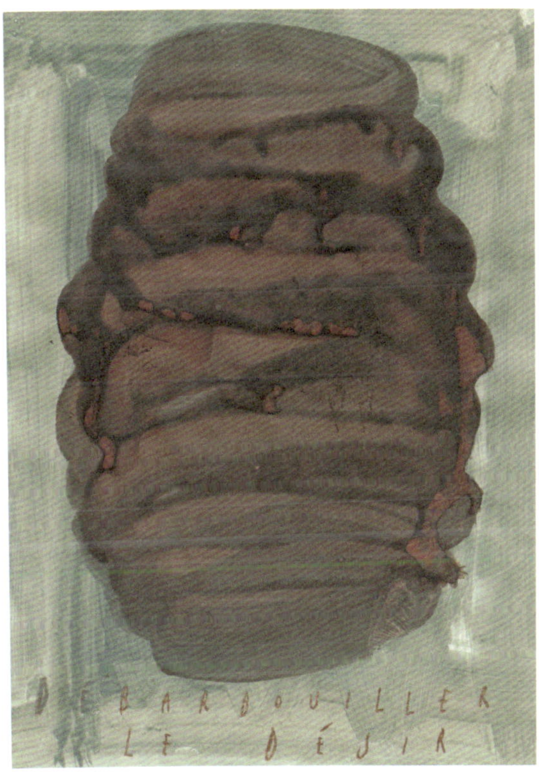
DEBARBOUILLER
LE DÉSIR

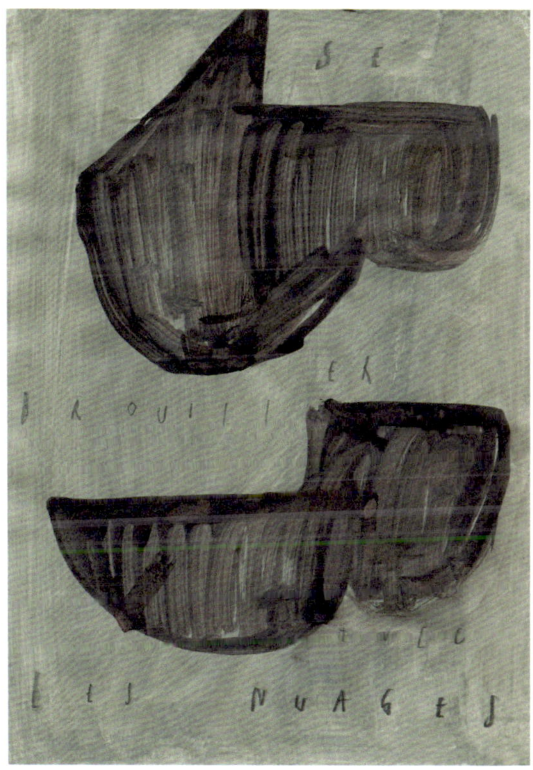
SE
BROUILLER
LES NUAGES

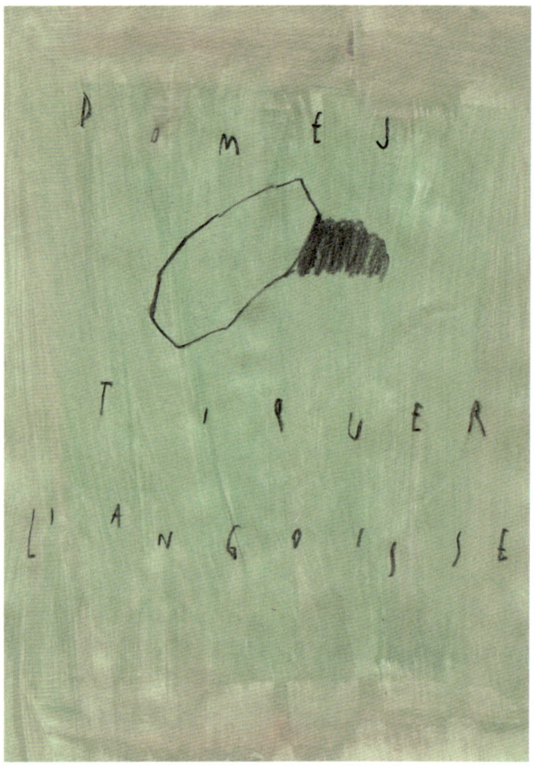
L'ANGOISSE

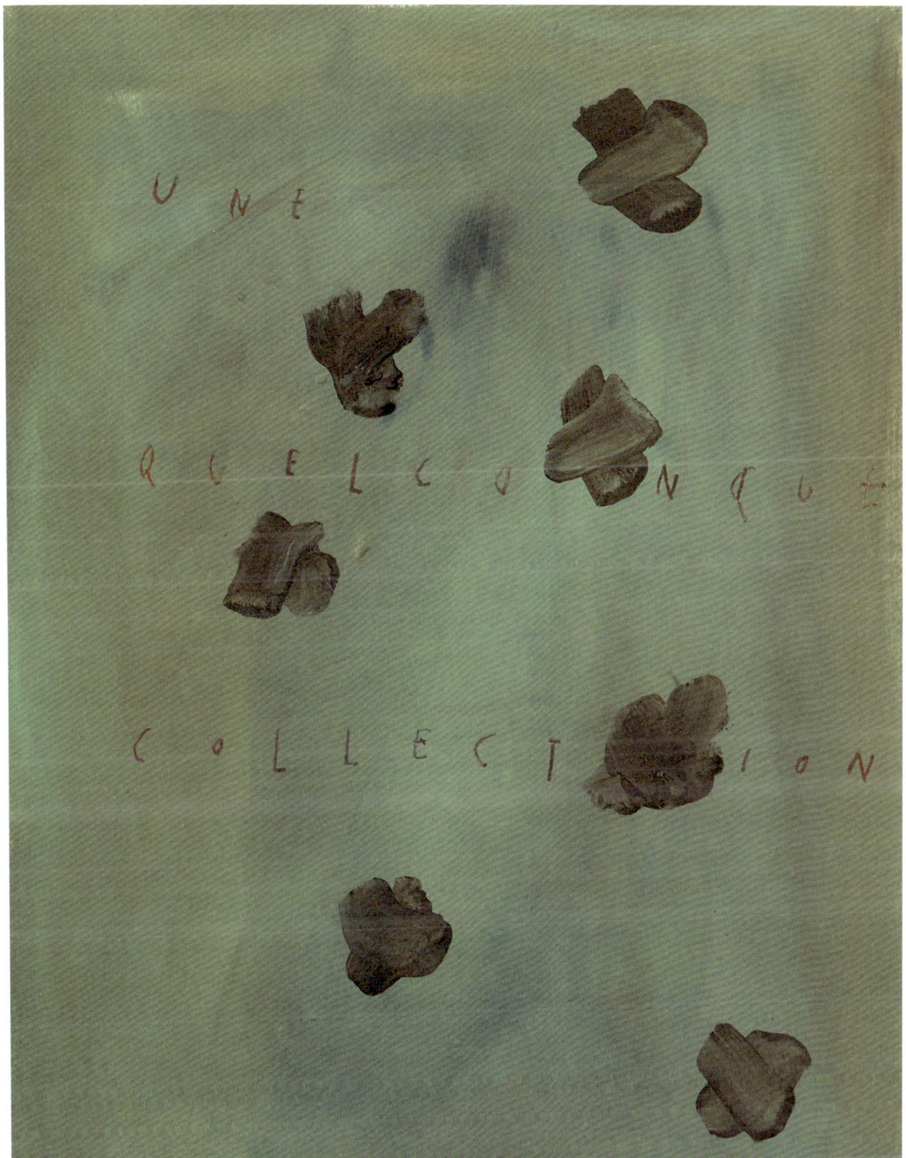
UNE
QUELCO NQUE
COLLECT ION

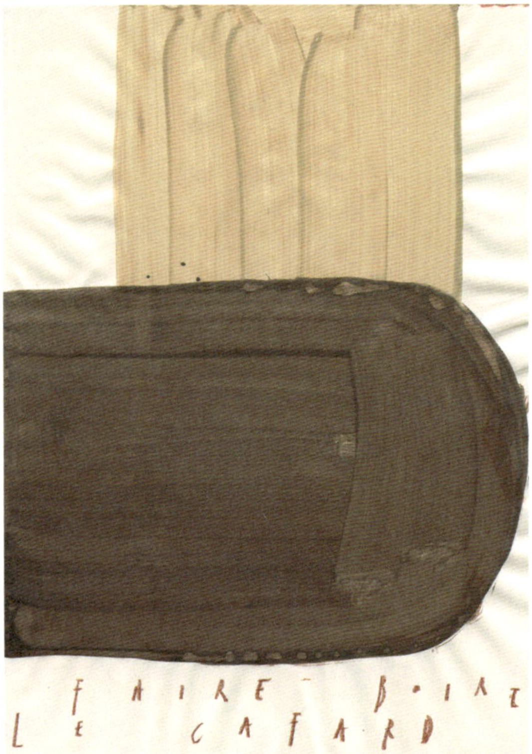
FAIRE BOIRE
LE CAFARD

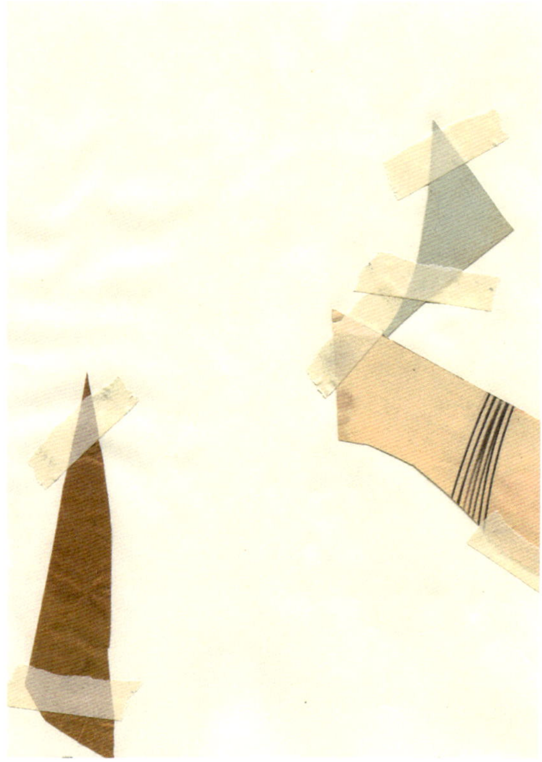

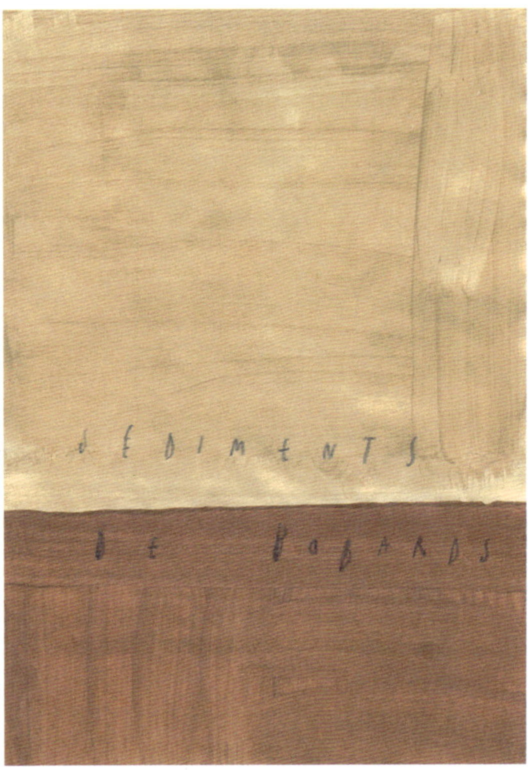
SEDIMENTS
DE BOBARDS

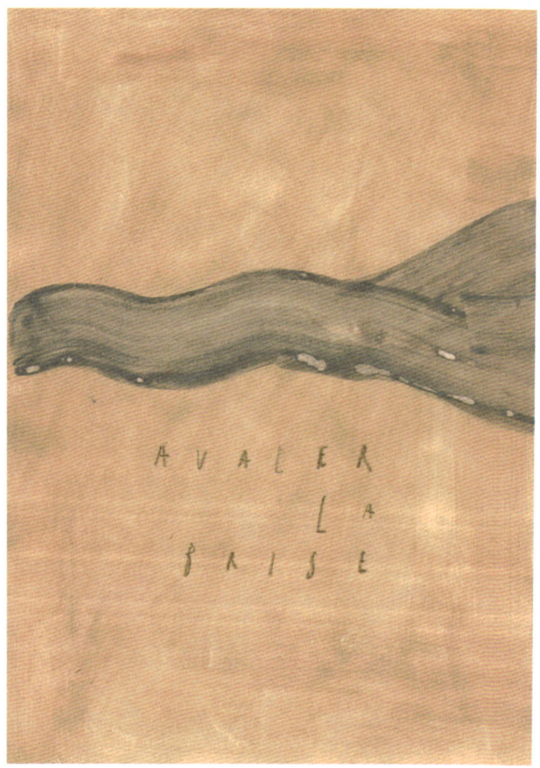
AVALER
LA
BRISE

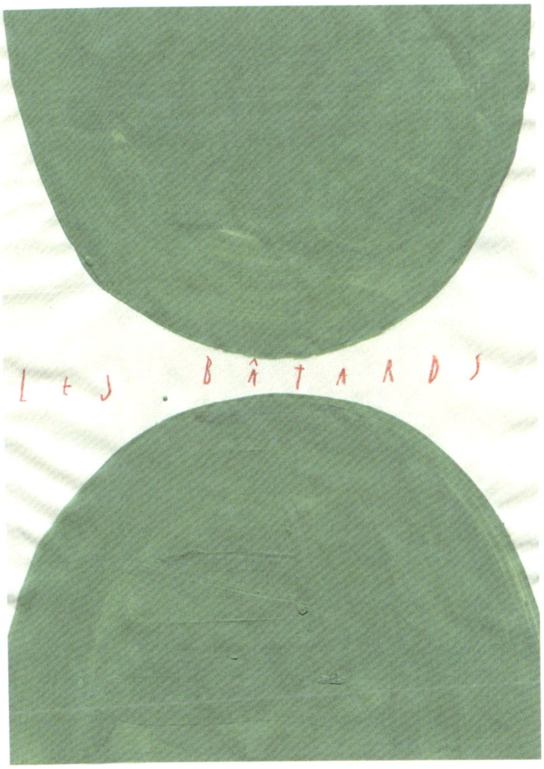
LES BÂTARDS

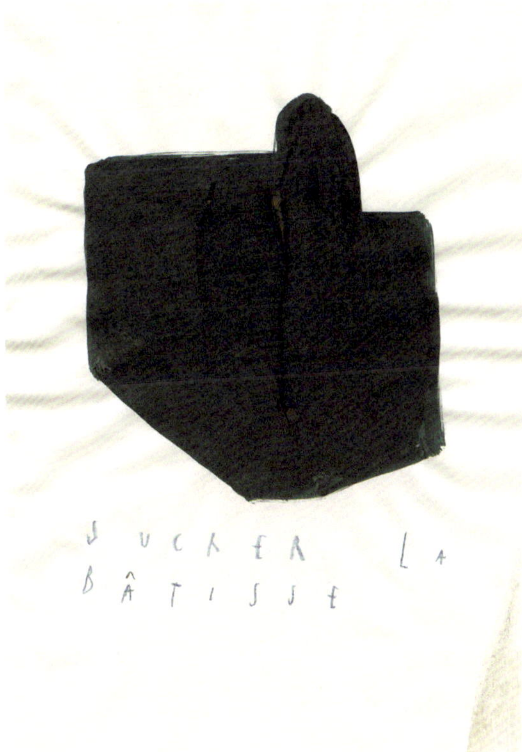
SUCKER LA
BÂTISSE

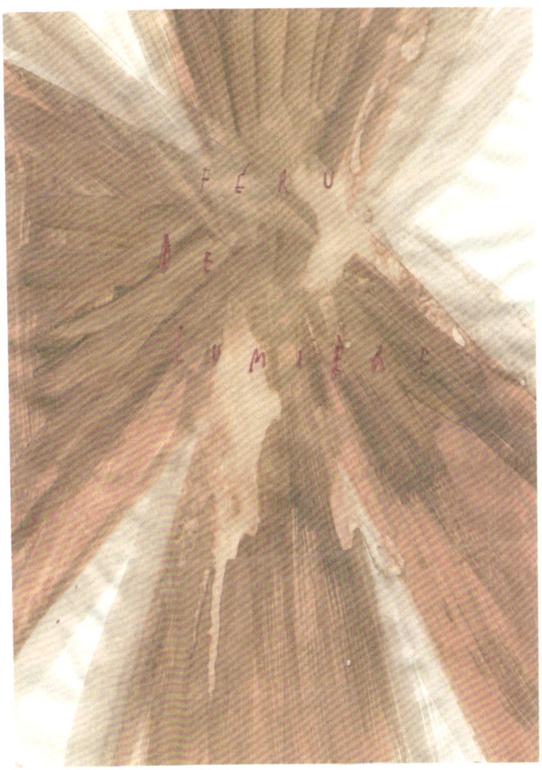
FÉRU
DE
LUMIÈRE

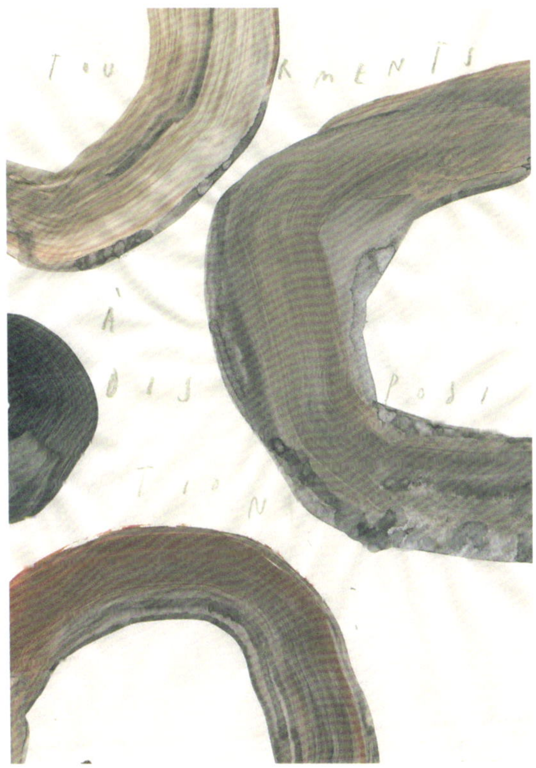

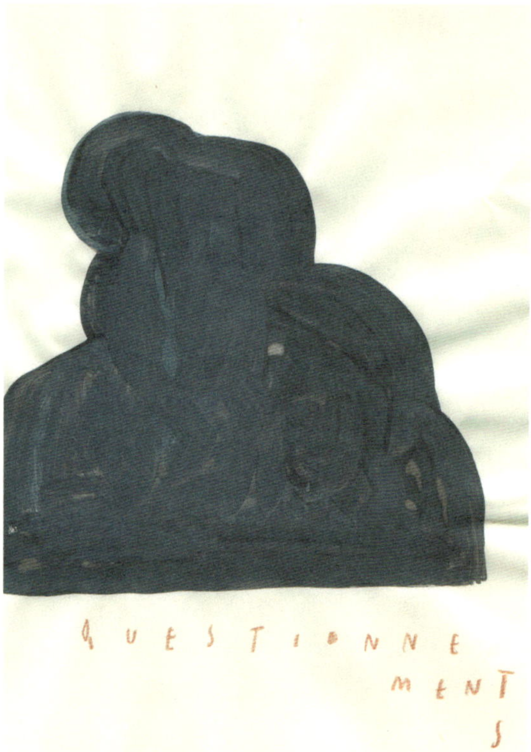
QUESTIONNE
MENT
S

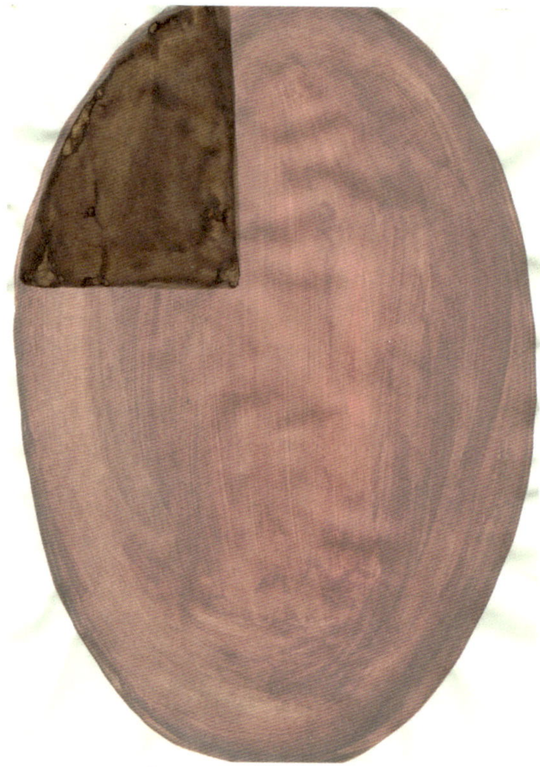

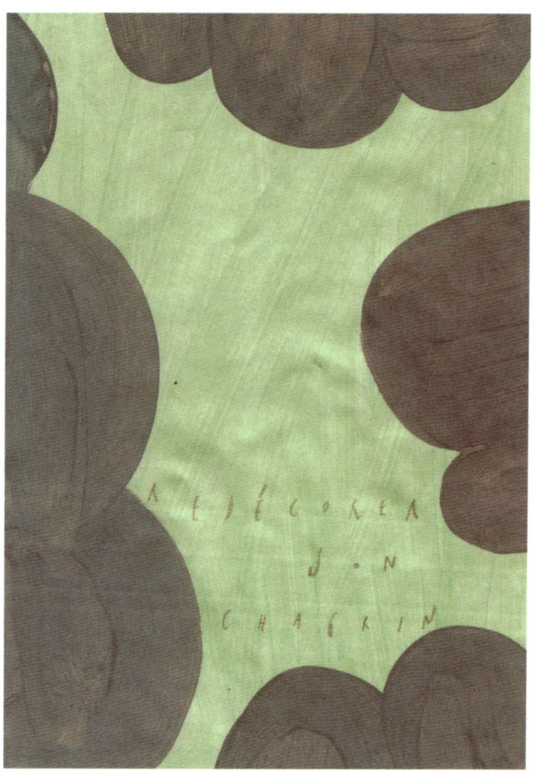
REDÉCORER
SON
CHAGRIN

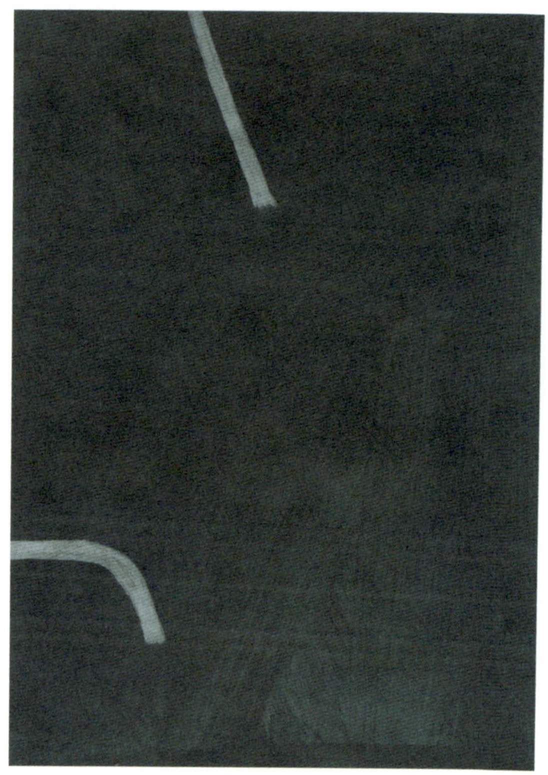

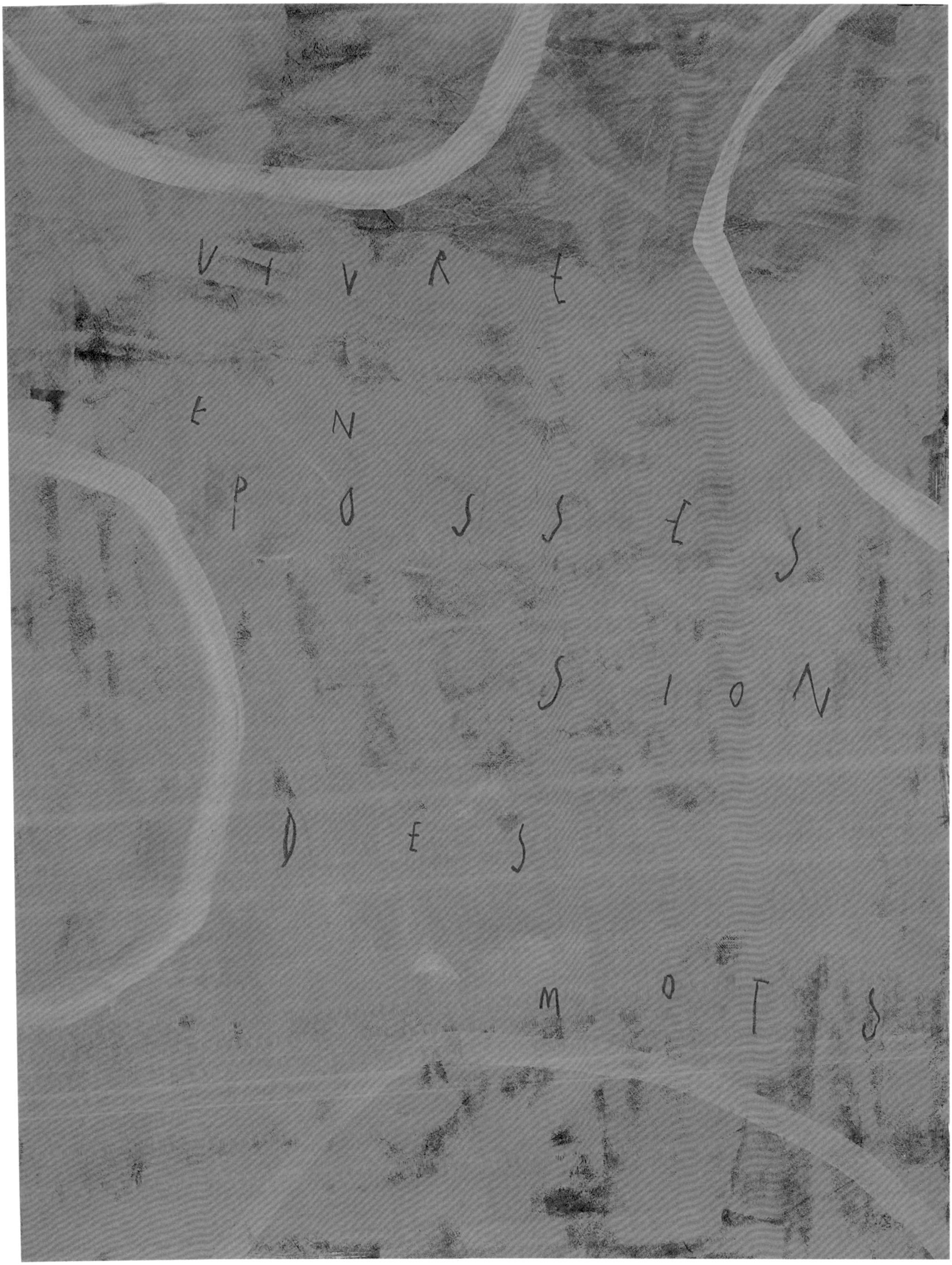
VIVRE
EN
POSSESSION
DES
MOTS

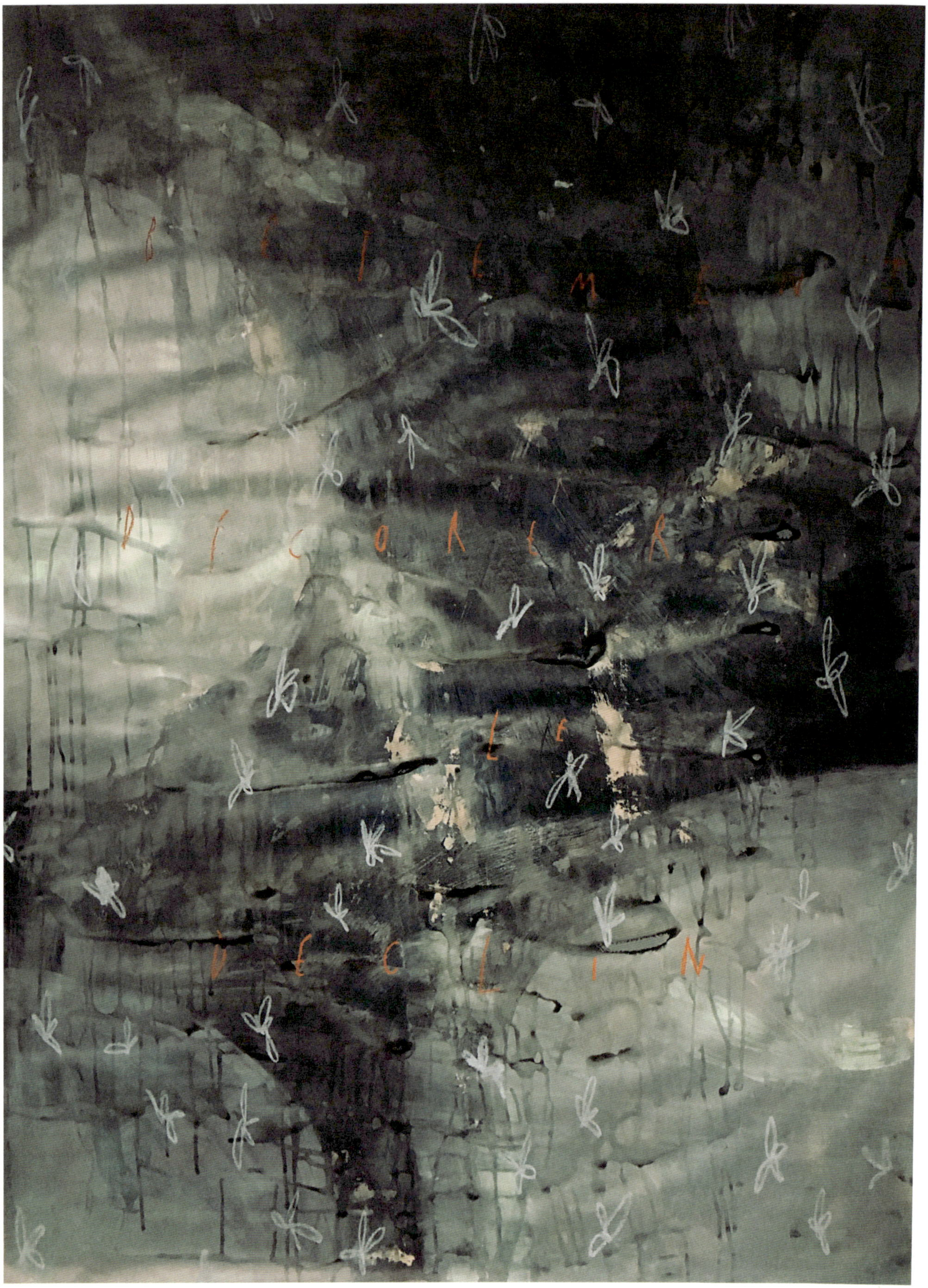

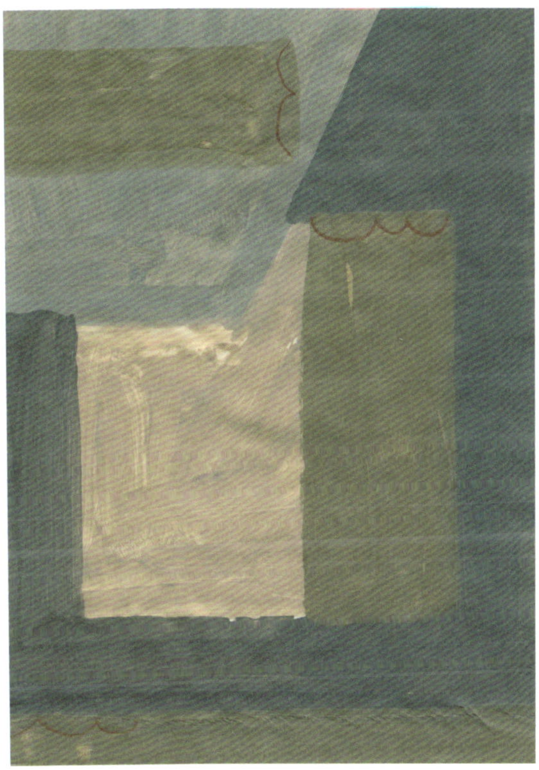

FIXER
LE
REGARD
DES
TUEURS
DE
BEAUTÉ

List of works chapter three

150. **s.t.**
2019, 25 x 18,5 cm, ink and crayon on paper
150. **à l'improviste**
2019, 25 x 18,5 cm, ink and pencil on paper
151. **enjamber la poisse**
2019, 150 x 110 cm, mixed media on paper
152. **virevoltes de quelques pensées**
2019, 150 x 110 cm, acrylic paint and crayon on paper
153. **organiser la déroute**
2019, 150 x 110 cm, acrylic paint and crayon on paper
154. **décorer le naufrage**
2019, 150 x 110 cm, acrylic paint and crayon on paper
155. **la légèreté de nos fardeaux**
2019, 73 x 55 cm, acrylic paint and crayon on paper
156. **notre aridité commune**
2019, 25 x 18,5 cm, acrylic paint and pencil on paper
156. **inviter ses fantômes à dîner**
2019, 25 x 18,5 cm, acrylic paint and pencil on paper
156. **pour un bel hématome**
2019, 25 x 18,5 cm, acrylic paint and pencil on paper
156. **déboussoler le vent**
2019, 25 x 18,5 cm, mixed media on paper
157. **s.t.**
2019, 25 x 18,5 cm, acrylic paint and pencil on paper
157. **masqué**
2019, 25 x 18,5 cm, pencil and crayon on paper
157. **bercer la rigidité**
2019, 25 x 18,5 cm, acrylic paint and pencil on paper
157. **démasqué**
2019, 25 x 18,5 cm, mixed media on paper
158. **repeindre la forêt**
2019, 73 x 55 cm, acrylic paint and crayon on paper
159. **un manque sulfureux**
2019, 25 x 18,5 cm, mixed media on paper
160. **s.t.**
2019, 25 x 18,5 cm, acrylic paint and ink on paper
160. **abatteur de rêve**
2019, 25 x 18,5 cm, acrylic paint and pencil on paper
161. **s'offrir la fleur mal-aimée**
2019, 73 x 55 cm, acrylic paint and crayon on paper
162. **s.t.**
2019, 25 x 18,5 cm, acrylic paint on paper
163. **s.t.**
2019, 25 x 18,5 cm, acrylic paint and crayon on paper
163. **caverne**
2019, 25 x 18,5 cm, acrylic paint and pencil on paper
163. **s.t.**
2019, 25 x 18,5 cm, acrylic paint on paper
163. **défigurer le silence**
2019, 25 x 18,5 cm, mixed media on paper
164. **relier les peines des grands cœurs**
2019, 150 x 110 cm, acrylic paint and crayon on paper
165. **écrire une longue lettre à la biche**
2019, 25 x 18,5 cm, acrylic paint and pencil on paper
165. **se méfier d'une lune verdissante**
2019, 25 x 18,5 cm, mixed media on paper
165. **s.t.**
2019, 25 x 18,5 cm, acrylic paint and pencil on paper
165. **une crainte sédentaire**
2019, 25 x 18,5 cm, mixed media on paper
166. **ne rien comprendre au repos**
2019, 25 x 18,5 cm, ink and pencil on paper
167. **s.t.**
2019, 25 x 18,5 cm, charcoal on paper
167. **s.t.**
2019, 25 x 18,5 cm, acrylic paint and ink on paper
167. **s.t.**
2019, 25 x 18,5 cm, ink and crayon on paper
167. **pour narguer les fleurs**
2019, 25 x 18,5 cm, acrylic paint and pencil on paper
168. **chambouler ce qu'on peut**
2019, 25 x 18,5 cm, acrylic paint and pencil on paper
168. **noyer son ciel**
2019, 25 x 18,5 cm, acrylic paint and pencil on paper
168. **s.t.**
2019, 25 x 18,5 cm, acrylic paint and ink on paper
169. **démesurer l'amour**
2019, 150 x 110 cm, acrylic paint and crayon on paper
170. **ne pas ouvrir la porte au conteur de douleur**
2019, 25 x 18,5 cm, acrylic paint and pencil on paper

170. **saboteur endiablé**
2019, 25 x 18,5 cm, acrylic paint and pencil on paper

170. **puritanisme et démangeaisons**
2019, 25 x 18,5 cm, acrylic paint and pencil on paper

170. **partir déminer le blues**
2019, 25 x 18,5 cm, acrylic paint and pencil on paper

171. **au socle froissé**
2019, 25 x 18,5 cm, ink and pencil on paper

171. **bien se moquer du mystère**
2019, 25 x 18,5 cm, acrylic paint and pencil on paper

171. **la danse**
2019, 25 x 18,5 cm, acrylic paint and pencil on paper

171. **deux très vieilles andouilles**
2019, 25 x 18,5 cm, acrylic paint and pencil on paper

172. **quand la raison est dodelinante**
2019, 150 x 110 cm, acrylic paint and crayon on paper

173. **lécher la rouille de notre peau**
2019, 25 x 18,5 cm, mixed media on paper

173. **organiser le déclin**
2019, 25 x 18,5 cm, acrylic paint and pencil on paper

173. **des arbres entre parenthèses**
2019, 25 x 18,5 cm, acrylic paint, bister and pencil on paper

174. **salive au chocolat**
2019, 25 x 18,5 cm, mixed media on paper

174. **souvenir préfabriqué**
2019, 25 x 18,5 cm, acrylic paint and pencil on paper

174. **transformer la ruche**
2019, 25 x 18,5 cm, ink and pencil on paper

174. **troubler quelques bouches**
2019, 25 x 18,5 cm, acrylic paint and pencil on paper

175. **s.t.**
2019, 25 x 18,5 cm, acrylic paint on paper

175. **de la nudité et de l'eau stagnante**
2019, 25 x 18,5 cm, acrylic paint and pencil on paper

175. **le nez dans la poussière**
2019, 25 x 18,5 cm, mixed media on paper

175. **s.t.**
2019, 25 x 18,5 cm, acrylic paint on paper

176. **s.t.**
2019, 25 x 18,5 cm, acrylic paint and pencil on paper

176. **vos parties ringardes**
2019, 25 x 18,5 cm, mixed media on paper

177. **faire saigner la demeure**
2019, 25 x 18,5 cm, acrylic paint and pencil on paper

177. **nuages dormants**
2019, 25 x 18,5 cm, acrylic paint and pencil on paper

177. **s.t.**
2019, 25 x 18,5 cm, acrylic paint on paper

177. **s'extasier devant rien**
2019, 25 x 18,5 cm, acrylic paint and pencil on paper

178. **s.t.**
2019, 25 x 18,5 cm, acrylic paint on paper

178. **des besoins décolorés**
2019, 25 x 18,5 cm, mixed media on paper

178. **piétiner l'insomnie**
2019, 25 x 18,5 cm, acrylic paint and pencil on paper

179. **notre part de gâteau périmé**
2019, 73 x 55 cm, mixed media on paper

180. **le doute a la voix rauque**
2019, 25 x 18,5 cm, acrylic paint and bister and pencil on paper

180. **pipe à casser**
2019, 25 x 18,5 cm, acrylic paint and pencil on paper

181. **débordement d'ombres**
2019, 25 x 18,5 cm, ink and pencil on paper

181. **démanteler la candeur**
2019, 25 x 18,5 cm, ink and pencil on paper

181. **s.t.**
2019, 25 x 18,5 cm, acrylic paint and crayon on paper

181. **déclin**
2019, 25 x 18,5 cm, acrylic paint and crayon on paper

182. **fournir de quoi désespérer**
2019, 25 x 18,5 cm, acrylic paint and pencil on paper

182. **soupçonner la guirlande et la saucisse**
2019, 25 x 18,5 cm, acrylic paint and pencil on paper

182. **jouer à l'erreur**
2019, 25 x 18,5 cm, acrylic paint and pencil on paper

182. **embarquer le chagrin**
2019, 25 x 18,5 cm, acrylic paint, bister and pencil on paper

183. **ne plus piétiner le herbes folles**
2019, 73 x 55 cm, acrylic paint and crayon on paper

184. **bien nourrir sa croix**
2019, 150 x 110 cm, mixed media on paper

185. **quand il s'agit de rompre**
2019, 25 x 18,5 cm, acrylic paint and pencil on paper

185. **débarbouiller le désir**
2019, 25 x 18,5 cm, mixed media on paper

185. **s.t.**
2019, 25 x 18,5 cm, acrylic paint and pencil on paper

185. **se brouiller avec les nuages**
2019, 25 x 18,5 cm, acrylic paint and pencil on paper

186. **domestiquer l'angoisse**
2019, 25 x 18,5 cm, acrylic paint and pencil on paper

187. **une quelconque collection**
2019, 73 x 55 cm, mixed media on paper

188. **faire boire le cafard**
2019, 25 x 18,5 cm, acrylic paint and pencil on paper

188. **sédiments de bobards**
2019, 25 x 18,5 cm, acrylic paint and pencil on paper

188. **s.t.**
2019, 25 x 18,5 cm, collage on paper

188. **avaler la brise**
2019, 25 x 18,5 cm, acrylic paint and pencil on paper

189. **les bâtards**
2019, 25 x 18,5 cm, acrylic paint and pencil on paper

189. **féru de lumière**
2019, 25 x 18,5 cm, acrylic paint and pencil on paper

189. **sucrer la bâtisse**
2019, 25 x 18,5 cm, acrylic paint and pencil on paper

189. **tourments à disposition**
2019, 25 x 18,5 cm, acrylic paint and pencil on paper

190. **questionnements**
2019, 25 x 18,5 cm, acrylic paint and pencil on paper

190. **redécorer son chagrin**
2019, 25 x 18,5 cm, acrylic paint and pencil on paper

190. **s.t.**
2019, 25 x 18,5 cm, acrylic paint and bister on paper

190. **s.t.**
2019, 25 x 18,5 cm, acrylic paint and pencil on paper

191. **vivre en possession des mots**
2019, 150 x 110 cm, acrylic paint and crayon on paper

192. **bêtement décorer le déclin**
2019, 150 x 110 cm, acrylic paint and crayon on paper

193. **s.t.**
2019, 25 x 18,5 cm, acrylic paint and pencil on paper

193. **fixer le regard des tueurs de beauté**
2019, 25 x 18,5 cm, ink and pencil on paper

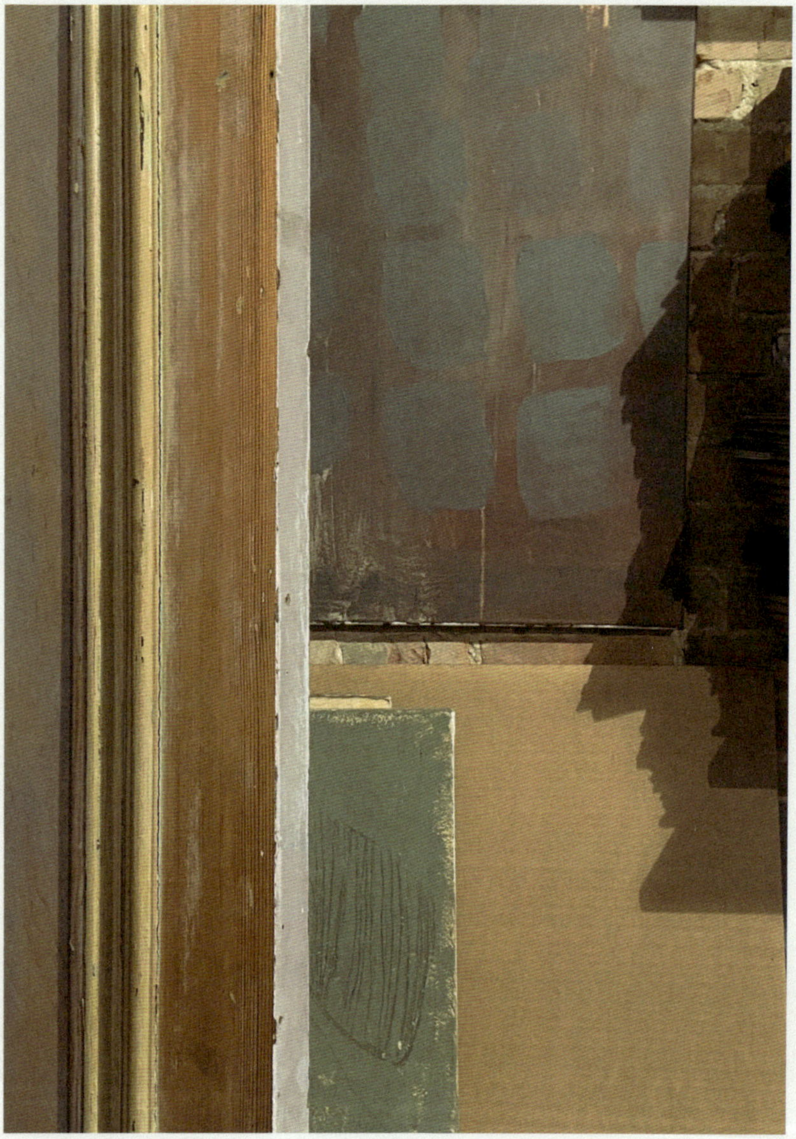

BATAILLE MOLLE

« Maintenant, toi qui peux dire que tu m'as vue sans voile, va le raconter si tu le peux. J'y consens. » Parole de Diane à Actéon désormais changé en cerf pour l'avoir surprise nue.

Ovide, Métamorphoses, livre III.

La chair du monde

Et si l'art contemporain n'était que vestiges, une trace évanescente et un fragment insaisissable d'une chose auquel nous n'avons plus vraiment accès ! Une telle affirmation, il convient de la prendre avec la plus extrême précaution. Il ne s'agit pas ici de cette vieille rengaine d'un retour aux sources ou, pour le dire à la manière de Maurice Blanchot, que l'art ne serait vrai que lorsqu'il est ce langage des dieux permettant de révéler un invisible du monde. Vieille rengaine qui avait conduit Douglas Crimp en 1981 à son fameux article « *The end of the painting* », pamphlet publié dans *October* déclarant l'agonie du tableau. Parler d'art en tant que vestige n'est pas plus une considération acide sur l'art en tant que marché ou plus exactement l'art réduit à son marché. Au contraire, poser la question du vestige, c'est finalement examiner la façon dont l'art serait pris dans un réseau de liens qui lentement le viderait de toute possibilité d'être. Là se situe sans doute la controverse sur ce qu'est une image et en quoi elle peut se distinguer du visuel, cette masse informe de représentations produites à échelle de masse et qui structurent maintenant nos imaginaires, même si nous avons bien conscience que ce n'est pas la masse même de ces « images » et leurs banalités qui posent problème mais bien le fait qu'elles ont imposé à nos cultures un mode de saisie de l'intelligibilité qui justement ne permet pas de penser leur vraie nature.

Toute la production d'Arpaïs Du Bois se présente comme une forme de lutte contre cet état de fait, presque une invite à saisir ce qui se joue aujourd'hui dans toute œuvre d'art. Ce projet, elle n'est évidemment pas la seule à le porter et nombreux sont ceux qui s'interrogent pour savoir quelles procédures – quelles pratiques – peuvent encore constituer des formes de contestation face à l'obsolescence programmée de l'image.

Plutôt que d'affronter brutalement cette interrogation, Arpaïs Du Bois la contourne. Elle sait combien tout art se trouve enserré, presque prisonnier, d'un réseau de questionnements sur lui-même, sur son essence. Pour cela, elle a décidé de s'aventurer sur le chemin étroit du langage avec la possibilité de faire de ce dernier un mode d'apparition de la peinture. Or, convoquer le langage de nos jours, le soumettre à la question de la peinture, n'a plus les mêmes incidences qu'autrefois. Lorsqu'un artiste comme Twombly transforme sa graphie en langage pictural dictant presque à la couleur ses modes d'apparition, le mot garde encore une solidité propre aux civilisations de l'écrit. D'où chez lui le recours si fréquent aux noms et répertoires issus de l'antiquité, d'où ces ratures, ces traces de main, d'où aussi cette graphie témoignant tout autant de la subjectivité d'un être humain s'imaginant l'héritier d'une culture classique que l'objectivité d'un artiste cherchant à reconstruire le projet de la peinture en occident.

Vingt ans plus tard, en 1986, lorsque Christopher Wool peint au pochoir « *SELL THE HOUSE, SELL THE CAR, SELL THE KIDS* » reprenant en cela une réplique du Colonel Kurtz (Marlon Brando) dans Apocalypse Now, il opère un déplacement. Les lettres en capitale noire sur fond blanc s'adaptent exactement à la taille (213 x 183 cm) du support comme en attestent les césures dans les mots même. Ici, la sentence relève plus de l'image que du langage, même si les mots gardent leurs propriétés linguistiques. La formule sonne effectivement comme une apostrophe vaguement punk, urbaine, connectée à l'actualité de l'époque en tant que formule cynique attestant de l'échec de toutes les utopies. Si Arpaïs Du Bois use de certains procédés similaires – notamment dans son intelligence des césures de mots et la distribution des lettres renforçant un all-over pictural – elle insiste sur la disjonction entre l'écrit et le fond. Au contraire de Wool chez qui le mot est peinture avec ses effets de débordement du noir sur un support blanc, Arpaïs Du Bois pense le fond comme une paroi ou s'achève l'œuvre. Tout se joue dans cette indécision pour le spectateur de comprendre ce qui l'emporte de l'inscription ou de la peinture. En somme, elle pose radicalement la question du langage et l'image, de leur rapport, de leurs dégénérescences aussi et donc de leur possible ré-enchantement.

De nos jours, et cela depuis une vingtaine d'années, la culture de masse, l'irruption des réseaux comme seul horizon de la communication mondialisée, la main mise par les médias et la publicité sur nos espaces publics, la déliquescence des discours portés par les politiques, ont conduit les mots à perdre toute consistance. Ils sont comme vidés de leur substance, de leur sens. Il faut sans aucun doute voir dans l'art d'Arpaïs Du Bois une forme de résistance envers cet état de fait. Chaque œuvre apparaît comme dépourvue de temporalité interne. Pas de célébration comme chez Twombly d'une longue histoire de l'écrit, pas de convocation comme chez Wool d'expressions issues de la culture populaire, expressions à multiples sens qu'il s'amuse à casser en les répétant, en les abrégeant par la suppression d'une lettre, pour finalement les transformer en pure image. Au contraire, chez Arpaïs Du Bois, ce qui est inscrit, totalement intemporel, répond aux tremblements de la pensée mais incarnés dans la peinture. Deux types d'action mais une seule poétique attestant d'une vigilance de tout instant. Chaque œuvre s'avance comme une énonciation livrant ce désir de saisir le monde avec un baume de parole, une magie de verbe et une peinture pétrie de mémoire.

Drawing is a transformation of the fluidity of thought into solid form. It is a condition, a running score of sorts or simply a 'state of being'. In fact, drawing requires neither medium nor surface. An arm movement, taking a walk through a city, shooting a glance, making a string figure, throwing a spear, spinning a top... Anything can be associated with drawing in some way. Drawing is an action that artists wondrously convert into a drawing. When it comes to Arpaïs Du Bois, paper is the skeleton, while the pencil or other drawing media (ecoline, charcoal, acrylic, ink, etc.) is the flesh and bones. I picture the following: Arpaïs Du Bois turns the page in one of her drawing books. The echo of a past drawing is dimly visible on the page on the left, while the right side is blank, untouched. But perhaps the latter is only true as a fact, as blank pages are non-existent. Looking, thinking and, consequently, drawing are all contaminated with inescapable static before the pencil touches the paper. The world around that right-hand sheet of paper is a folding screen that bestows resilience on the direction of a line, the speed of a streak or the rhythm of words. The background is a stratigraphy of drawing books, organically arranged piles, with pages undulating from the moisture of the media applied to them. The world outside looks inside through a window. At least, that's how I picture her at work, but the accuracy of this image is irrelevant. Arpaïs Du Bois loves grimy colours, earthy colours, abject and dark. I also note a hint of hesitation in her drawings. The lines are never perfectly straight, but rather explore the notion of straight. Each drawing is an exploration on paper. Smudges of colour become surfaces with a synchronous relation to short sentences, words in sequence. Charged emotions, that which make us human, are rolled up into contradictions and ambiguous longings that explore new frontiers. As if drawing means showing that which cannot be shown. 'de l'inutilité du dessin' is written on one of the drawings. The impracticability, the uselessness even of the drawing. In other words, something that cannot be used for something else, that cannot be recuperated. A drawing has nothing to prove and needs only to exist as a meaningless and useless 'thing'. But perhaps it is more of a sense of purpose without a goal, similar to Immanuel Kant's description of aesthetic judgment. Coincidentally, one of the artist's books of selected drawings is entitled 'tout droit vers la fin en sifflotant' (Hannibal, 2016). Purposeful, in other words, even when whistling. But whistling is a form of breathing and breathing takes place in sync with the rhythm of the pulse and movement of the body, fluid fits and starts. The drawings created by Arpaïs Du Bois are a body, a corpus, a perpetual motion machine, a self-developing infinite whole. Only the finite can bring certainty to the infinite. Returning to the notion of hesitation, of coincidence, the likelihood that the unexpected occurs and is lost in significance is, in my mind, an integral component of the artist's practice. Arpaïs Du Bois' art is a parade of colour, tracks, strokes, language, symbols. It is the dismantling of reality to the essence of being. I draw, therefore I am.

Philippe Van Cauteren, Zele, 14 January 2021

De cette tension surgit une extériorité complémentaire à l'image et sans laquelle l'image ne serait pas d'un très grand intérêt. Là réside sa résistance à notre époque, là se trouve ses béances, son impensé, son impossibilité à être close sur elle-même. Marquer, inciser, tracer, écrire, effacer, rajouter sont autant d'actions figeant une parole qui vient du territoire du dessin pour se fondre avec celui de la peinture. Tout se joue à la surface et dans la surface par accumulation du regard et décomposition des strates. Chaque œuvre d'Arpaïs Du Bois est un labyrinthe de l'esprit. Chaque œuvre d'Arpaïs est aussi ce regard lourd posé sur nous. En retour nous la regardons pour y puiser un peu de cette allégresse que devait ressentir nos ancêtres face à l'évidence des cycles de la vie, comme pour mieux penser cette « chair du monde » prophétisée par Édouard Glissant comme perception participante de l'univers. Cela semble assez complexe, mais en même temps, tout s'arrange, très, très simplement. Il suffit de regarder.

Damien Sausset

"Now, you who can say that you saw me without a veil, go and talk about it if you can. I permit it." Diana's words to Actaeon changed into a stag after stumbling upon her naked.

Ovid, Metamorphoses, book III.

The flesh of the world

And what if contemporary art was only the vestige, a fleeting trace and elusive fragment of something to which we no longer really have access! Such an assertion should be taken with the utmost caution. This is not a question of the old refrain of a return to the sources or, as Maurice Blanchot put it, that art is only true when it is the language of the gods allowing one to reveal an invisible aspect of the world. An old refrain that led Douglas Crimp to write his famous article *'The end of the painting'*, in 1981, a pamphlet published in *October* declaring the agony of the painting. Talking about art as a vestige is no more a corrosive consideration of art as a market, or more precisely art reduced to its market. On the contrary, the question of the vestige ultimately involves examining how art would be caught up in a network of links that would slowly empty it of any possibility of being. Here lies the controversy about what an image is and how it can be distinguished from the visual, that shapeless mass of representations produced on a mass scale, which now structure our imagination, even if we are well aware that it is not the sheer mass of these 'images' and their banalities that pose a problem, but the fact that they have imposed on our cultures a way of grasping intelligibility that does not allow us to think about their true nature.

Arpaïs Du Bois' entire production presents itself as a form of struggle against this state of affairs, almost an invitation to grasp what is at stake in any work of art today. She is obviously not alone in this project, and there are many who wonder what procedures – what practices – can still constitute forms of dispute in the face of the programmed obsolescence of the image.

Rather than brutally confronting this question, Arpaïs Du Bois avoids it. She knows how much all art is enclosed, almost trapped, in a network of questions about itself, about its essence. For this, she decided to venture on the narrow path of language with the possibility of making it a mode of appearance of painting. However, to summon language today, to subject it to the question of painting, no longer has the same impact as in the past. When an artist like Twombly transforms his writing into pictorial language that almost dictates the modes of appearance of colour, the word still retains a solidity that is typical of the civilisations of the written word. Hence his frequent recourse to names and repertories from antiquity, hence the deletions, the handprints, hence also the writing, which testifies as much to the subjectivity of a human being imagining himself the heir of a classical culture as to the objectivity of an artist seeking to reconstruct the project of painting in the West.

Twenty years later, in 1986, when Christopher Wool stencilled *'SELL THE HOUSE, SELL THE CAR, SELL THE KIDS'*, using a line from Colonel Kurtz (Marlon Brando) in Apocalypse Now, he set in motion a shift. The black capital letters on a white background adapt exactly to the size (213 x 183 cm) of the carrier as evidenced by the caesura in the words themselves. Here, the sentence is more a matter of image than of language, even if the words retain their linguistic properties. The formula does indeed sound like a vaguely punk, urban apostrophe, connected to the current events of the time as a cynical formula attesting to the failure of all utopias. While Arpaïs Du Bois uses some similar techniques – notably in her understanding of word breaks and the distribution of letters reinforcing a pictorial all-over – she insists on the disjunction between the written word and the background. Unlike Wool, for whom the word is painting with its black overflowing effects on a white carrier, Arpaïs Du Bois thinks of the background as a wall where the work ends. Everything is played out in this indecision for the spectator to understand what prevails from the inscription or the painting. In short, it radically raises the question of language and image, of their relationship, of their degeneration too, and therefore of their possible re-enchantment.

Nowadays, and for the last twenty years or so, mass culture, the incursion of networks as the only horizon of globalised communication, the stranglehold of the media and advertising on our public spaces, the decay of discourse driven by politicians, have caused words to lose all consistency. It is as if they are emptied of their substance, of their meaning. Undoubtedly, the art of Arpaïs Du Bois must be seen as a form of resistance to this state of affairs. Each work appears to be devoid of internal temporality. No celebration, as in Twombly's case, of a long history of the written word;

no summons, as in Wool's case, of expressions from popular culture, expressions with multiple meanings that he revels in destroying by repeating them, shortening them by deleting a letter, to finally transform them into pure image. On the contrary, in Arpaïs Du Bois' oeuvre, that which is inscribed, completely timeless, responds to the tremors of thought but embodied in painting. Two types of action, but only one poetic one, attesting to a constant vigilance. Each work advances like an enunciation delivering the desire to capture the world in a balm of speech, a magic of the verb and a painting steeped in memory.

From this tension emerges an exterior that is complementary to the image and without which the image would not be of great interest. There lies its resistance to our times, there lies its gaps, its lack of thought, its impossibility to be closed in on itself. Marking, pricking, tracing, writing, erasing, adding are so many actions that congeal a word originating from the territory of drawing to merge with that of painting. Everything is played out on the surface and within the surface by the accumulation of the gaze and decomposition of the strata. Each work by Arpaïs Du Bois is a labyrinth of the mind. Each work of Arpaïs is also a serious look at us. In return, we gaze at it to derive a little of the joy our ancestors must have felt when faced with the evidence of life cycles, as if to think better of this 'flesh of the world' prophesied by Edouard Glissant as a common perception of the universe. It seems quite complex, but at the same time, everything is arranged very, very simply. Just take a look.

Damien Sausset

"Ik sta je nu toe om verder te vertellen dat je me zonder kleding hebt gezien, als je hiertoe nog in staat bent." Diana tegen Acteon, nadat ze hem in een hert heeft veranderd omdat hij haar naakt heeft gezien.

Ovidius, Metamorfosen, boek III.

Het vlees en bloed van de wereld

En wat als de hedendaagse kunst slechts een overblijfsel is, een langzaam verdwijnend spoor of een vluchtig beeld van iets waartoe wij niet langer echt toegang hebben! Zouden we niet beter voorzichtig zijn als we zoiets willen beweren? We bedoelen namelijk niet dat deze kunst gaat over de terugkeer naar onze wortels, zoals tot treurens toe wordt gezegd. Of dat kunst alleen maar écht zou zijn als het de taal van de goden is waarmee we het onzichtbare van de wereld kunnen onthullen, zoals Maurice Blanchot beweert. Het is deze afgezaagde bewering die Douglas Crimp in 1981 zijn fameuze artikel *'The end of the painting'* deed schrijven. Dit pamflet werd in *October* gepubliceerd en kondigde de ondergang van de schilderkunst aan. Kunst een overblijfsel noemen, is ook geen weerspiegeling van een bittere kijk op kunst als markt. Of van kunst gereduceerd tot haar marktwaarde. Integendeel. Overwegen dat het een overblijfsel zou zijn, is uiteindelijk ook onderzoeken hoe kunst verweven zou zijn in een netwerk van onderlinge verbindingen, waardoor ze langzaam elke bestaansmogelijkheid verliest. Daar ligt ongetwijfeld de controverse over wat een beeld is en hoe het kan worden onderscheiden van het visuele, deze vormeloze massa van op grote schaal geproduceerde afbeeldingen die tegenwoordig onze fantasie voeden en vorm geven. Ook al zijn wij ons er wel degelijk van bewust dat niet deze massa 'beelden' zelf of hun alledaagsheid een probleem vormen, maar wel dat we hierdoor een soort van begrip ontwikkeld hebben waardoor we niet meer over hun ware aard kunnen nadenken.

Het hele oeuvre van Arpaïs Du Bois is een soort van strijd hiertegen. Ze roept je als het ware op om te begrijpen wat er tegenwoordig in elk kunstwerk op het spel staat. Natuurlijk is zij niet de enige die dit doet. Vele kunstenaars vragen zich af welke procedures, welke praktijken, de geprogrammeerde veroudering van het beeld nog kunnen tegengaan.

Arpaïs Du Bois gaat deze confrontatie niet rechtstreeks aan. Ze omzeilt de kwestie. Ze weet hoe alle kunst is opgesloten, bijna gevangen zit, in een netwerk van vragen over zichzelf, over haar essentie. Daarom heeft ze besloten om zich aan taal te wagen. Om te proberen om van taal een verschijningsvorm van de schilderkunst te maken. Hedendaagse taal inroepen, deze onderwerpen aan de schilderkunst, heeft nochtans niet dezelfde uitwerking als vroeger. Wanneer een kunstenaar als Twombly zijn kalligrafie omzet in beeldtaal, en zo bepaalt hoe de kleur moet verschijnen, behoudt het woord toch nog een soort van degelijkheid die eigen is aan de traditie van het geschreven woord. Vandaar dat je bij hem vaak namen en zaken uit de oudheid ziet. Je vindt in zijn werk doorhalingen of handafdrukken, en zijn geschrift getuigt evenzeer van de subjectiviteit van een mens die zich erfgenaam waant van een klassieke cultuur als van de objectiviteit van een artiest die de schilderkunst in het westen wil reconstrueren.

Twintig jaar later, in 1986, maakt Christopher Wool het woordschilderij *'SELL THE HOUSE, SELL THE CAR, SELL THE KIDS'*, naar een citaat van kolonel Kurtz (Marlon Brando) uit de film Apocalypse Now. Een hele omwenteling. De plaatsing van de zwarte drukletters op de witte achtergrond is precies aangepast aan de afmetingen van de drager (213 x 183 cm). De zin is meer een beeld dan taal, ook al behouden de woorden hun taalkundige eigenschappen. De slogan klinkt inderdaad als een punkachtige, stedelijke aanspreking, een cynische uitspraak die getuigt van het falen van alle utopieën, zo typisch voor die tijdsgeest. Arpaïs Du Bois gebruikt sommige vergelijkbare procedés. Zo kapt ze woorden af en verdeelt ze letters om het beeld te versterken. Ze benadrukt de kloof tussen het schrift en de achtergrond. In tegenstelling tot Wool, voor wie het woord een schilderij is en de zwarte letters versmelten met de witte achtergrond, is de achtergrond voor Arpaïs Du Bois een muur waar het werk ophoudt. De toeschouwer moet zelf proberen te achterhalen wat de overhand heeft, de tekst of het beeld. Ze stelt taal en beeld radicaal aan de orde. Doet de vraag rijzen naar hoe beide zich tot elkaar verhouden, hoe ze in verval raken, en dus ook naar hoe ze opnieuw kunnen betoveren.

Al ongeveer twintig jaar verliezen woorden hun samenhang. De wortels van dit verlies liggen bij de massacultuur en de opkomst van netwerken als enige bestemming van de geglobaliseerde communicatie. Bij de verpletterende aanwezigheid van de media en van reclame in onze publieke ruimte en bij het falende discours dat de politiek tegenwoordig voert. De woorden lijken leeg, alsof ontdaan van hun inhoud en hun betekenis. De kunst van Arpaïs Du Bois moet zonder twijfel worden gezien als een vorm van verzet tegen deze teloorgang. Elk werk lijkt verstoken van zijn inherente tijdelijkheid. Geen viering, zoals bij Twombly, van de lange geschiedenis van het geschreven woord. Geen uitdrukking van de populaire cultuur zoals bij Wool, die plezier vindt in het afbreken van de meervoudige betekenissen, ze kortwiekt door een letter weg te halen en ze uiteindelijk omvormt tot louter beeld. Integendeel: bij Arpaïs Du Bois is het geschrevene tijdloos. Het geeft antwoord op haar trillende gedachtengang gegoten in verf. Twee verschillende soorten acties, verenigd in een poëzie die getuigt van een voortdurende waakzaamheid. Elk werk wil een uiting zijn van dit verlangen om de wereld te grijpen met een zalvend woord, de magie van de taal en een schilderen vol herinnering.

Uit dit spanningsveld ontstaat een betekenis die losstaat van het beeld. Een beeld dat zonder deze betekenis niet zoveel waarde zou hebben. Daar ligt haar weerstand tegen onze tijd. Daar liggen haar leemtes, het 'niet-gedachte', haar onvermogen om op zichzelf terug te plooien. Markeren, insnijden, overtrekken, schrijven, uitwissen, toevoegen. Woorden uit de tekenkunst vastpinnen, om deze daarna te laten versmelten met de taal van het schilderen. Alles speelt zich af aan de oppervlakte en binnen de oppervlakte. Een combinatie van inzichten en afbraak van lagen. Elk werk van Arpaïs Du Bois is een doolhof van de geest. Elk werk van Arpaïs kijkt ons indringend aan. In ruil daarvoor kijken we ernaar. Om er iets van de vreugde uit te halen die onze voorouders gevoeld moeten hebben toen ze de levenscycli ontdekten. Om dit 'vlees en bloed van de wereld' die Edouard Glissant voorspelde, gemakkelijker te zien als een voorstelling van het universum. Dat lijkt ingewikkeld, maar eigenlijk valt alles gewoon op zijn plaats. Je hoeft alleen maar te kijken.

Damien Sausset

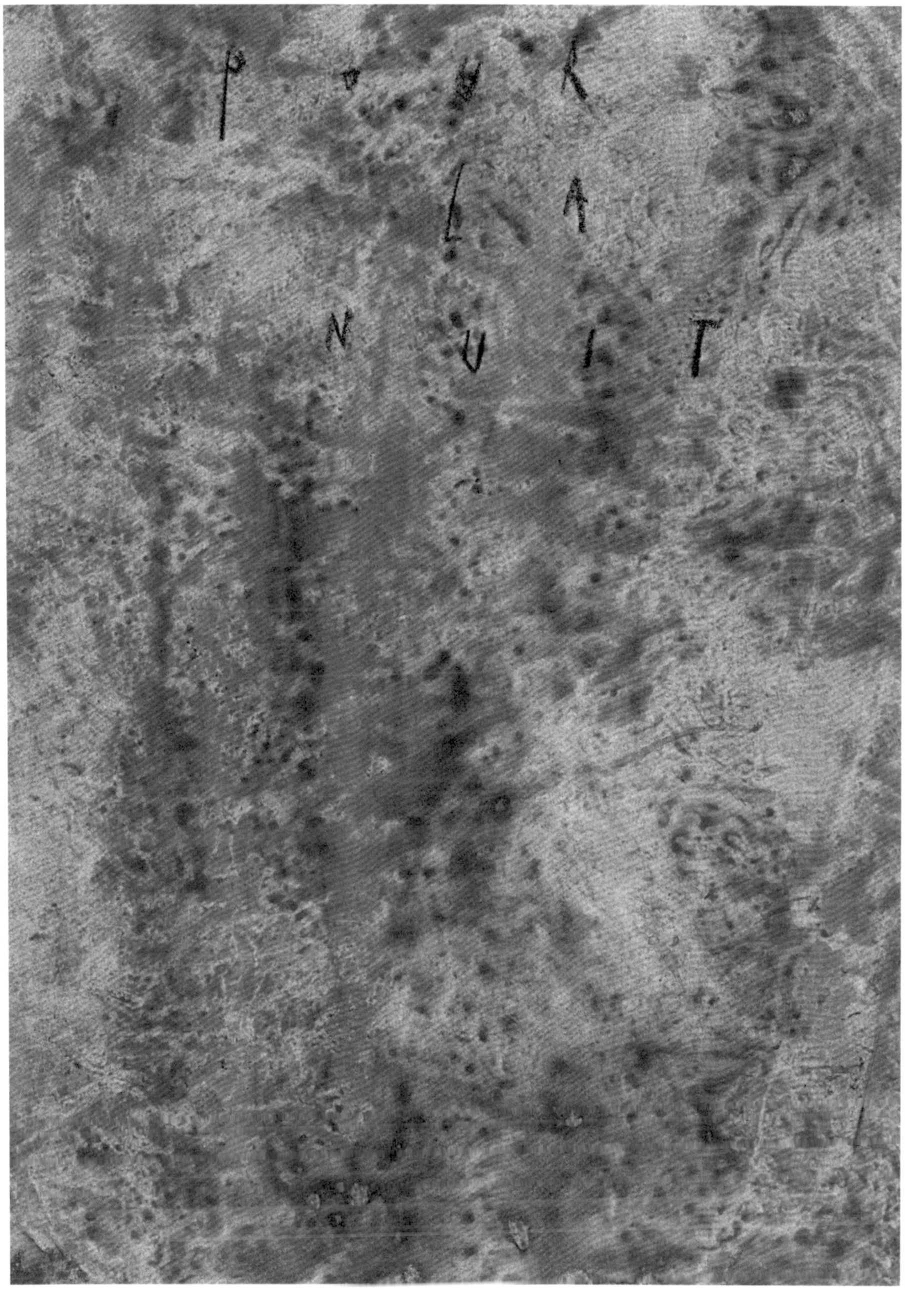
POUR
LA
NUIT

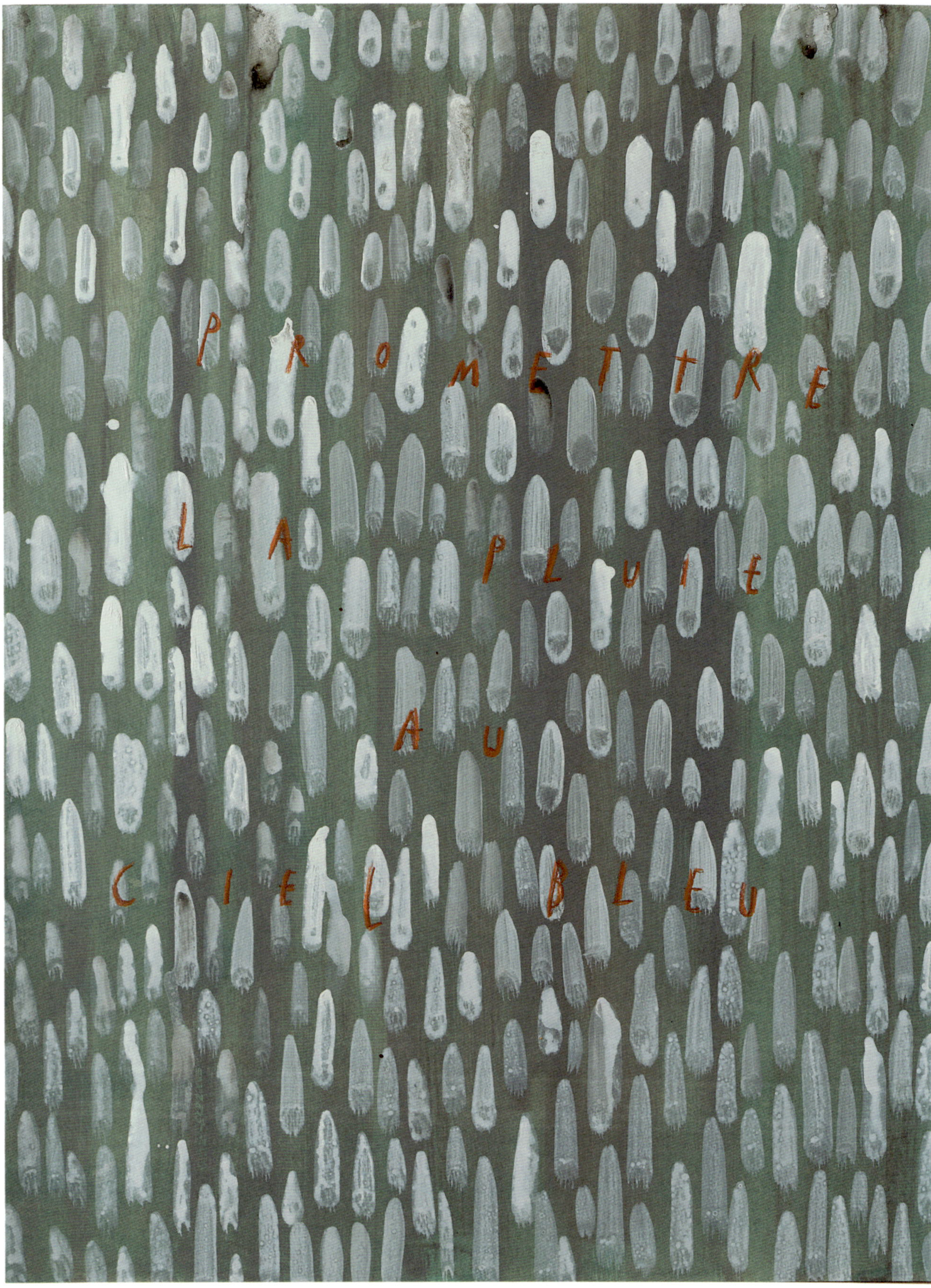
PROMETTRE
LA PLUIE
AU
CIEL BLEU

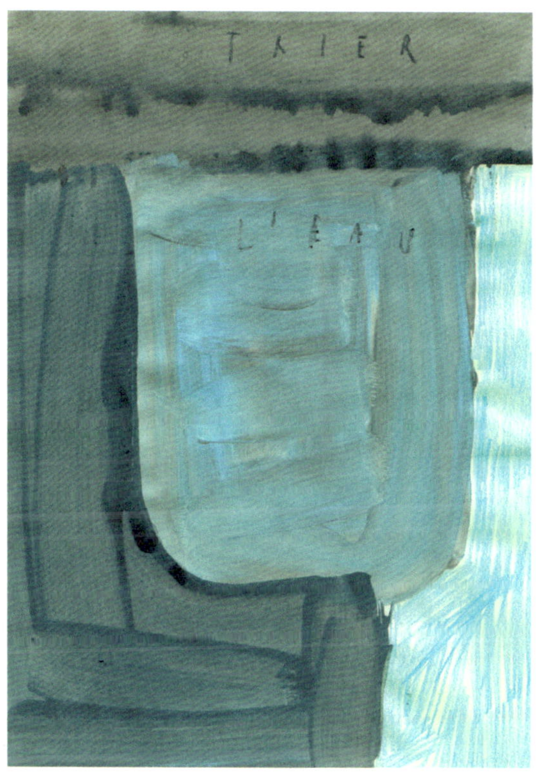
TRIER
L'EAU

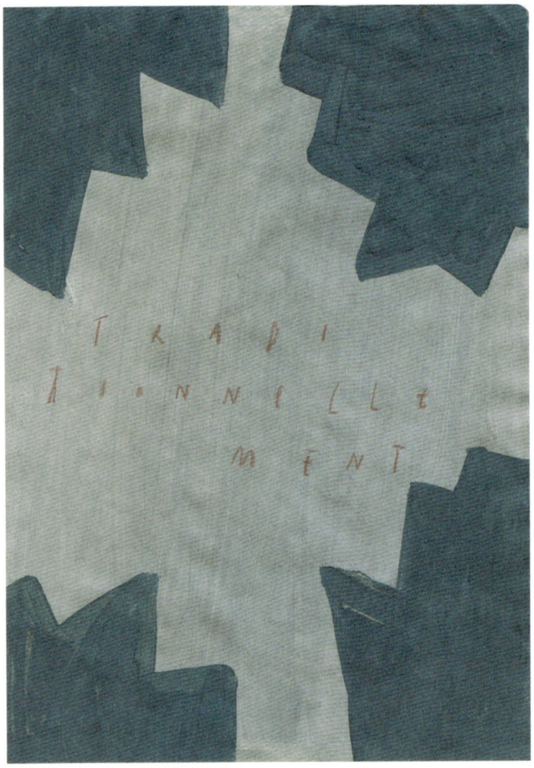

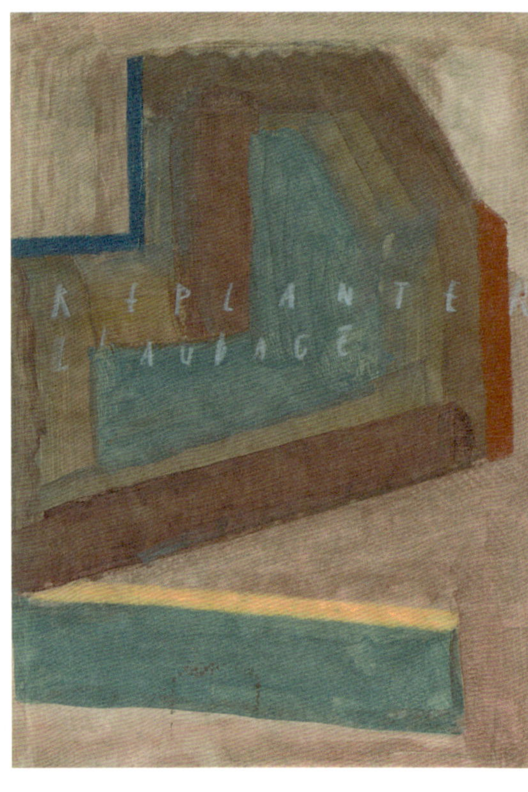

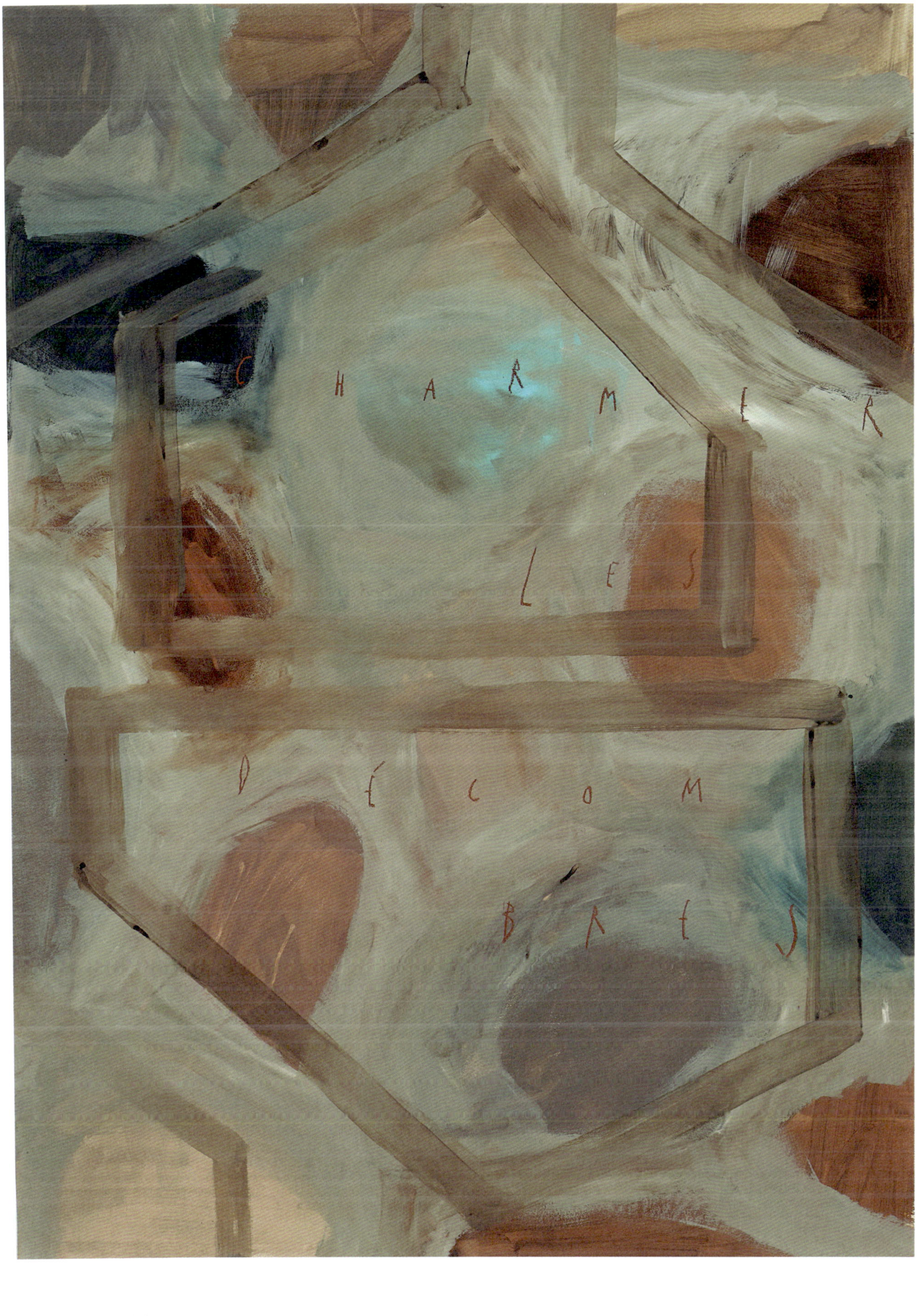
C H A R M E R
L E S
D É C O M
B R E S

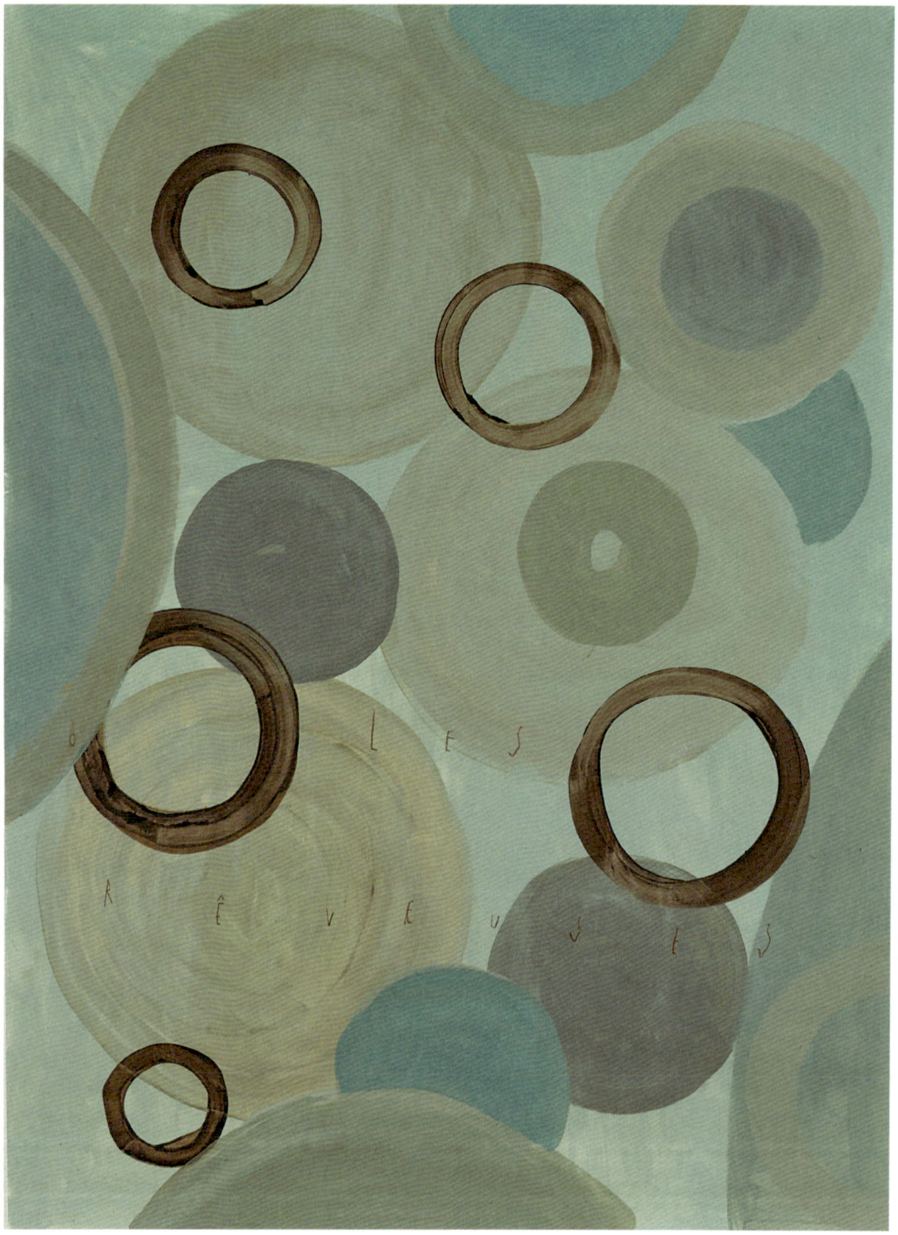
LES
RÊVEUSES

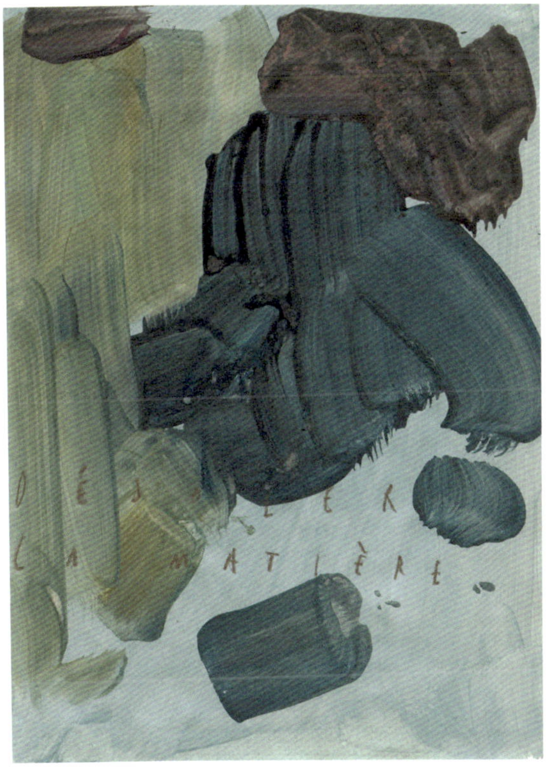
LA MATIÈRE

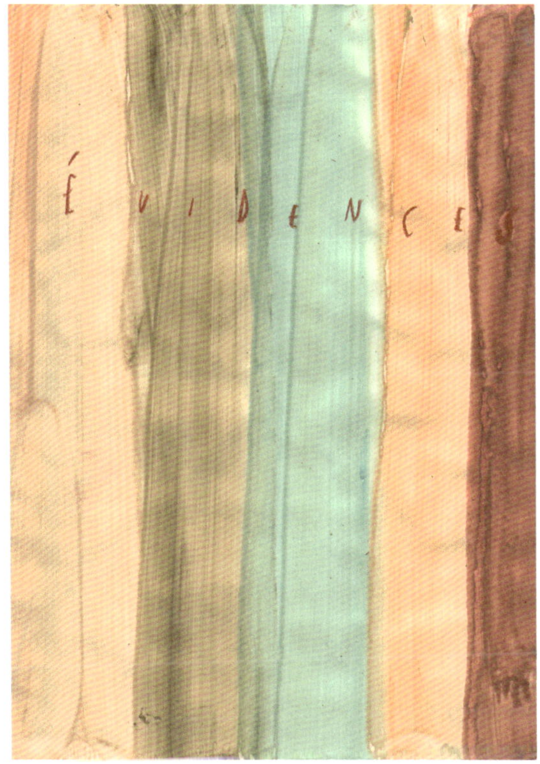
ÉVIDENCES

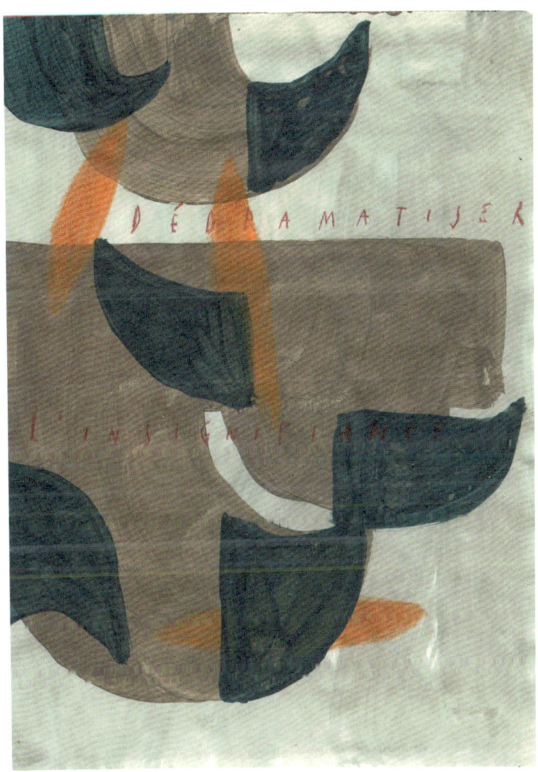

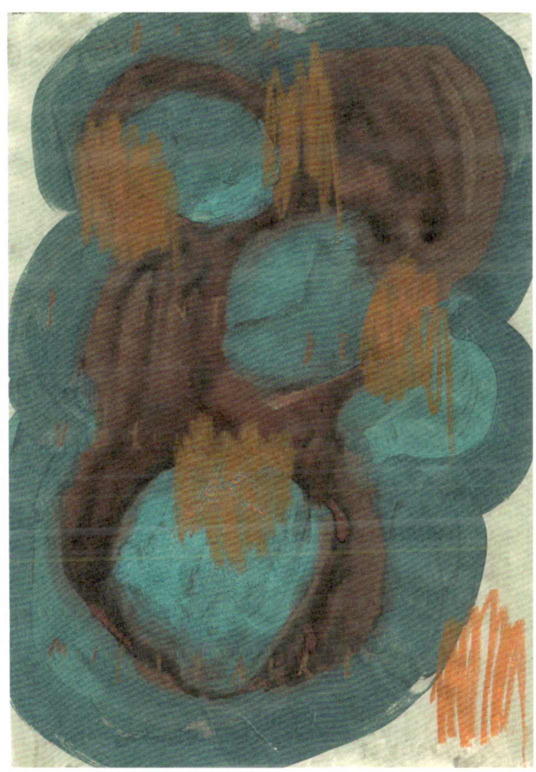

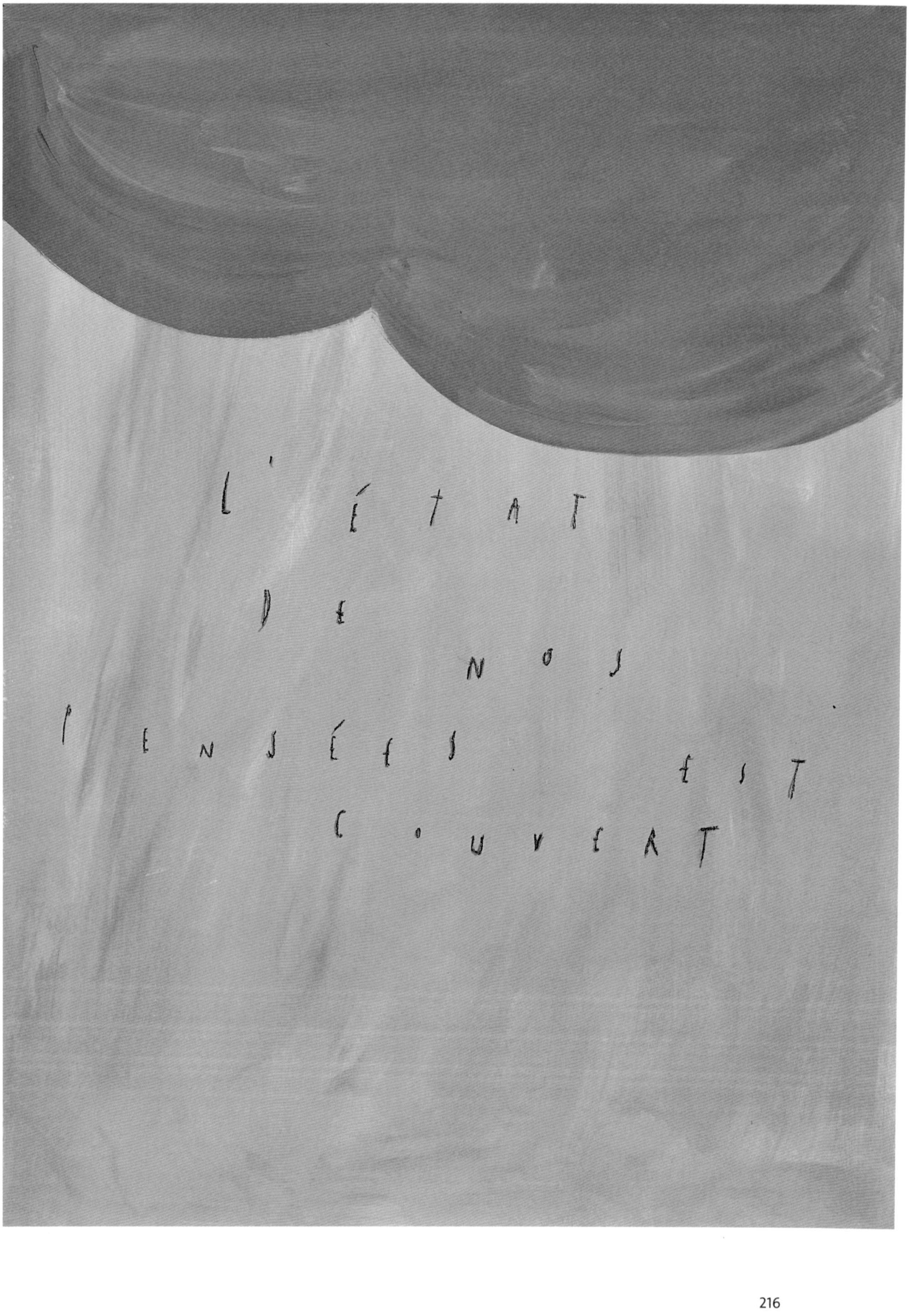
L'ÉTAT
DE
NOS
PENSÉES
EST
COUVERT

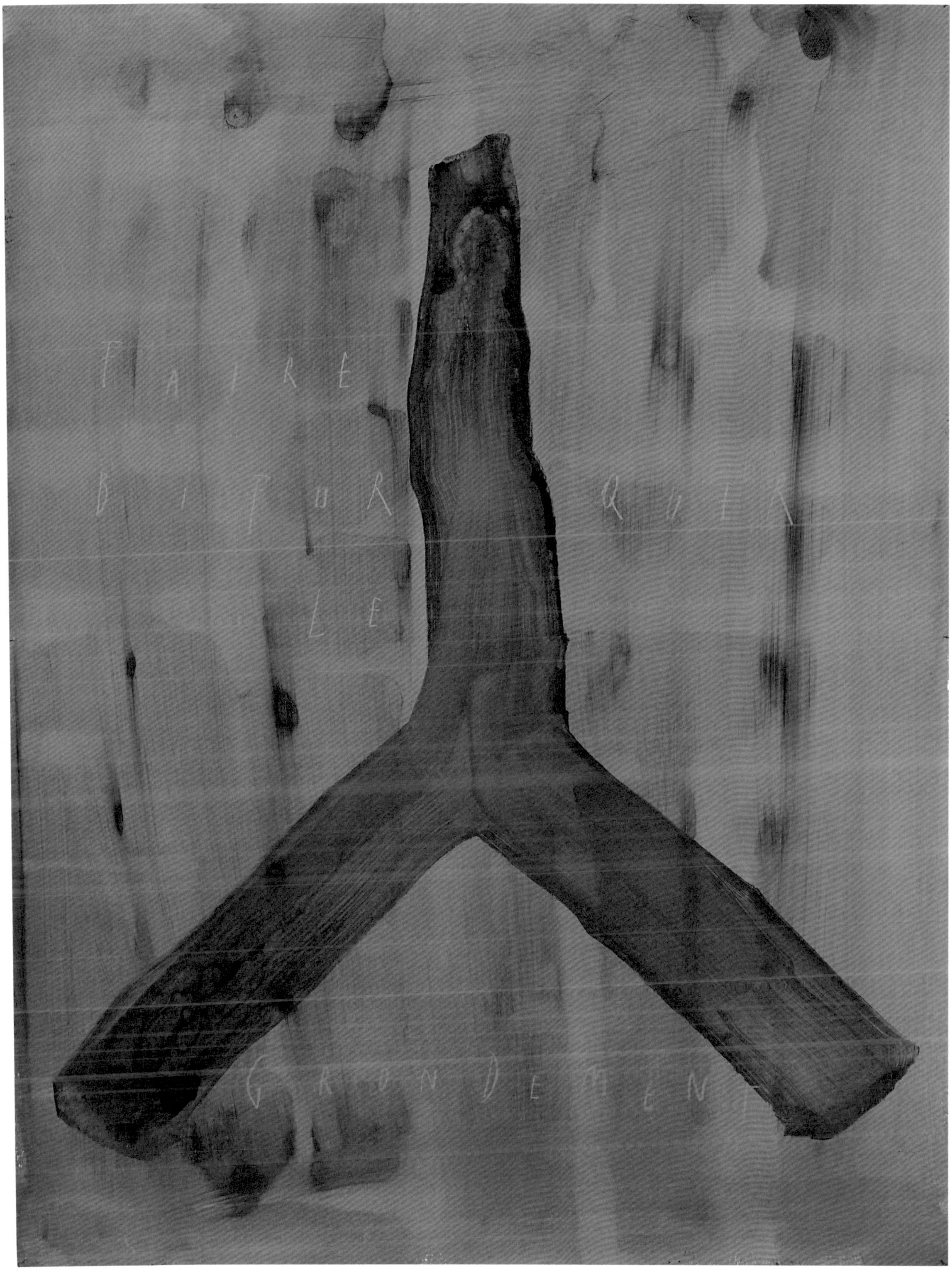
FAIRE
BIFURQUER
LE
GRONDEMENT

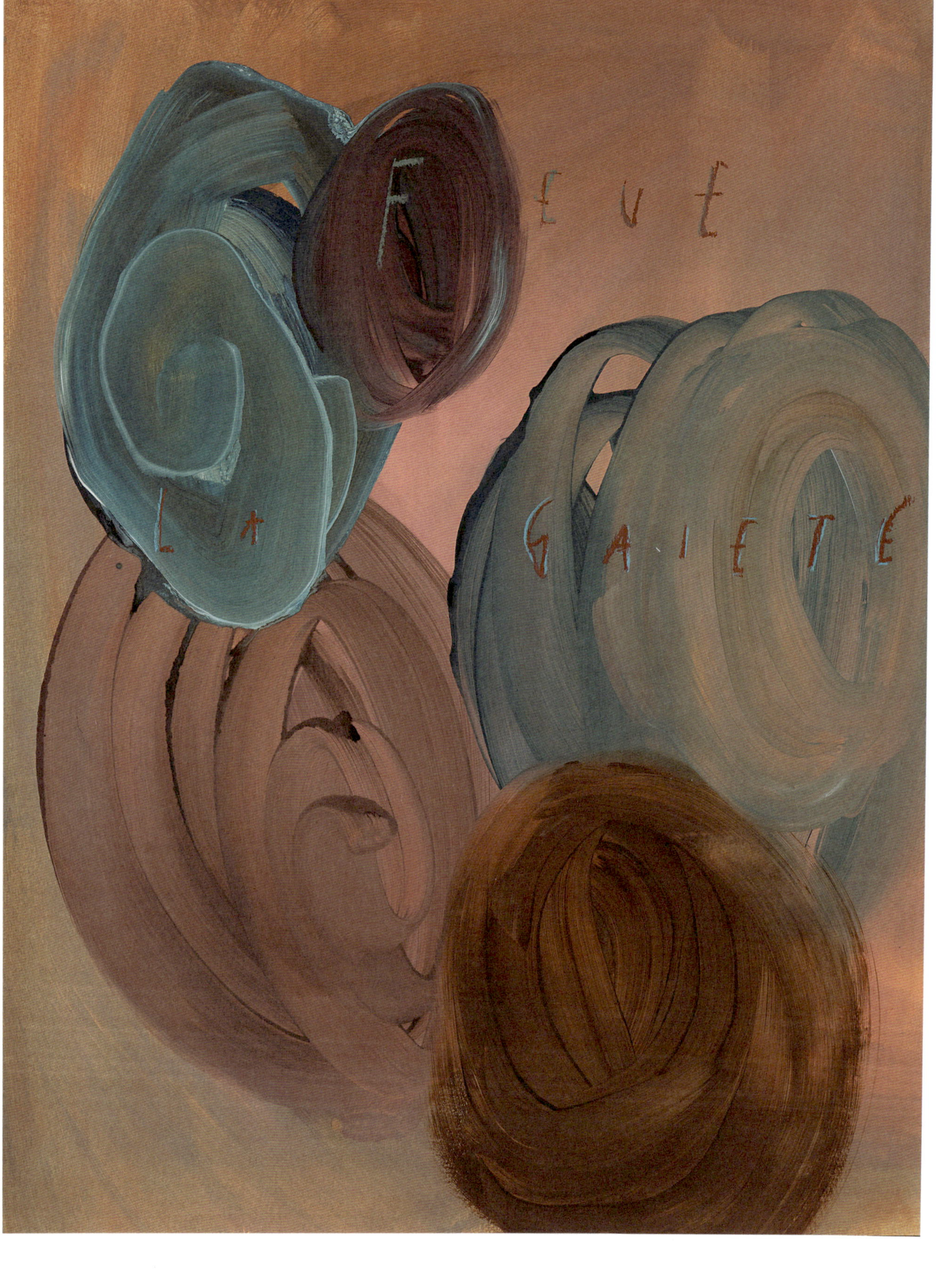
FEVE
LA
GAIETE

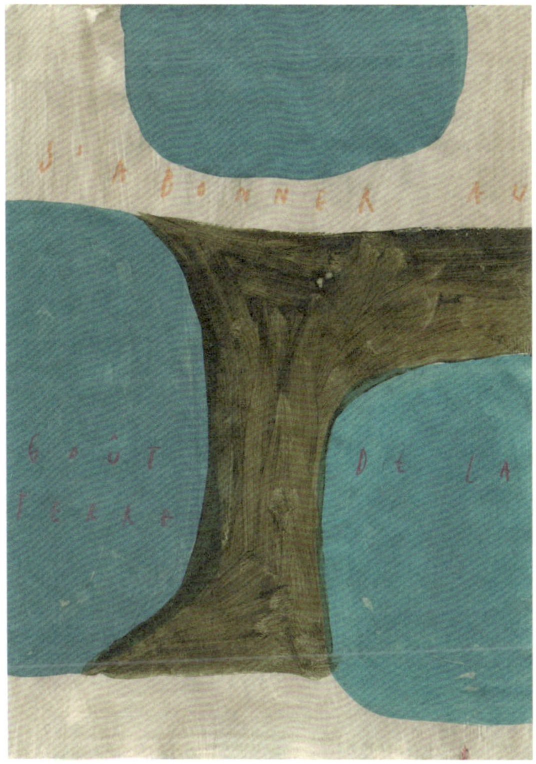
S'ABONNER AU
GOÛT DE LA
TERRE

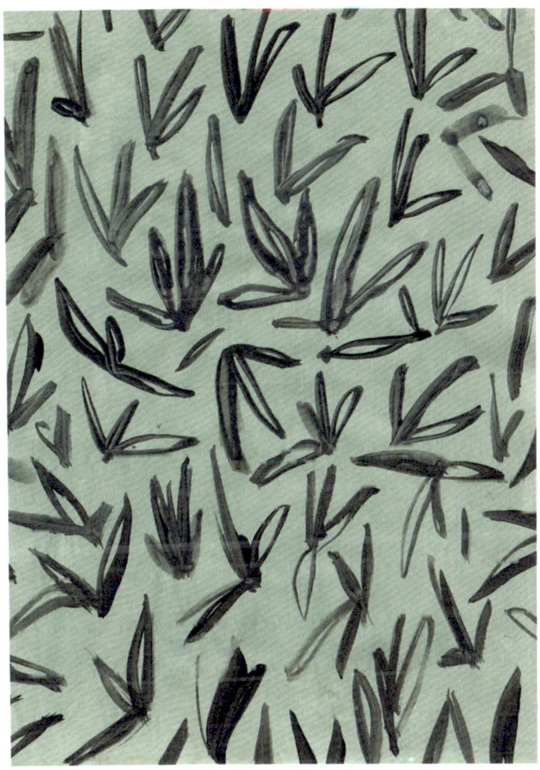

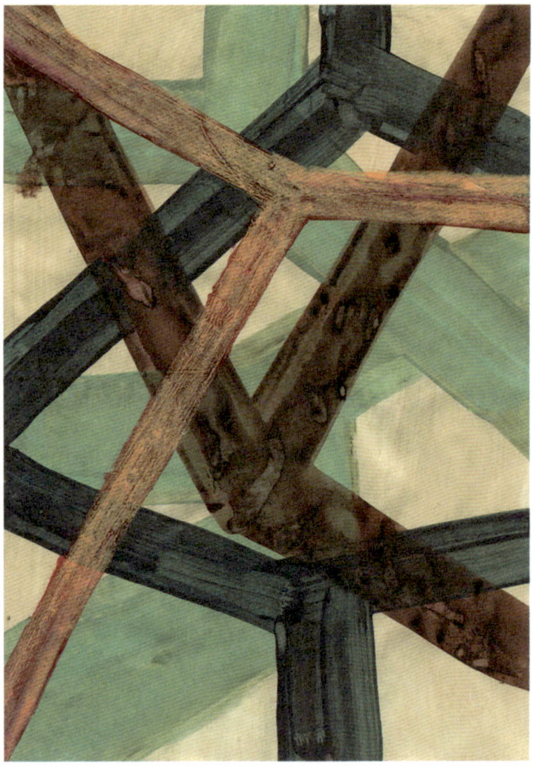

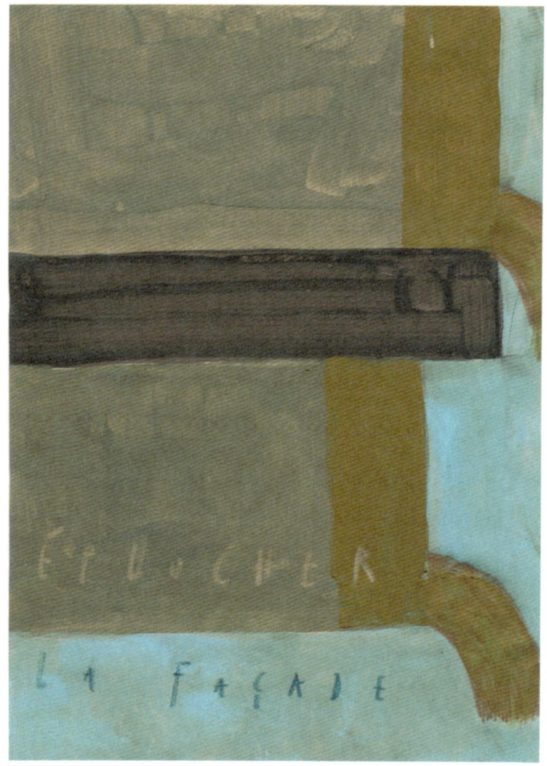
ÉPLUCHER
LA FAÇADE

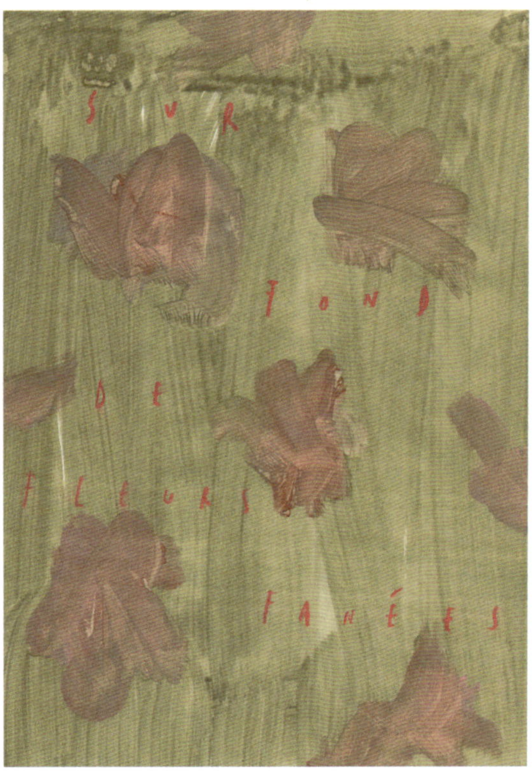
SUR
FOND
DE
FLEURS
FANÉES

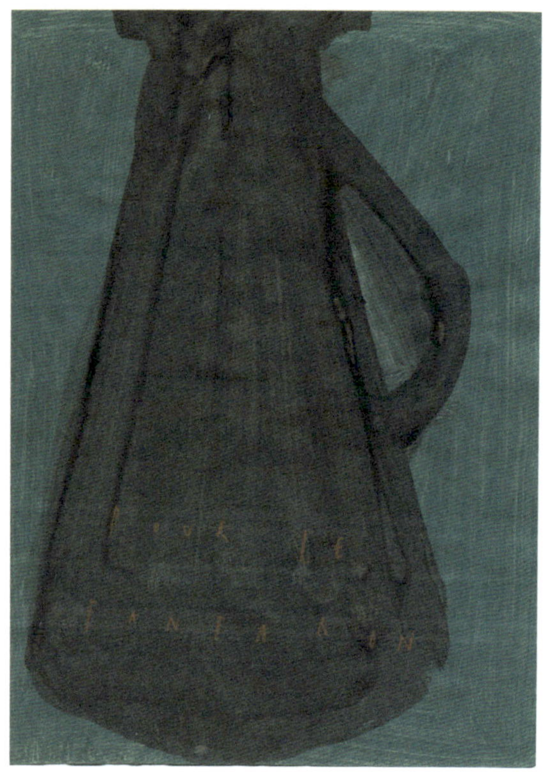
POUR LE
PANTALON

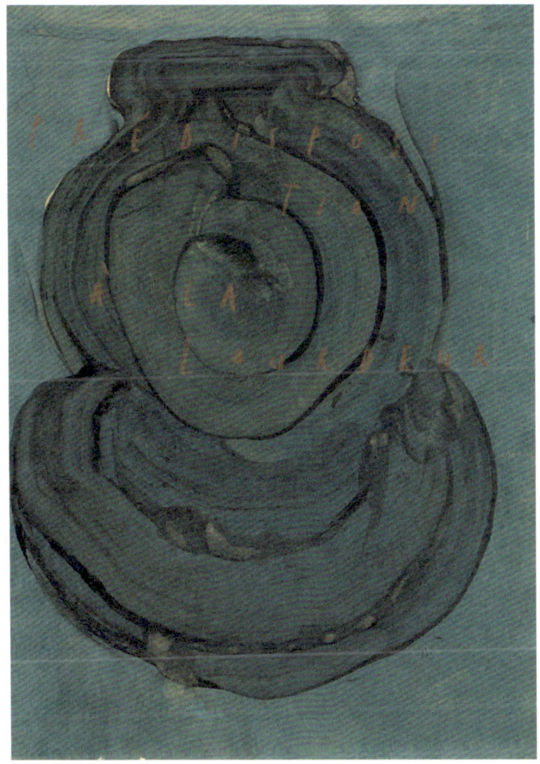

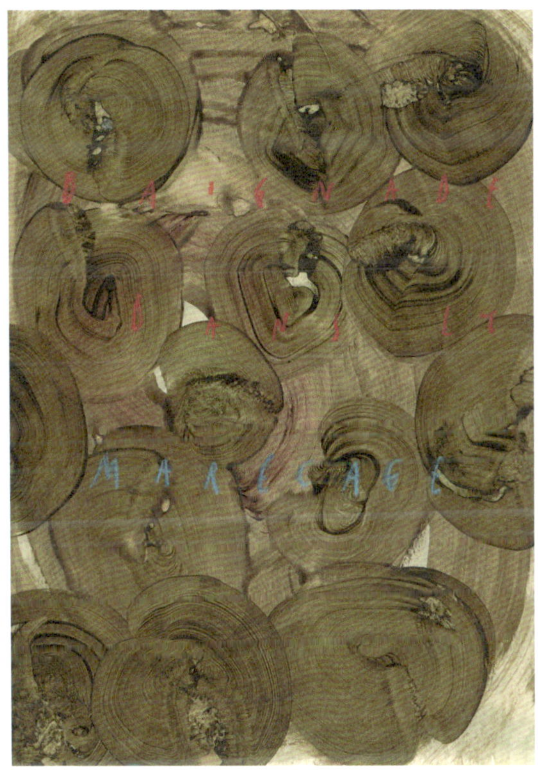

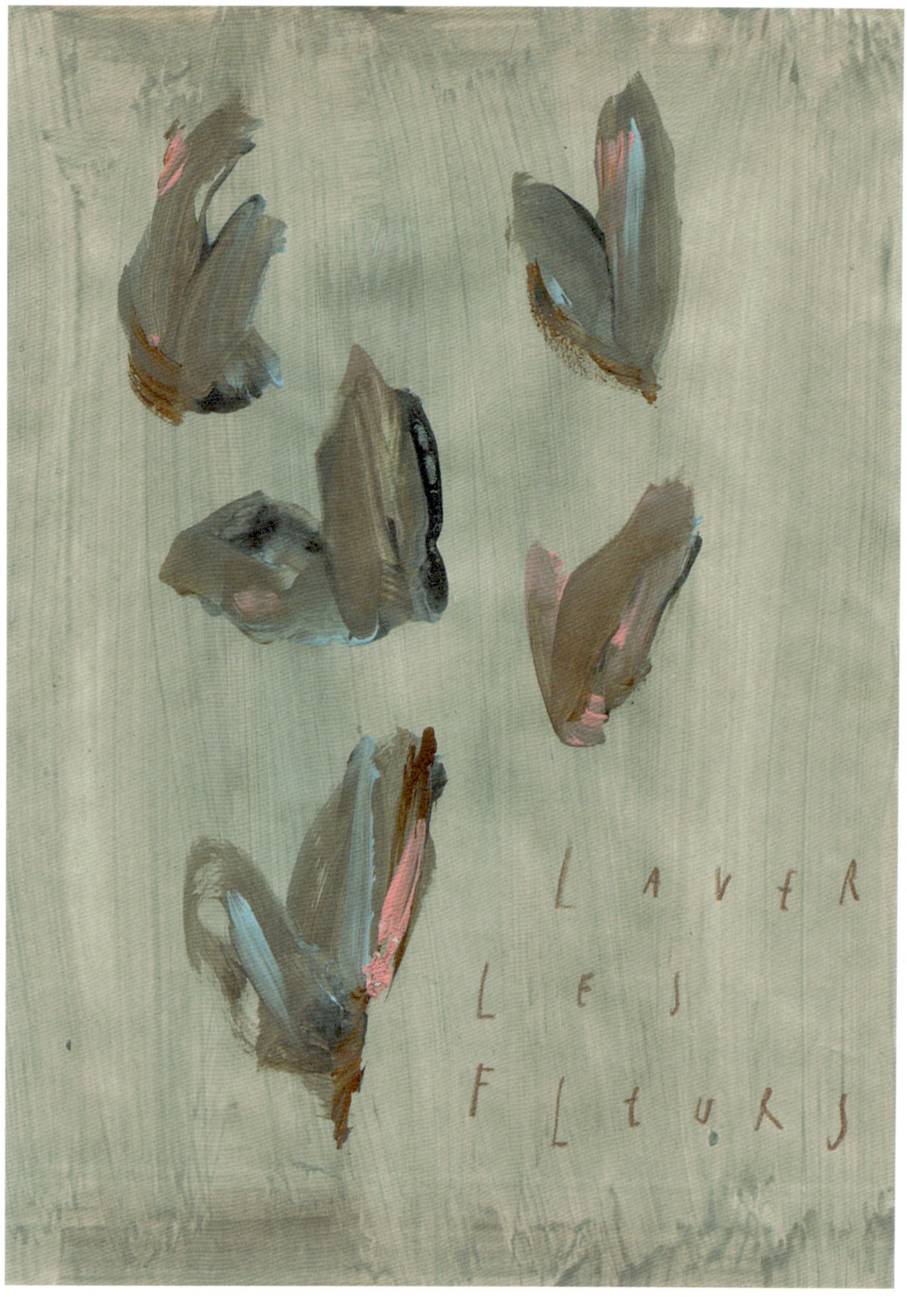
LAVER
LES
FLEURS

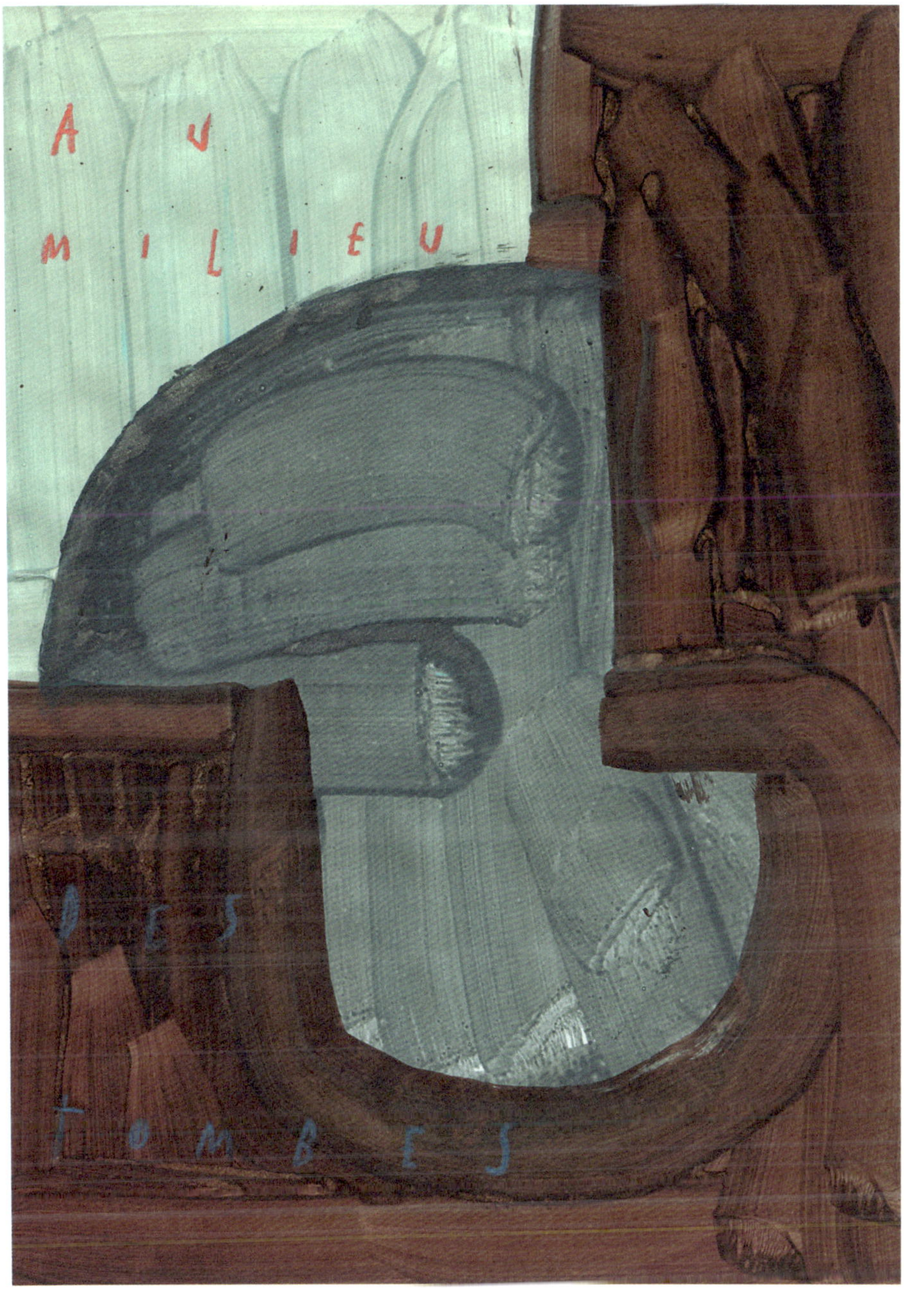
AU
MILIEU
DES
TOMBES

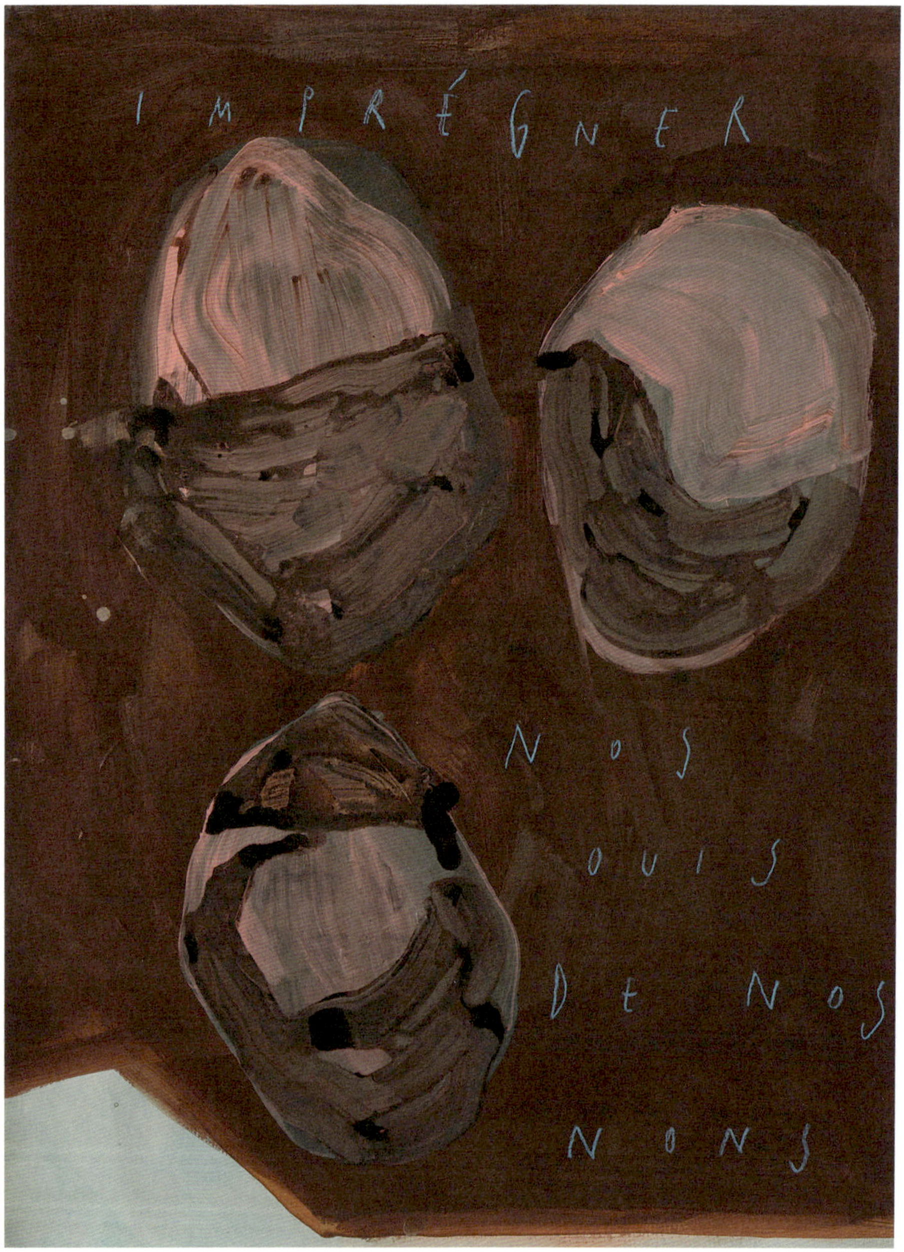
IMPRÉGNER
NOS
OUIS
DE NOS
NONS

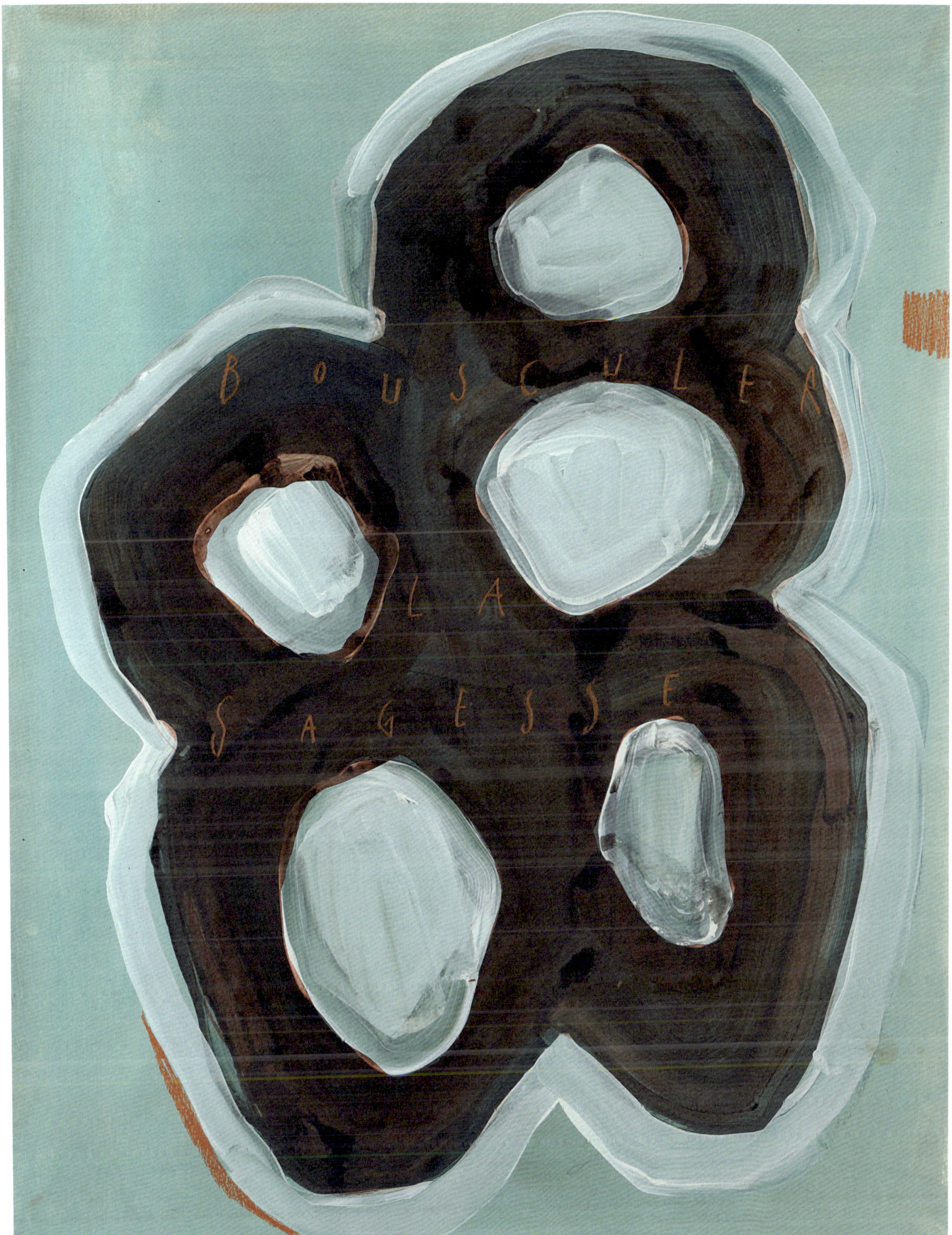
BOUSCULER
LA
SAGESSE

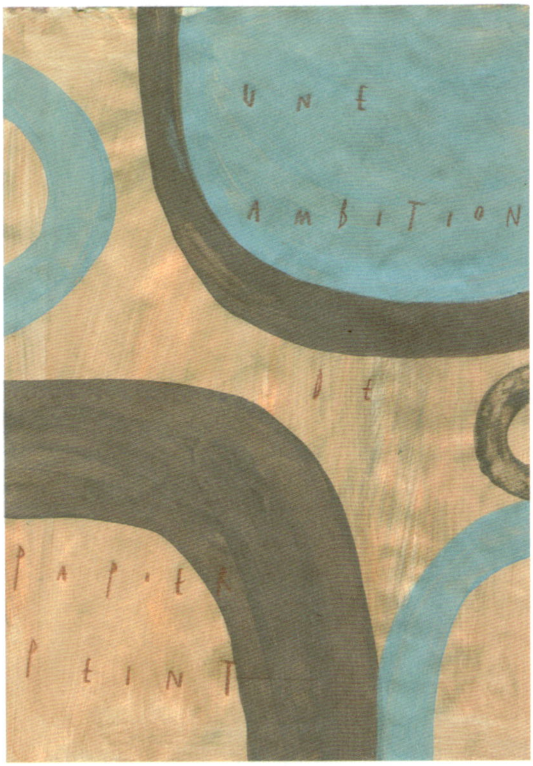
UNE
AMBITION
DE
PAPIER
PEINT

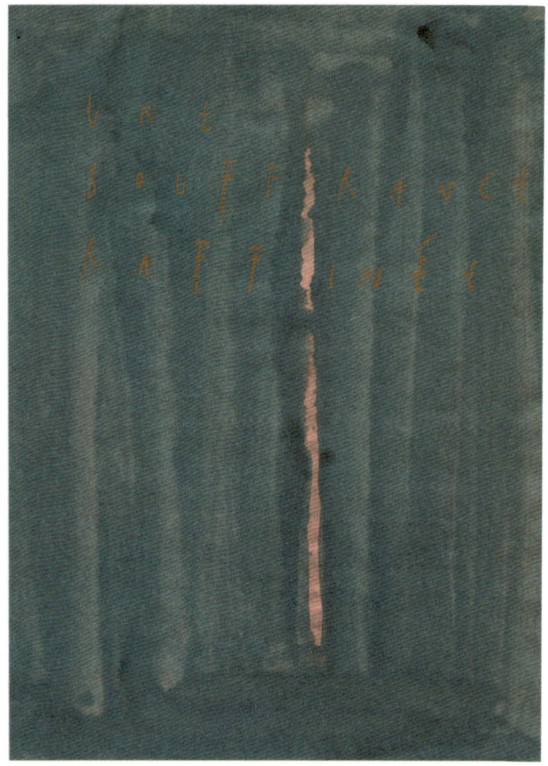
UNE
SOUFFRANCE
RAFFINÉE

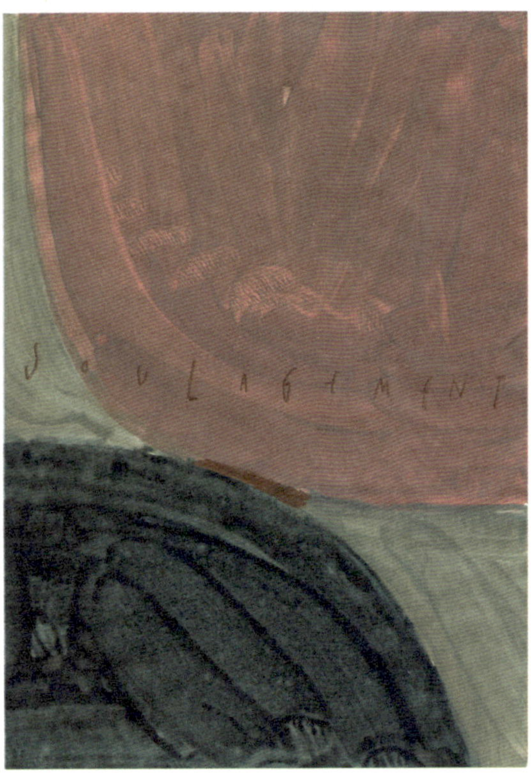
SOULAGEMENT

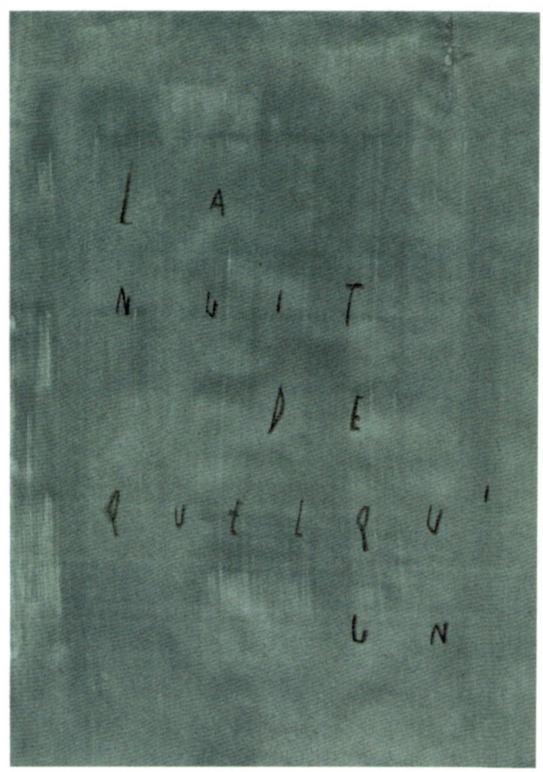
LA
NUIT
DE
QUELQU'UN

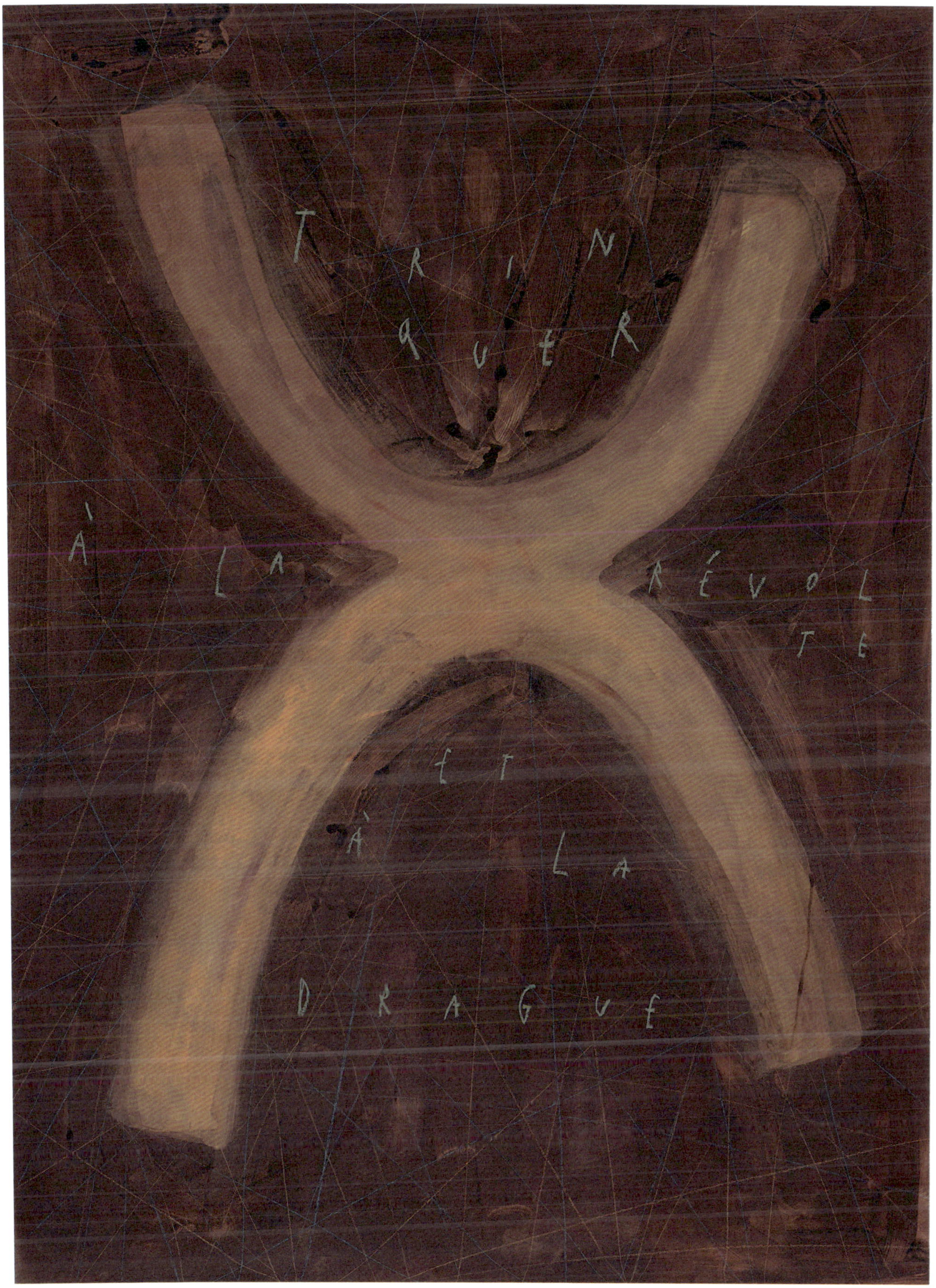
TRINQUER
À LA RÉVOLTE
ET
À LA
DRAGUE

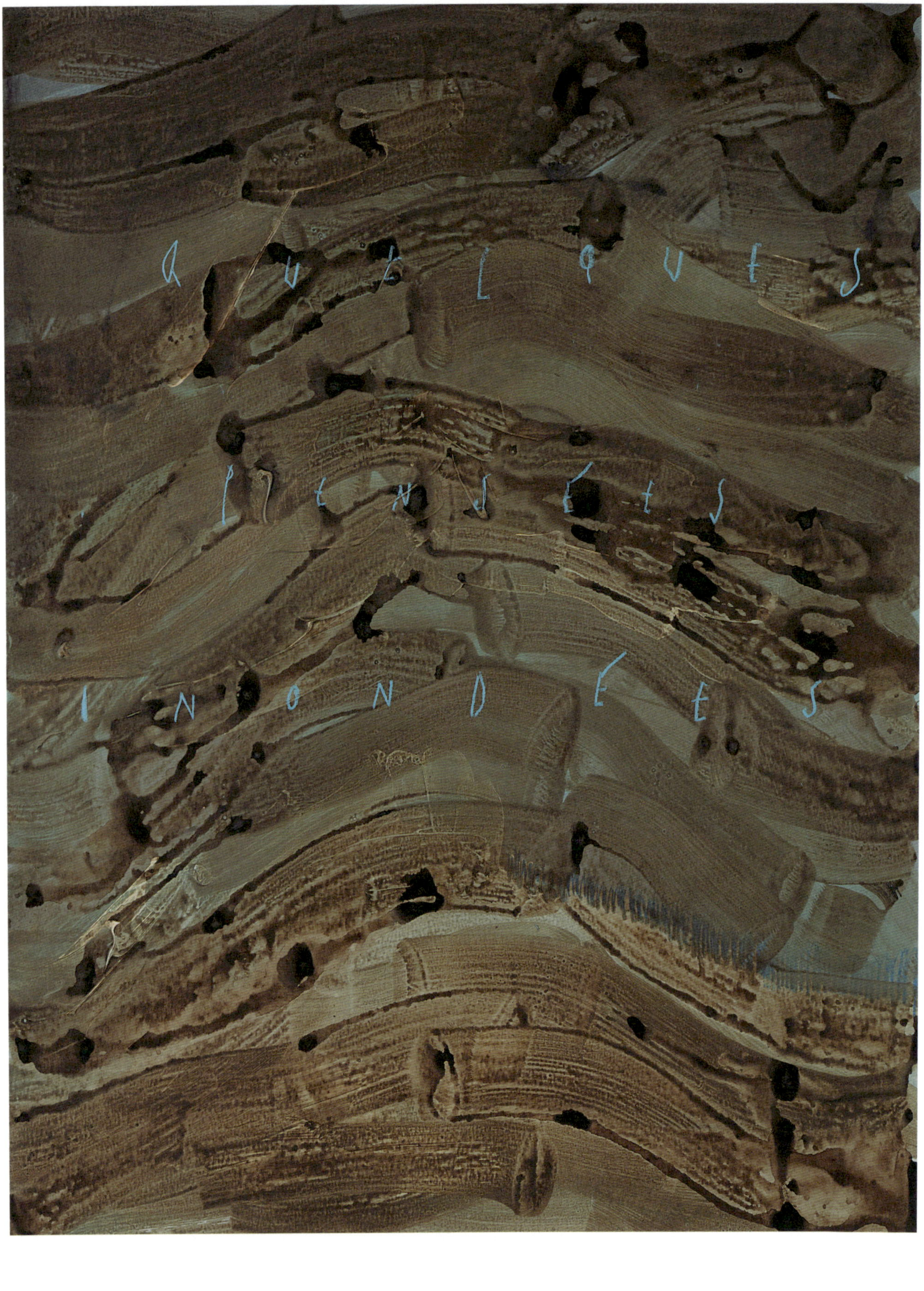
QUELQUES
PENSÉES
INONDÉES

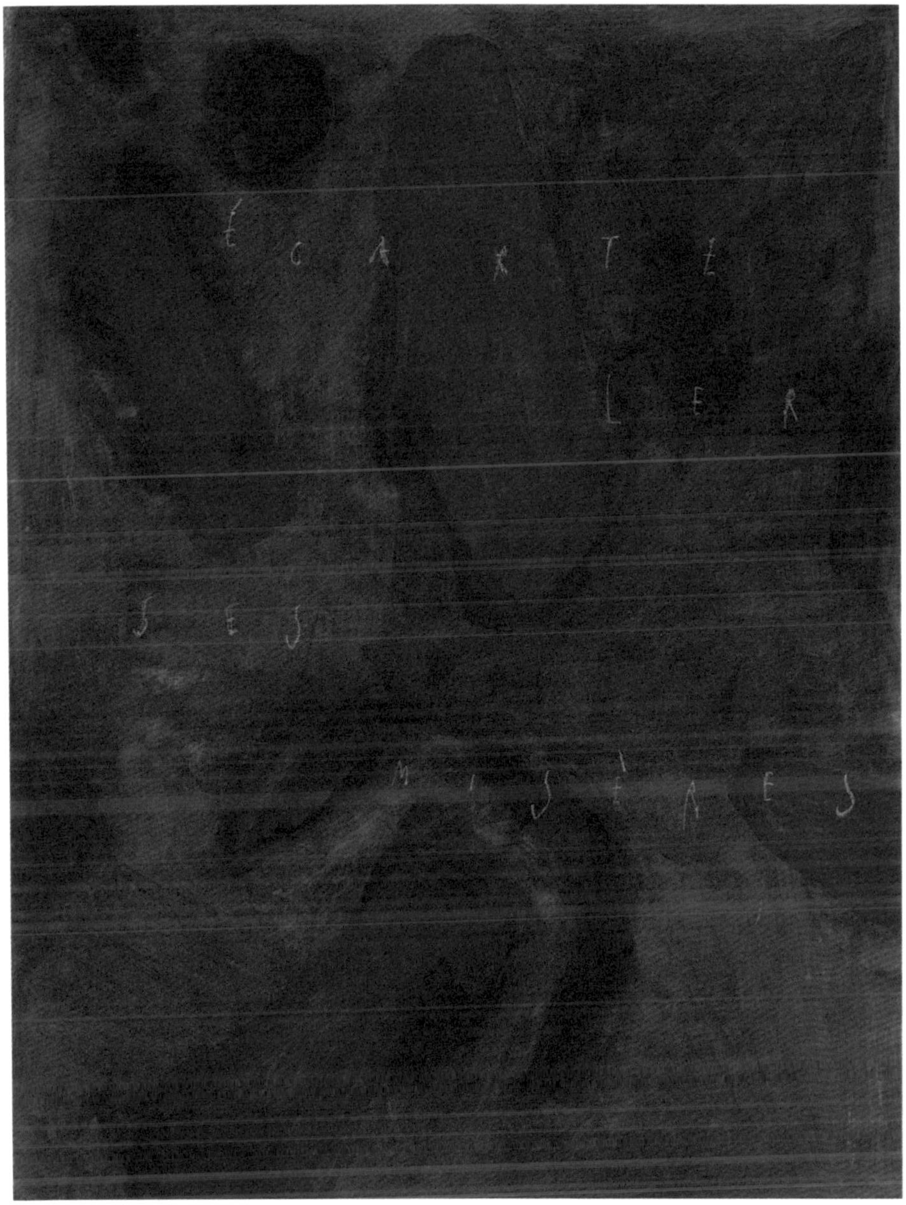
ÉCARTE
LER
SES
MISÈRES

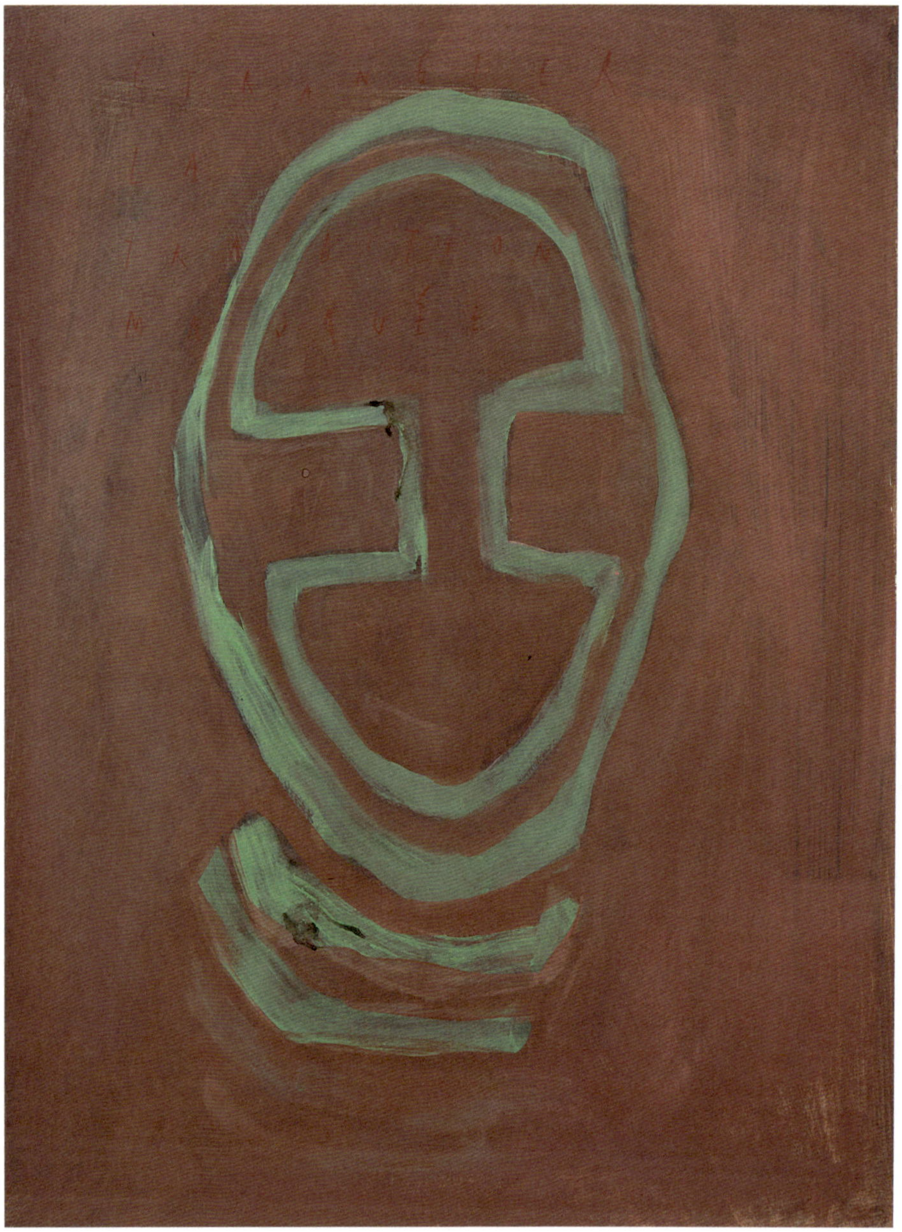

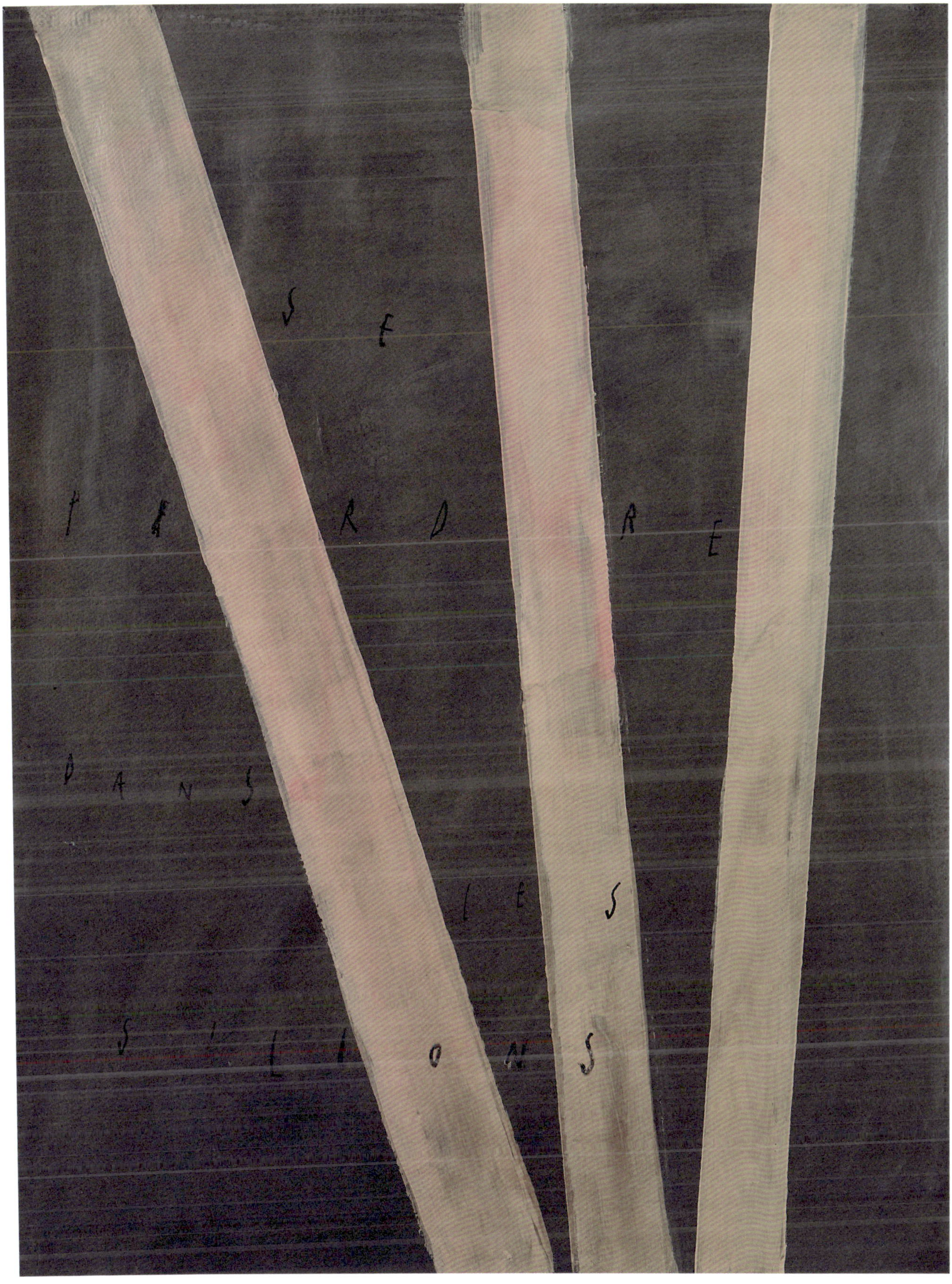
SE
PERDRE
DANS
LES
SILLONS

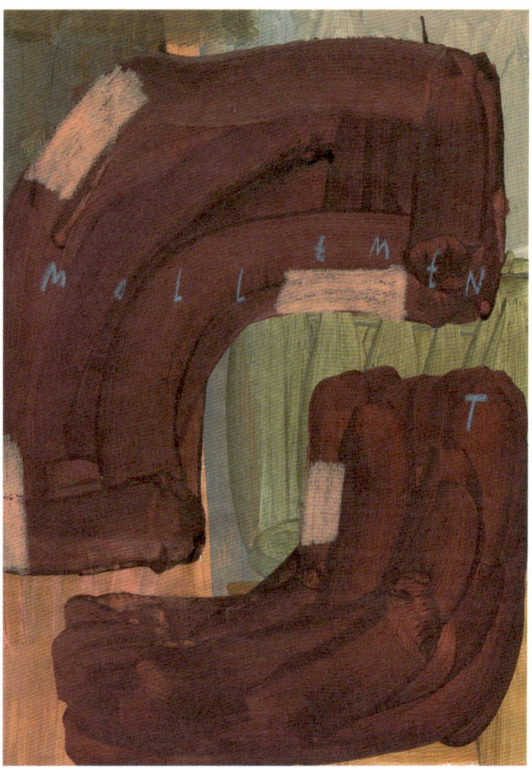
MOLLEMEN
T

LA PAROLE
NON-
ÉCHANGÉE

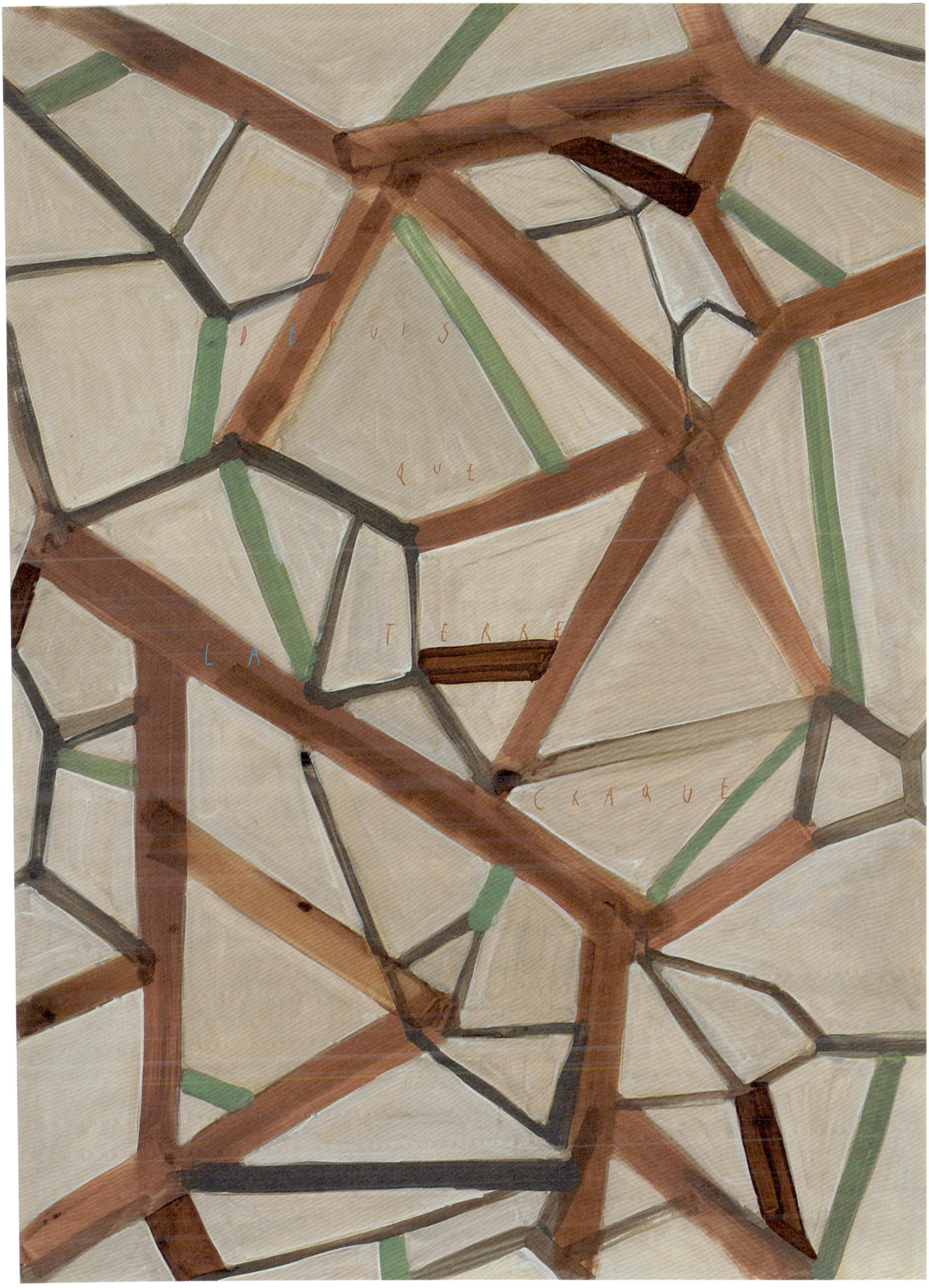
DEPUIS
QUE
LA TERRE
CRAQUE

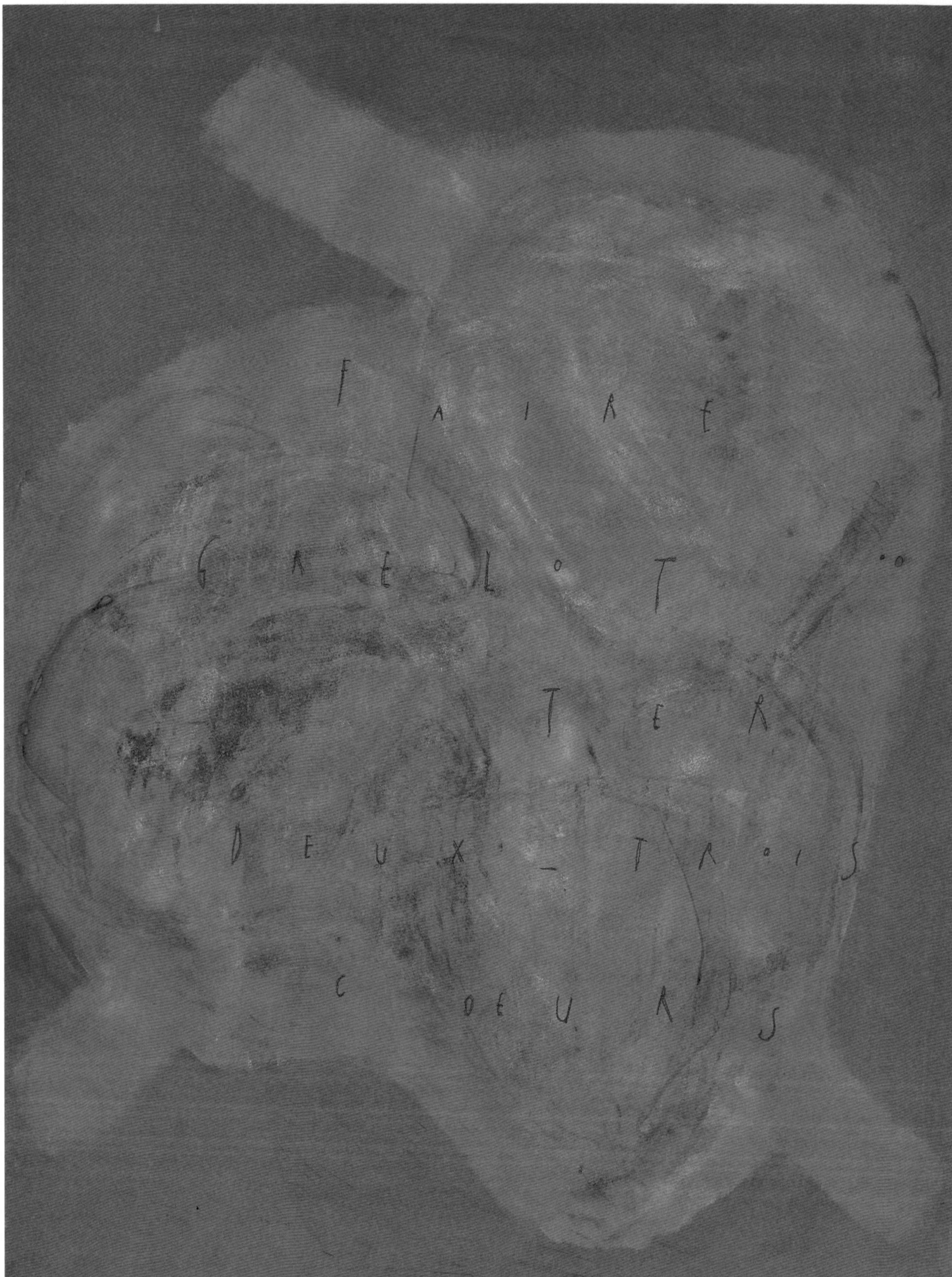
FAIRE
GRELOT
TER
DEUX-TROIS
COEURS

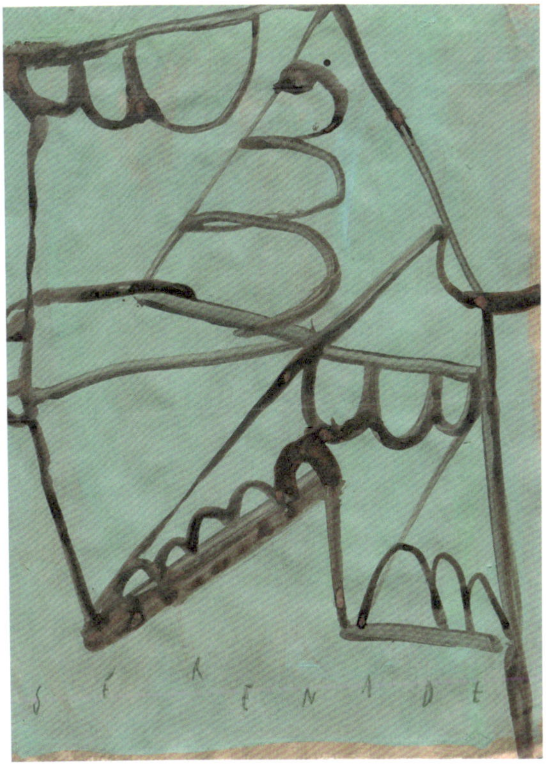
SERENADE

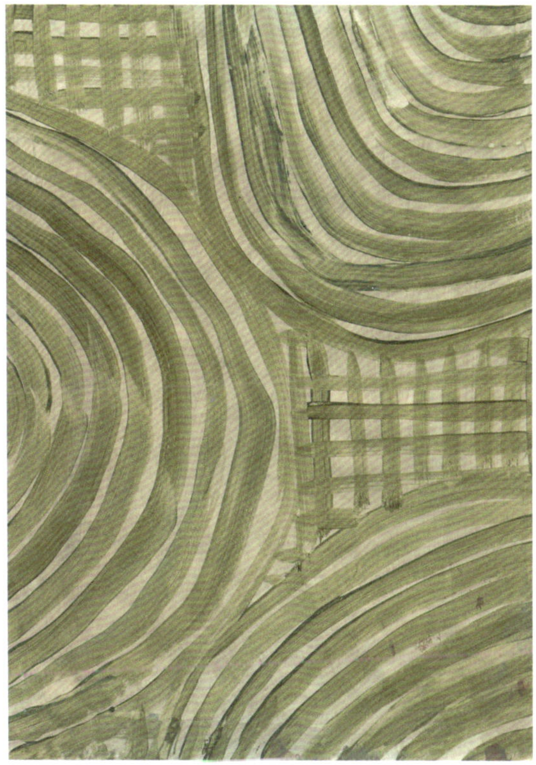

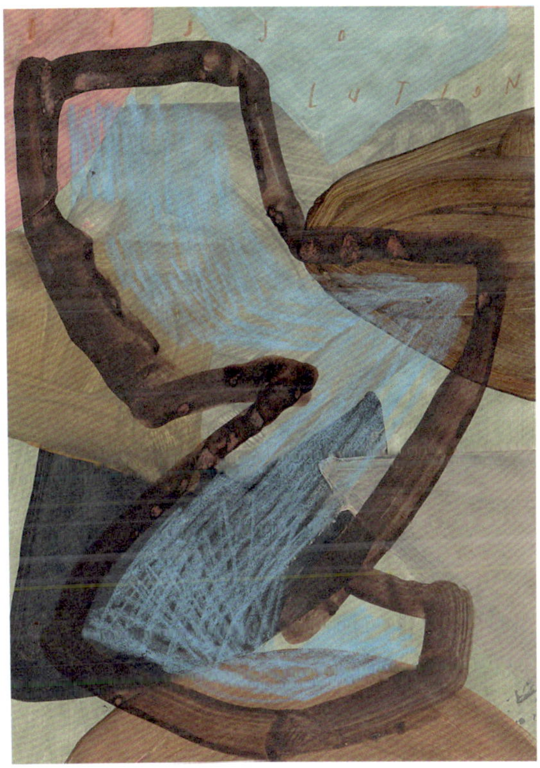
LUTION

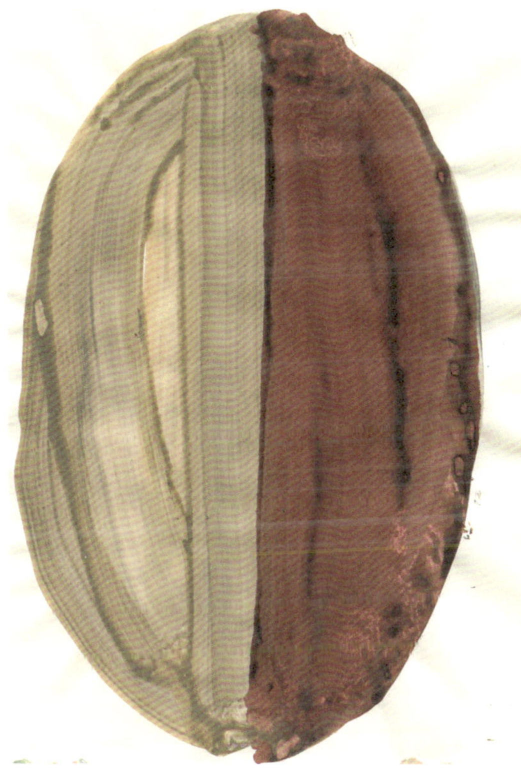

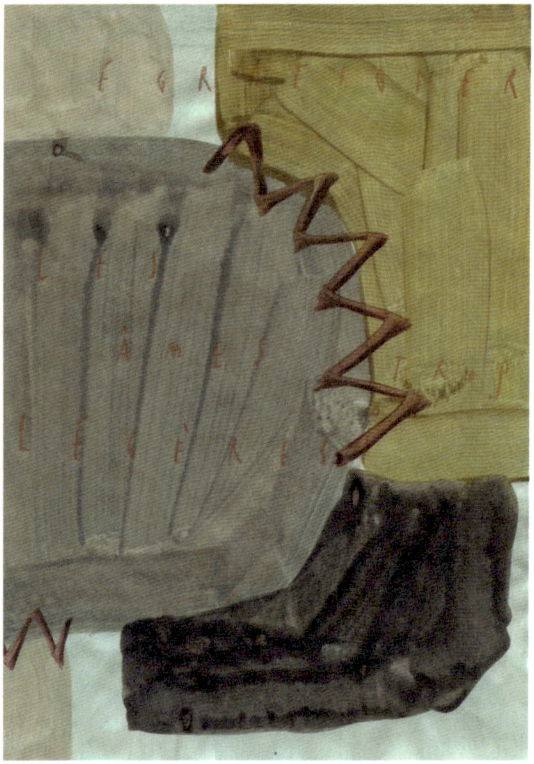

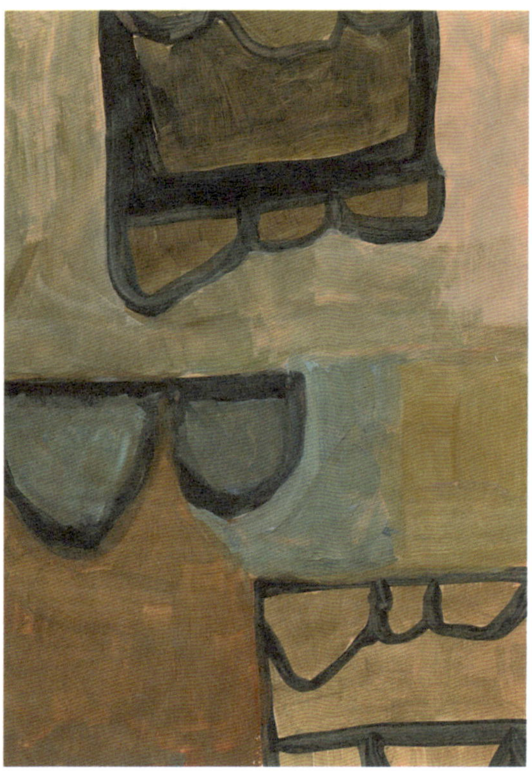

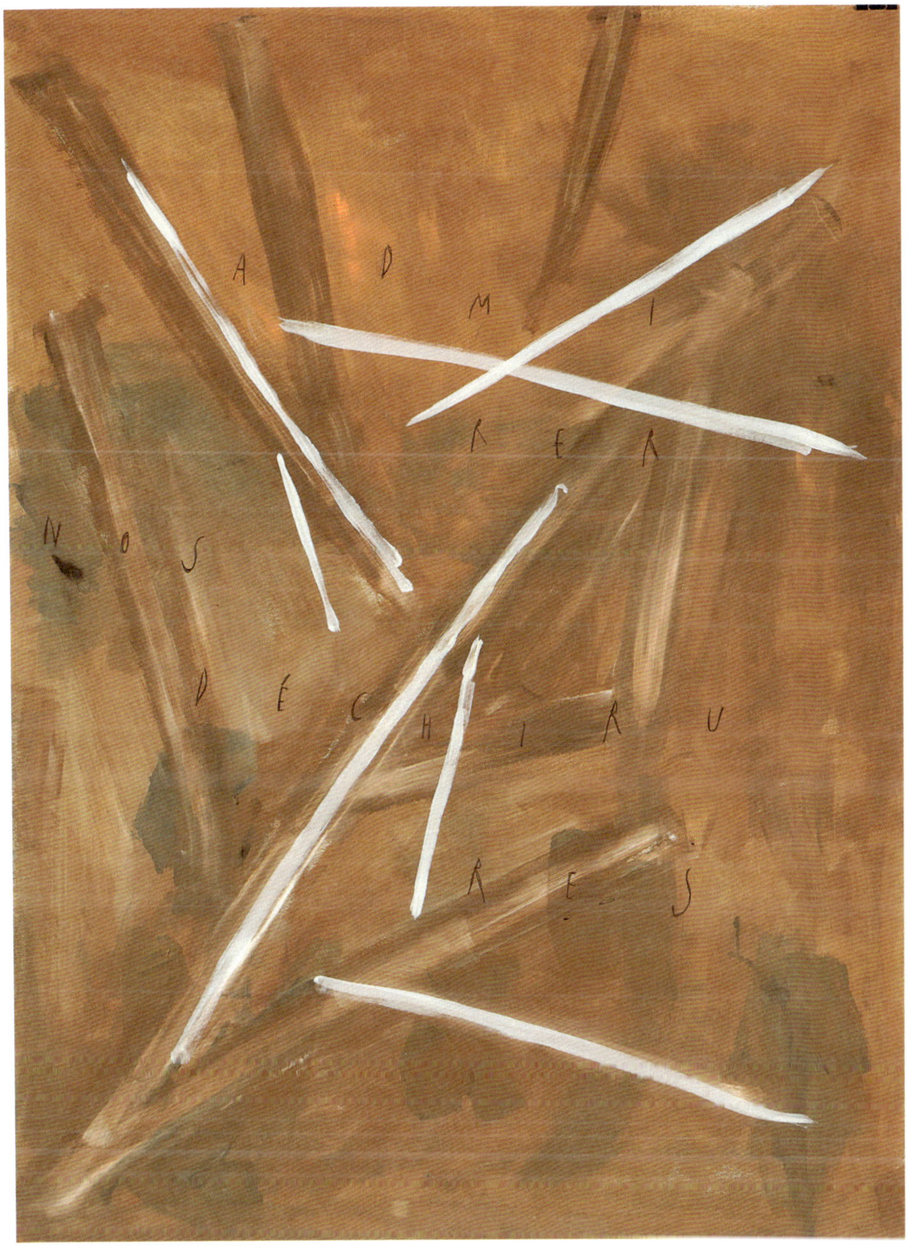
A D
M I
R E R
N O S
D E C H I R U
R E S

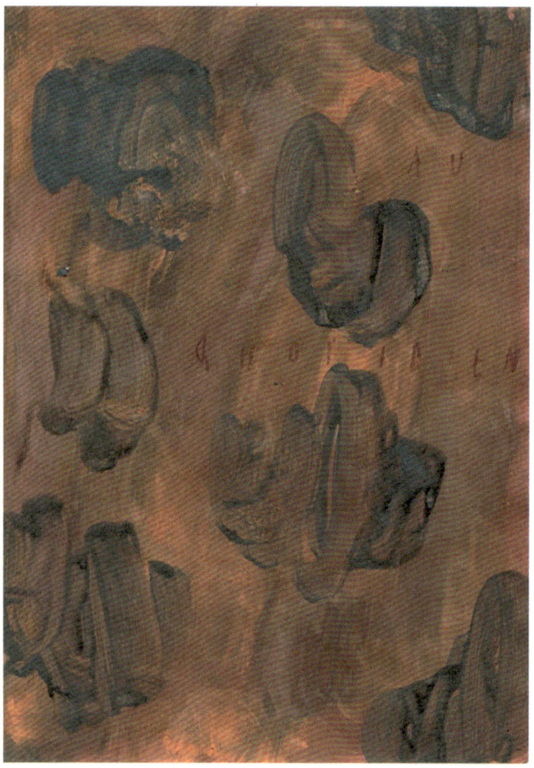

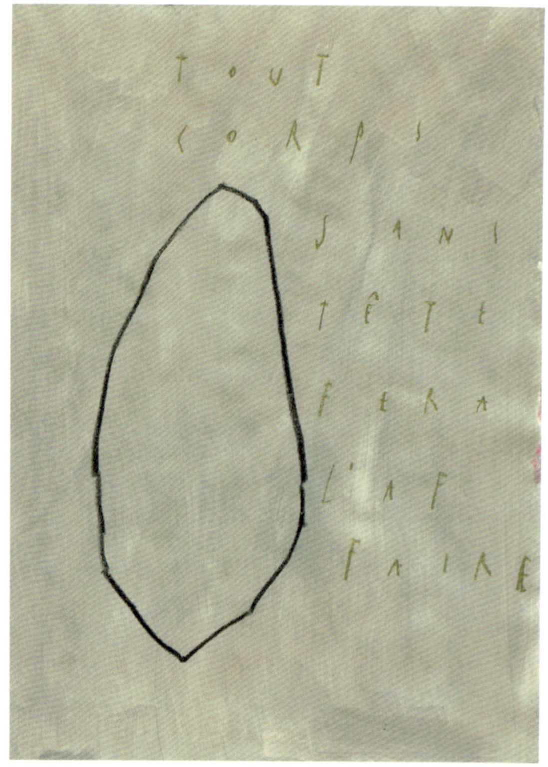
TOUT
CORPS
SANS
TÊTE
FERA
L'AF
FAIRE

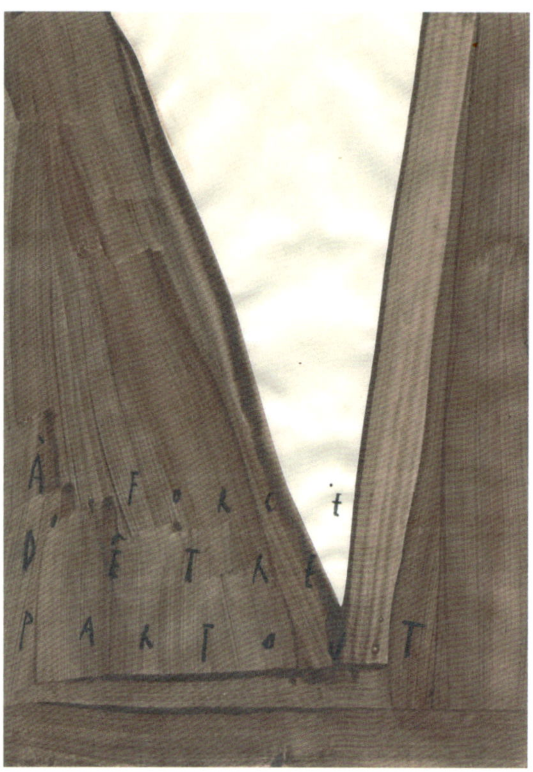
À FORCE
D'ÊTRE
PARTOUT

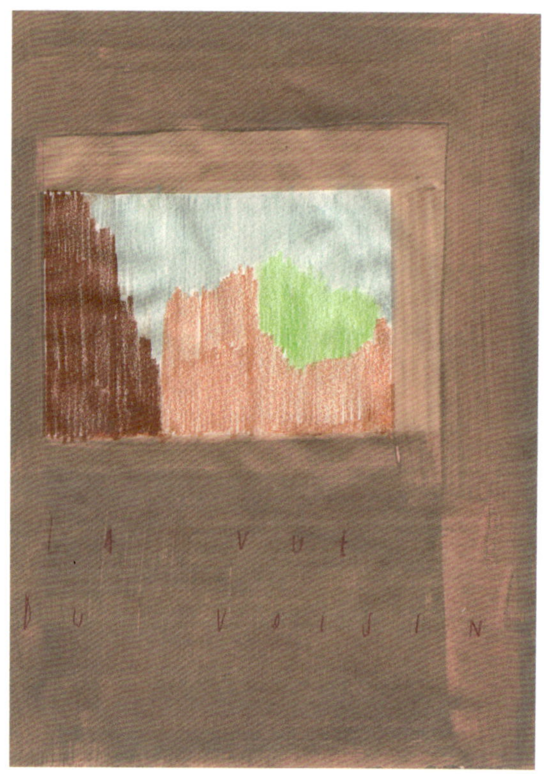
LA VUE
DU VOISIN

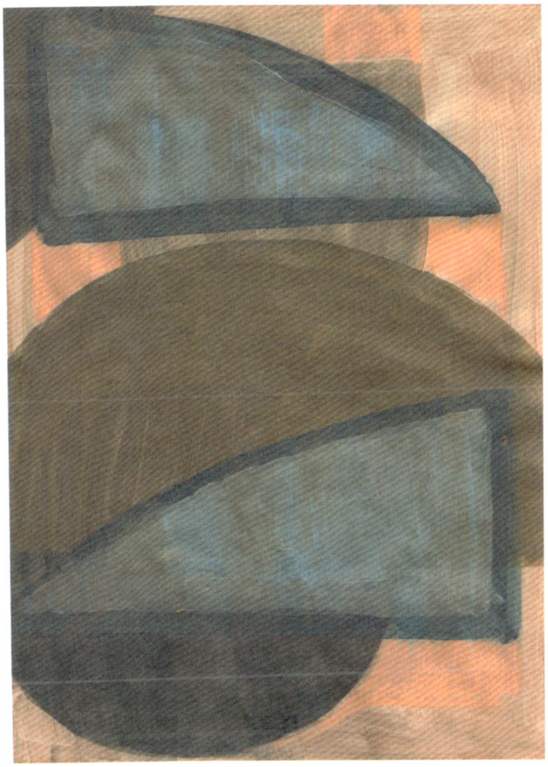

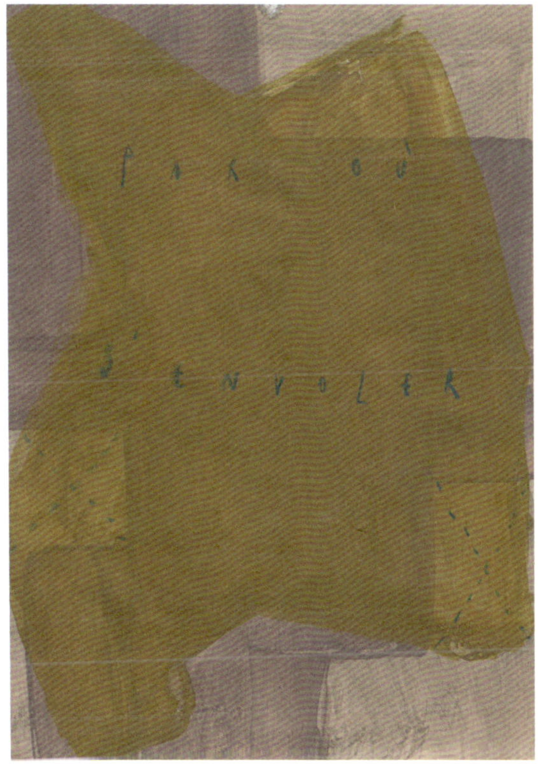
PAS OÙ
S'ENVOLER

LA
DEMEURE
ATTRISTÉE

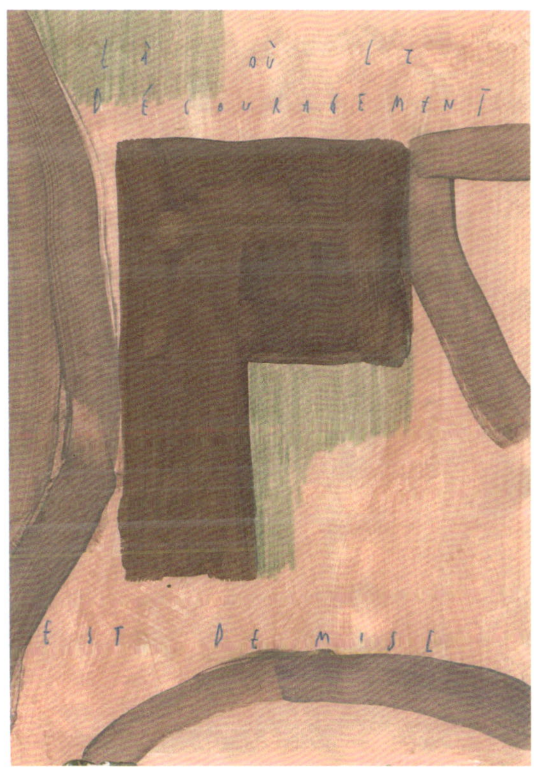
LÀ OÙ LE
DÉCOURAGEMENT
EST DE MISE

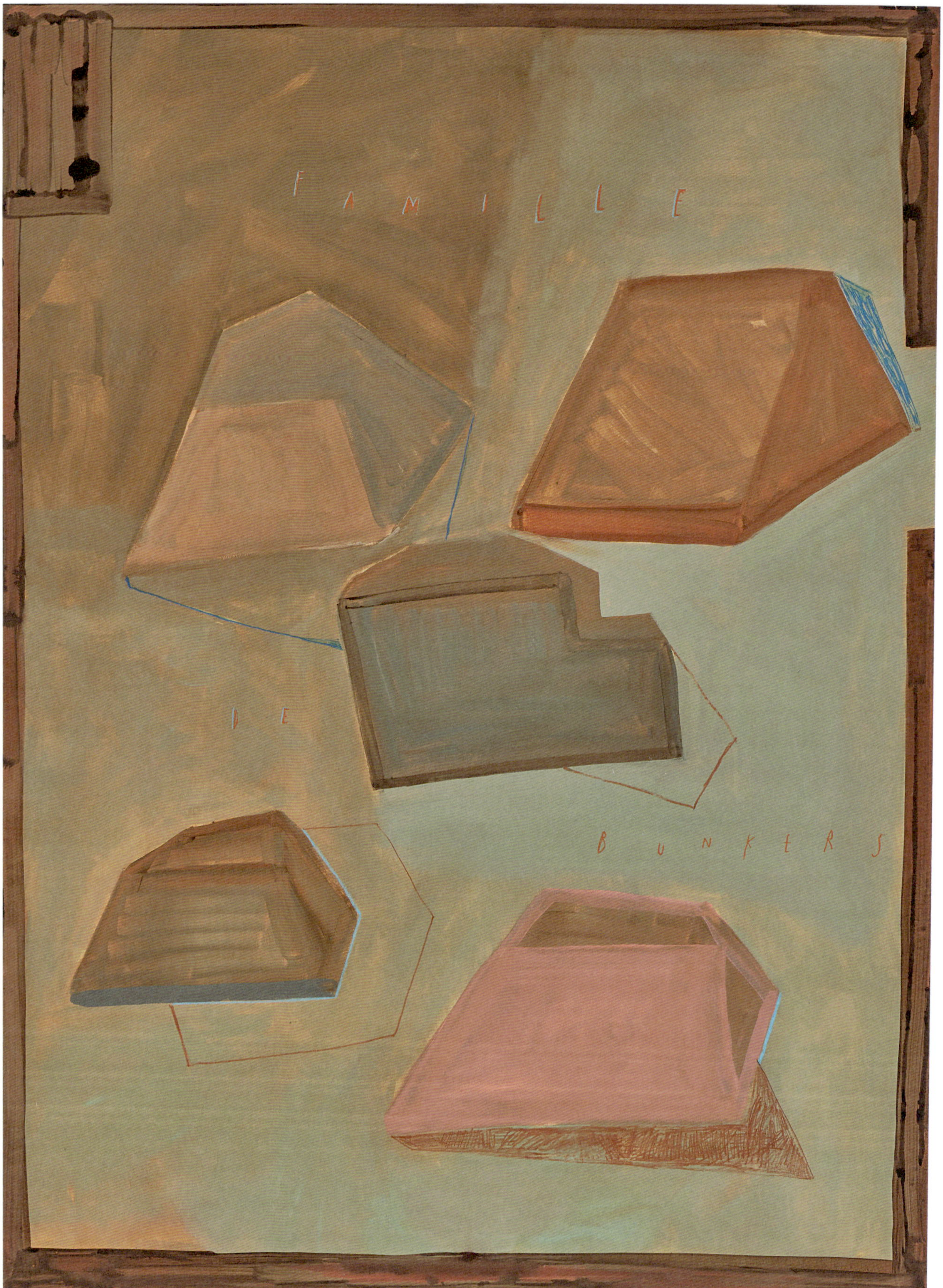
FAMILLE
DE
BUNKERS

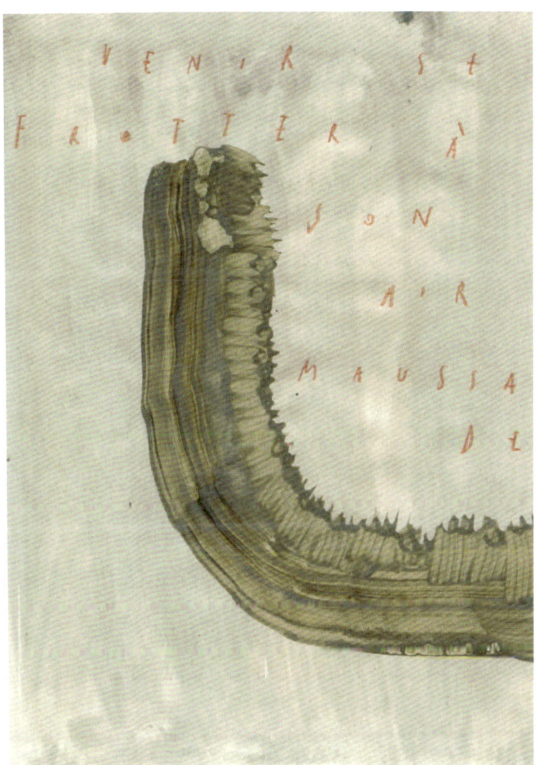
VENIR SE
FROTTER À
SON
AIR
MAUSSA
DE

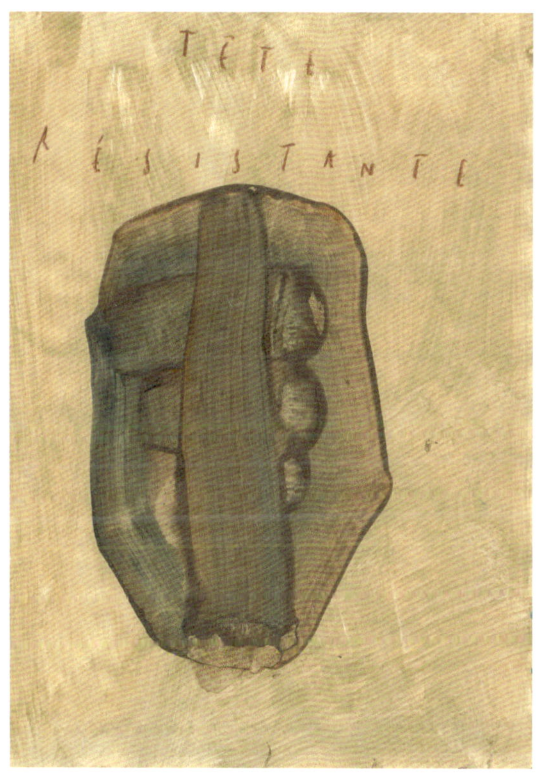
TÊTE
RÉSISTANTE

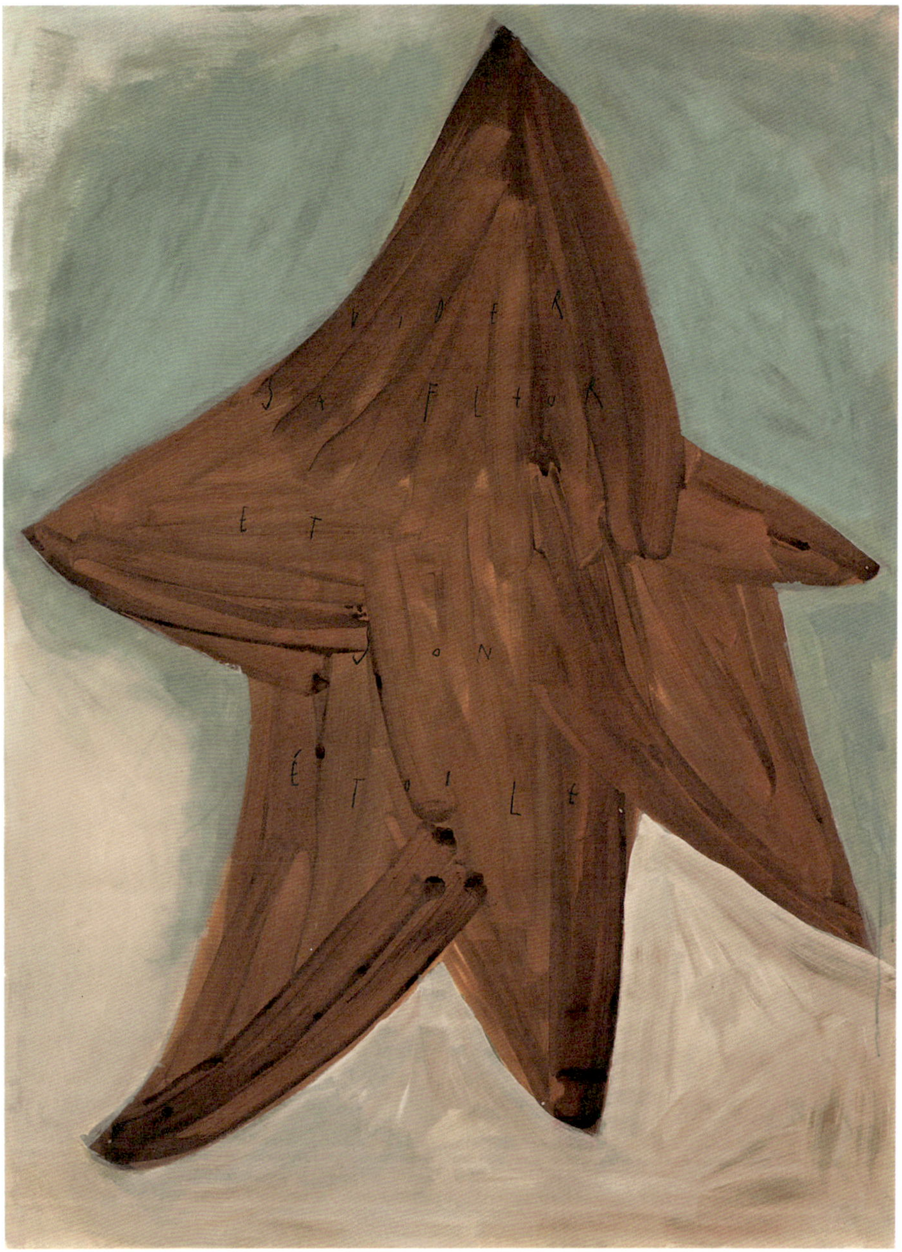
VIDER
SA FLEUR
ET
SON
ÉTOILE

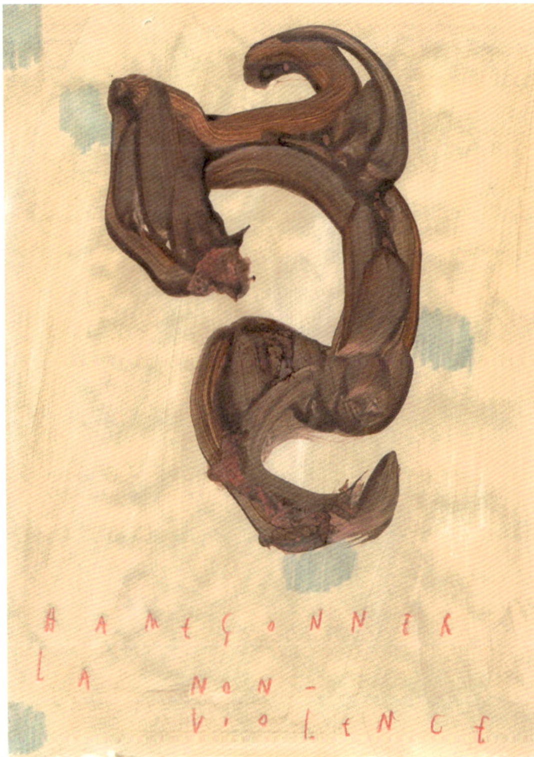
HAMEÇONNER
LA NON-
VIOLENCE

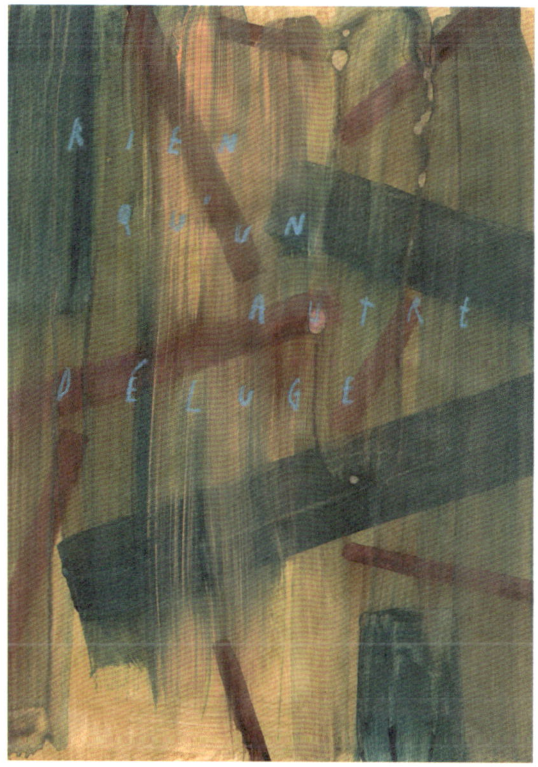
RIEN
QU'UN
AUTRE
DÉLUGE

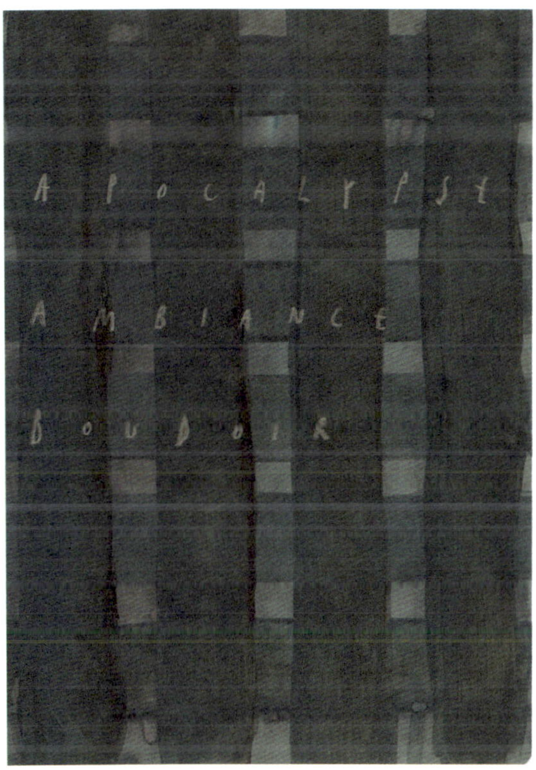
APOCALYPSE
AMBIANCE
BOUDOIR

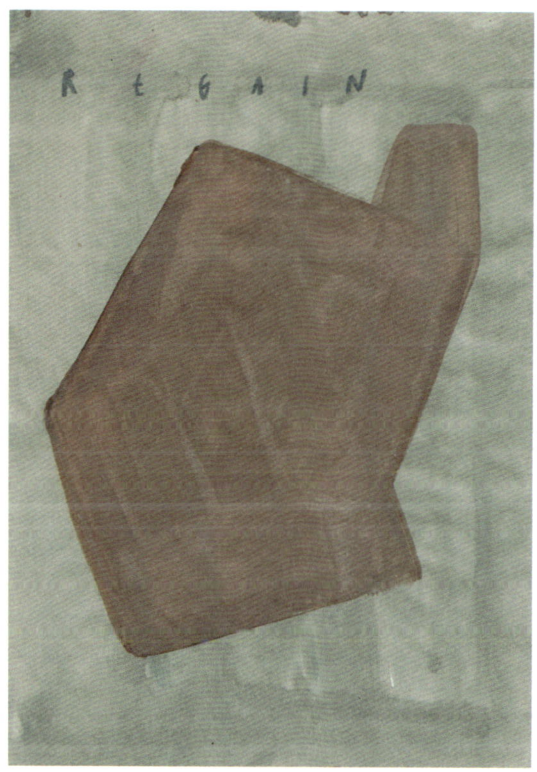
REGAIN

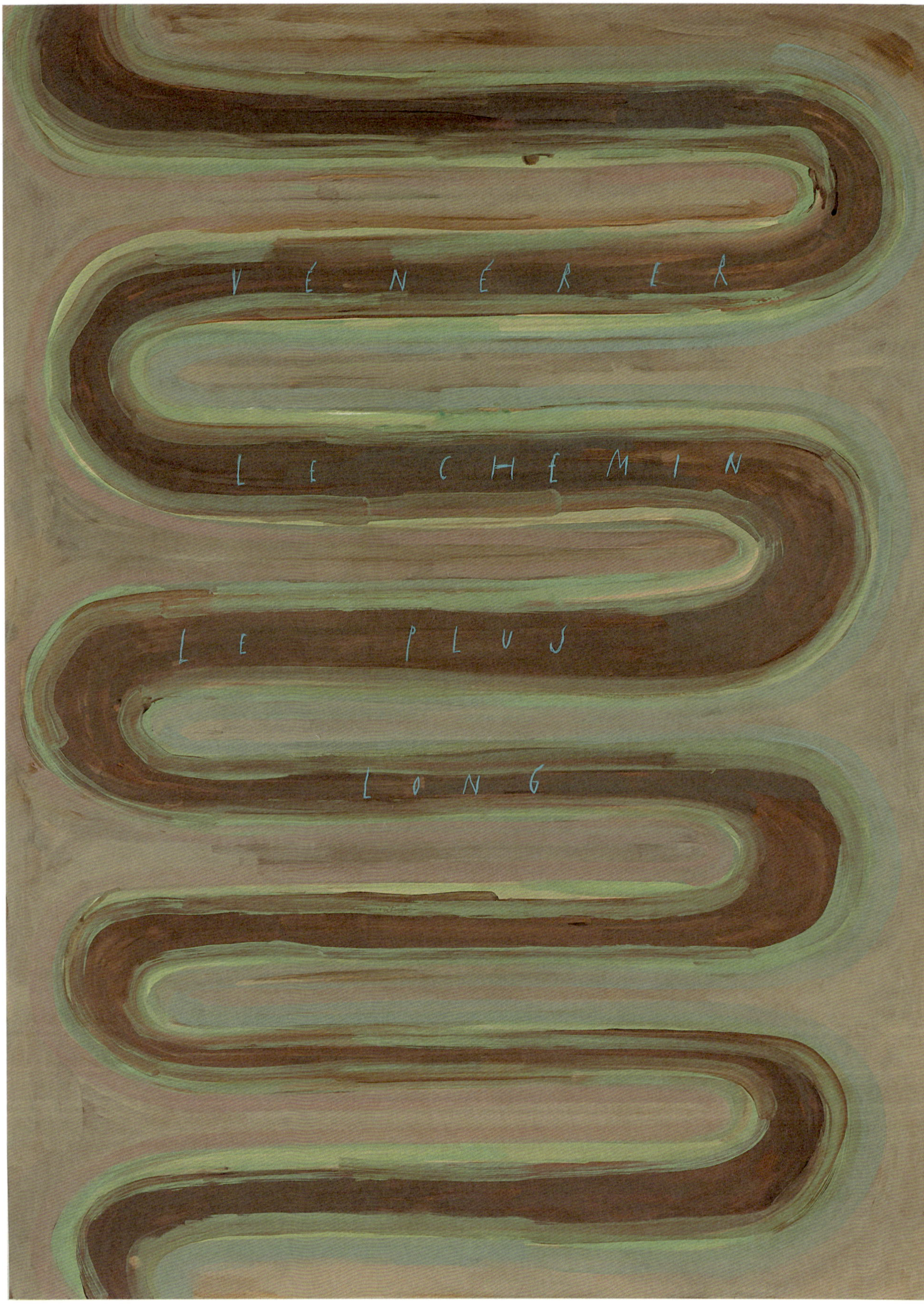
VÉNÉRER
LE CHEMIN
LE PLUS
LONG

R E G A R D E R
LA
M É L A N C O L I E

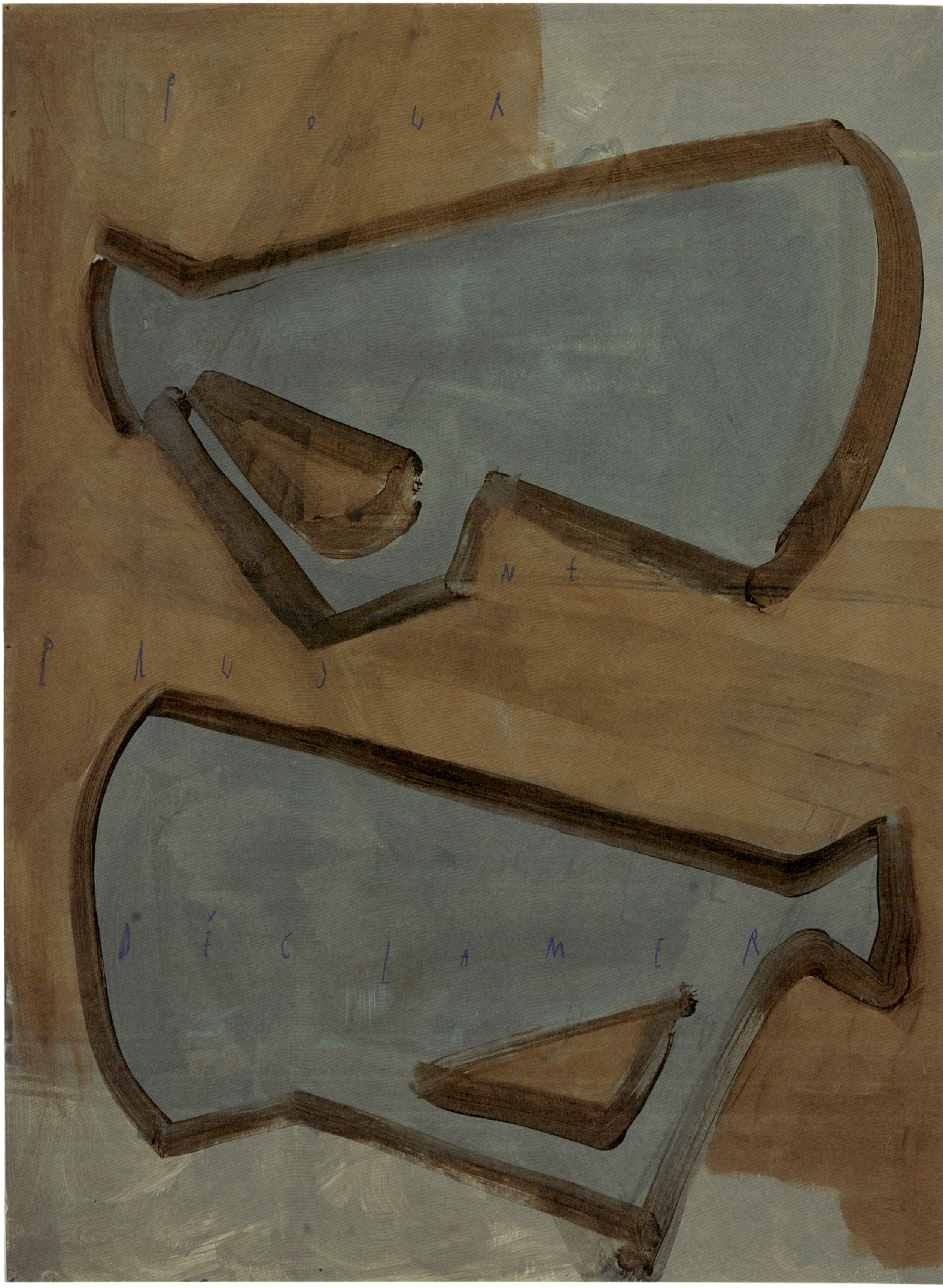
P O U R
N T
P L U S
D É C L A M E R

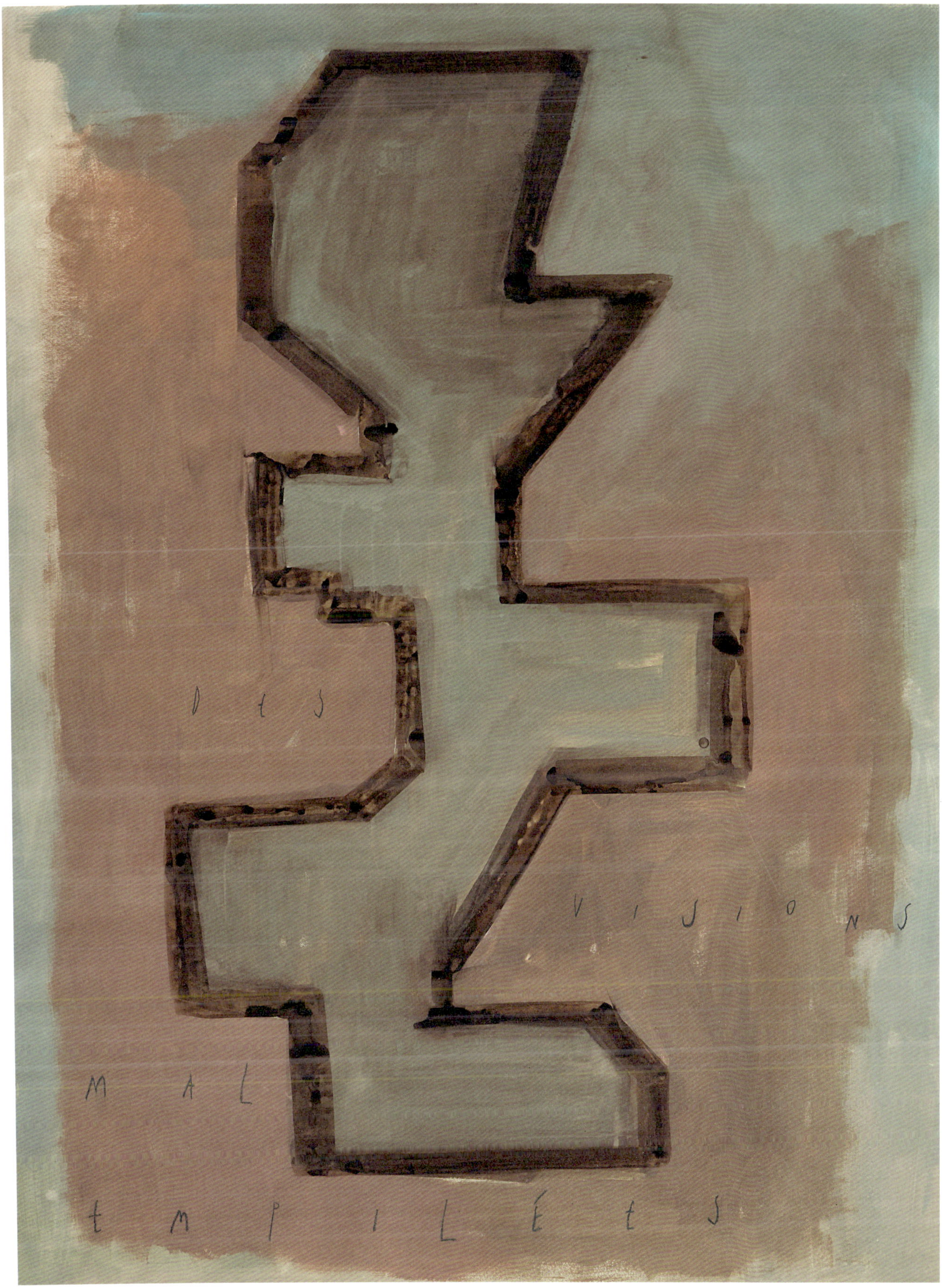
D E S
V I S I O N S
M A L
E M P I L É E S

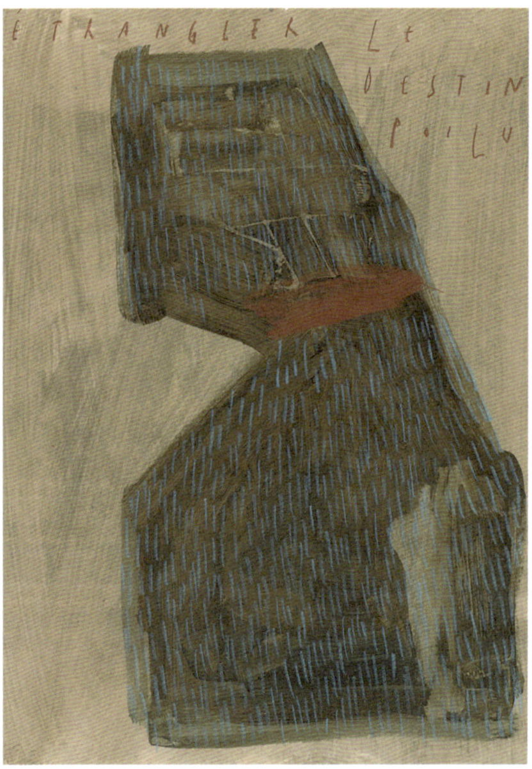
ÉTRANGLER LE
DESTIN
POILU

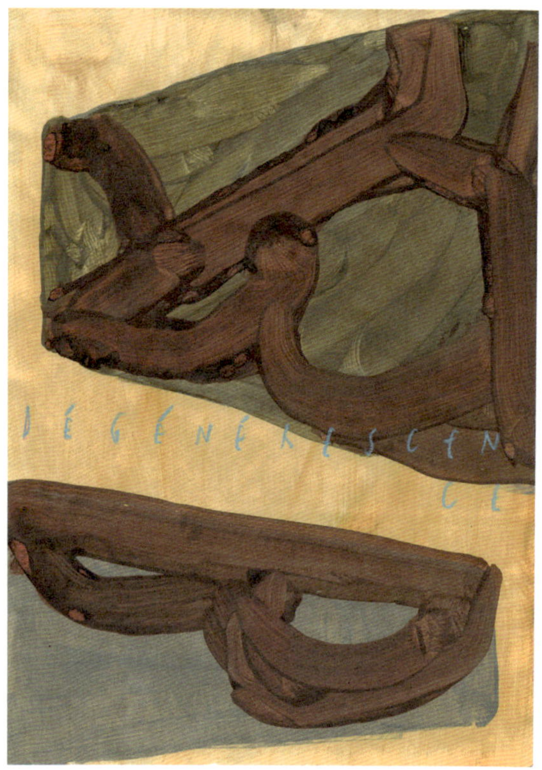
DÉGÉNÉRESCEN
CE

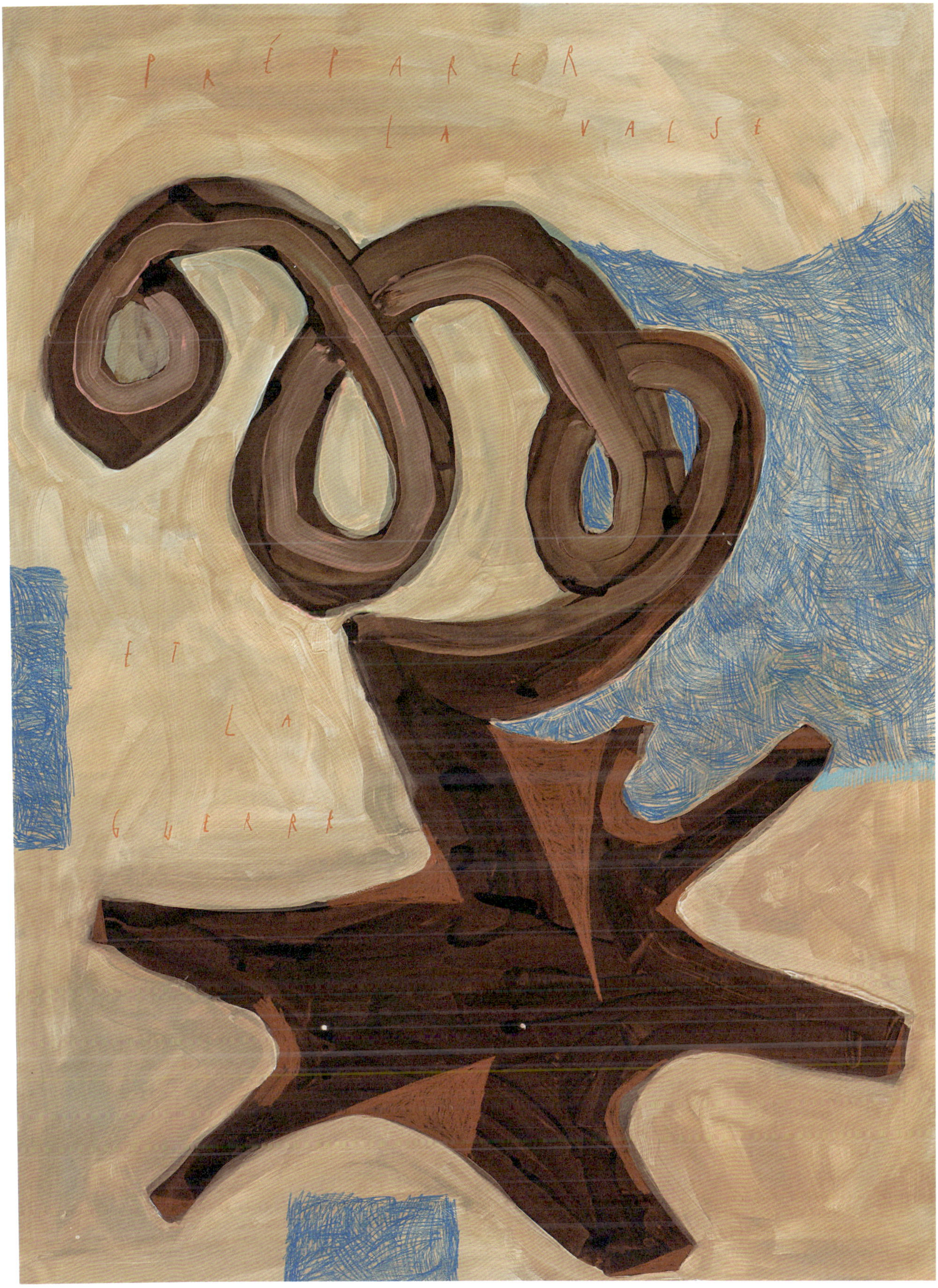
PRÉPARER
LA VALSE
ET
LA
GUERRE

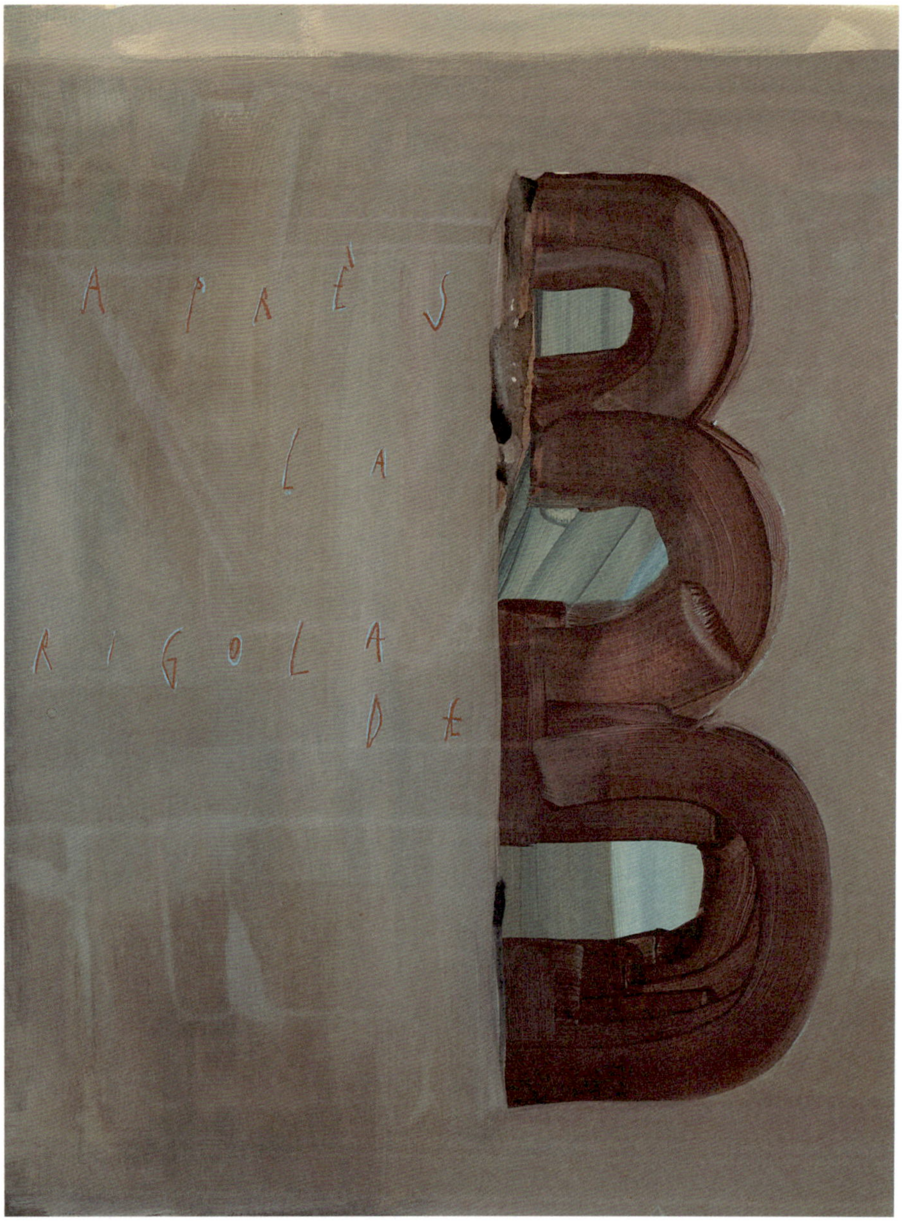
APRÈS
LA
RIGOLADE

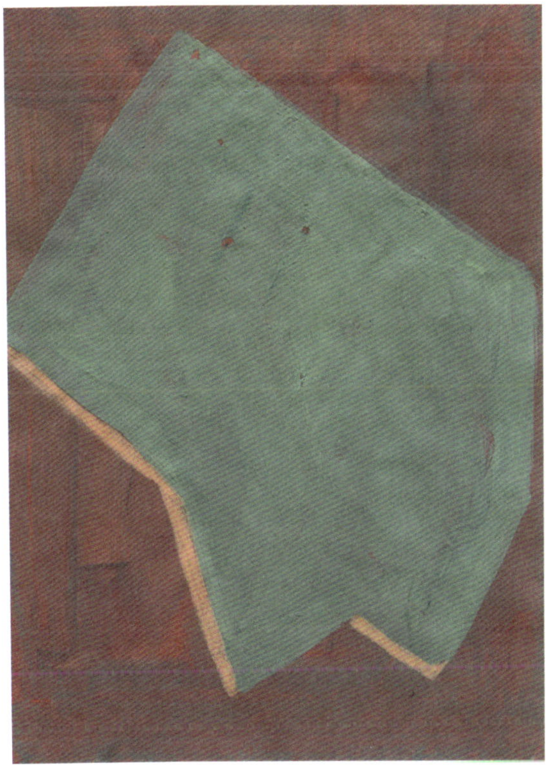

VUE

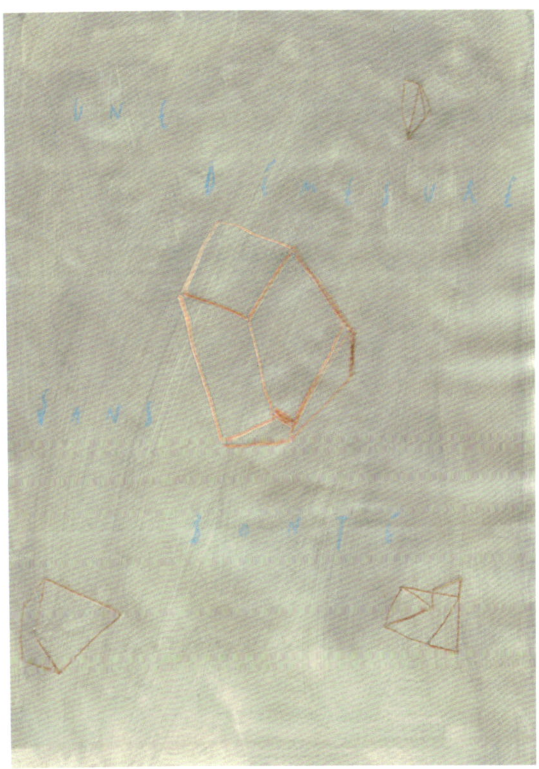
UNE
DÉMESURE
SANS
BONTÉ

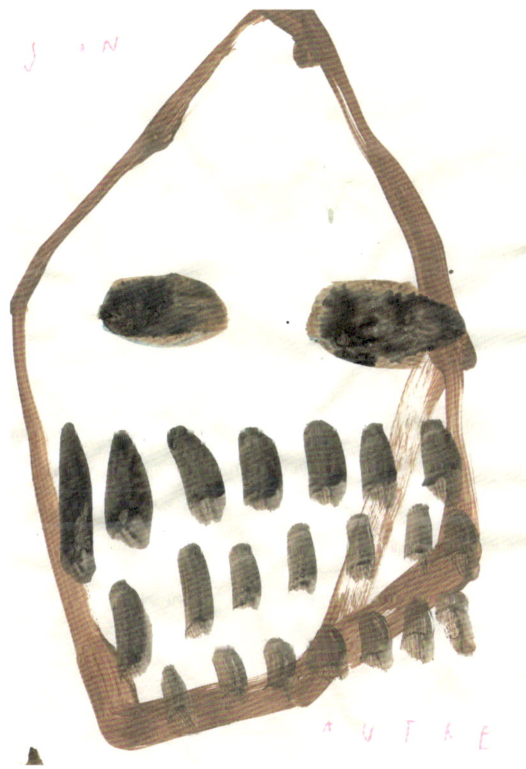
SAN
AUTRE

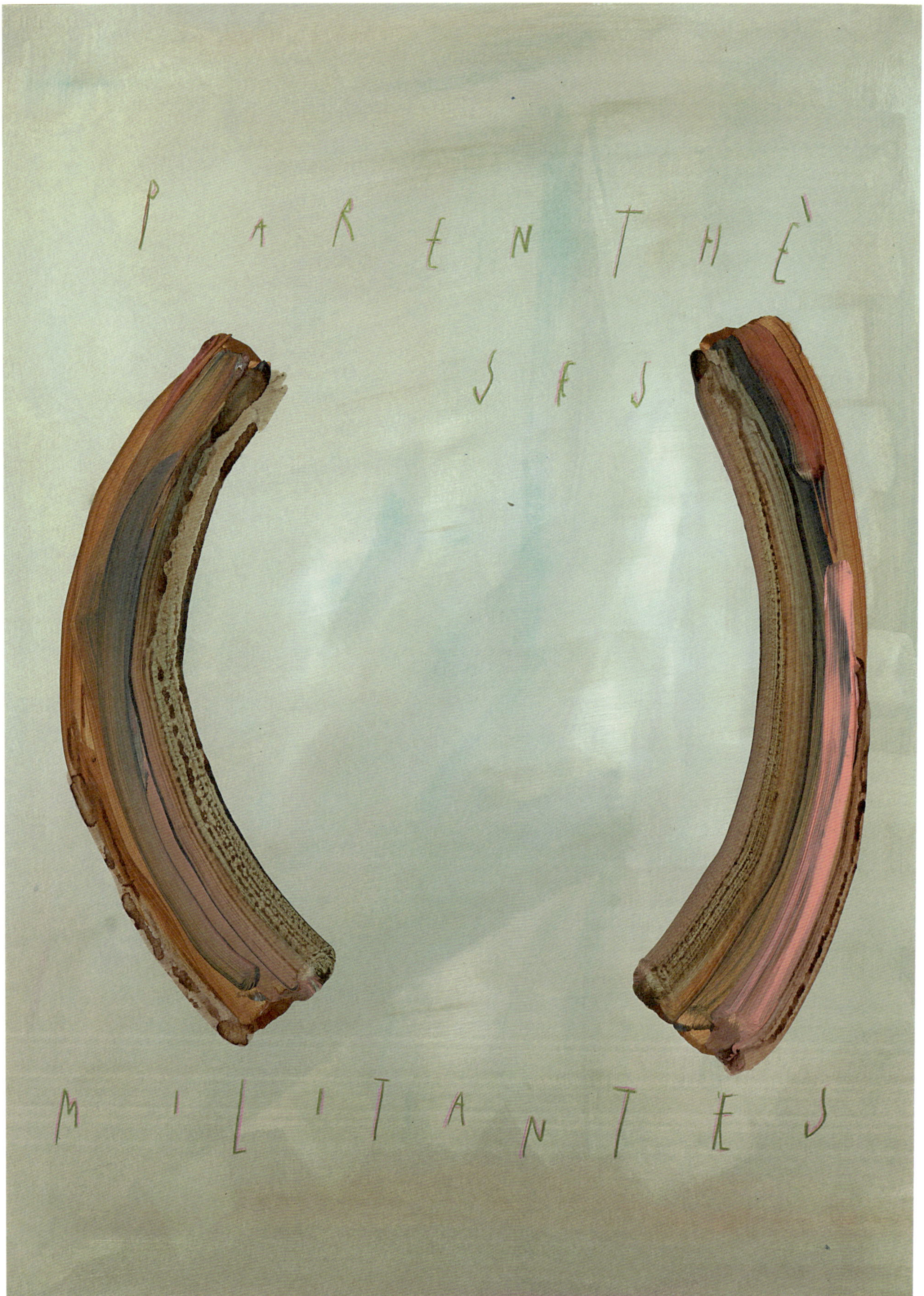
PARENTHÈ
SES
MILITANTES

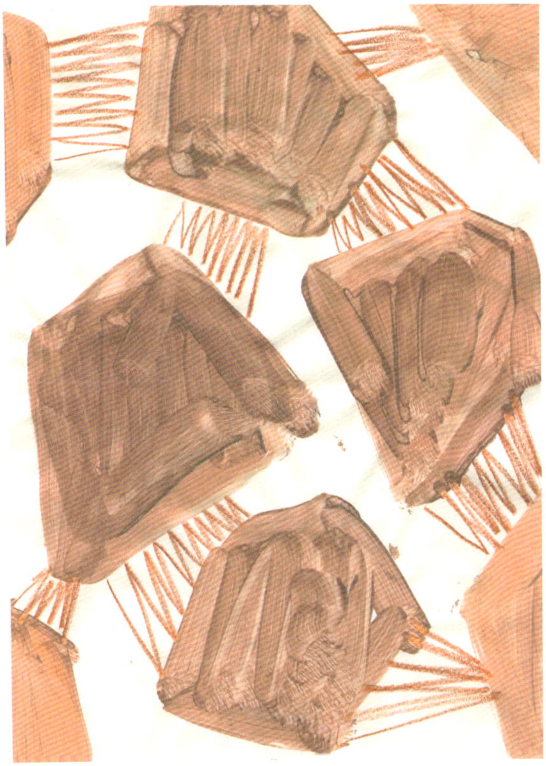

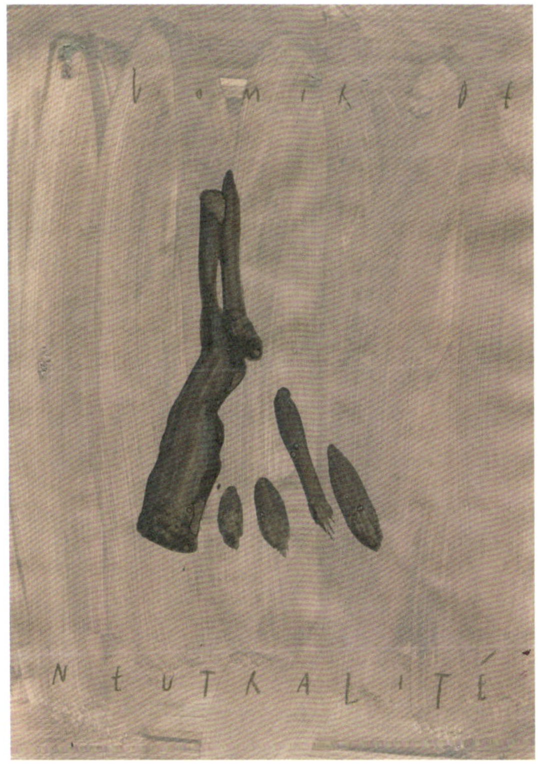
NEUTRALITÉ

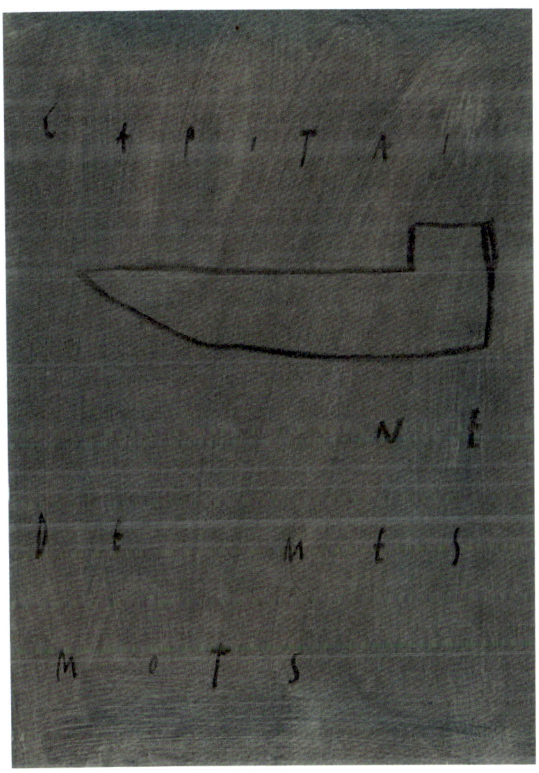
CAPITAI
NE
DE MES
MOTS

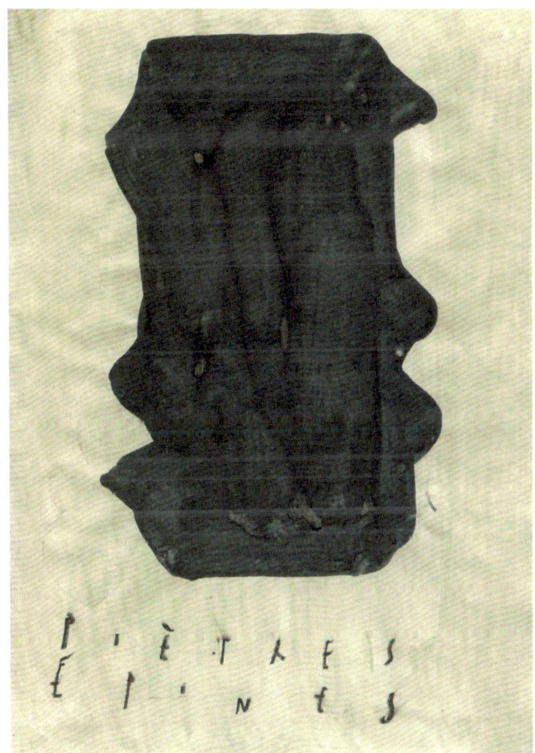
PIÈTRES
ÉPINES

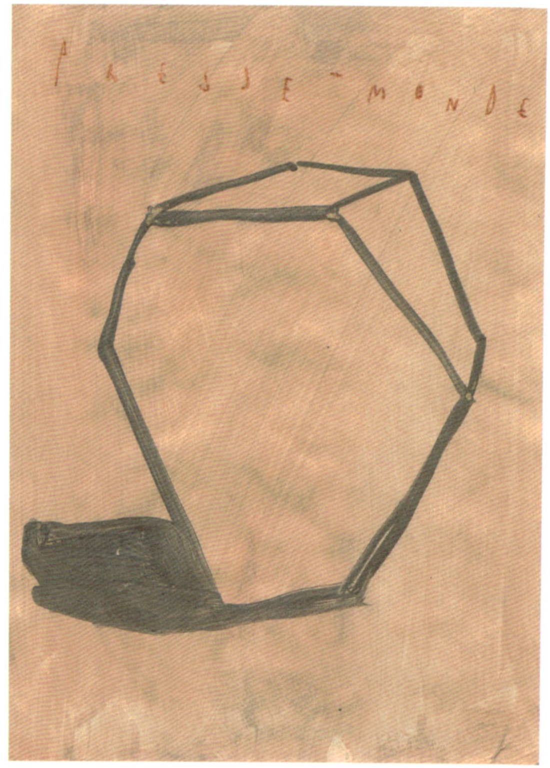
PRESSE-MONDE

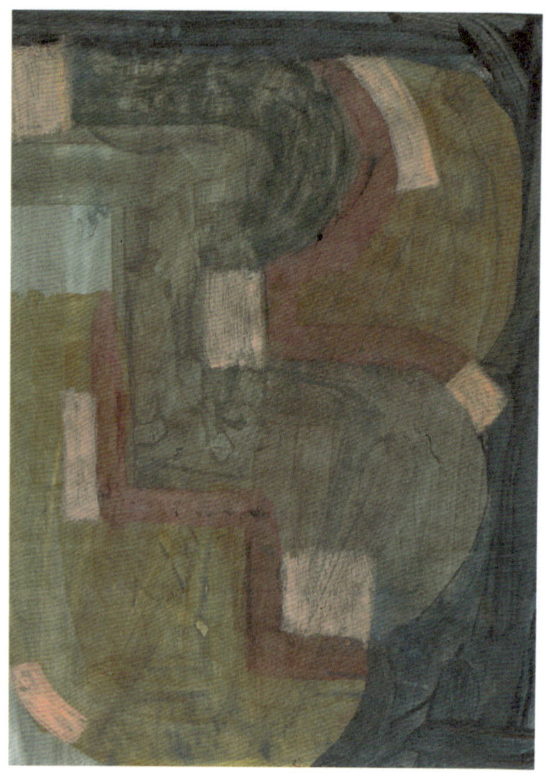

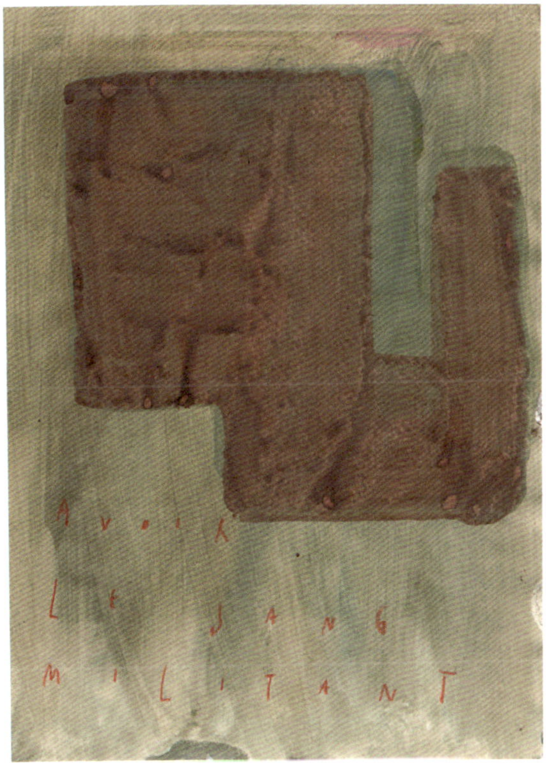
AVOIR
LE SANG
MILITANT

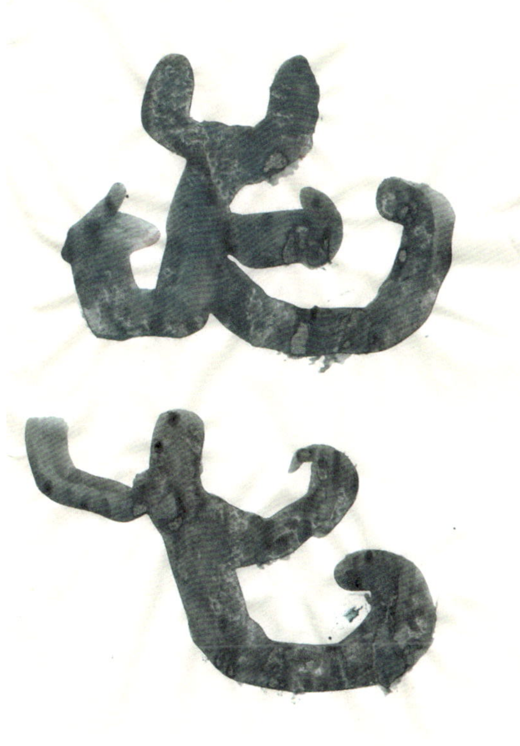

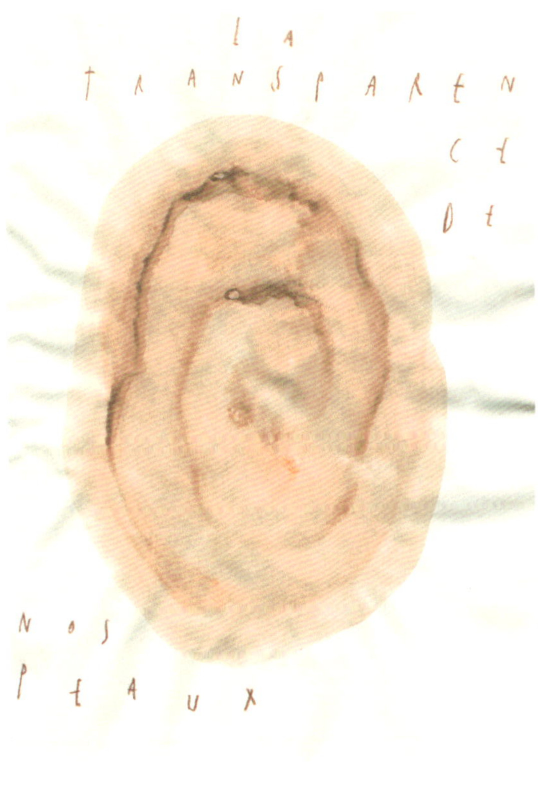
LA
TRANSPAREN
CE
DE
NOS
PEAUX

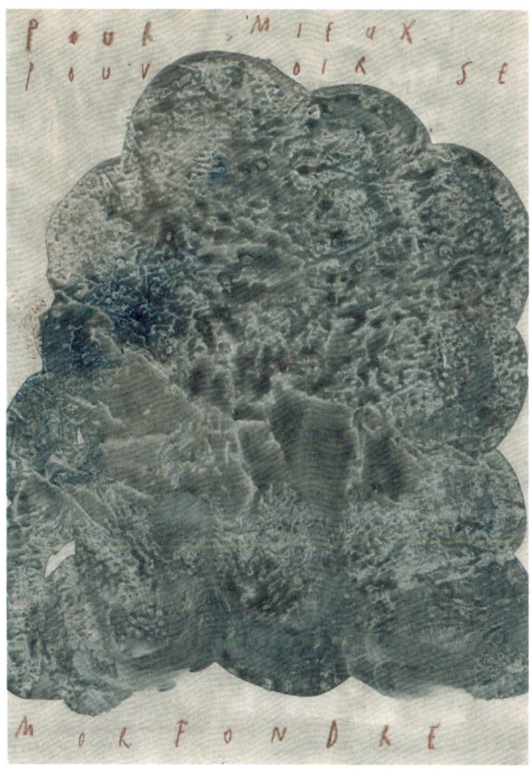
POUR MIEUX
POUVOIR SE
MORFONDRE

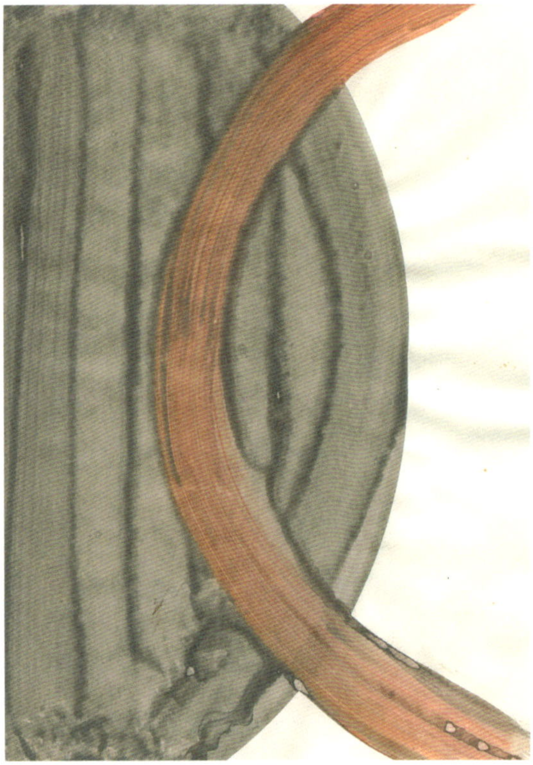

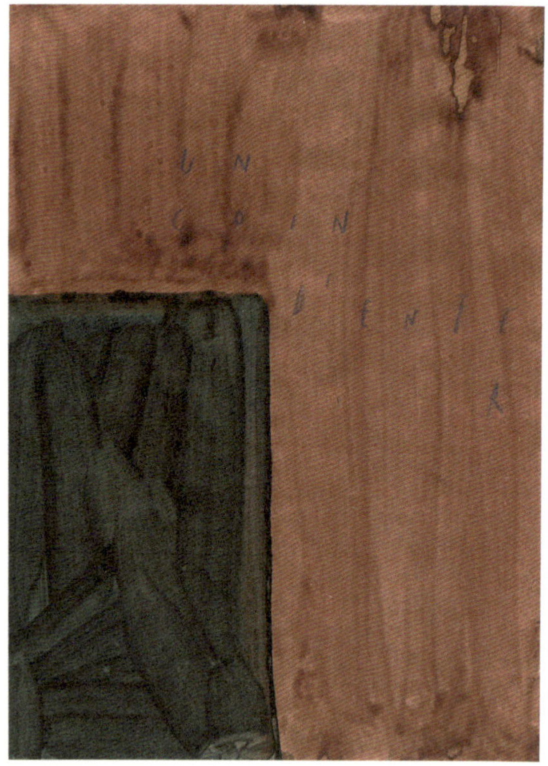
UN
COIN

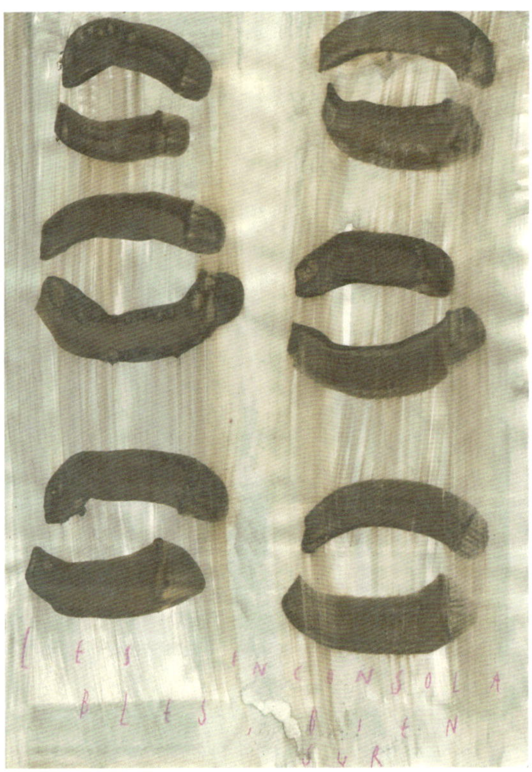
LES INCONSOLA
BLES, BIEN
SUR

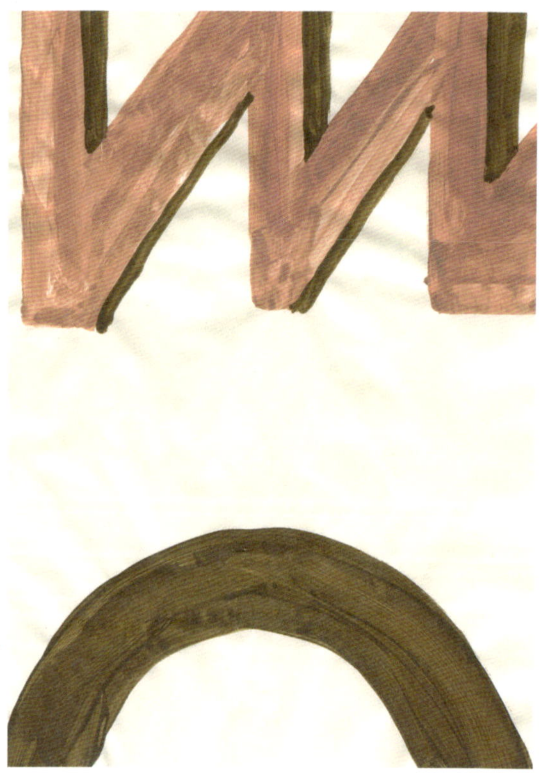

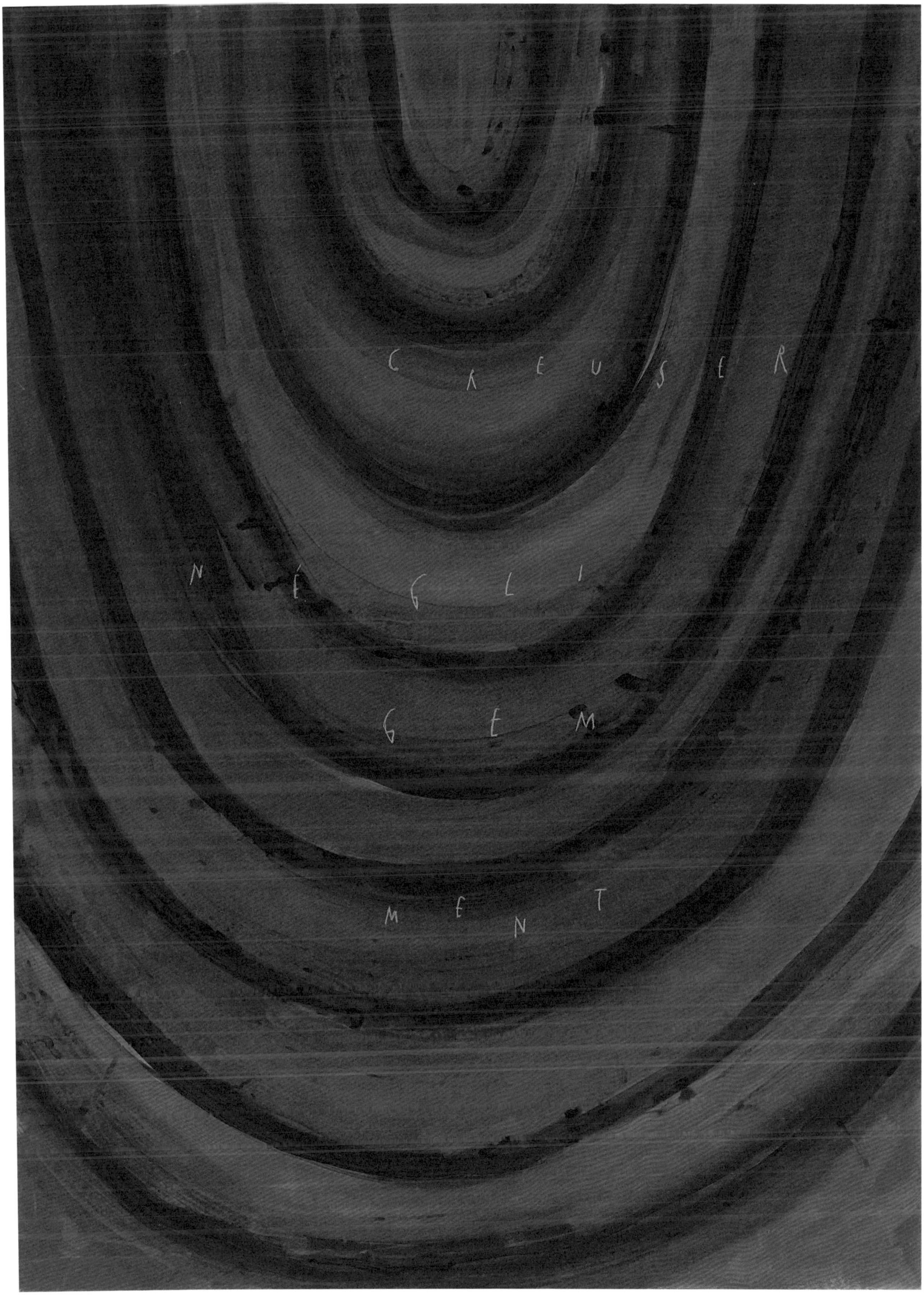
C R E U S E R
N É G L I
G E M
M E N T

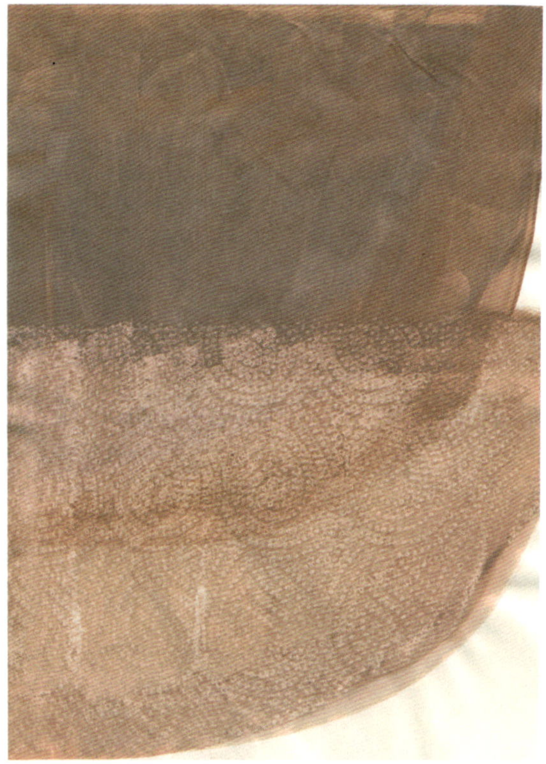

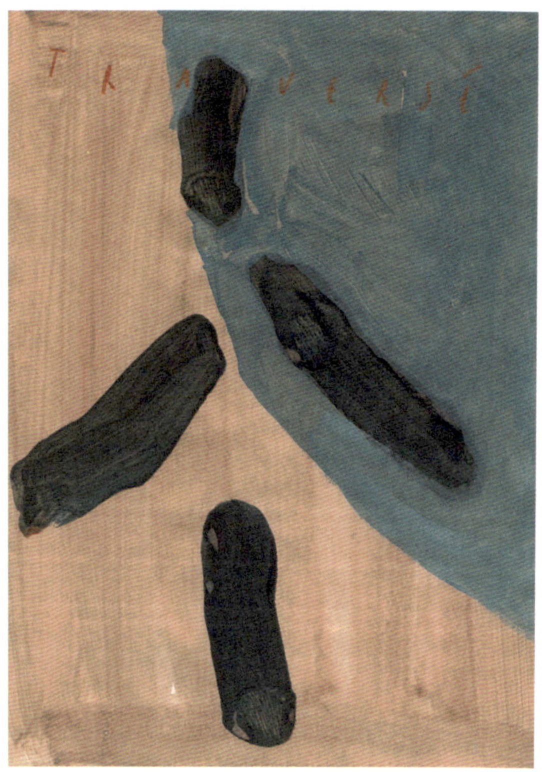

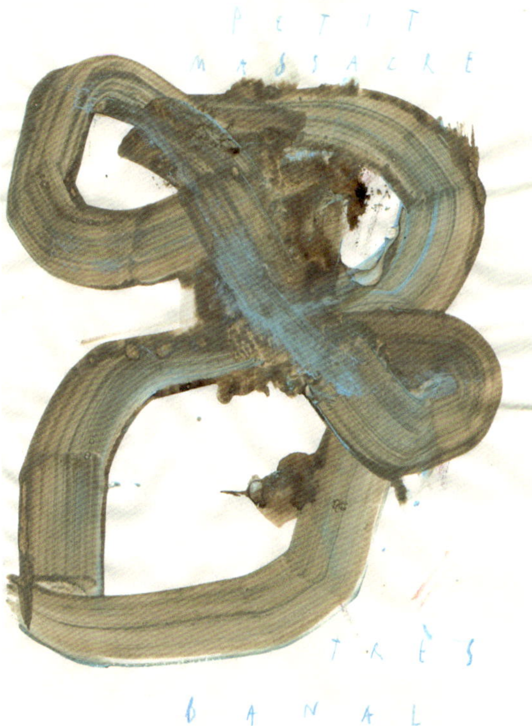
PETIT
MASSACRE
TRÈS
BANAL

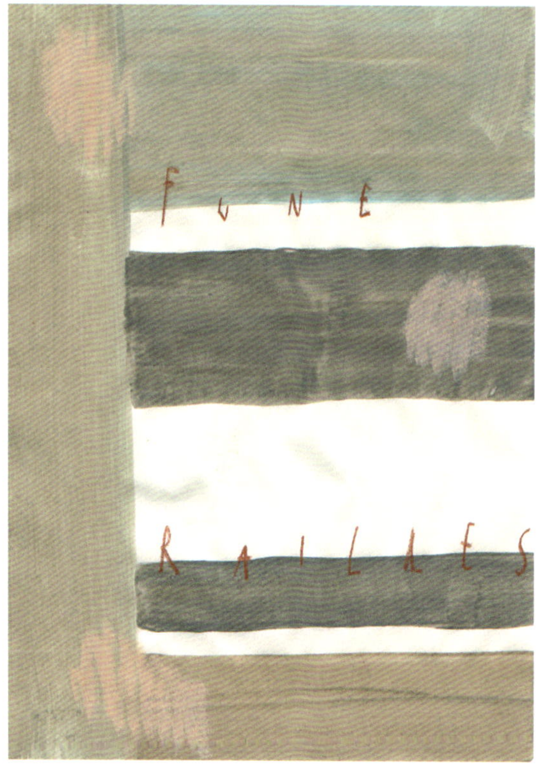
FUNE
RAILLES

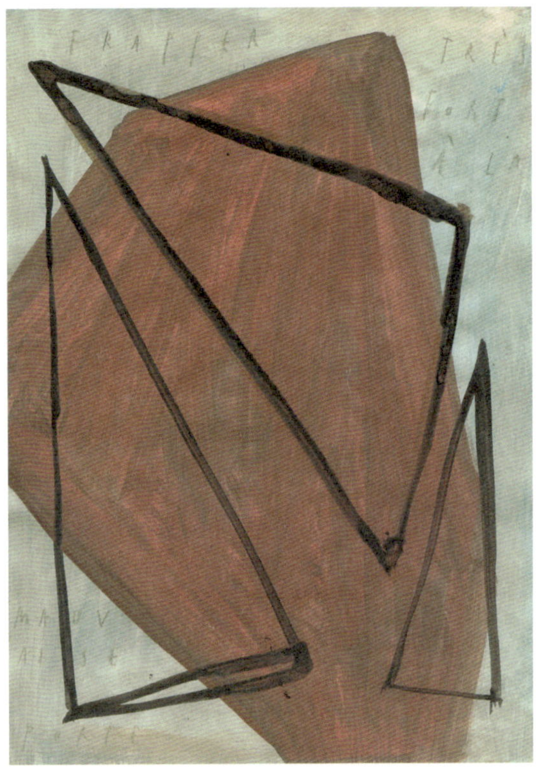

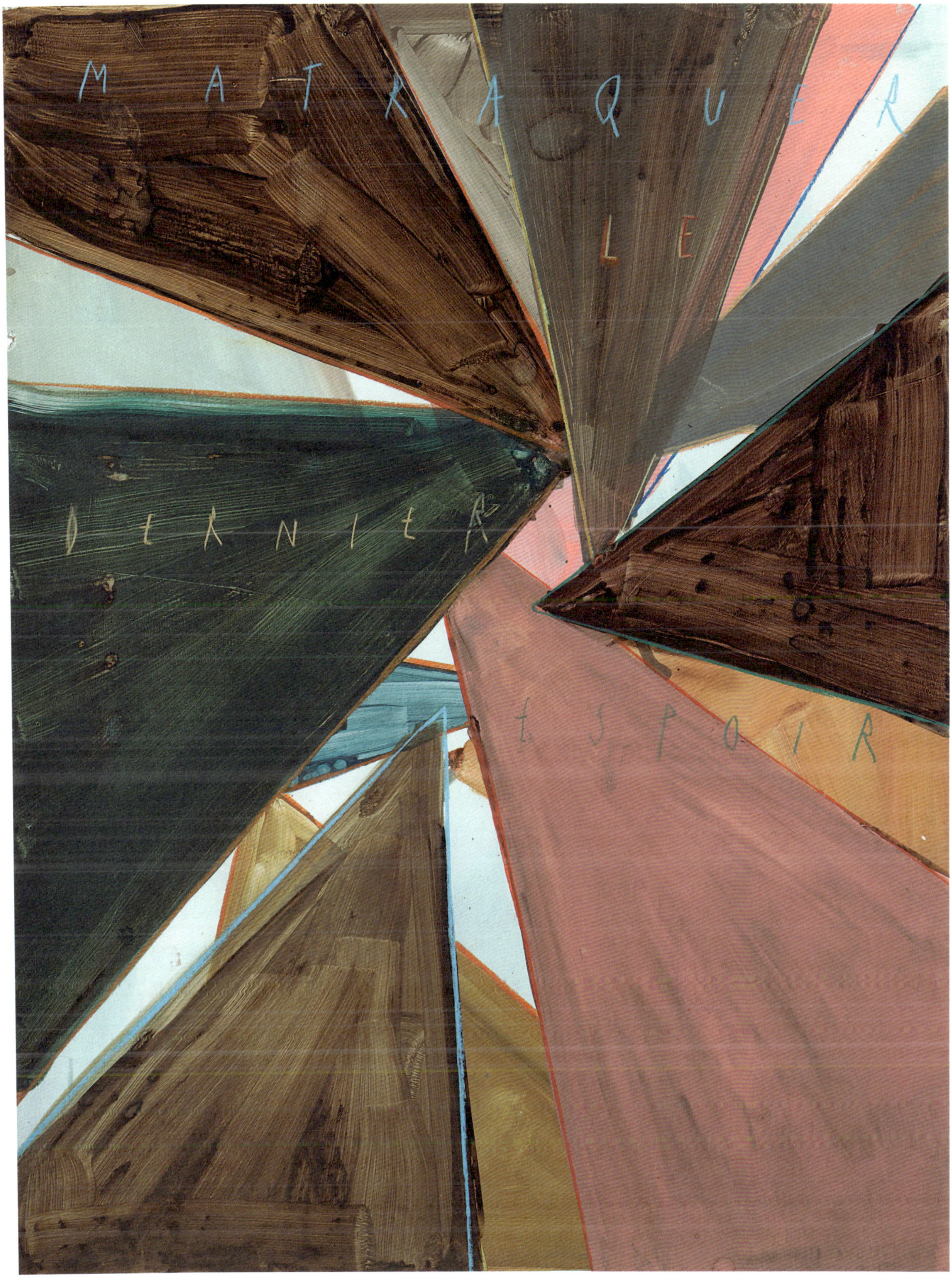
MATRAQUER
LE
DERNIER
ESPOIR

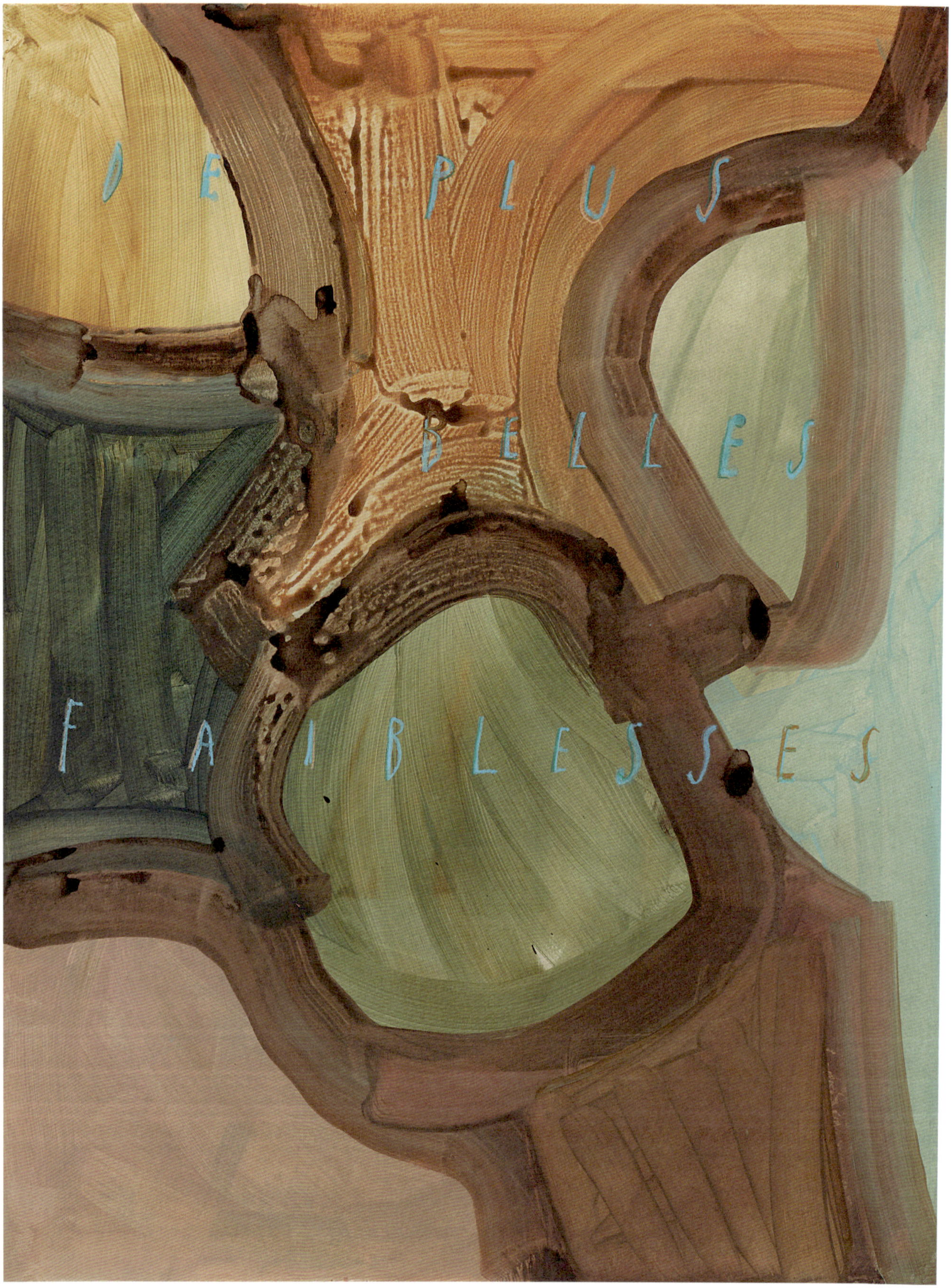
DE PLUS
BELLES
FAIBLESSES

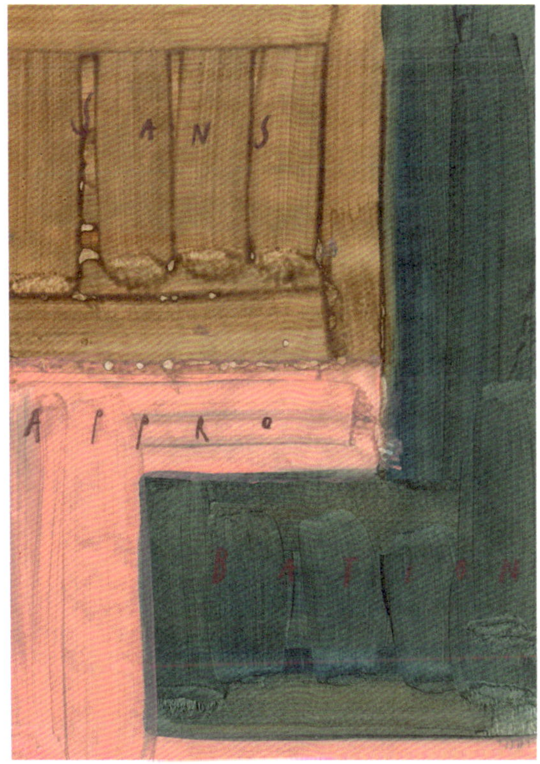
SANS
APPRO
BATION

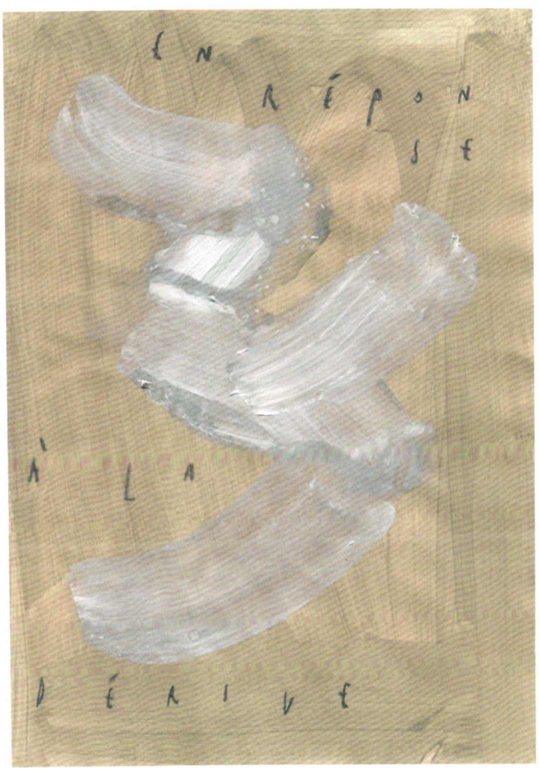
EN RÉPON
SE
À LA
DÉRIVE

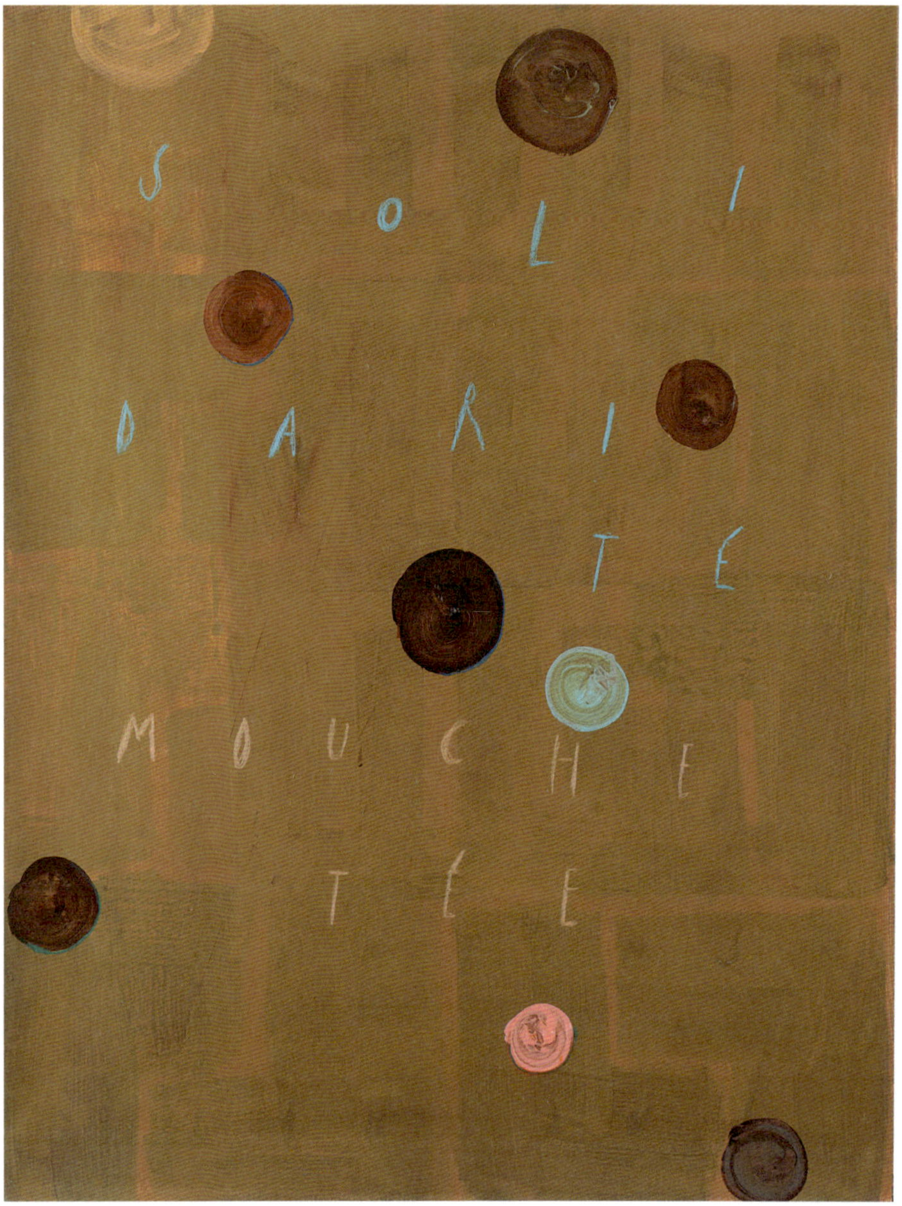
S O L I
D A R I
T E
M O U C H E
T É E

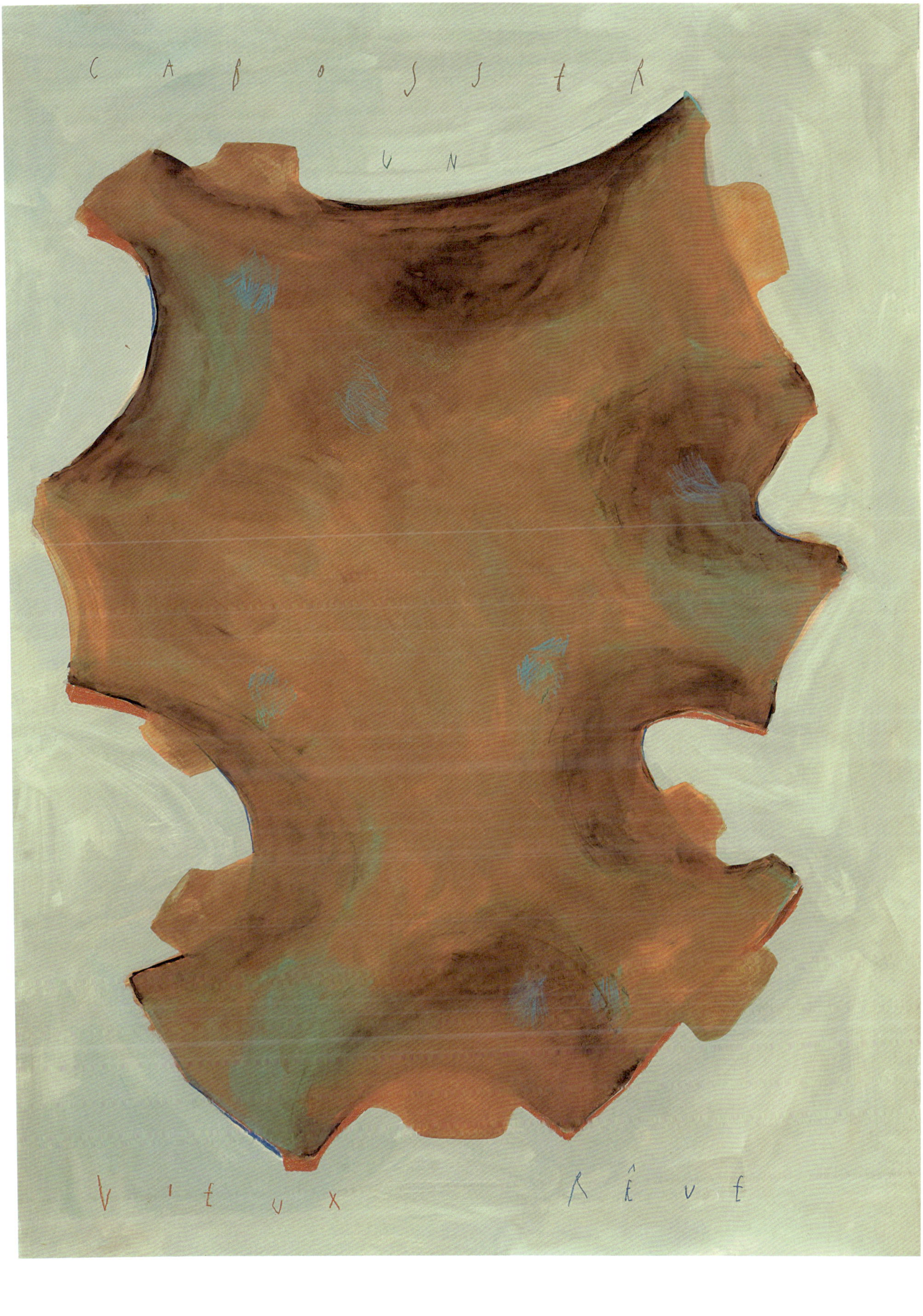
CABOSSER
UN
VIEUX RÊVE

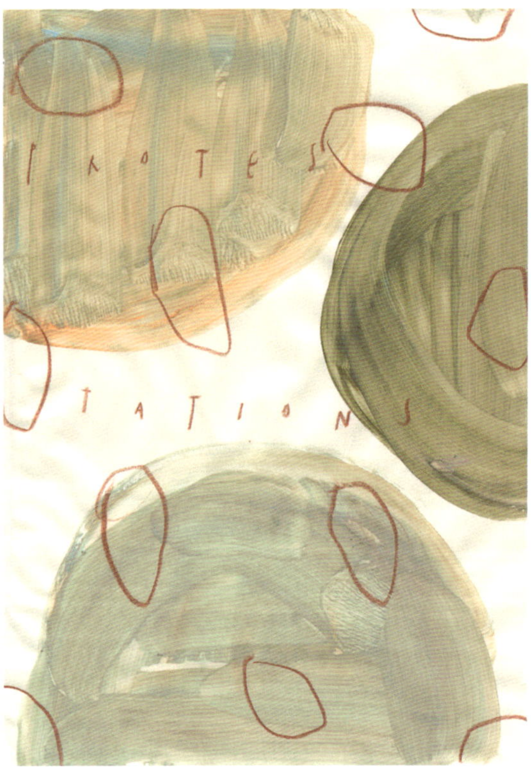
ROTES
TATIONS

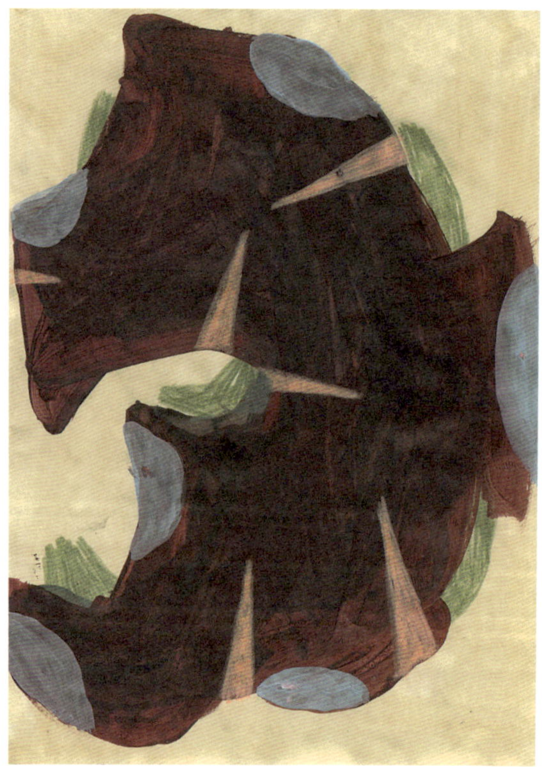

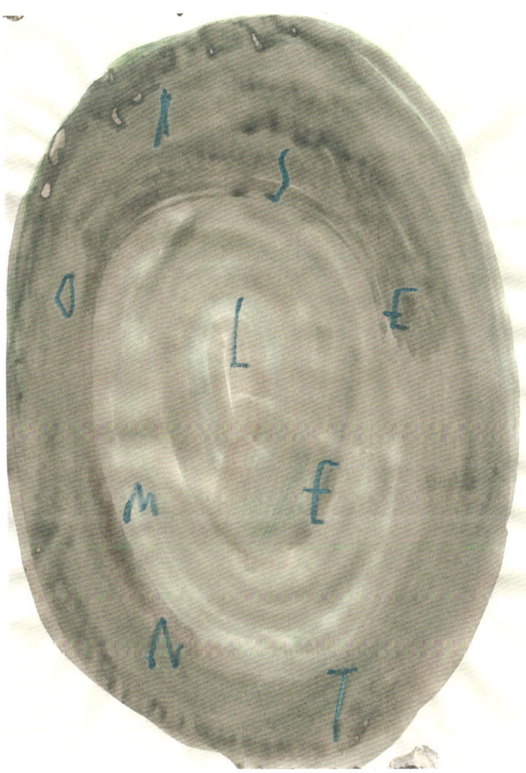
I
S
O L E
M E
N
T

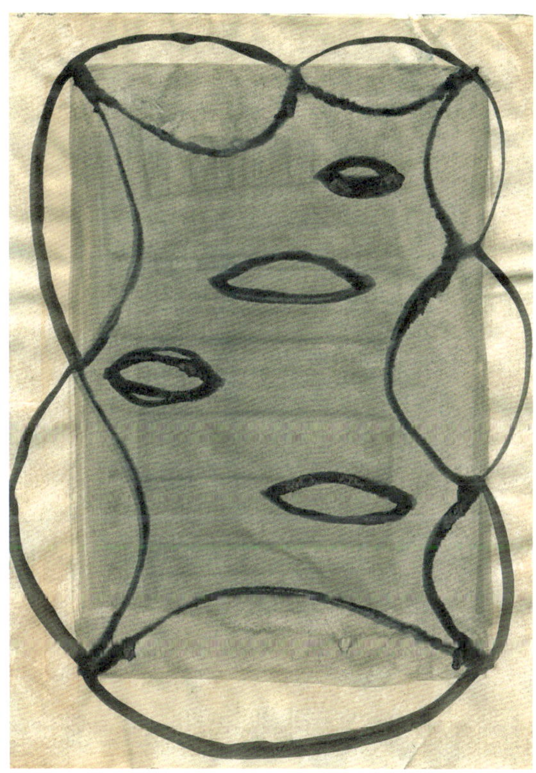

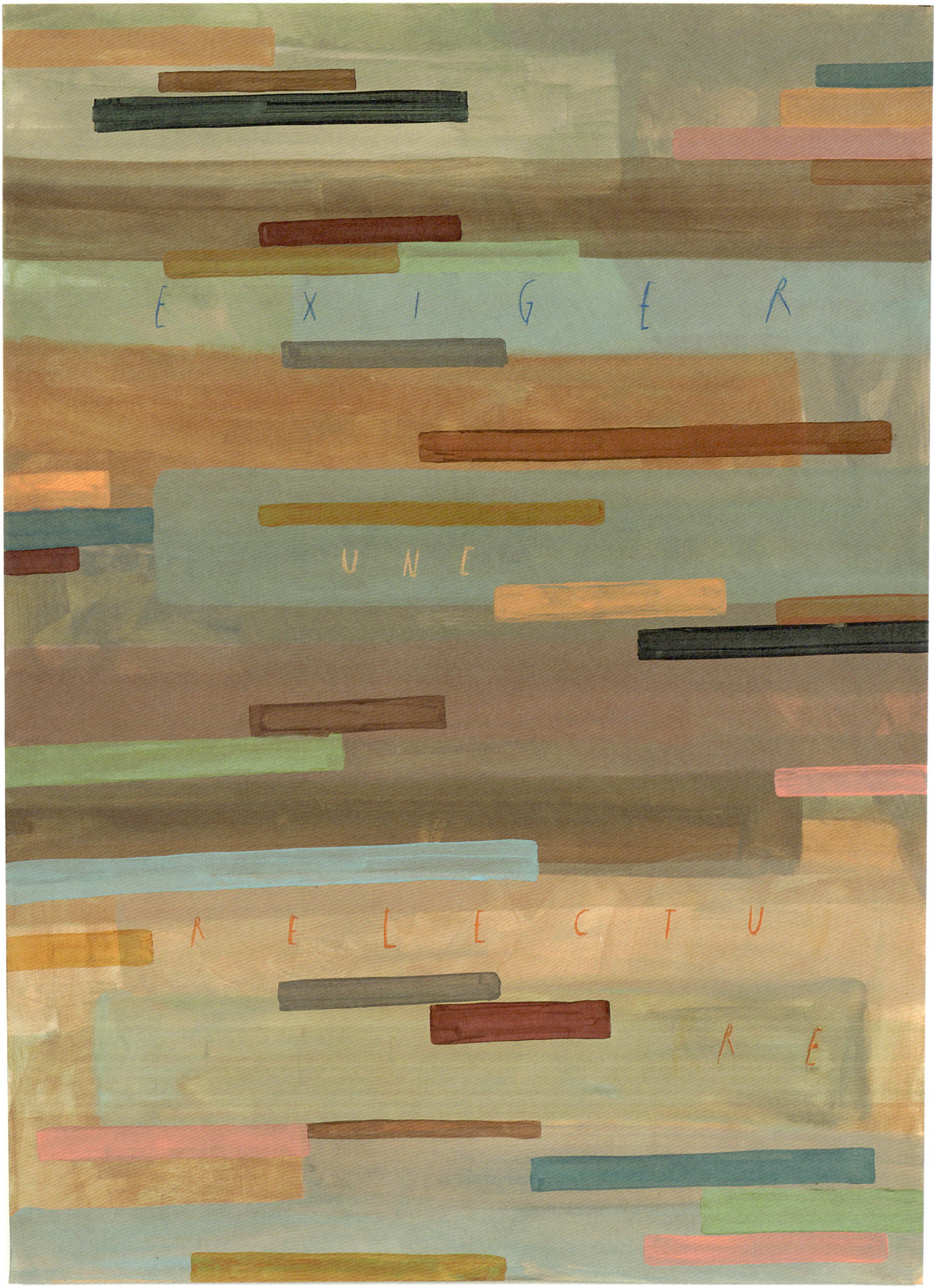
E X I G E R
U N E
R E L E C T U
R E

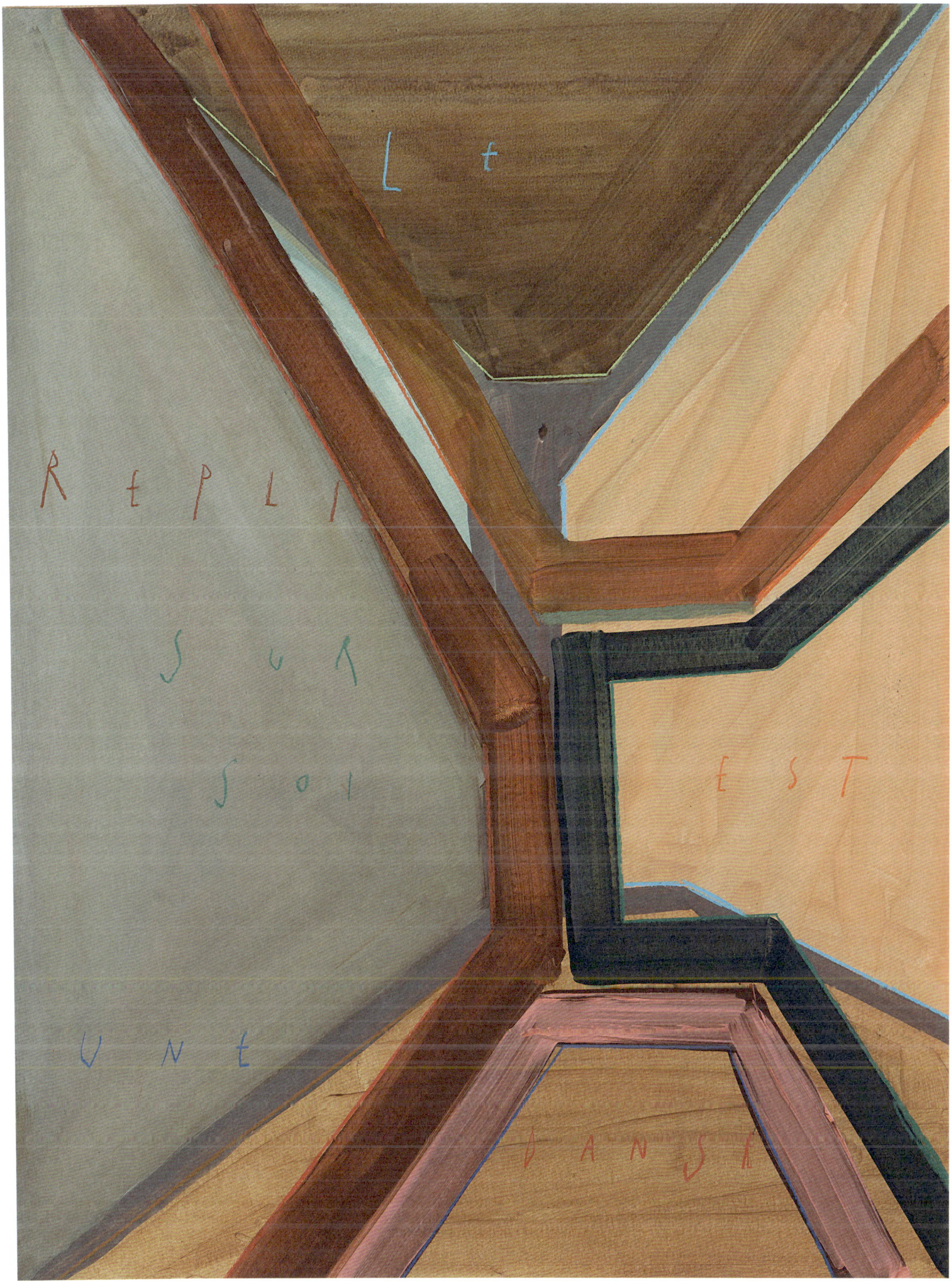
Le
REPLI
SUR
SOI
EST
UNE
DANSE

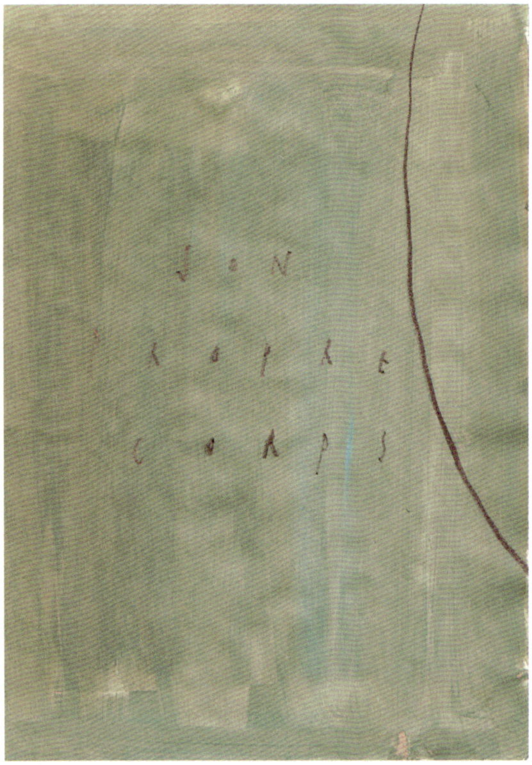
SON
PROPRE
CORPS

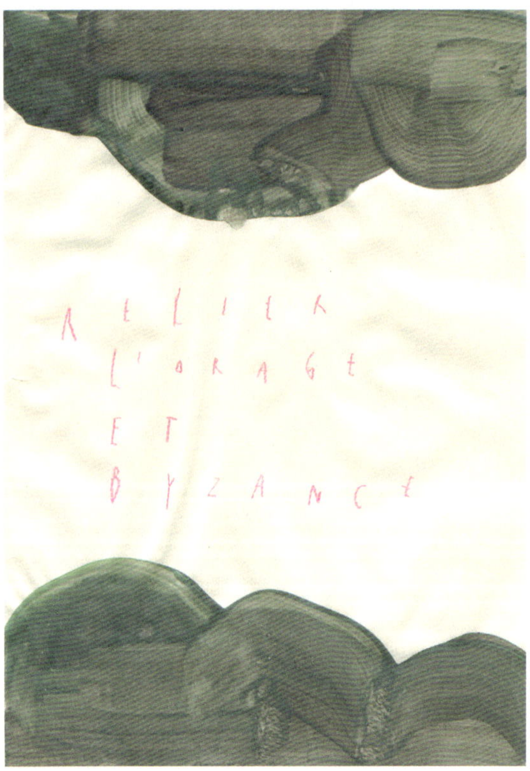
RELIER
L'ORAGE
ET
BYZANCE

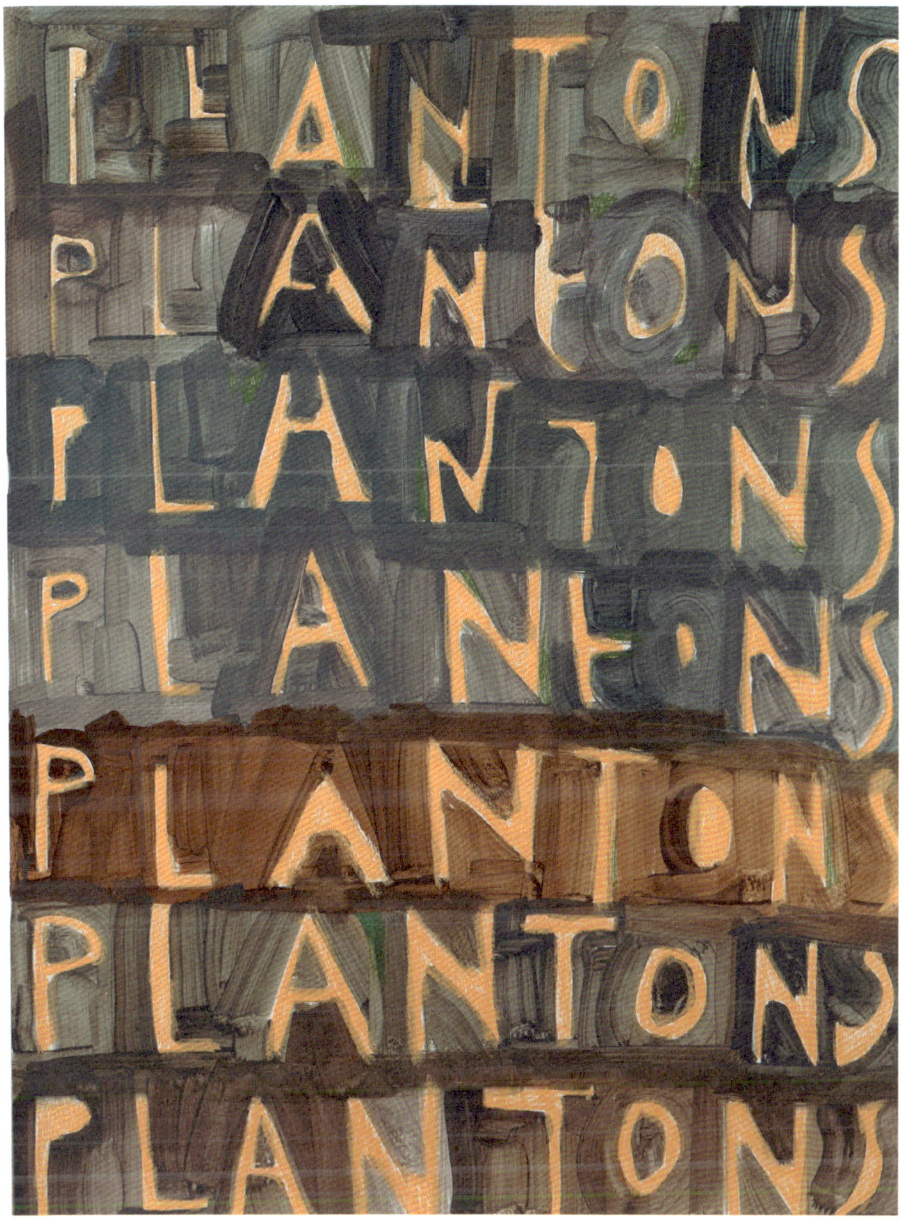
PLANTONS
PLANTONS
PLANTONS
PLANTONS
PLANTONS
PLANTONS
PLANTONS

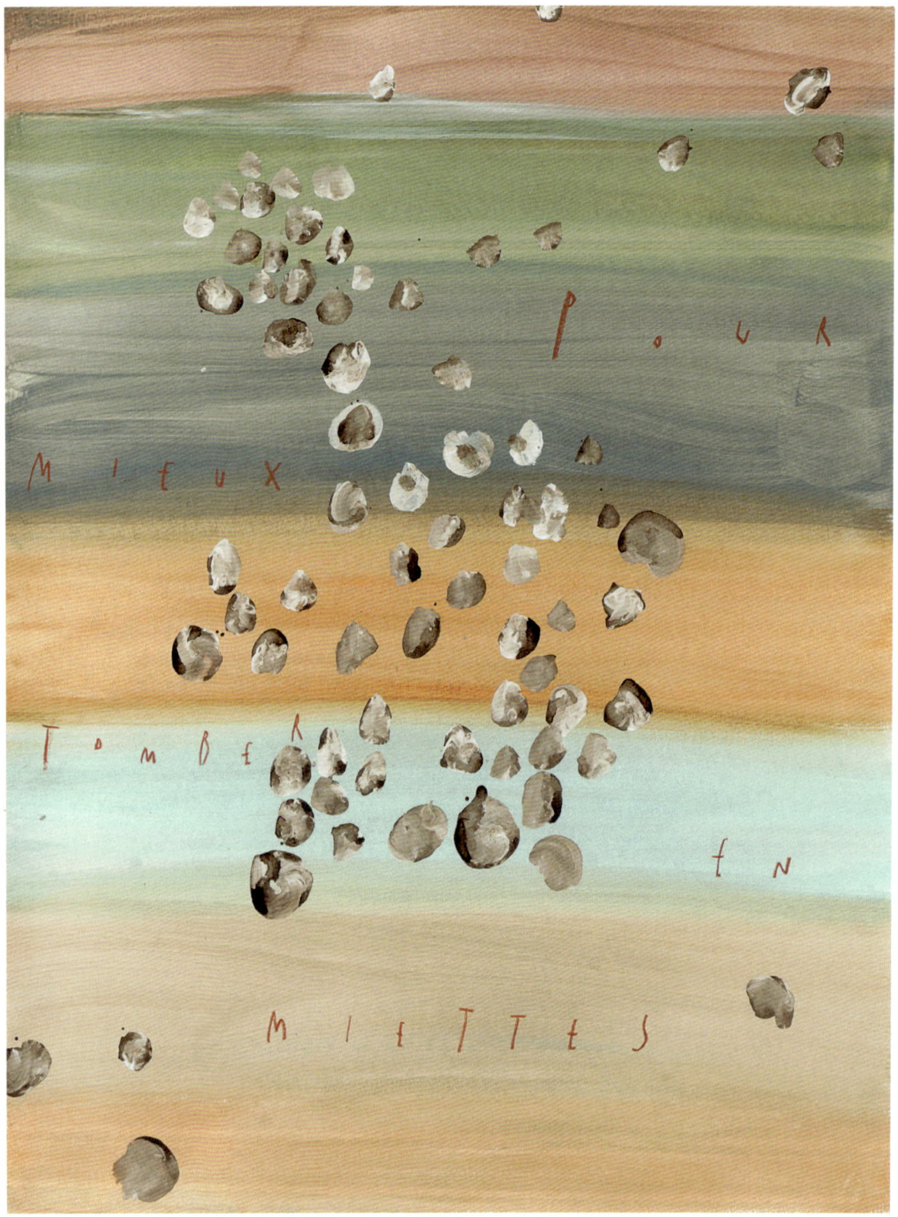
POUR
MIEUX
TOMBER
EN
MIETTES

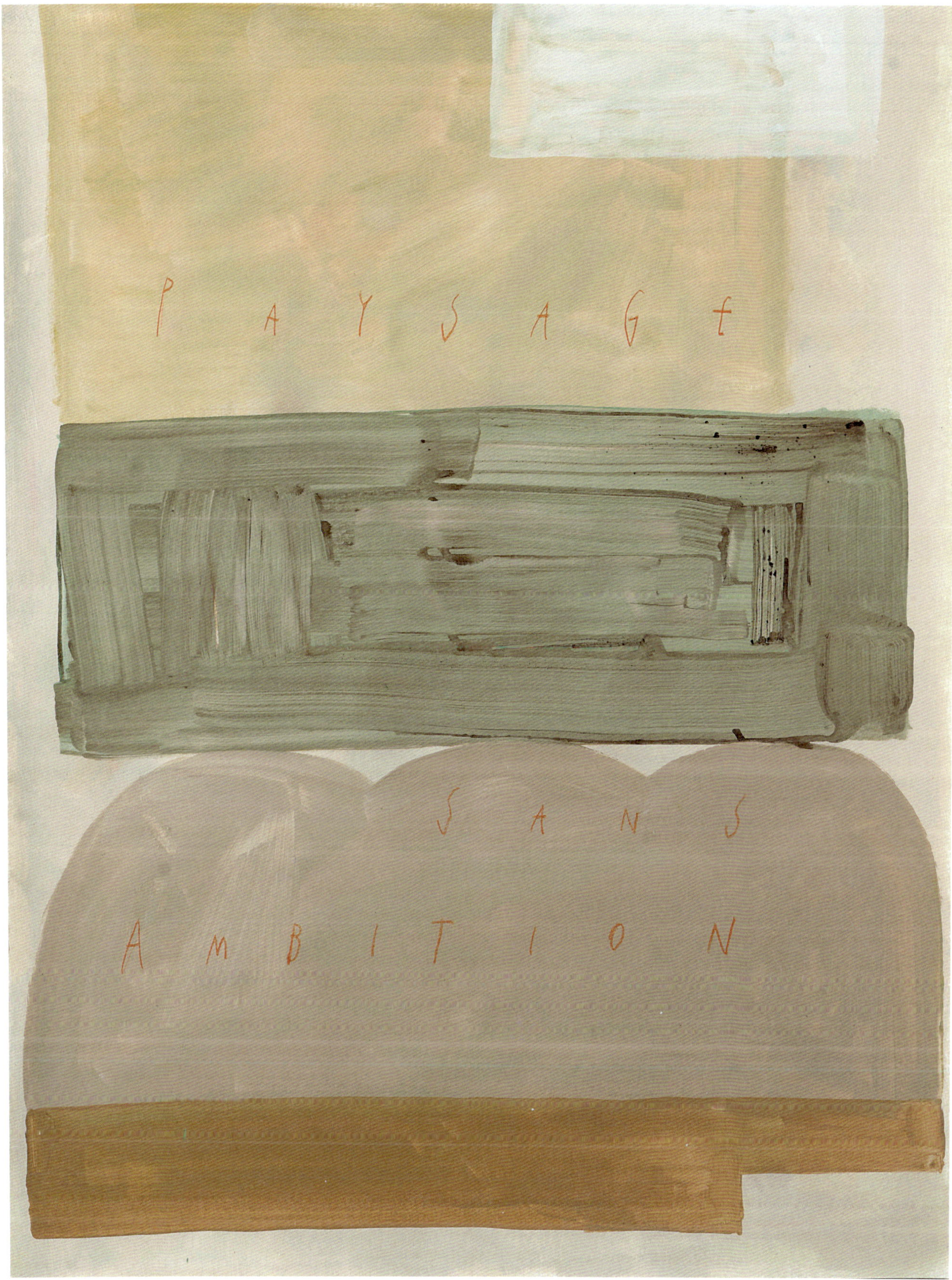
PAYSAGE
SANS
AMBITION

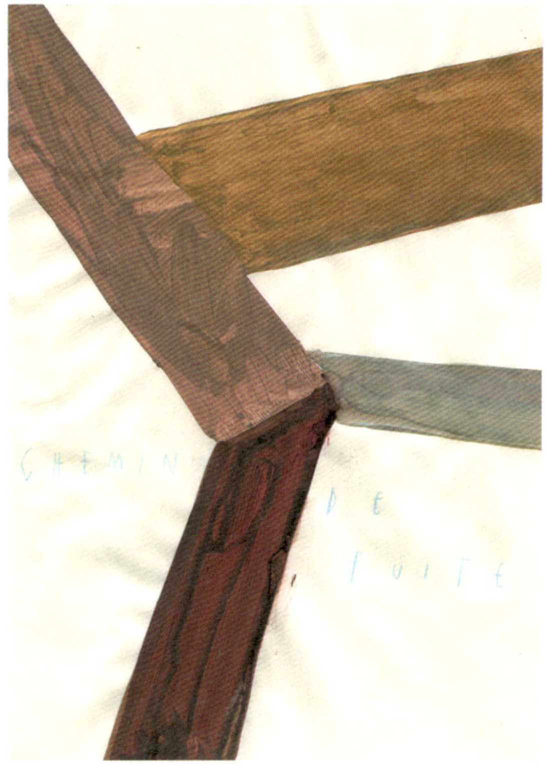
CHEMIN
DE
FUITE

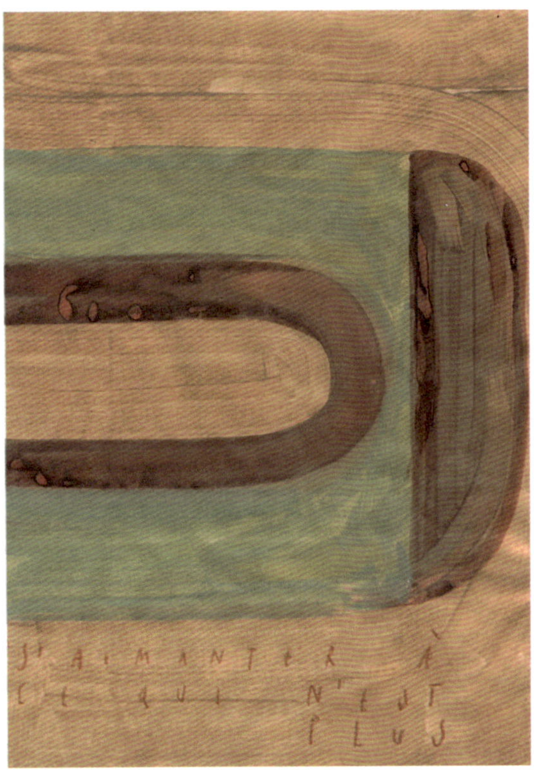
S'AIMANTER À
CE QUI N'EST
PLUS

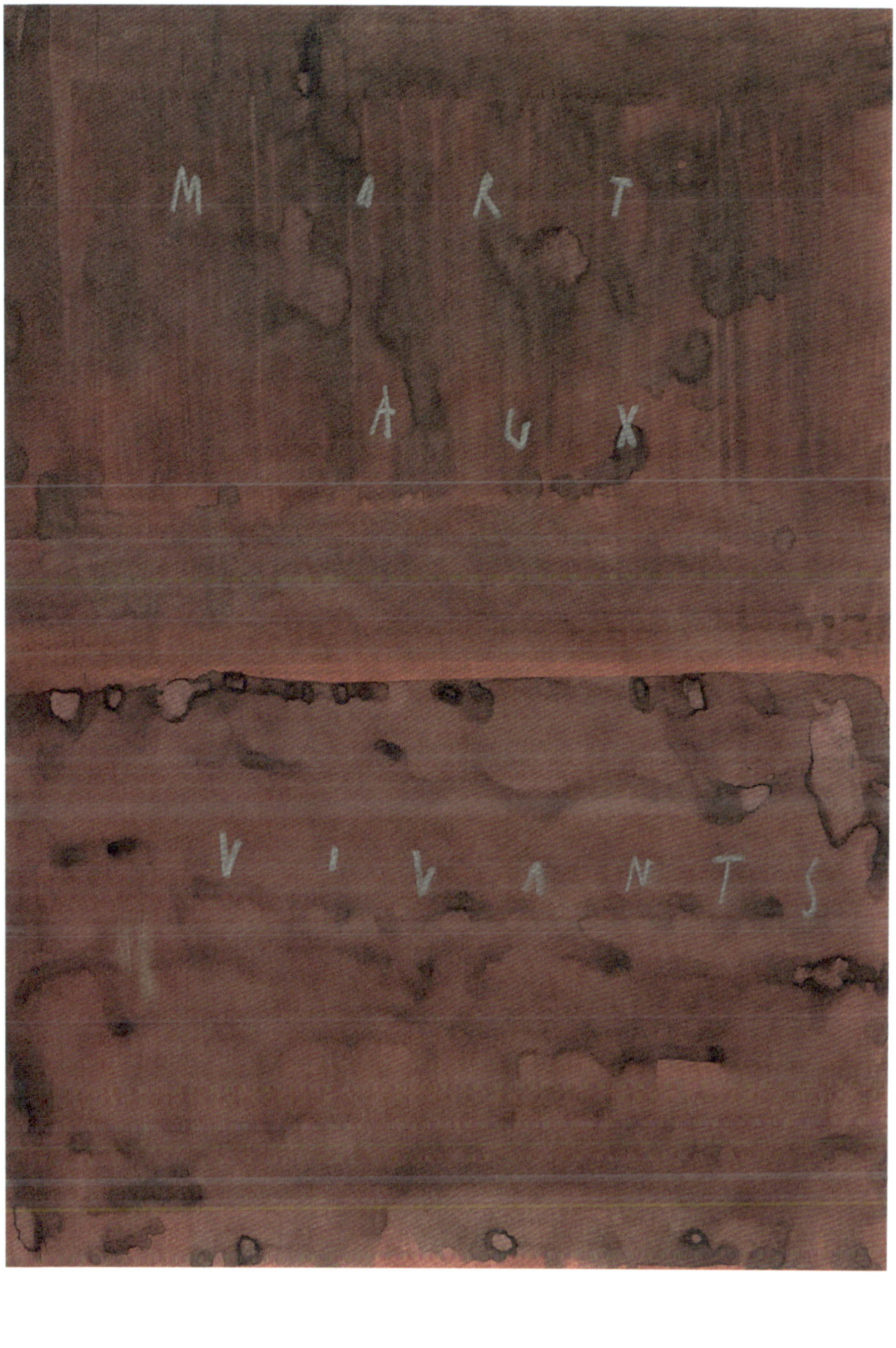
M O R T
A U X
V I V A N T S

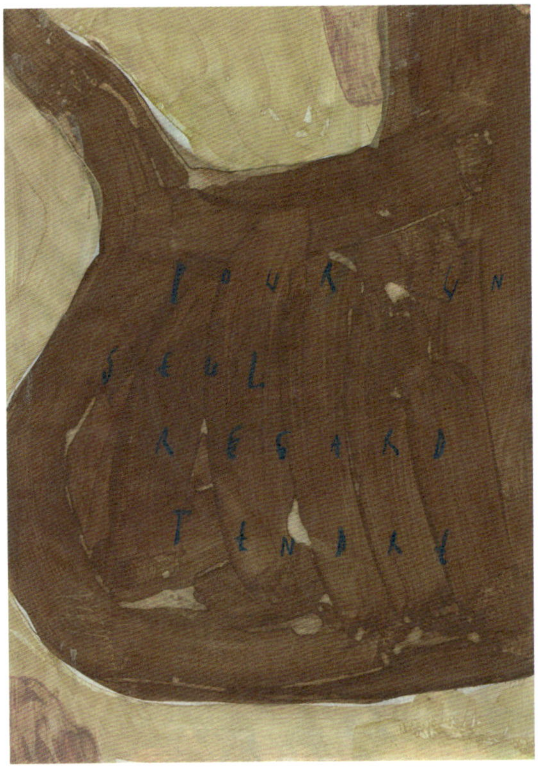
POUR UN
SEUL
REGARD
TENDRE

RATISSER
LES
MÉMOIRES

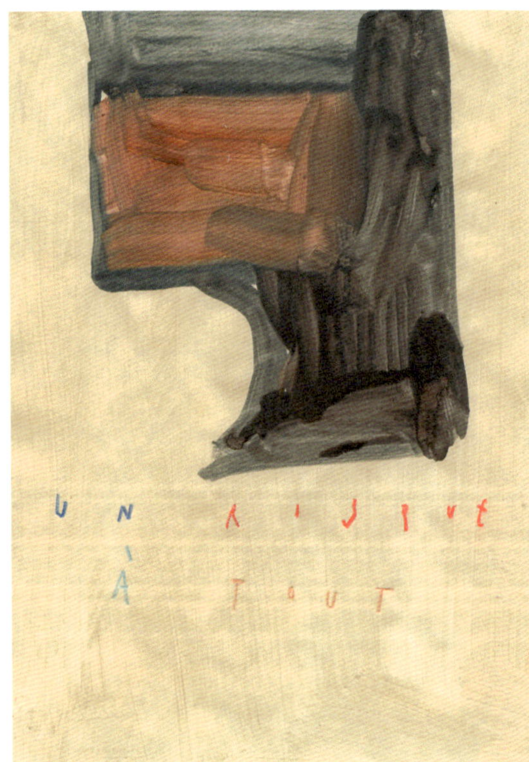
UN RISQUE
À TOUT

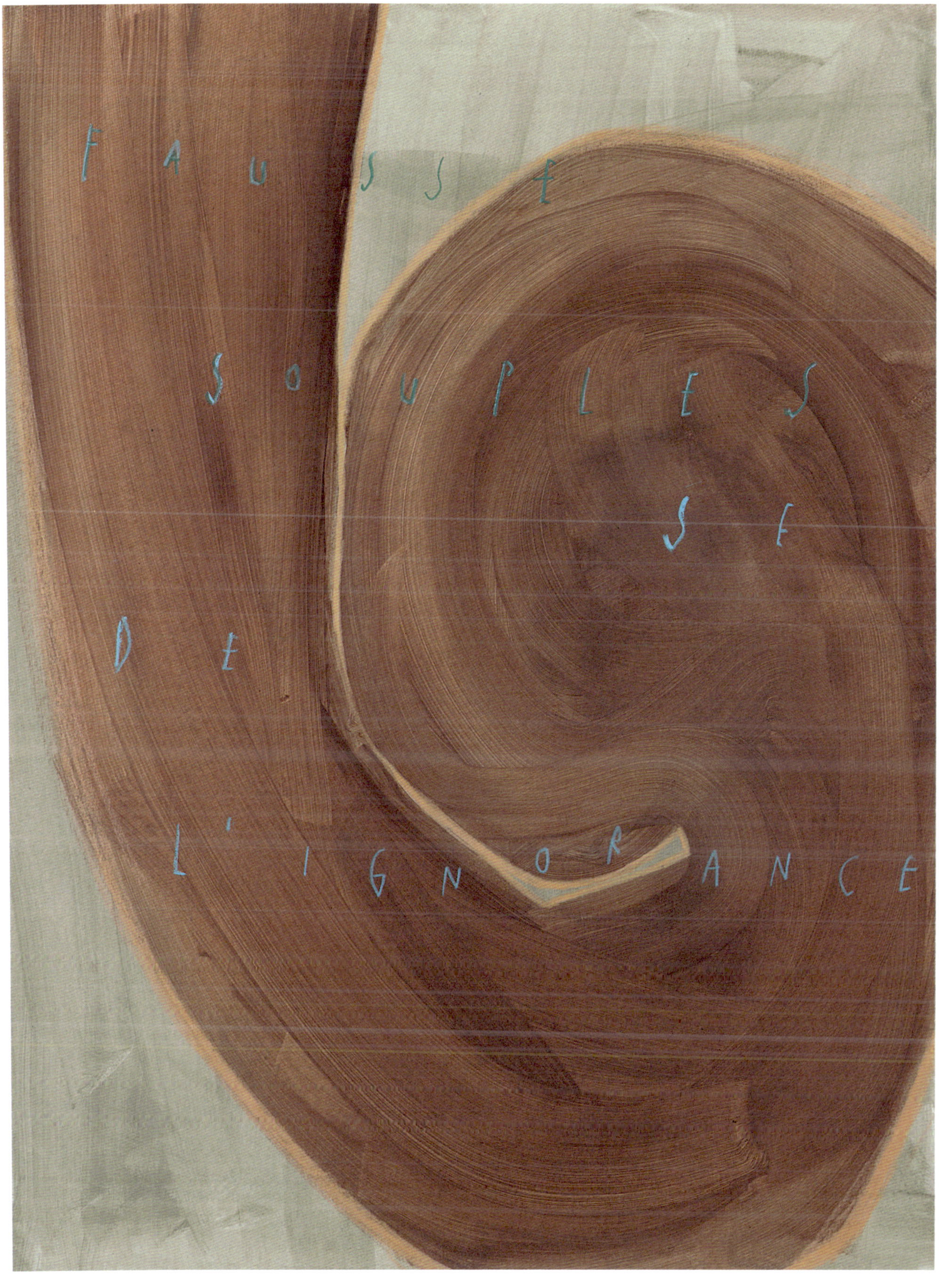
FAUSSE
SOUPLES
SE
DE
L'IGNORANCE

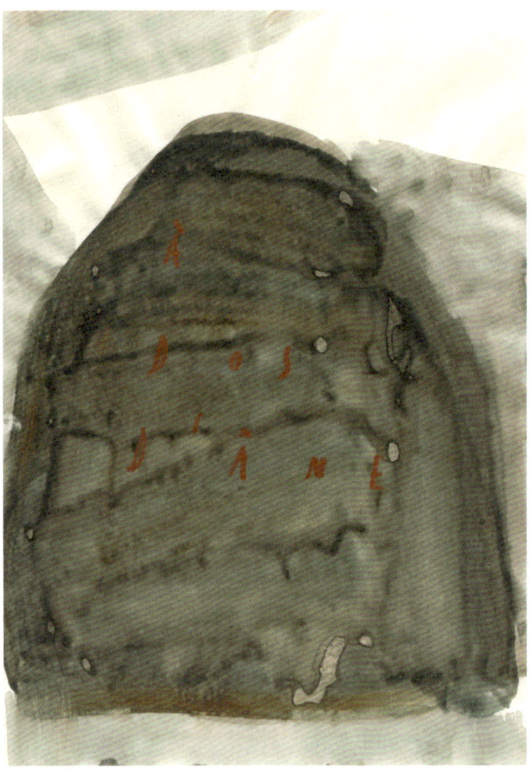

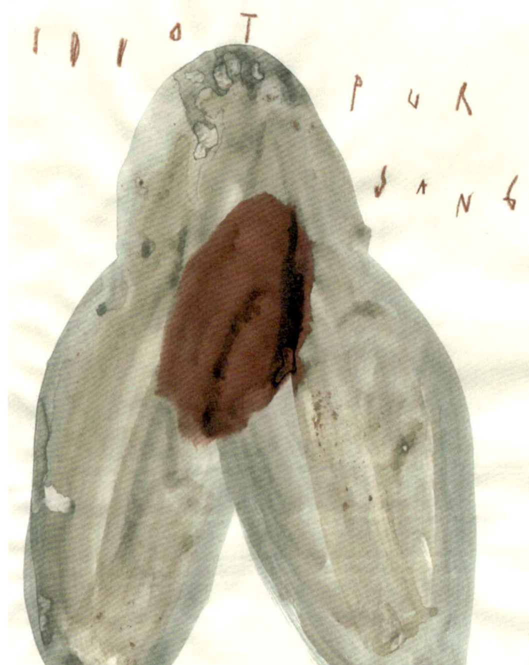
IDIOT
PUR
SANG

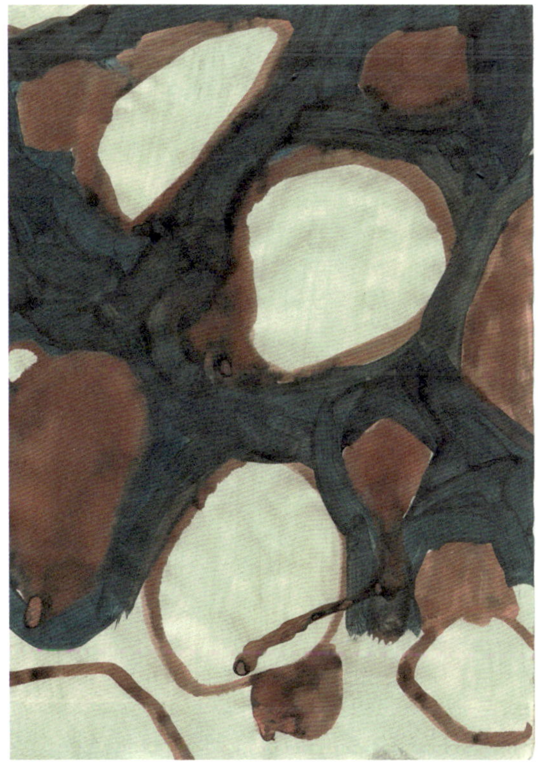

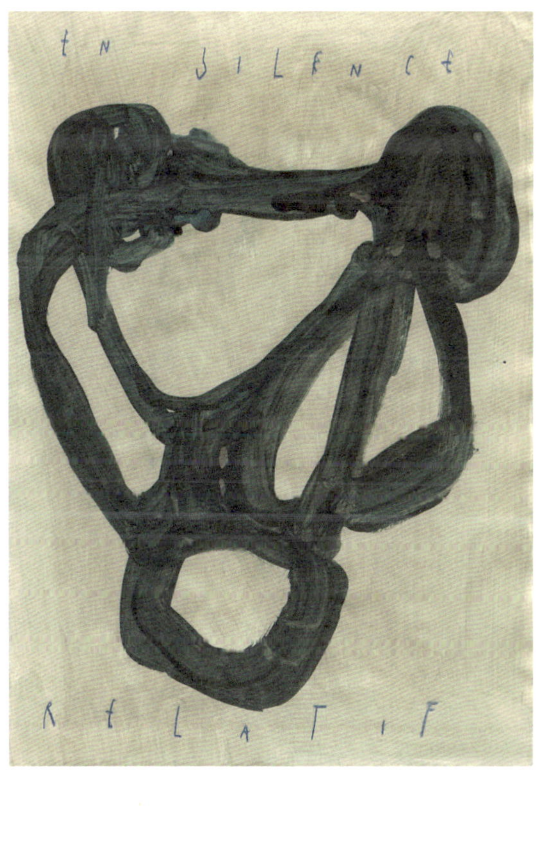
EN SILENCE
RELATIF

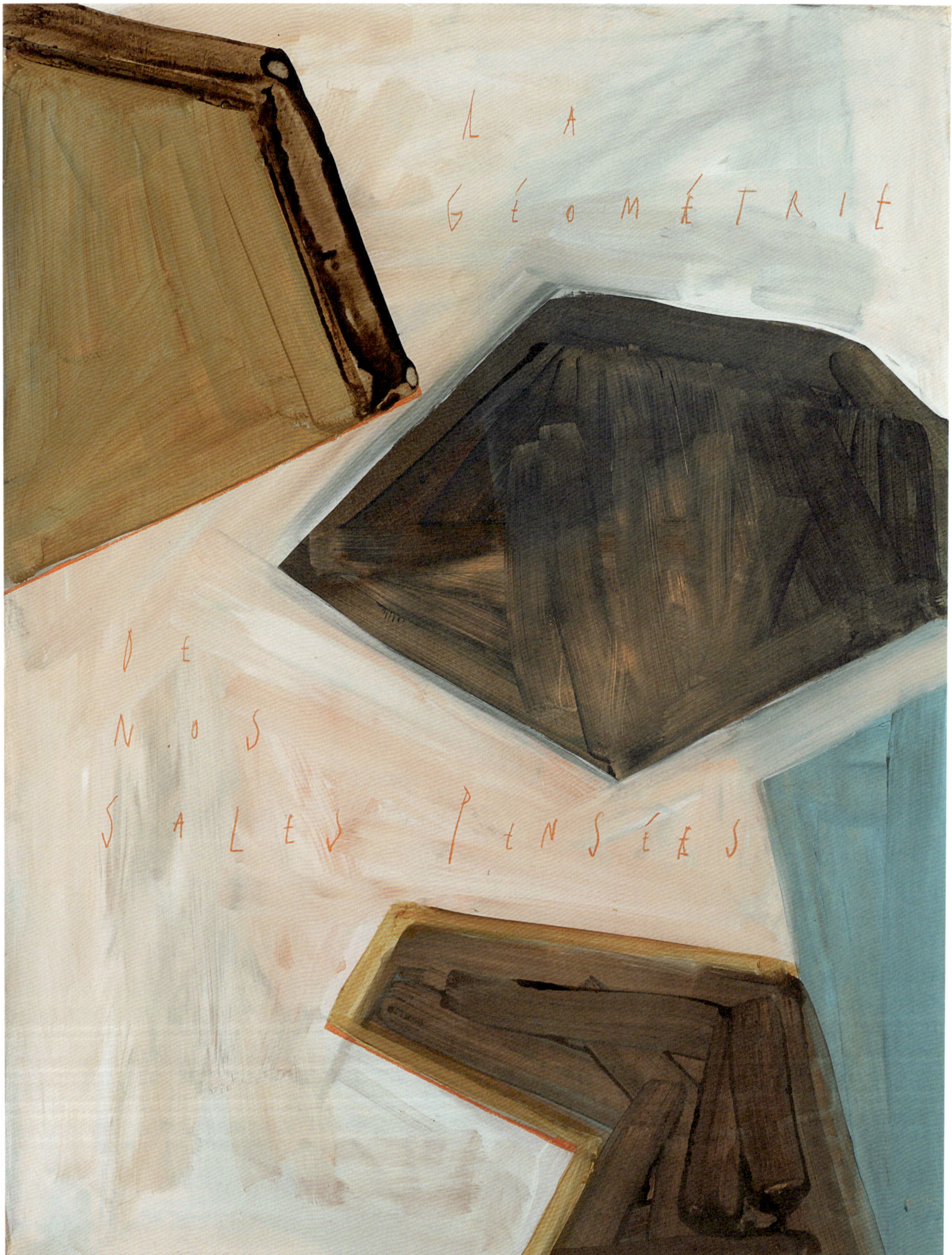
LA
GÉOMÉTRIE
DE
NOS
SALES PENSÉES

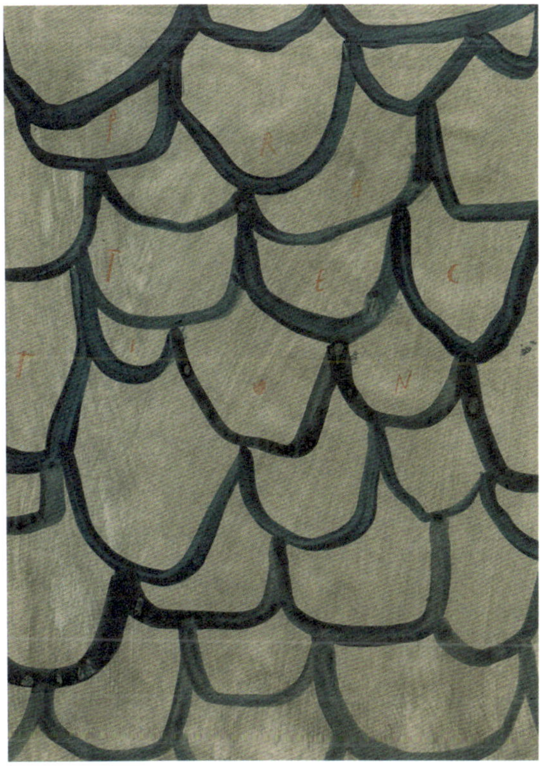

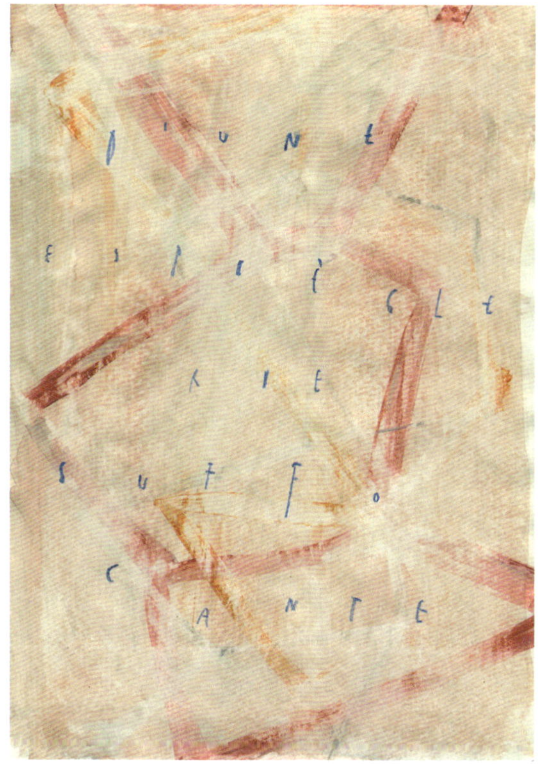
SUFFO
CANTE

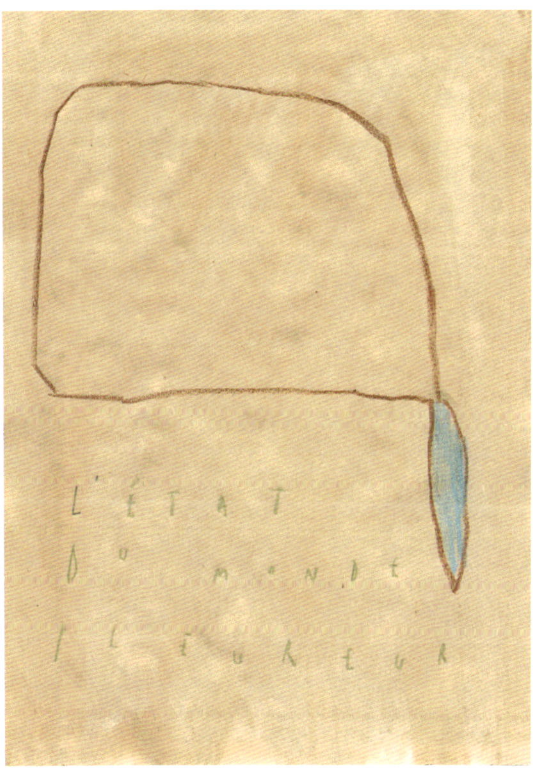
L'ÉTAT
DU MONDE

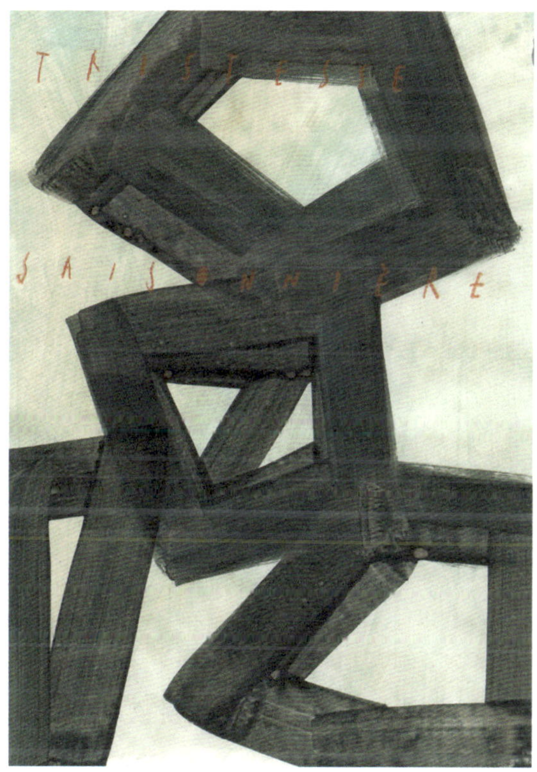
TRISTESSE
SAISONNIÈRE

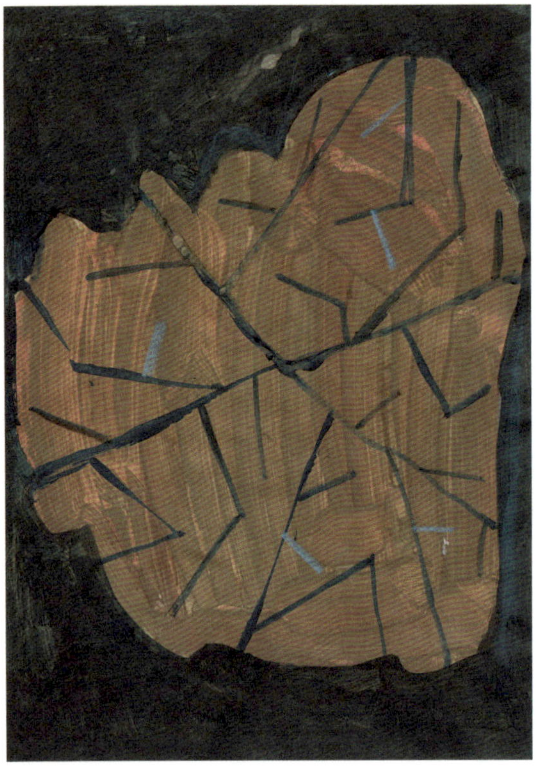

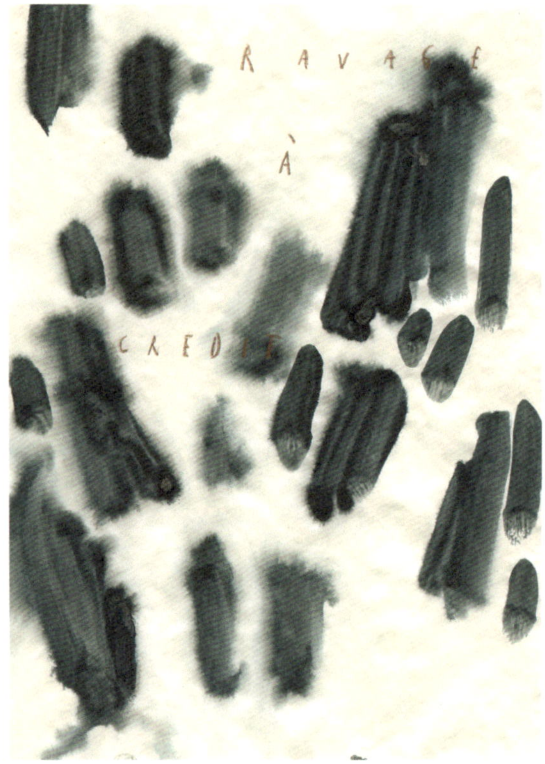
RAVAGE
À
CREDIT

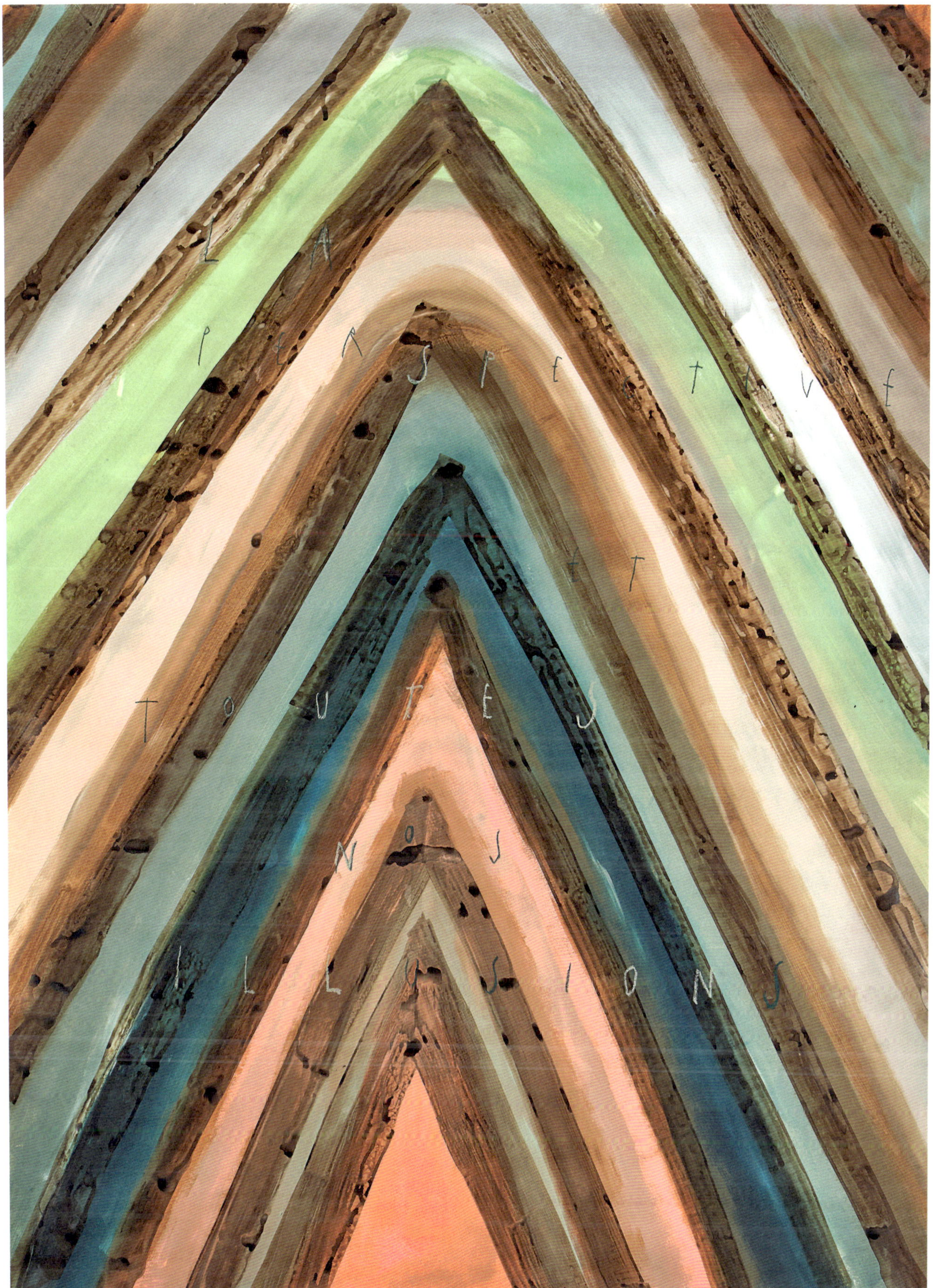
LA
PERSPECTIVE
ET
TOUTES
NOS
ILLUSIONS

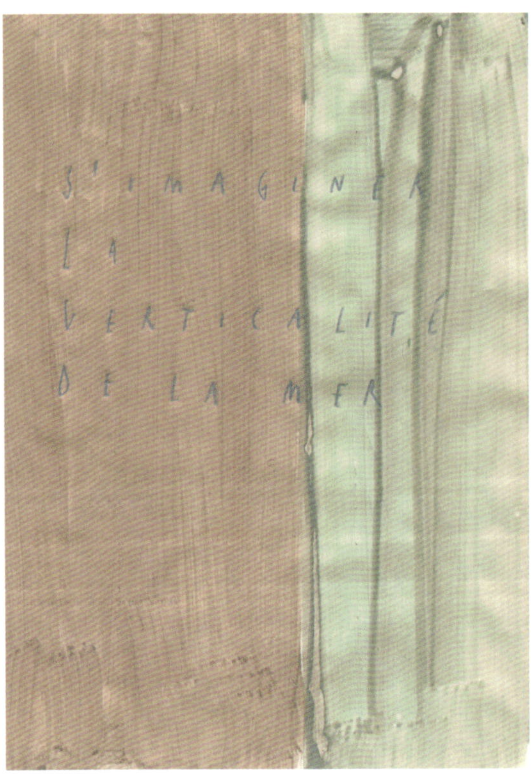
S'IMAGINER
LA
VERTICALITÉ
DE LA MER

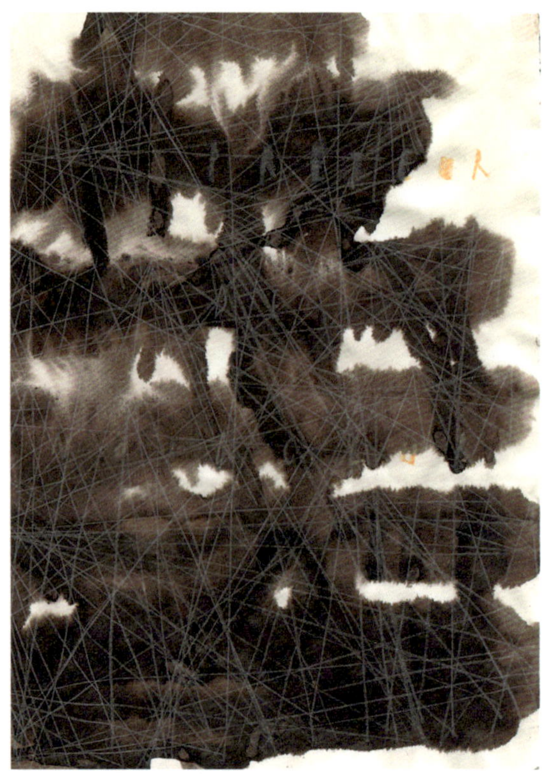

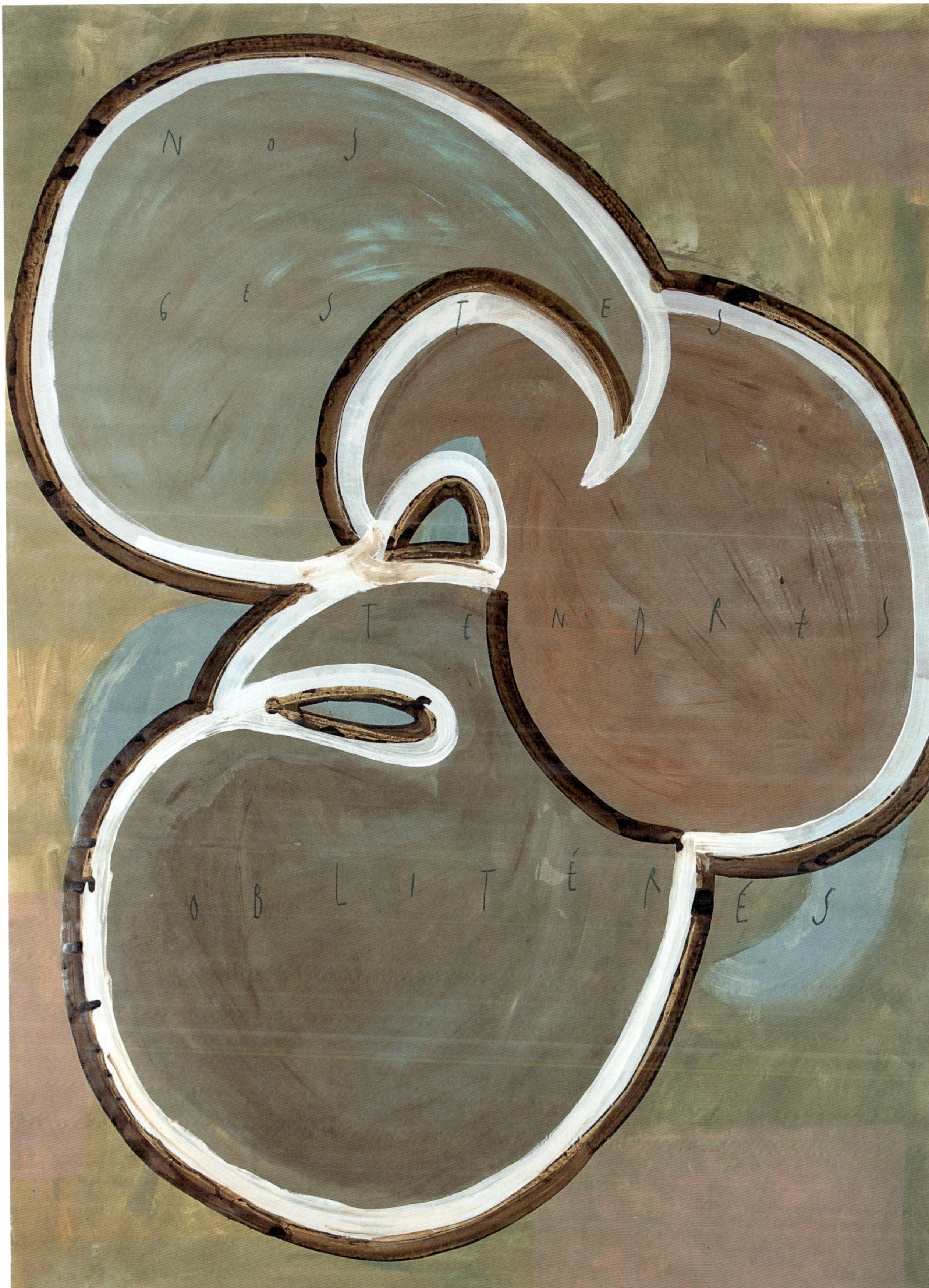
NOS
GESTES
TENDRES
OBLITÉRÉS

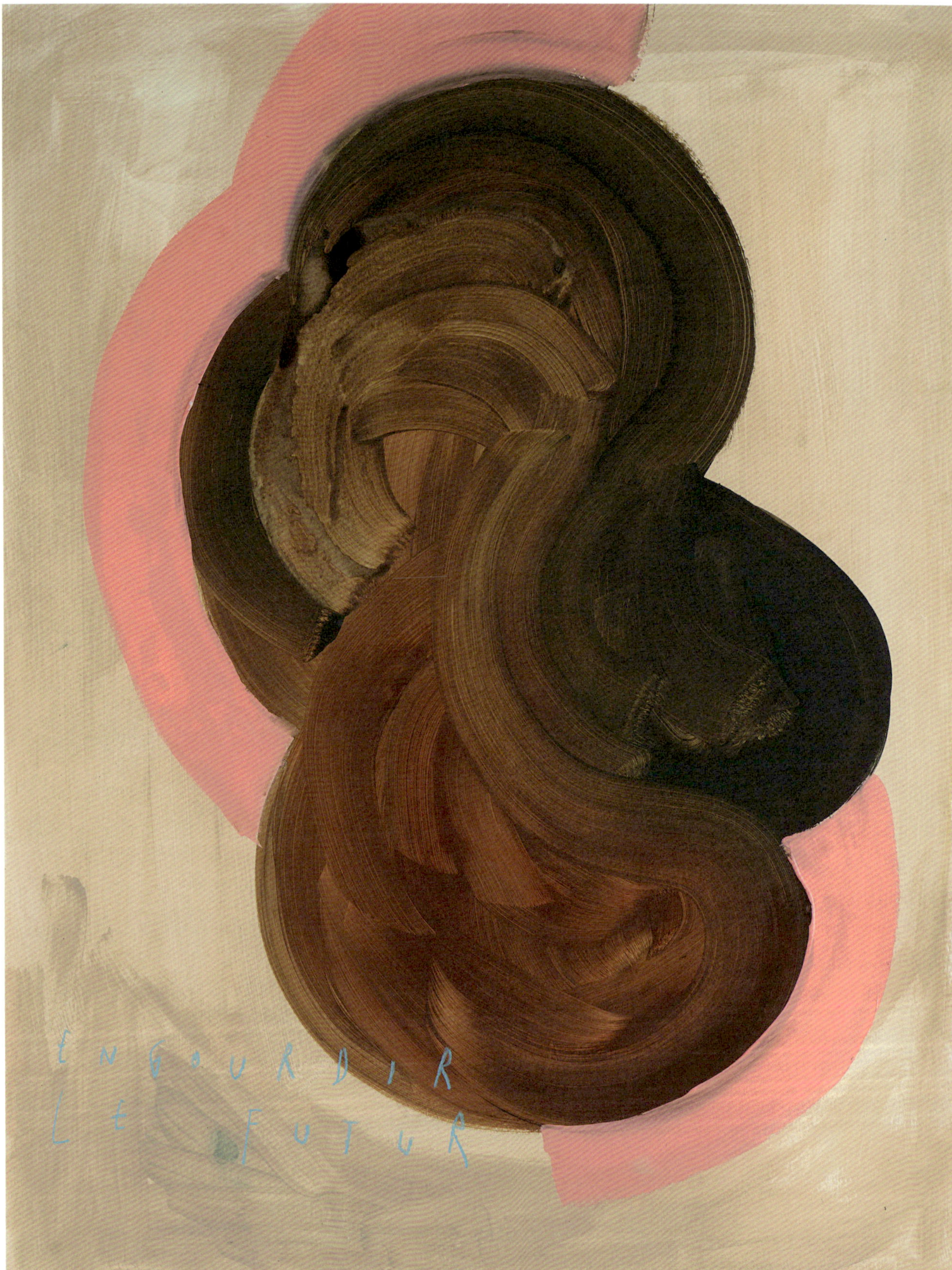
ENGOURDIR
LE FUTUR

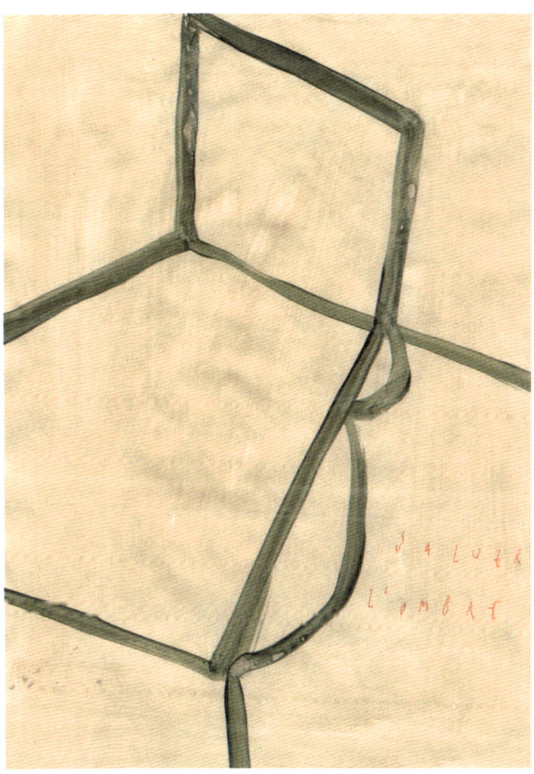

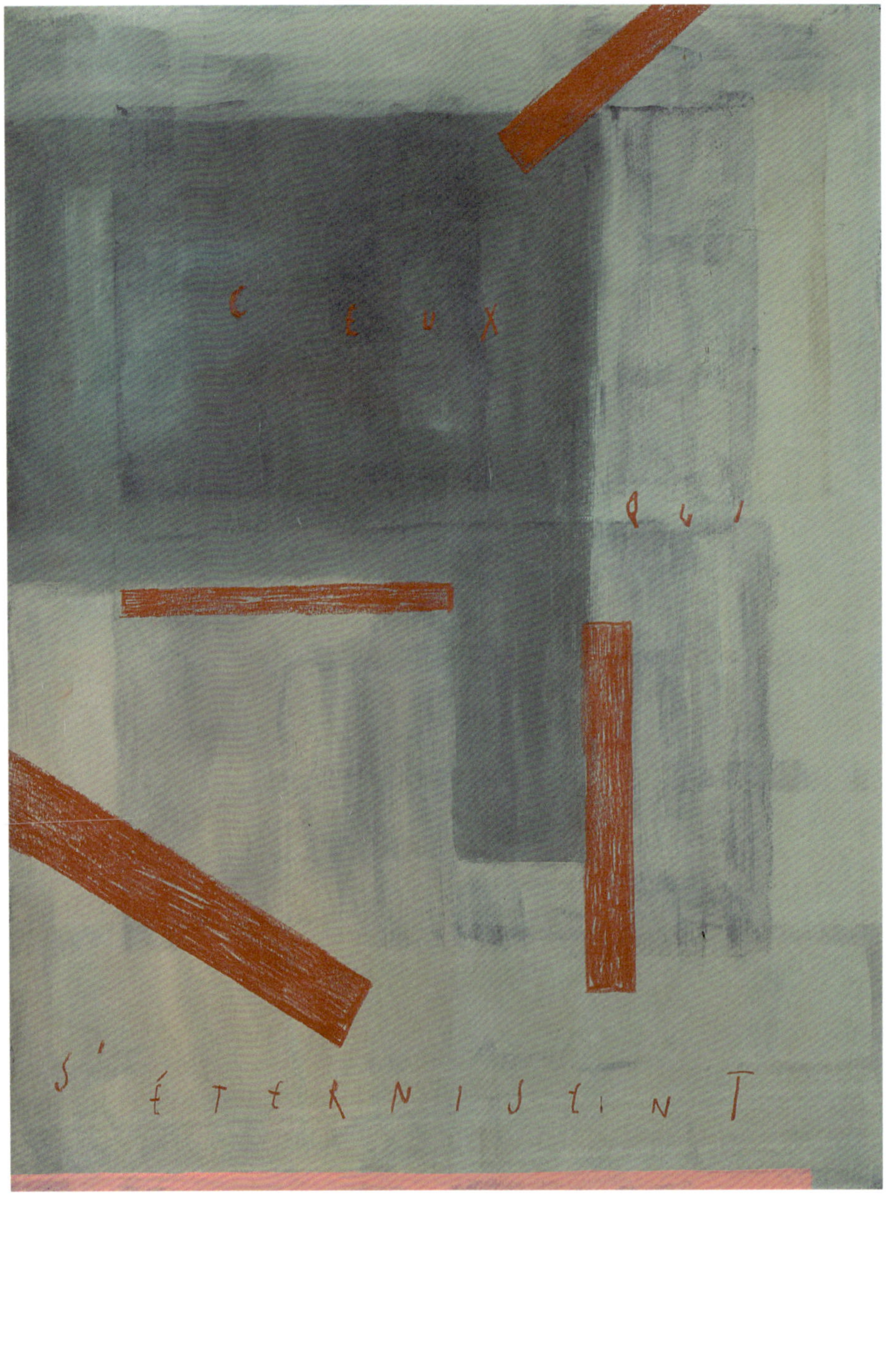
CEUX
QUI
S'ÉTERNISENT

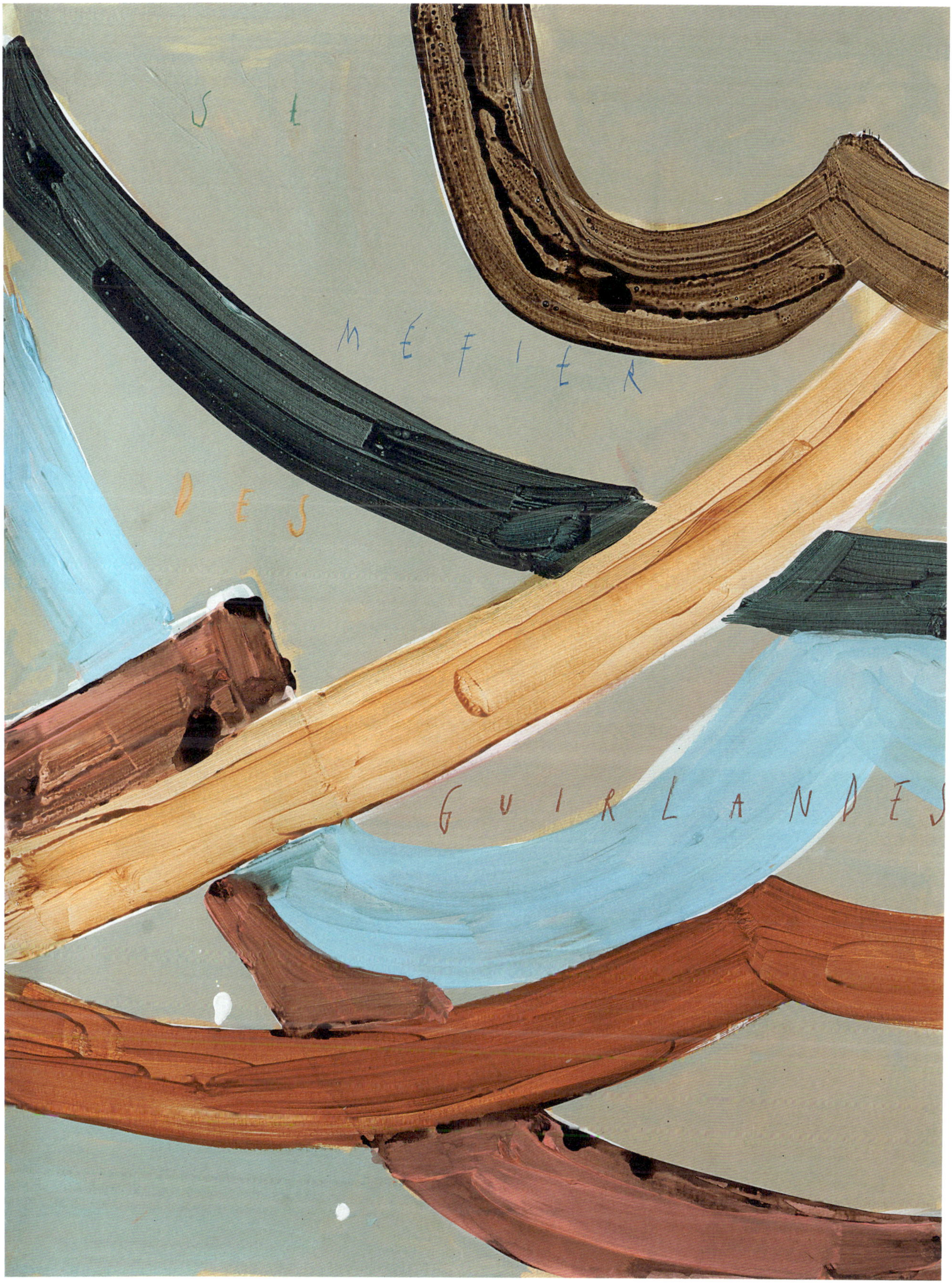
S E
MEFIER
DES
GUIRLANDES

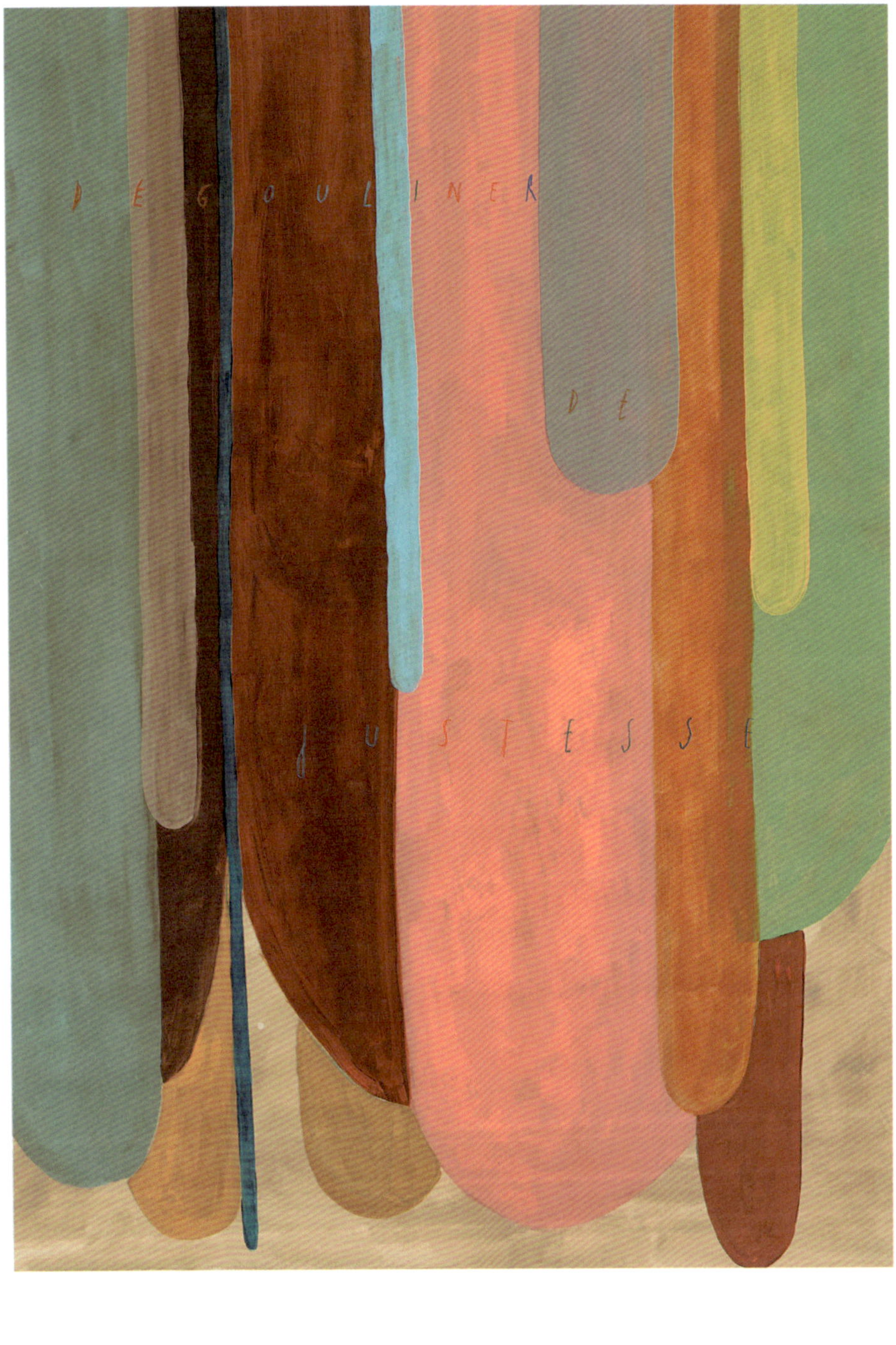
DEGOULINER
DE
JUSTESSE

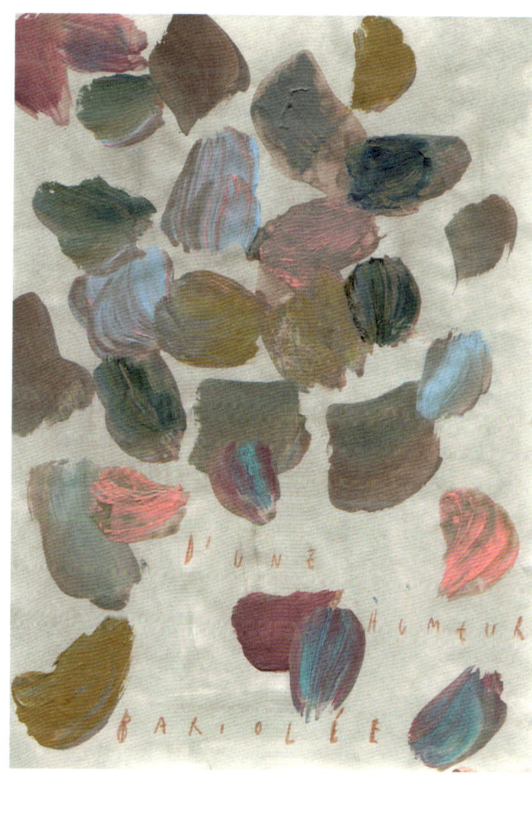
D'UNE
HUMEUR
BARIOLÉE

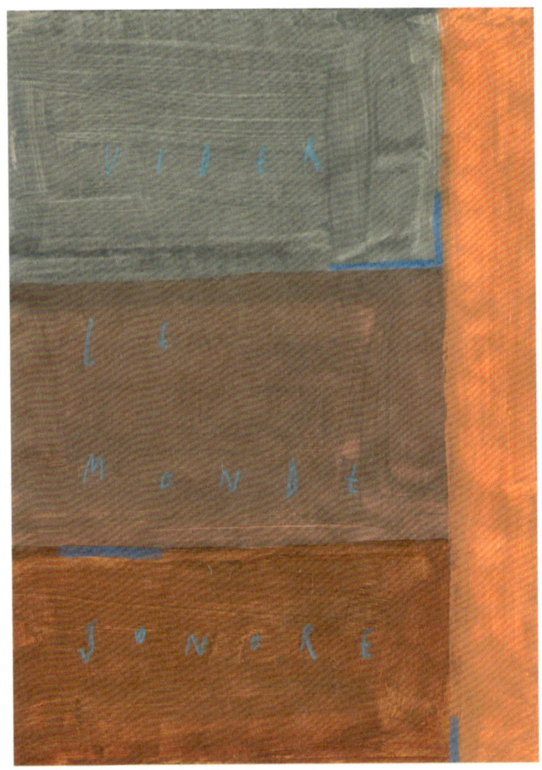
VIDER
LE
MONDE
SONORE

PREMIÈRE
SECONDE ET
TROISIÈME STROPHE
APRÈS LE NÉANT

List of works chapter four

209. **pour la nuit**
2020, 25 x 18,5 cm, ink and pencil on paper
210. **promettre la pluie au ciel bleu**
2020, 73 x 55 cm, acrylic paint and crayon on paper
211. **trier l'eau**
2020, 25 x 18,5 cm, acrylic paint and pencil on paper
212. **traditionnellement**
2020, 25 x 18,5 cm, acrylic paint and pencil on paper
212. **replanter l'audace**
2020, 25 x 18,5 cm, acrylic paint and pencil on paper
213. **charmer les décombres**
2020, 150 x 110 cm, acrylic paint and crayon on paper
214. **les rêveuses**
2020, 150 x 110 cm, acrylic paint and crayon on paper
215. **désoler la matière**
2020, 25 x 18,5 cm, acrylic paint and pencil on paper
215. **dédramatiser l'insignifiance**
2020, 25 x 18,5 cm, acrylic paint and pencil on paper
215. **évidences**
2020, 25 x 18,5 cm, acrylic paint and pencil on paper
215. **d'un point de vue militaire**
2020, 25 x 18,5 cm, acrylic paint and pencil on paper
216. **l'état de nos pensées est couvert**
2020, 73 x 55 cm, acrylic paint and crayon on paper
217. **faire bifurquer le grondement**
2020, 73 x 55 cm, acrylic paint and crayon on paper
218. **feue la gaieté**
2020, 73 x 55 cm, acrylic paint and crayon on paper
219. **s.t.**
2020, 25 x 18,5 cm, acrylic paint and ink on paper
219. **s'abonner au goût de la terre**
2020, 25 x 18,5 cm, acrylic paint and pencil on paper
220. **s.t.**
2020, 25 x 18,5 cm, mixed media on paper
220. **sur fond de fleurs fanées**
2020, 25 x 18,5 cm, acrylic paint and pencil on paper
220. **éplucher la façade**
2020, 25 x 18,5 cm, acrylic paint and pencil on paper
220. **pour le fanfaron**
2020, 25 x 18,5 cm, acrylic paint and pencil on paper
221. **prédisposition à la lourdeur**
2020, 25 x 18,5 cm, mixed media on paper
221. **baignade dans le marécage**
2020, 25 x 18,5 cm, acrylic paint and pencil on paper
222. **laver les fleurs**
2020, 25 x 18,5 cm, acrylic paint and pencil on paper
223. **au milieu des tombes**
2020, 25 x 18,5 cm, acrylic paint and pencil on paper
224. **imprégner nos ouis de nos nons**
2020, 73 x 55 cm, acrylic paint and crayon on paper
225. **bousculer la sagesse**
2020, 73 x 55 cm, acrylic paint and crayon on paper
226. **une ambition de papier peint**
2020, 25 x 18,5 cm, acrylic paint and pencil on paper
226. **soulagement**
2020, 25 x 18,5 cm, acrylic paint and pencil on paper
226. **une souffrance raffinée**
2020, 25 x 18,5 cm, acrylic paint and pencil on paper
226. **la nuit de quelqu'un**
2020, 25 x 18,5 cm, acrylic paint and pencil on paper
227. **trinquer à la révolte et à la drague**
2020, 150 x 110 cm, acrylic paint and crayon on paper
228. **quelques pensées inondées**
2020, 73 x 55 cm, acrylic paint and crayon on paper
229. **écarteler ses misères**
2020, 150 x 110 cm, acrylic paint and crayon on paper
230. **étrangler la tradition masquée**
2020, 73 x 55 cm, acrylic paint and crayon on paper
231. **se perdre dans les sillons**
2020, 73 x 55 cm, acrylic paint and crayon on paper
232. **mollement**
2020, 25 x 18,5 cm, mixed media on paper
232. **la parole non-échangée**
2020, 25 x 18,5 cm, acrylic paint and pencil on paper
233. **depuis que la terre craque**
2020, 150 x 110 cm, acrylic paint and crayon on paper
234. **faire grelotter deux – trois cœurs**
2020, 150 x 110 cm, acrylic paint and crayon on paper
235. **sérénade**
2020, 25 x 18,5 cm, acrylic paint, bister and pencil on paper

235. dissolution
2020, 25 x 18,5 cm, mixed media on paper

235. s.t.
2020, 25 x 18,5 cm, acrylic paint on paper

235. s.t.
2020, 25 x 18,5 cm, acrylic paint on paper

236. égratigner les âmes trop légères
2020, 25 x 18,5 cm, acrylic paint and pencil on paper

236. s.t.
2020, 25 x 18,5 cm, acrylic paint on paper

237. admirer nos déchirures
2020, 150 x 110 cm, acrylic paint and crayon on paper

238. au quotidien
2020, 25 x 18,5 cm, acrylic paint and pencil on paper

238. à force d'être partout
2020, 25 x 18,5 cm, acrylic paint and pencil on paper

238. tout corps sans tête fera l'affaire
2020, 25 x 18,5 cm, acrylic paint and pencil on paper

238. la vue du voisin
2020, 25 x 18,5 cm, acrylic paint and pencil on paper

239. s.t.
2020, 25 x 18,5 cm, acrylic paint on paper

239. la demeure attristée
2020, 25 x 18,5 cm, acrylic paint and pencil on paper

239. par où s'envoler
2020, 25 x 18,5 cm, acrylic paint and pencil on paper

239. là où le découragement est de mise
2020, 25 x 18,5 cm, acrylic paint and pencil on paper

240. famille de bunkers
2020, 150 x 110 cm, acrylic paint and crayon on paper

241. venir se frotter à son air maussade
2020, 25 x 18,5 cm, acrylic paint and pencil on paper

241. tête résistante
2020, 25 x 18,5 cm, acrylic paint and pencil on paper

242. vider sa fleur et son étoile
2020, 150 x 110 cm, acrylic paint and crayon on paper

243. hameçonner la non-violence
2020, 25 x 18,5 cm, acrylic paint and pencil on paper

243. apocalypse ambiance boudoir
2020, 25 x 18,5 cm, acrylic paint and pencil on paper

243. rien qu'un autre déluge
2020, 25 x 18,5 cm, acrylic paint and pencil on paper

243. regain
2020, 25 x 18,5 cm, acrylic paint and pencil on paper

244. vénérer le chemin le plus long
2020, 150 x 110 cm, acrylic paint and crayon on paper

245. recadrer la mélancolie
2020, 150 x 110 cm, acrylic paint and crayon on paper

246. pour ne plus déclamer
2020, 73 x 55 cm, acrylic paint and crayon on paper

247. des visions mal empilées
2020, 150 x 110 cm, acrylic paint and crayon on paper

248. étrangler le destin poilu
2020, 25 x 18,5 cm, acrylic paint and pencil on paper

248. dégénérescence
2020, 25 x 18,5 cm, mixed media on paper

249. préparer la valse et la guerre
2020, 150 x 110 cm, acrylic paint and crayon on paper

250. après la rigolade
2020, 73 x 55 cm, acrylic paint and crayon on paper

251. s.t.
2020, 25 x 18,5 cm, acrylic paint and crayon on paper

251. une démesure sans bonté
2020, 25 x 18,5 cm, acrylic paint and pencil on paper

251. vue
2020, 25 x 18,5 cm, acrylic paint and pencil on paper

251. son autre
2020, 25 x 18,5 cm, acrylic paint and pencil on paper

252. parenthèses militantes
2020, 73 x 55 cm, acrylic paint and crayon on paper

253. s.t.
2020, 25 x 18,5 cm, acrylic paint and pencil on paper

253. capitaine de mes mots
2020, 25 x 18,5 cm, acrylic paint and charcoal on paper

253. vomir de neutralité
2020, 25 x 18,5 cm, acrylic paint and pencil on paper

253. piètres épines
2020, 25 x 18,5 cm, acrylic paint and charcoal on paper

254. presse-monde
2020, 25 x 18,5 cm, acrylic paint and pencil on paper

254. s.t.
2020, 25 x 18,5 cm, mixed media on paper

255. avoir le sang militant
2020, 25 x 18,5 cm, mixed media on paper

255. la transparence de nos peaux
2020, 25 x 18,5 cm, acrylic paint and pencil on paper

255. s.t.
2020, 25 x 18,5 cm, acrylic paint on paper

255. pour mieux pouvoir se morfondre
2020, 25 x 18,5 cm, acrylic paint and pencil on paper

256. s.t.
2020, 25 x 18,5 cm, acrylic paint on paper

256. les inconsolables bien sûr
2020, 25 x 18,5 cm, acrylic paint and pencil on paper

256. un coin d'enfer
2020, 25 x 18,5 cm, acrylic paint and pencil on paper

256. s.t.
2020, 25 x 18,5 cm, acrylic paint on paper

257. creuser négligemment
2020, 150 x 110 cm, mixed media on paper

258. s.t.
2020, 25 x 18,5 cm, acrylic paint on paper

258. traversé
2020, 25 x 18,5 cm, mixed media on paper

259. petit massacre très banal
2020, 25 x 18,5 cm, acrylic paint, bister and pencil on paper

259. funérailles
2020, 25 x 18,5 cm, acrylic paint and pencil on paper

260. frapper très fort à la mauvaise porte
2020, 25 x 18,5 cm, mixed media on paper

261. matraquer le dernier espoir
2020, 73 x 55 cm, acrylic paint and crayon on paper

262. de plus belles faiblesses
2020, 73 x 55 cm, acrylic paint and crayon on paper

263. en réponse à la dérive
2020, 25 x 18,5 cm, acrylic paint and pencil on paper

263. sans approbation
2020, 25 x 18,5 cm, acrylic paint and pencil on paper

264. solidarité mouchetée
2020, 73 x 55 cm, acrylic paint and crayon on paper

265. cabosser un vieux rêve
2020, 150 x 110 cm, acrylic paint and crayon on paper

266. protestations
2020, 25 x 18,5 cm, acrylic paint and pencil on paper

266. s.t.
2020, 25 x 18,5 cm, mixed media on paper

267. isolement
2020, 25 x 18,5 cm, ink and pencil on paper

267. s.t.
2020, 25 x 18,5 cm, acrylic paint and ink on paper

268. exiger une relecture
2020, 150 x 110 cm, acrylic paint and crayon on paper

269. le repli sur soi est une danse
2020, 73 x 55 cm, acrylic paint and crayon on paper

270. son propre corps
2020, 25 x 18,5 cm, acrylic paint and pencil on paper

270. relier l'orage et Byzance
2020, 25 x 18,5 cm, acrylic paint and pencil on paper

271. plantons plantons plantons
2020, 73 x 55 cm, acrylic paint on paper

272. pour mieux tomber en miettes
2020, 73 x 55 cm, acrylic paint and crayon on paper

273. paysage sans ambition
2020, 73 x 55 cm, acrylic paint and crayon on paper

274. s'aimanter à ce qui n'est plus
2020, 25 x 18,5 cm, mixed media on paper

274. chemin de fuite
2020, 25 x 18,5 cm, acrylic paint and pencil on paper

275. mort aux vivants
2020, 25 x 18,5 cm, acrylic paint and pencil on paper

276. pour un seul regard tendre
2020, 25 x 18,5 cm, acrylic paint and pencil on paper

276. ratisser les mémoires
2020, 25 x 18,5 cm, acrylic paint and pencil on paper

276. un risque à tout
2020, 25 x 18,5 cm, acrylic paint and pencil on paper

277. fausse souplesse de l'ignorance
2020, 73 x 55 cm, acrylic paint and crayon on paper

278. à dos d'âne
2020, 25 x 18,5 cm, mixed media on paper

278. **idiot pur sang**
2020, 25 x 18,5 cm, acrylic paint and pencil on paper

279. **s.t.**
2020, 25 x 18,5 cm, acrylic paint and bister on paper

279. **en silence relatif**
2020, 25 x 18,5 cm, acrylic paint, ink and pencil on paper

280. **la géométrie de nos sales pensées**
2020, 73 x 55 cm, acrylic paint and crayon on paper

281. **protection**
2020, 25 x 18,5 cm, acrylic paint and pencil on paper

281. **l'état du monde pleureur**
2020, 25 x 18,5 cm, acrylic paint and pencil on paper

281. **d'une espièglerie suffocante**
2020, 25 x 18,5 cm, acrylic paint and pencil on paper

281. **tristesse saisonnière**
2020, 25 x 18,5 cm, acrylic paint and pencil on paper

282. **s.t.**
2020, 25 x 18,5 cm, acrylic paint on paper

282. **ravage à crédit**
2020, 25 x 18,5 cm, acrylic paint and pencil on paper

283. **la perspective et toutes nos illusions**
2020, 150 x 110 cm, acrylic paint and crayon on paper

284. **s'imaginer la verticalité de la mer**
2020, 25 x 18,5 cm, acrylic paint and pencil on paper

284. **prêteur de noirceur**
2020, 25 x 18,5 cm, ink and pencil on paper

285. **nos gestes tendres oblitérés**
2020, 150 x 110 cm, mixed media on paper

286. **engourdir le futur**
2020, 73 x 55 cm, acrylic paint and crayon on paper

287. **saluer l'ombre**
2020, 25 x 18,5 cm, acrylic paint and pencil on paper

288. **ceux qui s'éternisent**
2020, 73 x 55 cm, acrylic paint and crayon on paper

289. **se méfier des guirlandes**
2020, 73 x 55 cm, acrylic paint and crayon on paper

290. **dégouliner de justesse**
2020, 150 x 110 cm, acrylic paint and crayon on paper

291. **d'une humeur bariolée**
2020, 25 x 18,5 cm, acrylic paint and pencil on paper

292. **vider le monde sonore**
2020, 25 x 18,5 cm, acrylic paint and pencil on paper

293. **première, seconde et troisième strophe après le néant**
2020, 73 x 55 cm, acrylic paint and crayon on paper

Arpaïs Du Bois
°1973, Ghent, Belgium
lives and works in Antwerp, Belgium

SELECTED SOLO/DUO EXHIBITIONS

2021
'(pour) retendre l'atmosphère', Gallery FIFTY ONE, Antwerp, Belgium
2020
'Retrouvailles', Geukens & De Vil, Knokke, Belgium (duo with Paul Gees)
2019
'Visite', Rossi Contemporary, Brussels, Belgium
'Suite', Artcurial, Brussels, Belgium
'Works on Paper', with Yamamoto Masao, semina rerum Gallery, Zürich, Switzerland
2018
'Trébucheurs - Piétineurs', De Garage, Mechelen, Belgium
'Inconfortablement au Salon', Gallery FIFTY ONE, Antwerp, Belgium
2017
'Ma belle saison chez Vincent', Vincent Van GoghHuis - Van GoghGalerie, Zundert, the Netherlands
2016
'trouver un moyen d'habiter le monde', Museum Dr. Guislain, Ghent, Belgium
'faire partie des gens qui chantent', Gallery FIFTY ONE, Antwerp, Belgium
2015
'Marion Devillers & Arpaïs Du Bois et leurs nuages', Moments Artistiques chez Christian Aubert, Paris, France
2014
'what happens to matter', Eva Steynen.deviation(s), Antwerp, Belgium (duo with Paul Gees)
'par les bretelles', Gallery FIFTY ONE, Antwerp, Belgium
2013
'au manège défoncé', PAK, Gistel, Belgium
'noyade sèche', Galerie van der Mieden, Brussels, Belgium
2012
'where they met – and further', semina rerum Gallery, Zürich, Switzerland (duo with Yamamoto Masao)
'Face au(x deux) mur(s)', CCHA, Hasselt, Belgium
'where they met', Gallery FIFTY ONE, Antwerp, Belgium (duo with Yamamoto Masao)
2011
'Trois cent quatre-vingt-onze, deux mille sept cent quarante huit', Galerie van der Mieden, Antwerp, Belgium

2010

'Du corps au monde', Psychotherapie en kunst, ElimArt, Kapellen, Belgium

Arpaïs Du Bois & Denis Verkeyn, Centre Culturel de Marchin, Marchin, Belgium (duo)

'Refuge', Moments Artistiques, chez Chistian Aubert, Paris, France (duo with Marion Devillers)

2008

'Le sauvetage de la grande béquille', Galerie van der Mieden, Antwerp, Belgium

2006

'Petites graines de tous les jours', Vernon Gallery, Prague, Czech Republic

2005

'Curating the library', deSingel, Antwerp, Belgium

'Des illusions virgule', Bourla, Antwerp, Belgium

2004

'Au bout d'une saison', Open Atelier, Antwerp, Belgium

'HISTOIRE', Espace Gainville, Aulnay-sous-Bois, France

2003

'Sans titre', Ateliers du Triangle d'Art, Ivry-sur-Seine, France

'Les rependus et l'épinglée', Moments Artistiques, Paris, France

'Mon rêve avait une jambe de bois', Galerij De Ziener, Asse, Belgium

2002

'Recent work', Galerij Pont en Plas, Ghent, Belgium

2001

'Bundel lichamen', MuHKA, Antwerp, Belgium

SELECTED GROUP EXHIBITIONS

2021

20ième biennale internationale PETIT FORMAT DE PAPIER, Nismes, Arlon, Liège, Sint-Niklaas, Belgium

2020

'IN VITRO', M HKA, Antwerp, Belgium

'NABEELD', PARK, Tilburg, the Netherlands

'DRAWING NOW' Paris @ Gallery FIFTY ONE, Antwerp, Belgium

'ART AUTUN', Biennial of Contemporary Art, Autun, France

'GEKENDE WOORDEN', Kunstacademie Tielt, Tielt, Belgium

'EKPHRASIS, Writing in Art', Fondation Boghossian - Villa Empain, Brussels, Belgium

2019

'Le Quotidien', valerie_traan gallery, Antwerp, Belgium

'A provisional Legacy', curated by Reniere&Depla, Adornesdomein, Bruges, Belgium

'Quatuor', with Paul Gees, Babs Decruyenaere and Katleen Vinck, Ruimte P60, Assen, the Netherlands

'Vibrer', Biennale de Photographie en Condroz, Marchin, Belgium

'Woordkunst', Walden Art Stories, Antwerp, Belgium

'Tekening - Designo', SASK, Sint-Niklaas, Belgium
'Nieuwe Aanwinsten', Vincent Van GoghHuis, Zundert, the Netherlands

2018

'L'atlas des nuages', Centre d'Art Contemporain Fondation François Schneider, Wattwiller, France
'Kunstenfestival WATOU', Watou, Belgium
'XL - size matters', Gallery FIFTY ONE TOO, Antwerp, Belgium
'ECCE HOMO', Geukens & De Vil and several locations, Antwerp, Belgium

2017

'J'avais 15 ans', Centre culturel de Marchin, Marchin, Belgium
'(It) Works on Paper II', Kristof De Clercq Gallery, Ghent, Belgium
'ABSTRACTED', aeroplastics contemporary, Brussels, Belgium
'SEVENTEEN bij FIFTY ONE', Gallery FIFTY ONE, Antwerp, Belgium
'Identities', Galerie EL, Welle, Belgium

2016

'Grote Prijs Ernest Albert', De Garage, Mechelen, Belgium
'Die van Aalst, hedendaagse kunst uit privé-verzamelingen', Gent, Wieze, Dendermonde, Aalst, Welle, Belgium
'The Central Periphery' (Antwerp Art weekend), DE STUDIO, Antwerp, Belgium
'DRAWING FRONT', Drawing Centre Diepenheim, the Netherlands

2015

(RE)VIEW, CCHA, Hasselt, Belgium
'The Pistil's Waltz', Gallery FIFTY ONE, Antwerp, Belgium

2014

'La fureur de vivre', 'LA BRASSSERIE', Foncquevillers, France
'ALMANACH', curated by Lóránd Hegyi, Galerie Heike Curtze, Wien, Austria
'ALMANACH', curated by Lóránd Hegyi, Galleria Alessandro Bagnai, Firenze, Italy
'Oorlog & Trauma', Museum Dr. Guislain, Ghent, Belgium

2013

'Crossing lines again', Workplace, Antwerp, Belgium
'Quinta Essentia', semina rerum, Zürich, Switzerland
'gratis toegang', Sint-Martinuspastorij, Westmalle, Belgium

2012

'Tina.B', the Golem project, Klementinum, Prague, Czech Republic
'tchip tchip', Centre culturel de Marchin, Belgium
'RAAK' Schunck, the Netherlands; Mu.ZEE, Ostend, Belgium

2011

'RAAK', educational exhibition by RASA, S.M.A.K., Ghent, Belgium
'Wallpiece 14', Sint Lucas passage, Antwerp, Belgium

2010

'(when will they finally see) the power of drawing' (62 Belgian contemporary artists), Geukens & De Vil, Antwerp, Belgium
'Wallpiece 10', Sint Lucas passage, Antwerp, Belgium

2009

'Drawing Actions', De Halle, Geel, Belgium

2007

'Heilige Huisjes', de Winkelhaak, Antwerp, Belgium

'papier', Galerie van der Mieden, Antwerp, Belgium

2006

'Déjà', Espace Commines, Paris, France

2004

'Tekeningen', Galerij Jan Colle, Ghent, Belgium

PUBLICATIONS/BOOKS

FEUE LA JOYEUSETÉ, Hopper & Fuchs, 2021
SI NON LÀ, A FIFTY ONE PUBLICATION, 2018
Ma belle saison chez Vincent, Another FIFTY ONE PUBLICATION, 2017
tout droit vers la fin en sifflotant, Hannibal, 2016
Petit livre qui ne tient pas debout, Lannoo, 2013
Where We Met, with Yamamoto Masao, Lannoo, 2011
des illusions virgule, TOOHCSMI, 2005
HISTOIRE, Imschoot, 2004
Bundel Lichamen, TOOHCSMI, 2001

CATALOGUES

ART AUTUN, Snoeck, 2020
EKPHRASIS, Boghossian Foundation, 2020
WATOU 2018, vzw Kunst + Stichting IJsberg, 2018
ECCE HOMO, Hannibal Publishing, 2017
What happens to matter, Eva Steynen. Deviations, 2015
Kunst op de Campus, University Press Antwerp, 2013
War & Trauma, Hannibal Publishing, 2013
(when will they finally see) the power of drawing, 2010
Designers against Aids, the first decade, Ludion, 2010
Drawing Actions, 2009
Heilige Huisjes, 2007

396 / 1200

COLOPHON

Drawings
© Arpaïs Du Bois, 2021

Texts
Damien Sausset
Philippe Van Cauteren

Translation
ElaN Languages, edited
by Arpaïs Du Bois

ISBN 9789464002034
D/2021/09816/1

Design
un'dercast
www.undercast.com
Arpaïs Du Bois

Printing
Bruno Devos at Stockmans
Antilope De Bie Printing

Binding
Graphius

www.arpais.com
www.gallery51.com

This book has been published in a limited edition, numbered 1 to 1,200.
A collector's edition has also been published, including 33 variations on a linocut by Arpaïs Du Bois, with 30 copies numbered I to XXX, and 3 AP.

THANKS
I would like to warmly thank Damien Sausset and Philippe Van Cauteren for their precious contribution to this book. Thank you Roger Szmulewicz, for everything, always. Thank you Reg Herygers for your friendship and indulgence. And finally: thank you Bruno Devos for your enthusiasm and trust.

HOPPER&FUCHS

FIFTY ONE

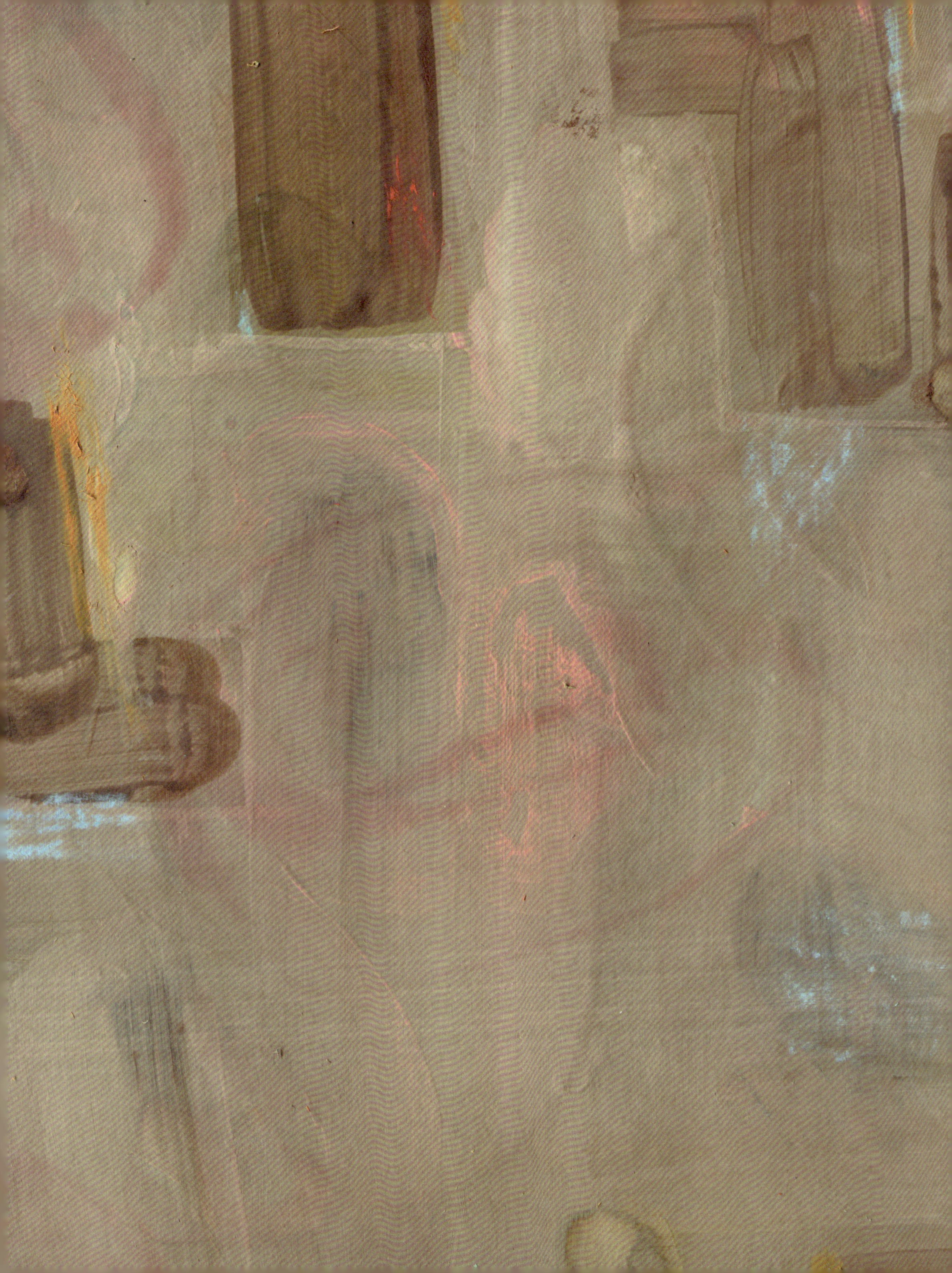